本书受教育部人文社会科学重点研究基地山西大学科学技术哲学研究中心基金资助

认知哲学译丛

魏屹东/主编

意识的认知理论

〔美〕伯纳德·J.巴尔斯/著

安　晖/译

魏屹东/审校

科学出版社

北京

图字:01-2013-8286 号

图书在版编目(CIP)数据

意识的认知理论 /(美)巴尔斯(Baars, B. J.)著;安晖译. —北京:科学出版社,2014.1

(认知哲学译丛)

书名原文:A Cognitive Theory of Consciousness

ISBN 978-7-03-039245-9

Ⅰ.①意… Ⅱ.①巴… ②安… Ⅲ.①意识论 Ⅳ.①B022

中国版本图书馆 CIP 数据核字(2013)第 288456 号

丛书策划:郭勇斌

责任编辑:郭勇斌 王昌凤/责任校对:宋玲玲

责任印制:赵 博/封面设计:黄华斌

编辑部电话:010-64035853

E-mail:houjunlin@mail.sciencep.com

科学出版社 出版

北京东黄城根北街 16 号

邮政编码:100717

http://www.sciencep.com

北京厚诚则铭印刷科技有限公司印刷

科学出版社发行 各地新华书店经销

*

2014 年 1 月第 一 版 开本:720×1000 1/16

2025 年 2 月第四次印刷 印张:21 3/4

字数:438 000

定价:168.00 元

(如有印装质量问题,我社负责调换)

丛 书 序

与传统哲学相比，认知哲学（philosophy of cognition）是一个全新的哲学研究领域，它的兴起与认知科学的迅速发展密切相关。认知科学是20世纪70年代中期兴起的一门前沿性、交叉性和综合性学科。它是在心理科学、计算机科学、神经科学、语言学、文化人类学、哲学以及社会科学的交界面上涌现出来的，旨在研究人类认知和智力本质及规律，具体包括知觉、注意、记忆、动作、语言、推理、思维、意识乃至情感动机在内的各个层次的认知和智力活动。十几年以来，这一领域的研究异常活跃，成果异常丰富，自产生之日起就向世人展示了强大的生命力，也为认知哲学的兴起提供了新的研究领域和契机。

认知科学的迅速发展使得科学哲学发生了“认知转向”，它试图从认知心理学和人工智能角度出发研究科学的发展，使得心灵哲学从形而上学的思辨演变为具体科学或认识论的研究，使得分析哲学从纯粹的语言和逻辑分析转向认知语言和认知逻辑的结构分析、符号操作及模型推理，极大促进了心理学哲学中实证主义和物理主义的流行。各种实证主义和物理主义理论的背后都能找到认知科学的支持。例如，认知心理学支持行为主义，人工智能支持功能主义，神经科学支持心脑同一论和取消论。心灵哲学的重大问题，如心身问题、感受性、附随性、意识现象、思想语言和心理表征、意向性与心理内容的研究，无一例外都受到来自认知科学的巨大影响与挑战。这些研究取向已经蕴涵认知哲学的端倪，因为众多认知科学家、哲学家、心理学家、语言学家和人工智能专家的论著论及认知的哲学内容。

尽管迄今国内外的相关文献极少单独出现认知哲学这个概念，精确的界定和深入系统的研究也极少，但研究趋向已经非常明显。鉴于此，这里有必要对认知哲学的几个问题做出澄清。这些问题是：什么是认知？什么是认知哲学？认知哲学与相关学科是什么关系？认知哲学研究哪些问题？

第一个问题需要从词源学谈起。认知这个词最初来自拉丁文“*cognoscere*”，意思是“与……相识”、“对……了解”。它由 *co*+*gnoscere* 构成，意思是“开始知道”。从信息论的观点看，“认知”本质上是通过提供缺失的信息获得新信息和新知识的过程，那些缺失的信息对于减少不确定性是必需的。

然而，认知在不同学科中意义相近，但不尽相同。

在心理学中，认知是指个体的心理功能的信息加工观点，即它被用于指个体的心理过程，与“心智有内在心理状态”观点相关。有的心理学家认为，认知是思维的显现或结果，它是以问题解决为导向的思维过程，直接与思维、问题解决相关。在认知心理学中，认知被看做心灵的表征和过程，它不仅包括思维，而且包括语言运用、符号操作和行为控制。

在认知科学中，认知是在更一般意义上使用的，目的是确定独立于执行认知任务的主体(人、动物或机器)的认知过程的主要特征。或者说,认知是指信息的规范提取、知识的获得与改进、环境的建构与模型的改进。从熵的观点看来,认知就是减少不确定性的能力,它通过改进环境的模型,通过提取新信息、产生新信息和改进知识并反映自身的活动和能力,来支持主体对环境的适应性。逻辑、心理学、哲学、语言学、人工智能、脑科学是研究认知的重要手段。《MIT 认知科学百科全书》将认知与老化(aging)并列,旨在说明认知是老化过程中的现象。在这个意义上,认知被分为两类:动态认知和具化认知。前者指包括各种推理(归纳、演绎、因果等)、记忆、空间表现的测度能力,在评估时被用于反映处理的效果;后者指对词的意义、信息和知识的测度的评价能力,它倾向于反映过去执行过程中积累的结果。这两种认知能力在老化过程中表现不同。这是认知发展意义上的定义。

在哲学中,认知与认识论密切相关。认识论把认知看做产生新信息和改进知识的能力来研究。其核心论题是:在环境中信息发现如何影响知识的发展。在科学哲学中就是科学发现问题。科学发现过程就是一个复杂的认知过程,它旨在阐明未知事物,具体表现在三方面:①揭示以前存在但未被发现的客体或事件;②发现已知事物的新性质;③发现与创造理想客体。尼古拉斯·布宁和余纪元编著的《西方哲学英汉对照辞典》(2001 年)对认知的解释是:认知源于拉丁文"*cognition*",意指知道或形成某物的观念,通常译作"知识",也作为"*scientia*"(知识)。笛卡儿将认知与知识区分开来,认为认知是过程,知识是认知的结果。斯宾诺莎将认知分为三个等级:第一等的认知是由第二手的意见、想象和从变幻不定的经验中得来的认知构成,这种认知承认虚假;第二等的认知是理性,它寻找现象的根本理由或原因,发现必然真理;第三等即最高等的认知,是直觉认识,它是从有关属性本质的恰当观念发展而来的,达到对事物本质的恰当认识。按照一般的哲学用法,认知包括通往知识的那些状态和过程,与感觉、感情、意志相区别。

在人工智能研究中,认知与发展智能系统相关。具有认知能力的智能系统就是认知系统。它理解认知的方式主要有认知主义、涌现和混合三种。认知主义试图创造一个包括学习、问题解决和决策等认知问题的统一理论,涉及心理学、认知科学、脑科学、语言学等学科。涌现方式是一个非常不同的认知观,主张认知是一个自组织过程。其中,认知系统在真实时间中不断地重新建构自己,通过多系统-环境相互作用的自我控制保持其操作的同一性。这是系统科学的研究进路。混合方式是将认知主义和涌现相结合。这些方式提出了认知过程模拟的不同观点,研究认知过程的工具主要是计算建模,计算模型提供了详细的、基于加工的表征、机制和过程的理解,并通过计算机算法和程序表征认知,从而揭示认知的本质和功能。

概言之,这些对认知的不同理解体现在三方面:①提取新信息及其关系;②对所提取信息的可能来源实验、系统观察和对实验、观察结果的理论化;③通过对初始数据的分析、假设提出、假设检验以及对假设的接受或拒绝来实现认知。从哲学角度对这三方面进行反思,将是认知哲学的重大任务。

针对认知的研究,根据我的梳理主要有11个方面:

(1) 认知的科学研究,包括认知科学、认知神经科学、动物认知、感知控制论、认知协同学等,文献相当丰富。其中,与哲学最密切的是认知科学。

(2) 认知的技术研究,包括计算机科学、人工智能、认知工程学(运用涉及技术、组织和学习环境研究工作场所中的认知)、机器人技术,文献相当丰富。其中,模拟人类大脑功能的人工智能与哲学最密切。

(3) 认知的心理学研究,包括认知心理学、认知理论、认知发展、行为科学、认知性格学(研究动物在其自然环境中的心理体验)等,文献异常丰富,与哲学密切的是认知心理学和认知理论。

(4) 认知的语言学研究,包括认知语言学、认知语用学、认知语义学、认知词典学、认知隐喻学等,这些研究领域与语言哲学密切相关。

(5) 认知的逻辑学研究,主要是认知逻辑、认知推理和认知模型。

(6) 认知的人类学研究,包括文化人类学、认知人类学和认知考古学(研究过去社会中人们的思想和符号行为)。

(7) 认知的宗教学研究,典型的是宗教认知科学(cognitive science of religion),它寻求解释人们心灵如何借助日常认知能力的途径习得、产生和传播宗教文化基因。

(8) 认知的历史研究,包括认知历史思想、认知科学的历史。一般的认知科学导论性著作都涉及历史,但不系统。

(9) 认知的生态学研究,主要是认知生态学和认知进化的研究。

(10) 认知的社会学研究,主要是社会表征、社会认知和社会认识论的研究。

(11) 认知的哲学研究,包括认知科学哲学、人工智能哲学、心灵哲学、心理学哲学、现象学、存在主义、语境论、科学哲学等。

以上各个方面虽然蕴涵认知哲学的内容,但还不是认知哲学本身。这就涉及第二个问题。

第二个问题需要从哲学立场谈起。

在我看来,认知哲学是一门旨在对认知这种极其复杂现象进行多学科、多视角、多维度整合研究的新兴哲学研究领域,其研究对象包括认知科学(认知心理学、计算机科学、脑科学)、人工智能、心灵哲学、认知逻辑、认知语言学、认知现象学、认知神经心理学、进化心理学、认知动力学、认知生态学等涉及认知现象的各个学科中的哲学问题,它涵盖和融合了自然科学和人文科学的不同分支学科。说它具有整合性,名副其实。对认知现象进行哲学探讨,将是当代哲学研究者的重任。科学哲学、科学社会学与科学知识社会学的"认知转向"充分说明了这一点。

尽管认知哲学具有交叉性、融合性、整合性、综合性,但它既不是认知科学,也不是认知科学哲学、心理学哲学、心灵哲学和人工智能哲学的简单叠加,它是在梳理、分析和整合各种以认知为研究对象的学科的基础上,立足于哲学反思、审视和探究认知的各种哲学问题的研究领域。它不是直接与认知现象发生联系,而是通过研究认知现象的各个学科与之发生联系，也即它以认知本身为研究对象，如同科学哲学是以科学为对象而不是以自然为对象，因此它是一种“元研究”。在这种意义上，认知哲学既要吸收各个相关学科的优点，又要克服它们的缺点，既要分析与整合，也要解构与建构。一句话，认知哲学是一个具有自己的研究对象和方法、基于综合创新的原始性创新研究领域。

认知哲学的核心主张是：本体论上，主张认知是物理现象和精神现象的统一体，二者通过中介如语言、文化等相互作用产生客观知识；认识论上，主张认知是积极、持续、变化的客观实在，语境是事件或行动整合的基底，理解是人际认知互动；方法论上，主张对研究对象进行层次分析、语境分析、行为分析、任务分析、逻辑分析、概念分析和文化网络分析，通过纲领计划、启示法和洞见提高研究的创造性；价值论上，主张认知是负载意义和判断的，负载文化和价值的。

认知哲学研究的目的：一是在哲学层次建立一个整合性范式，揭示认知现象的本质及运作机制；二是把哲学探究与认知科学研究相结合，使得认知研究将抽象概括与具体操作衔接，一方面避免陷入纯粹思辨的窠臼，另一方面避免陷入琐碎细节的陷阱；三是澄清先前理论中的错误，为以后的研究提供经验、教训；四是提炼认知研究的思想和方法，为认知科学提供科学的、可行的认识论和方法论。

认知哲学的研究意义在于：①提出认知哲学的概念并给出定义及研究的范围，在认知哲学框架下，整合不同学科、不同认知科学家的观点，试图建立统一的研究范式。②运用认知-历史分析、语境分析等方法挖掘著名认知科学家的认知思想及哲学意蕴，并进行客观、合理的评析，澄清存在的问题。③从认知科学及其哲学的核心主题——认知发展、认知模型和认知表征三个相互关联和渗透的方面，深入研究信念形成、概念获得、知识产生、心理表征、模型表征、心身问题、智能机的意识化等重要问题，得出合理可靠的结论。④选取的认知科学家具有典型性和代表性，对这些人物的思想和方法的研究将会对认知科学、人工智能、心灵哲学、科学哲学等学科的研究者具有重要的启示与借鉴作用。⑤认知哲学研究是对迄今为止认知研究领域内的主要研究成果的梳理与概括，在一定程度上总结并整合了其中的主要思想与方法。

第三个问题是，认知哲学与相关学科或领域究竟是什么关系？

我通过“超循环结构”来给予说明。所谓“超循环结构”，就是小循环环环相套，构成一个大循环。认知科学哲学、心理学哲学、心灵哲学、人工智能哲学、认知语言学是小循环，它们环环相套，构成认知哲学这个大循环。也就是说，这些相关学科相互交叉、重叠，形成了整合性的认知哲学。同时，认知哲学这个大循环有自己独特的研究域，它不包括其他小循环的内容，如认知的本原、认知的预设、认知的分类、认知的形而上学问题等。

第四个问题是，认知哲学研究哪些问题？如果说认知就是研究人们如何思维，那么认知哲学就是研究人们思维过程中产生的各种哲学问题，具体要研究 10 个基本问题：

(1) 什么是认知,其预设是什么?认知的本原是什么?认知的分类有哪些?认知的认识论和方法论是什么?认知的统一基底是什么?是否有无生命的认知?

(2) 认知科学产生之前,哲学家是如何看待认知现象和思维的?他们的看法是合理的吗?认知科学的基本理论与当代心灵哲学范式是冲突,还是融合?能否建立一个囊括不同学科的统一的认知理论?

(3) 认知是纯粹心理表征,还是心智与外部世界相互作用的结果?无身的认知能否实现?或者说,离身的认知是否可能?

(4) 认知表征是如何形成的?其本质是什么?是否有无表征的认知?

(5) 意识是如何产生的?其本质和形成机制是什么?它是实在的还是非实在的?是否有无意识的表征?

(6) 人工智能机器是否能够像人一样思维?判断的标准是什么?如何在计算理论层次、脑的知识表征层次和计算机层次上联合实现?

(7) 认知概念如思维、注意、记忆、意象的形成的机制和本质是什么?其哲学预设是什么?它们之间是否存在相互作用?心身之间、心脑之间、心物之间、心语之间、心世之间是否存在相互作用?它们相互作用的机制是什么?

(8) 语言的形成与认知能力的发展是什么关系?是否有无语言的认知?

(9) 知识获得与智能发展是什么关系?知识是否能够促进智能的发展?

(10) 人机交互的界面是什么?脑机交互实现的机制是什么?仿生脑能否实现?

以上问题形成了认知哲学的问题域,也就是它的研究对象和研究范围。

"认知哲学译丛"所选的著作,内容基本涵盖了认知哲学的以上10个基本问题。这是一个庞大的翻译工程,希望"认知哲学译丛"的出版能够为认知哲学的发展提供一个坚实的学科基础,希望它的逐步面世能够为我国认知哲学的研究提供知识源和思想库。

"认知哲学译丛"从2008年开始策划至今,我们为之付出了不懈的努力和艰辛。在它即将付梓之际,作为"认知哲学译丛"的组织者和实施者,我有许多肺腑之言,溢于言表。一要感谢每本书的原作者,在翻译过程中,他们中的不少人提供了许多帮助;二要感谢每位译者,在翻译过程中,他们对遇到的核心概念和一些难以理解的句子都要反复讨论和斟酌,他们的认真负责和严谨的态度令我感动;三要感谢科学出版社编辑郭勇斌,他作为总策划者,为"认知哲学译丛"的编辑和出版付出了大量心血;四要感谢每本译著的责任编辑,正是他们的无私工作,才使得每本书最大限度地减少了翻译中的错误;五要特别感谢山西大学科学技术哲学研究中心、哲学社会学学院的大力支持,没有它们作后盾,实施和完成"认知哲学译丛"是不可想象的。

魏屹东
2013年5月30日

中文版序

我非常荣幸也很高兴我在剑桥大学出版社出版的关于意识的科学研究的书被翻译成中文出版。我也非常感谢翻译者安晖博士,以及科学出版社,正是你们的努力才使该书能够在中国得以面世。

现在,越来越多的来自亚洲和世界其他地区的研究者,就这个古老而又富有挑战性的问题开展了科学研究。这对于科学而言可能是非常有益的。意识可能是有文字记载的哲学中的第一个问题,也是我们在科学上了解得最少的一个问题。已经出版的许多经验主义著作,有助于我们把事实纳入一个简单的框架。这也是本书的写作目的。

"consciousness"这个单词通常让人觉得费解,难以翻译。在科学中,最方便可行的定义就是"人能够准确报告的任何事物"。这个定义简单又明显,但是严谨地运用该定义就会产生许多让人吃惊的结果。为什么人能够非常准确地报告许多大脑中发生的事件,但是大脑的一半却绝不会产生可报告的经验?我们不知道详尽的答案。

从这个意义上讲,意识依赖于大脑的皮层和丘脑。而其他大部分的大脑结构就不会直接产生意识经验。虽然学界已经提出了许多解释,但是都不是最充分的答案。

本书提出的假说认为,意识经验反映了被广泛分布在大脑皮层和相关大脑区域中的信息。因此,一个单一物体的视觉景象,例如,一杯茶,涉及视觉皮层中大量的处理过程,并对这杯茶产生一个动态的表征,该表征会被广泛地"广播"于大脑的其他部分。目前有许多有力证据支持该假说。当然也有其他可选的主张。

如果全局工作空间假说是正确的,就会产生许多有趣的结论。我们可以用这些观点理解自主行为的控制、语言的一些主要特征、能够体验具有微妙含义的场面的能力、意识经验的"语境框架"的基本作用,甚至"观察自我"这个传统问题。

在传统哲学中,这些问题已经被加以研究了,其中不乏深刻的洞见。现在我们可以运用新的证据,包括大脑意象、神经障碍和心理学的研究发现。

对于大多数人而言,能够意识到他人的悲伤和愉悦这个事实也具有伦理和道德方面的意义。数个世纪以来,无论是亚洲还是西方的文化传统中,都反映了这个观点。虽然科学家在道德和伦理上没有任何特权,但是我们发现的事实常常使道德问题更加让人信服。

有意识的大脑给我们提出了许多挑战。虽然我们目睹了已取得的成绩,但是我们对这些答案却绝不是完全坚信的。我们已了解的关于意识的知识将会在医学、艺术以及增进人类福祉方面产生具有实践意义的效用。我坚信中国和亚洲将会为此做出意义非凡的贡献。

伯纳德·J.巴尔斯　博士

美国加利福尼亚州圣迭戈神经科学研究所

前　言

众所周知,意识经验是心理科学中十分重要、复杂且颇具争议的论题。我们都是有意识的人,但我们拥有的意识并不能被我们所直接观察,而是要通过反省来体验。然而,作为科学家,我们的目的是要收集客观知识,即使涉及主体性本身。但能否做到这一点呢? 本书将提出一种方法,毫无疑问,读者会就其是否适当得出自己的判断。然而,确信无疑的是,我们不能追求科学心理学,并希望长期避免该问题。

的确,历史地看,心理学家从来没有成功地论述过意识问题,也没有成功地回避这个问题。两个重要的心理学元理论——内省主义和行为主义,在进退维谷中均告失败。或许是从这些失败中得到了启发,现在大多数科学心理学家赞成第三种心理学的元理论——认知进路(Baars,1986a)。当我们无法指望其他的心理学能成功解释意识经验时,认知心理学是否会成功呢?——并不仅仅是因为意识本身存在,而且是因为无论意识是否有科学价值,它的的确确在人类神经系统中发挥着重大的功能性作用。把意识作为一个严肃的科学问题看待,遇到的第一个难题是澄清与意识相关的像杂草一样纠缠在一起的相互冲突的观点、意见、事实、偏见、洞见、误解、基本原理、基本谬误等。纳塔索拉斯(Natsoulas,1978a) 列举了英文中"consciousness"这个单词至少7种主要定义。就身心这个问题而言,其相关文献从《奥义书》(*Upanishads*)①延伸到最新的哲学杂志,已有3000年的深层思考。在对这些大量的哲学文献抱有深深的敬意的同时,我们注重自己的研究。这样做并不是低估哲学问题的重要性。但是科学中的一个由来已久的策略是,通过关注经验的重要问题而暂时回避哲学问题,其最终目的是用新的科学理念阐明永恒的哲学问题。

我们如何发现意识的经验证据呢? 意识的理论是关于什么的理论? 19世纪的心理学家如冯特和詹姆斯相信,意识是心理学的基本构成问题,但他们却几乎对此没有什么研究。弗洛伊德和心理动力学传统对无意识动机作了很多研究,却认为意识经验是理所当然的。在20世纪前半叶,行为主义者多不赞成对意识进行认真的研究,甚至最近几年,认知心理学家还愚蠢地回避这一问题。事实上,意识现象在我们身边随处可见,亟待我们去探究。在实践中,所有的心理学都包含着意识经验。当代心理学家会发现他们很大程度上处于类似汝尔丹绅士②一样的境地:汝尔丹绅士很有钱,特意雇佣了一个学者想让自己变得高雅。在这些荒唐行为中,

①古印度哲学典籍,古代印度圣贤对弟子进行传道授业的秘传,更是印度人思考自我和宇宙的源泉。印度的宗教哲学多是从奥义书发展而来,有"印度的《论语》"和"东方的《沉思录》"之誉。——译者注

②Moliere Bourgeois Gentleman,莫里哀《贵人迷》中一个不学无术,却热衷附庸风雅的土财主。——译者注

学者试图教会汝尔丹分辨诗歌和散文的不同,他指出汝尔丹终日都在说着散文。这个意想不到的才能让汝尔丹充满了惊奇和骄傲——说散文,但却并不知道它的意义!同样,一些心理学家会惊奇地发现他们的学术生涯始终是在研究意识,但却不懂意识。大多数物理主义心理学家的理念是趋向于忽略这一根本事实,而且我们通常把重点放在适度的经验性的细节上,这就使我们接触的只是一些有把握的而非充满魅力、挑战的问题。但是心理学家不能再忽视意识问题,正如物理学家不能忽视重力一样。

读者甚至也会同意,对于如何从经验上获得和定义意识,现在仍然是不清楚的。这里,我们可以从詹姆斯的一部著作中得到启发。在《心理学原理》中,詹姆斯提出了一个关注意识问题的方法,即将具有可比性的意识事件和非意识事件进行对比,詹姆斯本人在研究这个课题时遇到了"拦路虎",因为他认为心理学不能解决非意识过程;他认为非意识事件是生理上的。相反,目前的认知元理论认为,如果我们在众所周知的证据上推演出意识过程和非意识过程的固有属性,就可以把意识过程和非意识过程都看做是心理学问题。在认知心理学中,意识事件和非意识事件与其他的科学结构一样,具有相同的地位。在此推理基础上,现在已经累积了大量的信息。

现在,我们可以将真实可记录的有意识的早餐影像和在早餐还未形成意识前对早餐的记忆相比较;将一个已经形成意识的演讲和一个未参加的演讲(有证据表明这个未参加的演讲当时正在举行)相比较;也可以把对一个含义模糊的词已形成的有意识理解和对该词还未形成的有意识的理解相比较,因为词语的另一个含义是可以获得的(证据同样表明无意识的词语理解正在粗略地进行);一个仅仅下意识的刺激物和阈限之上的刺激物的比较;一个在习惯性无意识的行为和在意识支配下做出的相同行为的比较。本书中的对比性分析图表列出了许多成对意识和无意识的现象,它们已广泛地被实验性论文所验证。在所有的例子中,我们知道意识案例和无意识案例都包含对同一刺激的智力的描述,该刺激是以一种可比较的方式进行的。因此,意识作为一个因变数,每一对案例都是可控的实验。现在,我们就可以问,既然这一对对事物如此相似,为什么这个是意识的,而另一个不是?这个问题需要从理论上回答。事实上,这一系列对比性的事物给意识体验的任何一个原理都套上了经验性的约束;一个完整的理论必须用一种最简单和最合理的方法解释所有对比性的事物(Baars,1986b)。

例如,以巴甫洛夫对定向反应的研究为例,对比性分析使大规模的行为成为可能。当我们处在一个真实的处境中时,这些行为会影响我们全部的神经系统。我们可以将能引发定向反应的刺激物的意识体验和由于该相同刺激物的重复定向反应变成习惯后对该刺激物的无意识的描述进行比较。那么,我们不禁要问,对同一刺激物的有意识的描述和无意识的描述,它们的差别在哪里?毕竟,实体的刺激物是相同的,对刺激物推断性的描述是一样的,生物机体本身也是一样的,但是在第一个案例中刺激物是有意识的,在第二个案例中却不是。这样,我们要研究在完全相同的环境下意识体验的不同含义。这与巴甫洛夫的观点不一样,作为虔诚的生理学家,巴甫洛夫认为对意识体验进行科学研究是不可能的。长期以来,科学界有这样一个趋向,好的数据比收集它们的观察者给它们下的定义更长久。

虽然有很多研究者如此这般就对比事件进行了讨论,但不幸的是,他们关注的都是最复杂和最难以解决的案例,而不是最简单和最具有启发作用的案例。例如,就潜意识的感性认识和盲视(一种患者能辨别视觉上的刺激物却对其毫无意识的脑损害)存在大量的争议。它们是很重要的现象,但它们是方法论意义上的,在概念上很复杂,也具有争议。从我们目前的理解水平来看,它们的证据来源很少。一开始就试图探索最困难的现象违背了科学的正常程序,只会导致混乱和争议,而不是明晰。当牛顿着手对光进行研究时,他不是从最复杂的波-粒二象性问题入手,而是从简单的棱镜和太阳光射线开始。只有先研究简单清晰的案例才能建立稳固的框架,在这样的框架中,更复杂和颇有争议的问题才能被解决。这里,我们会采用标准的科学策略。首先,我们会研究一些明晰的具有可比性的意识事件和无意识事件。其次,我们才能用结论性的框架来就棘手的边界性问题提出观点。

我们可以很容易地拿出一大堆对比性的图表,列出许多具有可比性的意识和无意识现象(Baars,1986b)。在第1章,我考察了一些具有分析意义的对比性现象。但是,理论的推演却始于第2章,书里展示了少量的简化的图表,以简短的论述概括了许多观察到的现象。其他人可能会以不同的手法整理数据,得出不同的理论结果。读者可能会发现按照我们的方式,在本书所列出的对比性事物基础上建立模型是非常有趣的。

累积经验限制的运用

尽管解决了许多具体的问题,仍需做很多的研究工作。但就该问题的整体而言,许多有益的研究已经讨论过许多细节。统一的理论需要建立在"累积性的限制"之上。这和以往心理学的询问方法有很多不同,它包括了对精确的局部证据的仔细调查。以下举例说明其不同点。

假设就一个未知的单词我们得到了四个提示:

(1) 它可以吃。

(2) 每天吃一个,可以让你远离医生。

(3) 美国本土有的,妈妈常常用它做馅饼(pie)。

(4) 它长在果园。

处理它们的一个方法是把每一个提示分开来看,并仔细地观察。就"长在果园"而言,我们可以勘察果园,把可能性限定在桃子、梨、李子、樱桃和苹果的范围内。这就是局部的、逐渐精确的方法。另一个方法是认为每一个提示仅仅是对答案的部分的限制,并使用这一整体的一系列提示去推测出最佳的答案。毕竟,有很多东西可以吃;每天服用阿司匹林或患了黑死病或日常的锻炼,也可能使你远离医生;妈妈可能做的是蓝莓馅饼;而且很多水果长在果园里。但是“长在果园”加上“每天吃一个,可以让你远离医生”排除了黑死病和日常的锻炼。每一个提示都是局部的、不完整的。但是,加起来,这些局部的、不完整的事实的结合体,有助于我们推出一个单一的、整个谜语最具可能性的答案来。

科学心理学家要学会进行局部的、逐渐精确的观察。它在产生越来越准确的信息方面具有优势,虽然有时是针对一个很小很小的问题。或者,我们可以把局部的证据加起来去限制整体的推论。当然,整体的模型可以得出新的局部的推测。但是有时即使有些局部的证据丢失了,我们仍可以推演出一个占优势的整体的结论,这两种方法是互补的,在本书中我们主要使用第二种,即整体的方法。

给读者的建议

本书其实是一个探索的过程。它探索了一个确实不为人了解,至少不为现代心理学所关注的领域。多年来已经少有人研究这个领域,如今心理学界似乎又重新开始关注它了。毫无疑问,我们要探索的是既包括详尽的证据,又包括具体的理论的问题。我们旨在为该领域勾勒初步的范围。我们尽可能合理详尽地囊括可能的范畴,使我们当前的知识变得更清晰易懂,并指出我们研究中存在的空白。

阅读本书有两种方法。第一种方法,从表面的价值看,它可以作为意识经验的原理。这当然需要做很多的工作。尽管我们尽全力使这个理论既清晰又容易理解,但理解每一假说、正反两方面的证据,以及它们和理论的剩余部分的关系都需要我们花费心思。更简单的方法是把该理论作为整合我们现在已知的有关意识经验的知识的方法——大量的证据。本书几乎思考了所有重大的认知和神经科学方面有关意识和无意识过程的发现。本书的原理不是要检测每一个假说,而是为理解这些著名的文献勾勒了一个便利的“可能”的框架。

第二种方法比第一种更简单,对于学生和一般的读者而言可能更好。研究生、专业的心理学家和其他对该问题有深入研究的人,当然希望更仔细地审查本原理。本书最后的词汇汇编和理论观点指南对每一个重要的概念作出了正式的解释,并把每个概念和整体的原理联系在一起,这可能对希望更细致地研究本原理的人们有所帮助。

本书的简要指南

本书勾画了意识体验原理的基本框架。虽然在细节上可能显得复杂,但基本的观点却非常简单,一两章就可以陈述完。我们基本上仅阐述一个理论上的隐喻:一个众所周知的意识的隐喻,即在意识下存在一个“全局工作空间”。全局工作空间是神经系统的器官;它的内容大致和意识体验一致,它广泛地分布在系统之中。

如果我们把大脑看做是专门的、自动的处理器的一个巨大集合物，一些处理器镶嵌和组织在另一些处理器之中，那么这个隐喻就是合理的。处理器通过互相竞争、合作以进入意识下的全局工作空间，使它们能够传送所有的信息并到达相关的系统。在不同的输入系统的相互竞争合作下，意识终于得以浮现出来。这样一来，其中一个结果就是一个全身的信息必须是内在一致的，否则由于其成分间内在的竞争，信息会快速地消解。另外，意识体验要求接受系统适应、匹配或者作用，以接受包含在意识全局信息中的内容。还有另一种阐述方法，即任何意识信息都必须是全局性的信息。但是对任何内容充实的信息的调整都是在一个稳定却无意识的语境下产生的。

语境是相对持久性的结构，它们是无意识的，但是能够唤醒意识和被意识唤醒。意识语境和无意识语境交织在一起产生了一个“意识流”（第6章）。它们之间的相互作用在解决许多问题上都很有价值，其中，意识成分用来获取信息的真实来源，而非意识的成分和处理器则解决一些常规的事务。对行为有意识的控制可以被看做是一种特殊的问题来处理，它同时包括了意识和非意识的成分（第7章）。如果把“自我”的一个合理的定义作为许多意识体验的支配性的、不变的语境，我们就可以认为意识体验给作为语境的自我提供了信息（第9章）。这个理论框架或许合理地统一了大量的经验性的证据。

当然还有其他方法来研究意识体验，但是它们是根据扩展性的公布隐喻来推演的。一些固有属性，例如，选择性的有限能力、自我意识、报告意识内容的能力、认知世界的能力、反思性思考的能力；意识作为理性的范畴；意识作为融合不同感性认知的黏合剂，作为对与错、问题解答的范畴，作为学习的工具；意识与真实、自控力和整个自我间的关系等，这些问题既和本书的框架一致，也能从本书框架加以推演。

本原理通过一系列累积式模型加以阐述，从模型1（最初的这个模型是一个基础性框架）到模型7（该模型旨在把整个体系纳入一个简单的、条理清楚的框架），每个模型在全局工作空间示意图中，都可以用图表加以描述，而且所有的示意图都是累积的，每个示意图都扩展性地包含着以前所有的示意图。因此，我们把图表符号作为明确的形式，它们可以轻易地被转换成其他理论上的语言。读者如果想快速预览整个原理，应该浏览所有的理论上的数据和标题。

全局工作空间大大简化了意识-非意识争论中的种种证据。这个简化为我们信赖该原理提供了理由和基础。因此，本书中有大量的、具体的、可测试的预测。当然，原理最终的命运由这些预测的成败来决定。

即使我们不能得出合理的答案，至少我们可以试图提出一些有用的问题。当我们被迫在似真性相当的假说间作选择时，我们可以通过在理论的选择点上做标记来完成这一抉择。在这些问题上，理性的人们肯定有意见分歧。在每个问题上，我们都会对最终提出的理由给出赞成或反对的论据以及一些观点，以检测这些不同的论点。例如,我们认为知觉和想象——所谓的质性意识语境——在分布广泛的全局信息输入器中发挥着特殊的作用。虽然有证据和设想相应的证据,但它不是结论性的。因此,它被标示为“理论上的选择点”,以表明需要收集进一步的证据。探索观点的含义仍然是有意义的,附加条件是新出现的事件要求我们重审以前结论性的观点。不可能期望一个理论是最终的、决质性的。我们也不能把这个理论当做对真实一劳永逸的描述。理论是思考的工具,而且和其他理论一样,它们迟早会被超越。

理解意识经验的必要性

科学心理学的工作要解决的难题本身很庞大,而且纠缠不清。几十年来,几个研究小组一直在研究,试图找出该问题中被遗失的信息,并且近年来许多空白已经被填补了。但是,一个被遗失的最核心的信息——意识经验问题——被认为是非常复杂的,以致许多研究者有意地回避难题的这一部分。但是这个核心问题带来的空白并没有消失,与之相关的许多问题都不能被解决,除非这一问题有了答案。我们可以作这样的合理的类比,即我们发现了越多的此类犬牙交错的难题,剩余的不明确性就会越来越聚集在这个核心的空白上,当然这个空白需要那些被遗失的信息来填补。我们越是要去回避意识经验这个问题,未解之谜越是需要我们先理解了意识才能去解开。

当然,不是所有的人都认同我们的方法、意识、理论隐喻,或者阐述证据的方式。好的理论会因为合理的异议而更加精确,而且本书的观点必定会因为新的证据和进一步的观点的出现而发生改变。我们期望用一种以经验为基础的方式去关注和界定问题,并希望推翻这样的观点,即意识经验是心理学能够平安地回避或不用关注的问题。并不是任何科学上的努力都能确保成功。但是,正如理论所推测的那样,如果我们必须在试图理解意识问题的心理学和试图回避意识问题的心理学中作出选择,那么我们的观点是:我们必须尽力去理解它。

致谢

本理论的正式研究始于 1978 年。从那时起,许多心理学家和神经科学家就提供了许多有益的建议,既有鼓励性的,又有批评性的。其中包括 Donald A. Norman, David Galin, George Mandler, Lester Luborsky, Michael Waoner, Benjamin Libet, Anthony Marcel, James Reason, Donald G. MacKay, Michael J. Apter, Donald E. Broadbent, Paul Rozin, Richard Davidson, Ray Jachendoff, Wallace Chafe, Thomas Natoulas, Peter S. White, Matthew Erdelyi, Arthur Reber, Jerome L. Singer, Theodore Melnechuk, Stephen Grossberg, M. J. Horowitz, Dsvid Spiegel, James Greeno, Jonathan Cohen, Albert I. Rabin, James Newnam, George Stone 和 Diane

Kramer。我特别要感谢 Donald A. Norman, David Galin 和 M. J. Horowitz,他们表现出开明通达和鼓励的态度,这在很多时候都是最需要的。

我非常感谢 1979 ~ 1980 年加利福尼亚大学圣迭戈分校的阿尔弗雷德·斯隆(Alfred P. Sloan)基金为我提供的支持,让我成为该校的一名认知科学研究员;在 1985 ~ 1986 年,由约翰(D. John)和凯瑟琳·麦克阿瑟(Catherine T. Mac Arthur)基金资助被委任为加利福尼亚大学圣迭戈分校的朗格勒·波特(Langle Porter)神经精神病学研究所的访问学者,研究的课题是马尔迪·霍罗威茨(Mardi J. Horowitz)主持的意识与无意识心智过程项目。值得一提的是麦克阿瑟基金,它为支持意识和无意识的功能研究作了细致的和具有历史意义的决定。最后,怀特研究所和其所长彼得·迪布瓦德(Peter Dybwad)为本书的后期工作提供了很多帮助。

剑桥大学出版社的编辑委员会能够支持出版本书,给了我精神上的极大鼓舞。因为在当时剑桥出版社已经声名显赫,而我的理论却还是鲜为人知的。我想这一点很值得钦佩,而且我也相信最后的结果会证明他们的信心是正确的。

伯纳德·J. 巴尔斯

目　录

图 目 录

表 目 录

第一部分 导论

经过一个简短的历史回顾，我在第1章对意识提出可行的(但绝不是完美的)且具有操作性的定义，已经被广泛使用并将适用于本书始终。具有细微差异的对比性事件是实际存在的，这些对立的事件之所以不同，仅仅是因为某一个事件是有意识的，而另一个是无意识的。我们可以通过对比分析许多对立的事件来研究意识问题。这一"对比分析"的方法将为理论发展提供实践基础。

第1章仍然将知觉和意象进行了对比性分析。我们回顾了当前关于意识的观念之后介绍了全局工作空间理论，该理论把最可行的假说整合成一个单一而又简单的框架。最后，概述了在随后的章节要解释的一些常见问题。

第1章　要解释什么？一些基础知识

对意识分布问题的研究表明，正如我们所设想的，意识是一种为了驾驭神经系统的生长而附随于有机体的东西，它太过复杂以至于我们无法控制。

威廉·詹姆斯(James，1890，p. 141)

1.0　引　言

可能有这样的情形：几小时前，你从所谓的美梦中醒来，把你体验的睡醒的事件作为一种新的、极其琐碎的、可回忆、可表述的事物，甚至几分钟前没有发生的事物。同样，我们把睡觉看做是我们体验和描述世界的能力的一种暂停。今早的世界和昨晚已迥然不同——太阳出来了，天气变暖了，我们的身体更有活力。时间总是在流逝，事件也必定会发生，并不以我们是否意识到为转移。我们总是这样说："我们对此是无意识的。"似乎这也能说得过去。

此刻，你的脑海里可能浮现出早餐的意象。这是一个有意识的画面——虽然总是一闪而过，但我们能再次回味：橘子汁的颜色，热咖啡的芳香，玉米片的味道和口感。在我们对它们有意识前这些图像在哪里呢？"它们是无意识的"，我们说，或者"它们在记忆中"。这个答案好像是回答了上述问题。

此时作为读者的你，肯定对阅读这个事件的某些方面是有意识的，该书页的颜色和质地，而且或许对这些单词的内在发音有意识。进一步而言，你对信念也是有意识的——数学是存在的，例如，由于信念并不是由可感知的质性所构成的，不像是品尝橘子汁，或者只要脑海里有玉米片的图像就能让我们回味起嘎吱嘎吱的口感那样的质性。与你们的意识经验相反，你此时可能对你坐的椅子的感觉没有意识；你也不会对你口中的某种背景味道、单调嘈杂的背景声音、在某种背景中音乐和交谈的声音、需要理解的短语的复杂的语法结构、你对朋友的种种意图、模棱两可的单词的多重意思、你的眼球的运动、维持重心平衡的前庭系统，你能够驾驶汽车……有意识。虽然你现在对这一切没有意识，却有大量证据证明所有这些无意识的事物正在你的神经系统中被展示，并被积极地予以加工处理。

我们能够满怀信心地预测所有这些事情的事实表明，意识经验是可认知的，至少在其领域内是可能的。但是在此刻，我们对这个事件是有意识的，对那个事件却是无意识的，这意味着什么呢？有意识的事件和无意识的事件之间的差异在我们的神经系统中发挥着什么作用呢？这是本书试图揭示的核心问题。为了回答这个问题,我们将使用大量的与该问题有关的经验文献,用许多可信赖的事实来限定我们的理论。一系列简洁的观点可以解释许多事件。这些观点既与现代的认知原理相一致,又与许多传统的意识的观念相衔接。现在,我们将简要地评述一些传统的观点。

1.1　历史回顾和展望

意识在日常生活中有明显的表现,但是深入研究却让人感到困惑不解。在数千个有记录的人类思想中,意识被明确地解释如下:

关于真实性本质的根本问题的一种事实;

对科学心理学的本质的关注;

心理学无论如何必须回避的一个主题;

大脑运作过程中非存在物或"偶发的"副产品;

心理学和神经科学未解决的一个重大问题。

对意识问题的研究经历了激烈的大起大落,尤其是近百年以来。甚至今天,比起人类的其他功能,可能有更多的真理和谬论与意识有关系。这里我们面临的巨大问题是如何使天平向着赞成真理和反对谬误的方向发生倾斜。

我们思考意识经验问题,就要追溯众多著名的著作中所阐述的诸多观点。任何有关人类体验的观点的完整的清单都应当包括印度教、佛教和道教浩瀚的技术性文献,当然也应当涉及从柏拉图到萨特的欧洲哲学,以及西方各种有关神秘学派的学说。事实上,在所有的文化中,这些学说的历史总是和知觉、知识、记忆、图像等所有以不同方式涉及意识体验的观点紧紧交织在一起。这里我们并不去详细追溯它们之间令人着迷的历史关联。本书的主要目的不是解释这些著名的历史文献,而是要建立一种能够使我们对意识经验的理解得以简化的理论,正如任何好的理论都会使其主体问题得到简化那样,但我们也有必要简要地论述相关的历史语境。

19 世纪科学心理学刚发展起来时,意识是其主要的研究对象。到了 20 世纪,情况却发生了惊人的逆转,学界以"非科学"为由摒弃了与意识有关的整个课题研究。当时的一些心理学家认为意识经验是不存在的,这一观点在以前是从未有过的。然而,许多此类激进的怀疑论者却拥有与意识经验的理解直接相关的、明显的证据。尽管他们的结论通常会以避开"意识"之类的词语来加以描述,不管我们叫它什么,这些证据就在那里。我们也会发现这些证据将非常有用。

一般来说,当我们要研究某些事物,比如一块岩石、某个化学反应,或者一个朋友的某些行为时,我们总是先从简单的观察开始。但是,意识经验很难以一种直接的方式被观察。我们不能直接地观察其他人的意识经验,我们也不能以观察一块石头和一种植物那样的方式来观察我们自己的意识经验。最大的难题似乎是:意识经验问题之所以难以研究,是因为我们不能站在意识之外来观察它存在或不存在时产生的影响。通常在科学领域中,我们通过比较一个事物的存在与否来获得对该事物的知识,这就是我们所谓的实验方法。例如,如果我们试图改变在行走、打盹和睡眠三种状态下意识的程度,我们马上就丧失了观察的能力。你如何观察到你自己意识的来与去?这似乎是徒劳的,就像狗想要抓住自己的尾巴一样。在试图观察意识经验中存在一个恶性循环,这个恶性循环阻碍了我们运用科学的方法去理解意识的整个历史发展进程。

研究无意识过程所遇到的困难甚至更明显——从定义上我们完全不能直接观察它。无意识过程只能基于我们自己的经验和对他人的观察进行推断。通观有著述的历史,一些思想家认为许多事情是无意识发生的,而不是按照我们所相信的常识来发生的,但是这个认识在当时却遭到诸多反对,直到 19 世纪中期才被广泛地接受(Ellenberger,1970;Whyte,1962)。承认无意识过程的作用意味着放弃我们能够自我控制的观念,这对很多人而言是难以接受的。简言之,通观著述的历史,哲学家和科学家都很难理性地研究与谈论意识和无意识。即使是 19 世纪业已创立科学心理学,心理学家依然为这些问题所困扰。早期的杰出人物如冯特和詹姆斯就把心理学定义为致力于探究意识经验的学科。詹姆斯是美国 19 世纪杰出的心理学家,现在仍然是我们理解意识功能的卓越的源泉,我们在全书中都引用他的观点。但是对待詹姆斯,我们也必须十分谨慎,因为他的思想带有强烈的哲学前概念化过程。例如,他坚持所有的心理现象最终都可以还原成意识经验。对詹姆斯而言,意识经验是最让人困惑的现象之一。但是建立的这个基础本身就是令人困惑和难以理解的,它是一个毫无用处的方法——从一开始就损害了科学事业(Baars,1986a)。

詹姆斯进一步提出了一个与心理学基本问题纠缠不清的问题,即心身问题,叔本华称之为"die Weltknoten"——"世界之结"。就詹姆斯经典著作《心理学原理》中的许多论点而言,他试图把所有的现象还原成意识经验(心灵主义),然而他又试图在其他论点中把所有的现象视为与大脑的运动过程交织在一起(物理主义)。这种二元的还原导致他在心身问题上的二元性,这有悖于他的初衷。彼此对立的观点给詹姆斯造成了无休止的矛盾。他在其不朽的著作中(1904/977)甚至认为,除瞬间的意识经验应该予以保留外,意识问题完全多余。而且他坚决否认无意识过程是心理学中真实的事物。这些不同的主张如此的不融通,以致他无法为心理学奠定一个清晰明了的根基。所以许多心理学家指出,詹姆斯既具有无可置疑的伟大贡献,又是导致巨大混乱的渊源因素,詹姆斯本人也感到十分纠结。在 1892 年,他绝望地写道:"心理学上的事似乎对应了心理学上的虚幻,反之亦然,我们焦头烂额,茫然不知所措。"(p. 460)

至 19 世纪末,一些著名的科学思想者——如杰特和弗洛伊德开始摆脱限制,并基于观察到的事件,如催眠后的暗示、转换性癔症、多重人格、口误、动机性遗忘等来推演无意识过程。弗洛伊德的观点对文化产生了意想不到的影响（Ellenberger，1970；Erdelyi，1985）。

事实上，没有他及其反对者如朱赫和阿德勒的观点，我们这个时代的艺术、文学和哲学都难以被理解。但奇怪的是，弗洛伊德对科学心理学的影响甚微，部分的原因在于他对无意识作用的论证不能在实验室中得以演示——他的证据过于庞杂且又特殊而易逝，对于正处于发育期的心理学而言，显然无法消化。

1.1.1　对意识经验的拒斥：行为主义和实证主义科学哲学

围绕意识问题中的争议与混乱行为主义的革新开启了，这一变革始于1913年。行为主义者坚决否认意识经验是一个合理的科学命题，但他们认为无论如何存在一个心理学赖以建立的连贯的物理主义基础。

对一些激进的行为主义者而言，意识的存在是一个似非而是的论点，一个附随现象，它甚至是对科学心理学的一种威胁：华生写道，“意识仅仅是神学的灵魂”（Watson，1925；Baars，1986a）。华生的行为主义很快得到了广泛的认同。从那时到现在，科学哲学以不同形式在美国大学中占据了主导地位。

但物理主义心理学派并不限于美国。在不同的称谓下，实质相同的哲学在其他的国家也获得了主导地位。在俄国，巴甫洛夫/比克特洛夫支持物理主义的心理学。在英格兰和欧洲大陆的许多地方，实证主义科学哲学也具有相同的影响力。因此在20世纪初，许多心理学家拒绝将意识视为心理学中切实的命题，他们自然也拒绝无意识过程——如果一个人不去谈论意识现象，他当然也不会承认无意识现象。

一般认为，19世纪的心理学是被行为主义者和其他一些人所排斥的，因为其不可信、主观、深陷在毫无结果的争议中，以及不科学。然而，现代的历史研究对这种观点进行了全盘的怀疑（Baars，1986a；Blumenthal，1979；Danziger，1979）。现在看来，冯特等心理学家似乎更多的时候是在使用一些客观的方法，而很少使用内省等方法。浏览一下詹姆斯的名著就会发现，他了解很多现代的经验性现象。19世纪发现了许多重要且可靠的事实，随着行为主义时代的结束，其中的许多事实也有待重新发现：一些基本的现象，例如，选择性注意、短时记忆的能力限制、心理意象、理解过程中语境的功能等。现今仍然会出现重大的争议问题，但首先有两个问题我们必须在本书中予以阐明：①无图像思考的证据表明“智力”过程可以在无意识下进行（Woodworth，1915）；②在行为控制中是否存在意识指令（Baars，1986b；James，1983）。虽然它们都是重要的，实质性的争议却并不仅仅是形而上学的论证活动。在19世纪末，因为概念上的难题，它们可能无法被解决，在今天一些问题已经被解决了，这些难题包括詹姆斯所遇到的无意识过程和心灵主义的还原论。

对于内省而言，其本身是对意识经验的表述，在现代的心理学中，训练有素的观察者通常用它来研究知觉、意象、注意力、记忆、清晰的问题的解决等（Ericsson and Simon,1984;Kosslyn,1980;Stevens,1966)。毫无疑问,方法论确实有了进步,询问被试的提问方法依然是:“你正在感知、思考或者回忆着什么?”我们不把它称为内省,我们也不认为被试正是参照了他们自己的体验才回答了我们的问题。但确定的是,被试本身正是按照这样的方法来思考他们在试验中的任务的,这一点我们仅仅通过询问他们就可以明了。就这一点而言,他们比实验者更接近真理。

在拒斥意识和常识心理学方面,行为主义者也得到了许多科学哲学家的支持。事实上,哲学家经常试图分辨什么是真正的心理学,而什么不是。维特根斯坦在他思想发展的不同时期,猛烈地抨击“心灵主义语言”——心理常识的语言是“思维的一种普遍疾病”(Malcolm,1967)。在他后期的著作中,他也反对私人语言的可能性——私人语言意指人总能够认识自己。他的同事,哲学家赖尔提出了很有影响力的论证反对推断的心理实体,他嘲讽它为“机器中的幽灵”和“侏儒”。赖尔认为所有的心灵主义推论都是各种矛盾观点的混合体,使用它们会导致无限倒退(Ryle,1949)。

从现代心理学观点看,问题在于哲学家们得出的富有经验性的观点本来更应该是留给科学来解决的。人们是否能真实地表述他们自己的心灵过程是一个经验性的问题。推断的心灵事件如意识、思考和感觉是否在科学上是有用的,应该由心理学原理来作出回答。事实上,现在存在大量的证据证明心理意象是可以以一种真实可信的、揭露性的方式来表述的(Cooper and Shepard,1973;Kosslyn,1980)。其他的一些心灵事件,如动机,更难以被表述,我们将在下面的章节讨论(第6、7、8章)。同样地,过去20年来大量的研究和理论表明,推断的心灵事件在科学上是有意义的,只要它们具备具体的可操作性的定义并以明确的理论被表达出来(Anderson,1983;Miller and Johnson-Laird,1976;Neisser,1967)。有时候,心灵主义的推论确实是有缺陷的且属于循环论证,就如赖尔说的那样,但也并不总是如此。我们的任务是作出恰当的科学的推论。如果我们回避所有的推论,我们就会丧失理论的力量,它是科学发展不可或缺的工具。

然而,另一方面,科学哲学如行为主义也改进了它们的观点,坚持所有的心理实体可以作为所讨论的纯粹物质世界的客体,可以“从外部”观察。对一些哲学家而言,意识现在能够被视为一种自然现象(当然,具有主观的因素),基本上和世界上的其他事物一样。按照这个观点,我们可以在现代的两位著名的心理学家的论述中找到有关意识的最具有意义的观察结论:如胡尔和波瑞,一位是新行为主义者,另一位是操作主义者和当时杰出的历史学家,1933年,胡尔写道:“认识到一个现象的存在,即意识并不等同于坚持它的基本属性,如逻辑性、优先性。与为问题找到解决方法相反,意识本身就是亟待解决的问题。”(p. 855)

波瑞几年后在总结自己关于内省的观点时写道:“对我而言,可操作性的逻辑表明人类的意识是一种推断性的建构,一种推测出来的能力,与其他任何心理学上真实的事件一样。按照字面大致的理解,内省没有被保留下来就是不存在的。所有的观察都是一个需要花费精力的过程,而且当意识出现时还会经常导致错误。”

我们从他的书中看到的意识经验是这样的:作为一个理论架构,通常它能从可靠证据中被推导出来,并作为一个急需被解决的问题。在行为主义的框架中,意识经验的理论很难建立起来,因为它反对推断的、无法观察的架构。现在,一种新的认知的元理论战胜了这些反对意见。认知元理论赞同心理学家跳出纯观察的圈子,对需要解释的事件作出推断,如果该事物的证据是有说服力的话(Baars,1986a)。这不是一个神秘的过程,这是人们在理解他们的世界时通常会做的事情。没有人观察过愿望、爱或恨的感觉,或者是腹痛。它们都是推断性的建构,在理解其他人的行为甚至我们自己的行为时我们会发现它们很有用。

我们应当强调这样的推论并非心理学所独有。所有的科学都是超越了观察才作出推断的。原子在其出现时就是一个极富推断性的事件,基因、漫长的地质时期都是如此,这也正是达尔文理论必要的假设,以及其他科学上的建构,太多的事例也就不在此处一一列举了。较之于我们在日常生活中对常识性认识论的运用,认知心理学以更明确和更具检测性的方法对常识性认识论加以运用。在这种方法中,科学心理学家又重新开始谈论起意义、思考、意象、注意、记忆,以及近来提起的意识和无意识过程——这些推断性的概念又开始在谨慎的实验中被加以检测,在日益增多的大量的理论中被论及。我们在此的观点是,意识过程和无意识过程都涉及从公开的观察数据中所作的推论。因此,意识和无意识属于同一研究领域:推断的心理学事件。从这个观点看,詹姆斯是错误的,他坚持所有的心理学事件都可以还原为意识经验,行为主义者也是错误的,他们坚称我们完全无法研究意识。一旦我们接受了我们仅仅试图理解观察过程中的各种根本因素,这样的一个理论框架,就像地理学家理解岩石那样——也就是说,通过对原因作出合理的可检测的推论——这个方法就会越来越清楚。

现在,我们在研究意识经验时不会遇到曾困扰我们前辈的预先假定的难题(Mandler,1975a;1975b;Posner,1978;Shallice,1972)。如果真是这样,那么我们正处在人类思想史上独一无二的时代。我们比以前有着更优越的条件去研究意识经验。请再次注意——不是因为我们比前辈更聪明或更刻苦,或者因为我们有更多的证据可以使用,而仅仅是因为在我们理解的过程中更少限制性假设的牵绊。许多科学发展都是在障碍性的假说被扫清时才出现的(见第5章)。此类“摆脱呆板僵化”的做法在哥白尼、伽利略、达尔文、弗洛伊德、爱因斯坦等的著作中尤为显著。本书虽然不能与他们的著作相比,但事实的确是,我们只要坚决放弃一些预先设定的盲点,就可以取得进展。

1.1.2 意识经验的经验性证据:清晰的例子和模糊的例子

有很多有关意识经验的清晰例子(图1-1),读者对书页、早餐的意象等可能是有意识的。这些清晰的例子在心理学研究中通常会用到。当我们要求在知觉试验中的被试去分辨两种声音,或对一种错觉进行表述时,我们的要求就与他/她的意识体验相关。按道理讲,这是很明显的事实,被试所相信的东西也是清晰的。但科学心理学家却不会承认这个被广泛相信的东西。例如,在研究文献中,很明显,知觉的意识方面很少被论及。在 20 卷的《知觉手稿》中仅仅在一个文献索引中提及意识,而且它纯粹是历史性的(Carterette and Friedman,1973-1978),尽管在心理学研究中使用了大量真实可靠且准确的被试的经验的表述。

明确的意识现象
正在发生的感知
明确的心理意象
精细的内部语言
从记忆中努力找回事物
短暂的心理意象
次要的或背景性的知觉事物
抽象但可提取的概念

模糊、难以判断的事物
短暂记忆中活跃的未经复述的事物
对意识概念的预设
习以为常的刺激物
为后来的意识过程作准备的潜意识事物
枕骨性脑损伤的"盲视"
语境信息，集合
自动的技巧成分
在长时记忆中未找到的事物
知觉语境
抽象规则，如在句法结构中那样

明确的无意识现象

图 1-1 清晰与模糊事件的连续统

一些事物,例如,清晰的知觉毫无疑问是意识性的;其他的,例如,短暂记忆中活跃的未经复述的事物是有争议的;另外一些,例如,在长时记忆中未找到的事物很明显是无意识的。这里我们列举了具有可比性的清晰的意识例子和无意识例子,运用这些对比来限定我们的理论,最终就争议的模糊例子作出一些合理的理论性推论。在科学文献中存在一个问题,即存在一个总是一开始就把焦点集中在有争议的例子上的趋势,例如,潜意识的知觉和脑损伤中出现的"盲视"。但是,科学的发展通常是从清晰例子到模糊例子来实现的,而不是相反

除了一些非常清晰的例子,也存在一些模糊的例子。在这些例子中,我们很难判断一些心理学事件是意识的还是无意识的。它们可能是意识经验一闪而逝的"爆发",很难去表述,就像詹姆斯所认为的那样。当一些次要的"边缘"体验发生时,我们却在关注其他事物。早期的心理学家提到抽象的概念也会伴随着短暂的意识意象(Woodworth,1915),而且事实上,像莫扎特和爱因斯坦这类极富创造力的天才的著作中也表达过这样的观点。这样的例子比起上面讨论的清晰的例子,我们更难去证实它是否是意识的。

原点问题

这类不确质性有时会导致无休止的争议。例如,关于潜意识的知觉输入是意

识还是无意识就存在大量争议(Cheesman and Merikle,1984;Holender,1986;Marcel,1983a;1983b)。同样,还有许多以“盲视”为证据的观点,枕骨受到伤害的患者,能说出一些他们没有体验到的物体的名字(Holender,1986;Natsoulas,1982b;Weisskrantz,1980)。很遗憾,当前关于意识的思考都紧紧围绕着“原点问题”,这在方法论上是超出我们现今的能力范围的。大多数科学研究的进步首先来自于简单、明显的例子。然后,我们再使用从清晰例子中获得的知识,才能最终解决真正的难题。牛顿最初使用棱镜研究光子,然后他的研究才扩展到像彩色过滤器和波粒子这样的复杂例子。如果牛顿一开始就从复杂的例子入手,他可能就不会发现光的规律了。在科学中就如在法律中一样,难以处理的案件常常导致恶法。

在本书中,我们尽力依赖一些意识和无意识过程的明确的例子。我们尽量避免思考原点问题(例如,5.7节),我们对意识使用了一个“高的标准”。我们要求人们表述那些能单独被验证的意识经验。当其能够被独立地验证时,一般的意识知觉显然是符合这个界定的,但它也包括心理意象的意识部分。就无意识部分,我们也设立一个高的标准:无意识过程必须在有说服力的可靠的证据上被推导出来,而且它们不能是被有意识地表述出来,即使在最有利的条件下(Ericsson and Simon,1984)。句法结构就是一个明显的无意识事件的力证。即使是每个工作日都研究句法的专业的语言学家也不能宣称他们是在有意识地使用他们的句法模型。

在清晰的意识例子和无意识例子之间存在着大量的中间例子(图1-1),还有大量的介乎于清晰的意识事件与无意识事件间的中间状态的事件,探究一种能解释它们的合理的理论,然后用这种理论性的搭脚手架的材料来判断较模糊的例子。但我们必须从简单开始。

在本章中,我们将从读者自己的一些体验开始。读者在阅读时对大多数的单词是有瞬间意识的,但同时与之相对立的潜意识的信息流可能是无意识的(或者是意识的);句法处理过程是无意识的;大多数概念的预设是无意识的(第4章);习惯性的刺激物是无意识的;意象记忆,如对本书封面的意象记忆,是瞬间有意识的,但现在也变成无意识的了,等等。这些推论有大量坚实可靠的证据支持。这些清晰的例子表明,我们可以如实地讨论意识和无意识事件。

1.1.3 在意识经验方面现代理论使用的语言是中性的

当代理论对信息处理程序、表述、适应性、转换、储存、还原、激活等作了陈述,但并没有假定它们必须是有意识的事件。这在现在看来是很明显的事实,但这在历史上却是经历了一番苦痛后,才找到了研究心理学理论的正确道路(Baars,1986a)。上面提及的詹姆斯,极力主张所有的心理学事件都可以还原为意识经验,但行为主义者却否认心理学事件与意识或无意识间的关系。二者中任何一种观点都不可能对相同的意识事件与无意识事件进行比较,并提出这样的疑问:“它们之间的差别到底在哪里?”因为就意识经验而言信息处理程序语言是中性的,该语言给了我们谈论推断的心灵过程是意识还是无意识的自由。这是厘清该问题所迈出的巨大的一步。

1.2 要解释什么?主题的初步界定

意识理论是什么样的理论?首先,就我们所关心的而言,它是体验的本质的理论,是读者个人对“这个”单词的体验,他/她对昨天早餐的心理意象或对牙疼的感受——这些都是意识的内容。这些体验是知觉的和意象性的(本书使用意象一词,意指人内部产生的准知觉体验,包括视觉和听觉意象、内在语言、身体感受等)。

以现在我们讨论的目的,我们把抽象但能直接表达出来的概念视为是有意识的——包括我们现在可予以表达的信念、意图、意义、知识和预期。值得注意的是,对抽象概念的体验完全不同于知觉的和意象的事件(Baars,1986b;Natsoulas,1978a;及通篇文章)。抽象概念不具有我们对本书的视觉体验所具有的充分、清晰和连贯的质性特征:没有颜色、质地、温度、尺寸、场所、明确的开始和结束等。质性特征是知觉和意象体验的特点。概念性事物却不是。与这些质性的意识经验相反,我们在意识存取的方面有时才会提及抽象的概念性事物。该问题与焦点和边缘意识问题密切相关。读者很快就对这些单词具有了意识。但许多附加的信息也能够立刻获得,它好像在意识的边缘位置模糊地存在着。有一些是短时记忆并能立刻进入大脑(1.3.4节);有一些处在感觉的边缘,像某种背景声音那样;有一些可以组成通常容易为我们运用的观点和技能,例如,人站立并走到隔壁房间的能力。另外,从快速意识存取的角度讲,那些次要的事物比原型的意识经验有更多的研究价值。

常识把质性的体验和直接能表达的、非质性的概念称为意识。我们会暂时使用这个定义,如果研究中的事物满足我们下面论及的操作性标准。一个完整的理论必须解释这些表述中的相同点和不同点。在本书的后面我们将讨论意识控制的含义,以作为思考意志的一种合理的方法(第7章)。

当然,现实中,人们从事的每一件工作都包括所有三个因素:意识经验、意识存取和意识控制。如果我们不能揭示这三个因素,就不能最终理解意识的作用。然而,我们能肯定意识的质性的体验是理解其他因素和意识作用的基础。因此,我们首先论述意识经验这个难题(第2、3章),然后研究意识存取(第4、5章),再到意识控制(第6、7章),最后研究三个因素的整体性功能(第8、9、10章)。

这项工作的第一个要务是为意识事件的存在寻找一个客观的标准。一个理性的人会把何时作为确认某一个人刚刚经历的一些体验呢?什么是一个人刚看见一个香蕉,感到了牙疼,记起了花朵的美丽,或者对于意识经验的本质体验到一种新的见解的真实可靠且客观的证据?

1.2.1 客观标准:皆在通达该现象

在本书中,我们常常会诉诸读者的个人体验,但仅仅是为了证明的需要。从科学的角度看,所有的证据都可以用完全客观的术语来表述。我们可以为意识事件设定一个有用(尽管不是完美的)且客观的标准。可能有些人反对第一种操作性的定义。但是它却划定了一个每个人都可以去思考意识问题的清晰的领域,在这个领域中,我们可以进行理论的建构,并进而思考一些更复杂的例子。

现在,我们可以认为人们对一个事物是有意识的,如果:①他们随后立刻说他们对该事物是有意识的;②我们能独立地证实他们表述的准确性。当我们给他们一个香蕉而不是一个苹果,人们告诉我们,他们正体验到一个香蕉时,我们就可以推断他们真的意识到了这个香蕉。可证实的、即刻的意识表述事实上就是我们现在常常使用的标准。我们在许多心理学实验中获得的也确实是这种可证实的、即刻的意识表述。

不要把意识经验的实在性与有用的操作性定义相混淆。这一点是很重要的。当然,许多意识事物是不易被证实的,比如梦境、特殊的意象、细微的情感等。但就我们的目的而言这不是必需的,因为我们可以借助成千上万的可被证实的实验。按照科学界通常流行的做法,我们有意为我们的观察设定了一个高标准。我们情愿冒着这样的错误风险,即意识确实存在时我们却怀疑它的存在,而不是相反的错误风险,即当意识不存在时却认为它存在。

例如,斯普灵在其著名的实验(1960 年)中给被试展示了一个 3×3 的方表格,每隔一秒让被试看一个方格中的字母或数字(图 1-2)。观察者通常都声称自己看到了所有的数字,但他们却只能回忆 3~4 个数字。因此,他们达到了上述提及的"意识表述"的标准,却没有达到可证实性的标准。然而,让人头痛的是被试——和曾作为被试的实验者都坚持认为他们对排列中的数字有短暂的意识。斯普灵找到了一个很聪明的办法可以客观地揭示被试对这些数字的意识状态,这个方法就是先给他们看方格中的字母,然后任意挑选出一个字母,给被试一些提示,再要求他说出该字母。在这种情况下,人们能准确地表述出任意的字母,这表明在他们的大脑中的确存储了所有的字母。因为提示是在字母表格被拿走之后给出的,那么很明显正确的信息就来自记忆,而不是来自实体的表格展示。现在我们可以断定在斯普灵实验中被试确实对视觉展示中的所有信息进行了短暂的有意识的存储。这个实验既满足了意识表述的要求,也满足了可检测性的要求。

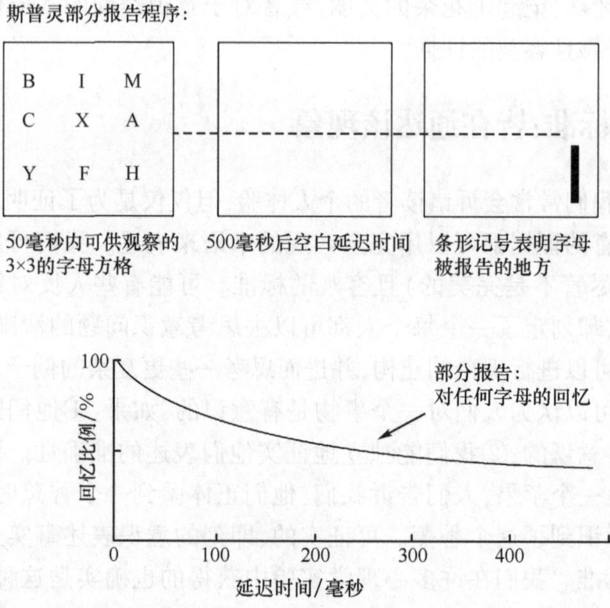

图 1-2 斯普灵的实验

短暂的意识事件可能难以回忆,扫视过字母方格的被试声称他们对所有的字母都有大致的意识,虽然他们不能报告它们;报告它们很费时间,而且报告行为可能会被有意识的提取干扰。斯普灵(Sperling,1960)发现在字母被翻后的几百毫秒内,字母位置下的条形标记是一个提示信号以还原该特定的、任意挑选的字母。这意味着被试能够短暂地提取这些字母,尽管他/她不能完整地报告它们。因此,有意识的提取是真实存在的,但它快速消失了,而且可能被其他回忆行为干扰了

斯普灵的实验提醒了我们意识在几百毫秒内可能消失,因此,马上表述它是很必要的(Ericsson and Simon,1984)。有时甚至是当下的事件都很难回忆起来,例如,一闪而过的事物,难以并入记忆单位的新的刺激物,或者让人分心或惊奇的刺激物。事实上,还原或表述当前事物的行为可能受到准确回忆的干扰。但是一般来说,当下的事物才是意识表征最好的对象。

验证报告的准确性有很多方法。从知觉、心理学和记忆实验中,我们都能直接检测刺激。心理意象的研究就是典型的对内部一致性的研究。例如,由库珀和谢泼德做的著名的实验就表明旋转的心理意象,时间转动是最能预测转动角度的线性函数。这个精确的结果有助于证实被试说他们确实阐述了旋转心理意象。对显问题的求解,典型的是寻求结果、子目标、时机的选择以及特性误差等的准确性(Ericsson and Simon,1984)。另外,值得注意的是,可验证的准确性并不能保证意识本身。心理旋转的某些方面可能不是意识的,例如,库珀和谢泼德的实验就表明当我们处于无意识时,无意识的旋转也是非常精确的。同样,意识经验的表述也并不能保证意识确实发生了。有很多证据表明:人们常常臆造被证明是假的一些回

忆、意象、感性经验和意图(例如,Nisbett and Wilson,1977)。这就是为什么我们要同时为意识经验设定可表述性和可证实性的标准的原因。

注意,我们说"我刚刚经验了一个香蕉"是一个元认知行为,它是对以前的心灵事件的表述。毫无疑问,意识是存在的,即使没有这种元认知——如果我们此后没有对它进行表述,即使是对我们自己没表述,它也确实是存在的。当人们沉浸在某部小说、某个电影或催眠状态时,在不打断这种沉浸状态下,人们可能很难表述他们的意识经验,但他们确实对所有这一切是有意识的(7.7.1 节)。这表明较之这里使用的操作性的定义,有更多的直接评价意识经验的方法。事实上,当我们发现更多的与此定义相关的证据时,毫无疑问,更好的操作性的标准就会出现。如果我们发现按照上述标准认定的有意识的人对经验具有良好的再认记忆,我们可以向上"拔鞋带",而且"精确的再认记忆"那时就会取代可证实的意识表述。或者按照可证实的意识表述的定义,人们会发现一些绝对与意识经验相关的中性的事物;当人们无法表述其经验时,中性的事物也会同样发挥作用。随着时间的推移,人们对此种方法越发信任,它就可能逐渐取代当前的定义。但是现在,"可检测的,即刻的意识表述"仍然是最明显的具有合理性的标准。

我们第一个操作性的定义涵盖了从感性事物到纯粹的心理意象、身体感受、内部语言等,当人们能对此类事物形成的意识给出可证实性的表述时,这类意识事件通常被称为"质性的意识内容",因为它们有诸如颜色、重量、味道、时空的位置等特性。除了质性的意识事物,人们也把其他一些心灵内容称为"意识",如果它们能马上被存储及表述的话。因为人们能够就他们当下的信念、观点、意图和预期作出可证实的表述。但是有些事物没有味道、质地和颜色的特性。观念如民主或数学、相信他人是处于好意等——这些事物是没有质性的、抽象的。但是,它们原则上能满足我们可操作性的定义,而且当然按照"意识"通常的意思,我们通常是在谈论我们有意识的信念、观念和意图。质性的和非质性的意识间的关系在本书中将是一个持久性的命题。第 7 章将对该问题给出答案。

注意:可证实的、即刻的意识表述显然是一个整体的认知工具。任何完整的理论都必须对它作出解释。例如,假定具有作出有意识行为的能力,这与意识经验紧紧联系在一起(见第 7 章)。另外,任何理论最终都必然会对最初推导出该理论的操作性定义作出原则上的解释。首先,我们会选择一些简单的方法,因为它们极有可能是合理的、有用的。但最终,在方法与理论间的螺旋式相互作用下,我们必须对方法作出解释。

1.2.2 意识经验的对比分析

通过对相似事件的比较,我们将集中对这类意识概念进行探讨。在这个相似事件对比中,一个是有意识的,另一个是无意识的。读者关于他今天早餐的意象信息可以与还停留在记忆中的相同的无意识信息相比较。对同一事物有意识的表征和无意识的表征的区别在哪？读者在坐下后即刻对椅子产生的意识和现在对椅子的感觉的习惯性表征的分别在哪？一个句子所包含的意思，以及在记忆中目前不能获取的相同意思的区别是什么？目前接受的观点与理解该观点所必须但不能被获得的前提知识是什么？所有这些例子都涉及极具可比性的意识和无意识事件之间的对比。

这些对比就类似于实验，在这种意义上，我们改变其中一个事件而保持另一个不变，并评价意识存储和经验的作用。其实，许多此类的实验报告已经出版了。在选择性注意、潜意识知觉、自主性的研究中，通常会把相同意识和无意识事件进行比较（Libet，1978；MacKay，1973；Marcel，1983a；Shiffrin and Schneider，1977；Sokolov，1963）。如果对比性分析就像在做一项实验，那么它和任何知觉实验的区别是什么？其区别仅仅在于比较对象的不同。在知觉实验中，我们可能用 20 分贝的声音和 30 分贝的声音相比较，它们都是意识事件。但在对比性分析中，我们会比较两个心灵表征——30 分贝的声音在形成习惯前对它的心灵表征（它是意识的）和 30 分贝的声音在形成习惯后对它的心灵表征，这是无意识的（1.4.1 节，Sokolov，1963）。对比性分析让我们可以从外部观察意识经验存在时和不存在时的区别。通过从可观察的行为到一些推断的心灵事件中作出真实可靠的推论，我们就可以进行对比性分析，推断的心灵事件是可以进行推断的，甚至当被试丧失了对该心灵事件的体验时也是如此。

1.2.3 使用多重对比限定理论

本书对意识经验的研究使用了"累积性的限制"（Posner，1982）。如前言所述，我们会借助多个领域中的证据，以致某一领域的强势可以弥补另一领域的薄弱。当然，本书提出的假说在被认定为真实可靠之前还有大量经验性的工作要做。但是理论的作用就是基于已知就未知推出可靠的推论。正如布罗德本特（Brodbent，1958）所描述的：

> 前进的正确道路……是建立理论，尽管这种理论一开始不够详尽，但是它能够反证。随着研究的深入，理论会越发详尽，直到达至只有赋予正确的价值理论才会获得进一步进展的阶段……以前的阶段性进展总是会为其基本形式（已为大家知晓的方程式）留下一些还没有详细说明的问题（Posner，1982）。

本书的方法是一体化的、全局的，而不是局部的。我们会寻找本书提出的"体系结构"与其他当前的认知理论之间汇合的地方，尽管我们思虑的证据完全不同（Anderson，1983；Norman and Shallice，1980；Reason，1983）。这一点是值得鼓励的。

1.2.4 本方法的一些例子:知觉和意象

1. 知觉作为对刺激物有意识的表征

知觉是意识经验最为详尽的领域。在知觉研究中,我们通常会询问人们,他们经历了什么,或者一个经验如何与另一个经验相比较。而且我们通常会检测这些表述的准确性。因此,知觉和心理学的研究通常都会满足“对意识准确的表述”这一标准。有人可能会争辩说,错觉从定义上说是不准确的,因此对错觉的研究是这一标准的例外(Gregory,1966)。但事实上,甚至错觉也符合我们对意识经验所下的操作性的定义:这个定义关乎的是就被试的经验做出的可证实的表述,而不是经验本身是否与外部世界相匹配。我们不能按照外部世界来检测错觉表述的准确性,但其他一些正当性检测会在实验室用到。就主体本身而言,错觉是可以预测的、微妙的。如果有人声称他经历了一个完全怪诞虚幻的经验,而其他观察者却没有此经验,事实很快就会真相大白。对于这种特殊的错觉经验,操作性的定义会让我们陷入麻烦之中。所幸的是,有很多非常可靠的知觉表述的例子使我们可以抛开那些模糊、边缘性的例子而关注那些清晰的。

现在我们就对知觉事件进行对比性分析。我们可以把知觉看做是输入表征(Lindsay and Norman,1977;Marr,1982;Rock,1983),将知觉表征和对刺激物无意识的表征进行比较。表 1-1 就展示了这些对比。有证据表明:有一些未被注意的信息流也被神经系统予以处理和表征,尽管它们是无意识的(例如,MacKay,1973;另见 Holender,1986)。而且,习惯性的知觉事物——那些我们已经习惯的——也在神经系统中继续被表征(Sokolov,1963;见 1.4.1 节)。有证据表明知觉事物在它们变得有意识之前已被处理一段时间了,因此存在着无意识的输入表征(Libet,1978;Neisser,1967)。在知觉中有很多模糊之处,涉及了两种解释同一刺激物的方法。在这两种解释中,同一时间只能有一个是有意识的,尽管证据表明另一个也被予以表征(Swinney,1979; Tanenhaus et al.,1985)。有证据表明,尽管这存在争议,被中枢掩盖以致不能直接被体验的视觉信息也在继续地被表述和处理(Cheesman and Merikle,1984; Holender,1986; Marcel,1983a)。最后,还有一些形成一个知觉解释的语境表征和语境处理,它们本身不是有意识的(见 4.0 节)。

表 1-1 知觉中的对比证据

意识事件	可比较的无意识事件
被感知的刺激物	1. 处理过程中缺乏强度或持续性的刺激物和中枢掩盖刺激物
	2. 前知觉处理过程
	3. 被习惯或自动的刺激物处理过程
	4. 歧义刺激物的未被提取的意义
	5. 知觉解释的语境限制
	6. 未被注意的知觉输入信息流

任何知觉中意识部分的理论必须解答所有这些对比。因此这个问题是有范围限制的。我们不能仅仅建构只能解释其中一个对比的理论,而期望该理论能解释其他的对比。

有几个心理学家认为,知觉和意识具有特殊的关系(Freud,1895/1966; Merleau-Ponty,1964; Skinner,1976; Wundt,1912/1973)。这是我们将在本书中遇到的一个主题。主要的输入、输出、中间系统的大致比较表明,意识与神经系统的输入部分紧密相连。虽然知觉过程在细节上明显是无意识的,但知觉结果是信息的丰饶领域,在这个领域我们可以进行灵敏的详尽的意识存储。通过比较,意象是无意识的,就如内部语言、身体感受等。行为控制似乎也是无意识的——事实上,许多观察者声称行为中最明显的意识成分是对已作出的行为的反馈和计划中行为的预期意象。但是,行为反馈本身是知觉的,意象是准知觉的(见 1.2.5 节和第 7 章)。行为和意象中的意识成分与意识知觉相似。

同理,观点和记忆似乎比知觉具有更少的意识成分。即使是在短时记忆中,我们也只是对那些当下正在再现的事物有意识,而不是其他事物;而且在短时记忆中有意识的被再现的事物通常具有准知觉的特性。我们对长时记忆中的信息或记忆中语义抽象成分的信息没有意识。在思考和解决问题过程中,我们会遇到一些如潜伏这样的现象,并提醒我们解决问题的一些细节过程通常是无意识进行的(第 6 章)。另外,在思考和记忆中明显的意识成分包括意象或内部语言——这些与知觉事物相似。经过潜伏期进入脑海的观点常常具有知觉或意象的特征(John-Steiner, 1985)。总之,当我们比较输入事物(知觉和意象)、输出(行为)和中介事物(观点和记忆)时,就细节而言,输入事物更具有意识性。当然这种比较是粗略的,但它表明知觉和意识具有一种很特殊的关系(见 1. 5. 4 节)。

2. 意象:内部事物的意识经验

我们对所有感觉形态的意象都有意识,特别是视觉,对内部语言和对与情感有关的感觉、预期的快乐和预期的痛苦也都具有意识。这种经验和知觉不同,因为它们是从内部产生的。现在有很多技术可以用来评估符合我们意识经验操作性定义的意象事件,尽管与意象相关的文献更多的是与意象表述的可证实性相关,而不是探求意象是否是意识的。例如,库珀和谢泼德所做的一系列著名的实验就表明人们可以旋转他们的心理意象,而且旋转所需要的时间是旋转角度数字的一个线性函数。这个精确的结果可以作为心理意象准确性和可靠性的一个证据。但是,并不明显的是,实验中的被试对该图像具有持续的意识。有可能在心灵旋转椅子时,我们在 0 度、90 度、180 度时对椅子有意识,在圆的其他角度就没有意识了(表 1-2)。

表 1-2　意象中的对比证据

意识事件	可比较的无意识事件
1. 在所有模型中被提取和产生的意象	1. 在记忆中未被恢复的意象
2. 新的视觉意象	2. 自动的视觉意象
3. 面临意外难题的自动意象	—
4. 内部言语:在短时记忆中当前被提取的词语	4. 在短时记忆中当前未被复述的词语
—	5. 自动的内部言语

3. 评估心理意象的意识性

所幸意象的研究者们开始更直接地关注意识问题了。潘尼在一个可证实的心理意象的实验中征集被试的意识表述。他的结论非常系统化、条理化,而且与以往对意象的观点一致。潘尼实验中的被试们被要求记住一些视觉图像,它们是任意的,所以被试以往的知识不会对其发生作用。在图 1-3 中,测试图像按相似的规格设计相互靠近的任何两个图像相对相同,而距离越远的图像差距更大。然后潘尼让他的被试们对图像进行区分:他们首先被要求先记住一个图形,然后在另外两个图形中选择一个与他们脑海中的图像最相近的图形,通过变换这两个图形相互间或多或少的相似性,潘尼可以控制这个实验的难度。这两个图形越相似,识别的难度越大。

一系列逐渐改变的意象刺激物

图 1-3　潘尼的实验:可预测的心理意象随着实践成为无意识

潘尼(Pani,1982)证明在匹配任务中的心理意象随着实践从意识中消失了,并随着任务难度的增加又重新变得有意识。但是,即使意象消失了,它的内容仍然为执行任务可用,这表明在极熟练和常规的行为中,意识并非必需。图 1-3 中的刺激物逐渐变化,因此两个相邻的刺激物只是稍微不同,而离得远的刺激物却很容易识别。潘尼请被试记住一个图像,然后从上述图表中选择两个图像再让被试看,要求被试选择与心理意象最相近的刺激物。通过挑选最相似的或难以识别的图表就可以控制实验的难易程度。随着被试实验次数的增多,意象会从意识中消失,反应会越来越快,越来越准确

采用这个方法收集的意象报告可以作为实践与难度的一项功能,而且结论是非常清晰的,实践的次数越多,被试对心灵图像就越来越无意识。事实上,可以预测对意象图像的意识性随着实验次数的增加会逐渐降低,甚至超过 18 次实验,意识与意象图像的相互关系就降低至 90%。当辨别的难度增加时,心灵图像会再返回到意识中来。

从许多方面而言,潘尼的实验是其他实验的一个原型,我们会回过头来对它进行多次的讨论。它证明了几个重要的事情。第一,它表明,即使对图像的心灵表征随着实践变成无意识的存储,但在实验中它仍然发挥作用。第二,识别的准确性并不随着实践下降,尽管意识存储会下降。这个结论运用了对比性研究。毕竟,对目标图像的心灵表征是一直存在的,不管是否是有意识的;有意识的意象和无意识表征间的区别是什么。第三,注意随着难度的增加,有意识的意象会快速地恢复。在第 5 章中,我们会论证意识意象的衰退和恢复可以用新颖、信息性和可预测性等术语来理解。心灵表征越具有可预测性,它就越可能消退;心灵表征越新颖,信息量越多,难度越大,它就越可能是有意识的。

4. 内部语言的重要性

内部语言是经验最重要的模型之一。我们大多数人都会自言自语,我们有时会不愿意大声把它说出来。我们已经习惯了内部声音以致我们不再意识到它是“元认知”的存在,人们会陷入询问自己“什么是内部声音”的矛盾。但是,内部语言的有关实验证明它的存在是客观的、真实可靠的(Klapp et al. ,1981)。近几十年来,辛格和他的同事采用要求被试大声说出来的方式来研究内部语言,让人吃惊的是被试们也非常愿意这样做(Pope and Singer,1978)。从这些实验中我们得到一个很好的证据,即内部声音一直在对我们的经验、感觉和与他人的关系进行不间断的注解;它评论过去的事情并有助于我们规划未来(Klinger,1971)。临床研究者训练小孩自言自语以控制他们自己的行为(Meichenbaum and Goodman,1977)。在认知文献中有很多关于语言短时记忆的实验,其短期语言记忆实验的范围大致包括重复记住电话号码,思考不同的观点,自言自语(Baddeley,1976)。因此,我们事实上已了解了内部语言的林林总总,尽管它的许多证据被列在了其他的标题下。

短时记忆存在于可重复的,通常是语言记忆的范畴。自冯特以来,人们开始知道在短时记忆中人只能记住 7 个左右不相干的单词、数字或短语。如果重复受阻,数字就会降至 3 ~4 个(Peterson L R and Perterson M J,1959)。很显然在一般的短时记忆中我们并不对所有事物都具有意识。在再现一个电话号码时,我们只是对当下重复的事物有质性的意识,而不是对所有 7 个数字,尽管这 7 个数字已全部被存储。短时记忆不但提出了意识经验的问题,而且提出了有意识控制的问题。我们可以要求人们有意识地再现一些数字,或者通过要求他们完成一些竞争性的有意识任务,如三个数字一组从 100 倒数来干扰他们的重复(Perterson L R and Perterson M J,1959)。有关短时记忆完整的清单必然包括有意识控制的部分(见第 8 章)。

有些推测认为,内部语言随着实践可以变得自动化。一些临床研究者认为郁闷的人可能会在某种程度上重复悲观的观点,以致丧失控制自我伤害想法的能力(Beck,1976)。这个观点是合理的,但笔者没看到任何直接支持它的研究成果。这在科学文献中存在明显的空白。一个在视觉意象方面的与潘尼的实验相似的实验,或许可以提供一些未发现的证据。

1.2.5　抽象的概念是意识的吗?

很久以来,哲学家已经注意到,我们对知觉世界的意识不同于我们对概念的意识。知觉是有一些如颜色、味道和质地等质性特征的。概念如"民主"或"数学"却没有这些质性特征。然而,一般的语言也充满诸如"我感觉到了他的进退两难""我对谋杀他人是有意识的"等此类的表达。抽象的信念、知识、意图和决定等,很多时候被说成是有意识的。而且我们操作性的定义也是允许的:如果某个人宣称他对数学的某个观点有意识(理解),我们可以检测他所言的准确性,这确实符合对某物的意识状态的准确表述的定义。但是我们真的能说人们会对那些没有经验性的质性特征如尺寸、形状、颜色、在时空中的位置等信念具有意识吗?

我们先假设对一些抽象概念有意识是有意义的,尽管质性和非质性经验二者间关系的本质将是贯穿全书的一个命题。我们会指出许多关于我们对抽象概念有意识的对比性事实。例如,读者现在也许对民主的存在没有意识,但当我们问到民主是否存在时,这一抽象的事实就会很快变成有意识的。也就是说,我们可以比较当一个停留在记忆中,还没被我们意识到的概念时的情景与当该概念变成意识时的情景。而且,有理由相信随着实践与可预测性的增加,对该概念的意识会逐渐变得无意识,就如意象随着实践变得无意识一样(5.1.3 节)。因此,对抽象概念的意识与我们对知觉和意象的意识经验一样。我们会讨论对知觉和意象的意识经验,以及对抽象概念、意图、信念等的意识。第 7 章会就质性经验与非质性意识通道的关系问题给出答案。

简而言之,我们在知觉、意象甚至抽象概念的领域都能找到具有可比性的意识与无意识事物间的许多对比。这里仅仅给出两个对比性分析方法的例子(更多的例子见 Baars,1986b)。本书的其余部分,也会研究几个对比性例子,内容如下:

第 2 章,比较具有可比性的意识和无意识处理过程的能力。

第 3 章,与睡眠、昏迷有关的神经机制和与失眠、醒觉有关的神经机制的比较。

第 4 章,比较无意识语境因素和受其影响的意识经验。语境限制似乎可以解释被注意与未被注意信息流的区别。

第 5 章,习惯的和自动的事件与同样的但具有明确意识的事件比较。

第 6 章,比较在"酝酿"过程中有意识的提取问题及答案和许多其他无意识的问题解决现象。

第 7 章,通过比较有意识行为和同样的但无意识的行为,将对比性分析运用于有意识控制的问题。

第 8 章,对注意的有意识的控制和对注意自动的、无意识的控制。

第 9 章,自我归因的经验和自我异化经验的比较。

因此,本书从对比性分析中受益良多。

1.2.6 该方法可能存在的一些困难

对比性方法的逻辑和实验方法类似,因此可以用一些相同的观点来反驳它。在一个实验中,如果 A 是 B 的一个必要条件,我们通常会问 A 是否就没有藏一些其他的因素 C。对于所有的比较都可以提出这样的问题:如果这些比较不是最小的单位会怎样?如果还包含其他因素呢?如果自动性的技巧是无意识的,因为它们是以一种不同的程序方程式且不能被有意识地读取的编码编程的,那又会怎样?(Anderson,1983)如果潜意识的刺激物是无意识的,不是因为刺激物能量太低,而是因为所产生的神经行为的持续性太短,又会怎样?这些都是可能的。在尽可能的范围内,我们可以做一些实验去检测所有其他的假说。现在,我们主要借助已知的、广泛的证据及可行的最少原理去解释它们。但是任何的解释都仍然有待修正。

1.2.7 ……但这是真的意识吗?

持怀疑论的读者可能完全会同意我们大部分的观点,但仍然对我们是否真的能描述意识经验有疑惑,或者相反,认为我们是否事实上只是处理了与意识经验相关的一些偶然现象。当然,在一个科学的框架中,人们不可能期望产生一个最终的、无法更改的对“事物本质”的理解,而是旨在既有的知识上不断前进。无论我们对意识经验了解多少,针对“剩余的主观性”,总有一些不可还原的核心(Natsoulas,1978b)。关于这一点,我们应当提醒自己,物理学家仍然在更深一步地了解地球引力,这是 400 年来物理学的一个中心问题。早期地球引力理论的发展是基础,并为当前理论的发展提供了一个必需的台阶。我们可以朝着更合理的理论努力,但不可能获得最终极的理论。

这些考量不断地“锤炼”该问题以获得更佳的理解。可是,科学理论通常都宣称达至“事物的本质”,至少比竞争性的理论更接近。物理学声称理解和解释了行星系,生物学好像获得了对遗传机制的真正理解。这些论点在当时也被认为是令人震惊和有争议的。通常在科学中,如果一个事物看起来像兔子,它的行为也像兔子,它的味道尝起来也像兔子,那么我们会趋向于认为它是真的兔子。同理,如果一个事物符合我们在意识经验上所发现的所有的经验性限制特征,它就很可能和我们现在所获得的意识经验十分相似。当然,任何研究意识经验的理论中的观点都应建立在证据的可靠性、充分性和完整性基础上。

通常在认知心理学中,为了避免一些争议,会使用科学的婉转说法,如“注意”“知觉”“暴露在刺激物下”“口头表述”“策略性的控制”等,这些词语有它们的用法,但它们也会掩盖一个真实的问题。“策略性的控制”是一个很好的方法,用来表示对自动性技巧丧失了有意识的控制(Schneider and Shiffrin,1977;Shiffrin and

Schneider,1977),但是使用这个词语,绕开了意识经验和“有意识”控制间的关系。一旦我们将某些事物打上意识经验的标记,我们就不能再回避这个问题(见第7章)。在本书中我们会发现用事物惯常的名字来称呼它们是很有用的,因为这样可以更直接地提出一些重大问题。当前这一组组对意识经验的委婉说法都没有准确地囊括无论是生活中还是本书中我们用“意识经验”所表达的意思。

1.3　理解意识经验的某些尝试

现在,学界又再次掀起了对意识经验研究的热潮。米勒(Miller,1986)把意识称为心理学三个重大的、构成性问题之一。这些问题构成了心理学的基本原则。因此,借鉴在意识问题上已作的研究,对我们理解意识是有益的。我们将简要地回顾一些常用的说明性的隐喻,研究一些当前的模型,最后勾勒本书将要进一步研究的论题。另外,读者不要因为证据表面上的复杂和分歧就感到气馁。本书的其他部分会使用最基本的观点来全面地研究意识。

1.3.1　四个常用的假设

1. 激活假设

一个通常的观点是,意识涉及对记忆中某些事件的激活,一旦这些事件跨过激活的界限就能被意识到。我们把这叫做激活假设。这在当前是一个受欢迎的假设,因为当前许多认知理论都因为其自身的理由而用激活这个概念。激活假设最早是在1824年由赫尔巴特使用的,他以一种非常现代的文风写道:

> 因为人们往往会说观点进入到意识之中,所以我把它称为意识阈,当一个想法从完全习惯性的状态进入到某种真实【意识】的构思过程时,这个想法就像在穿越边界……当我谈到观点的强化和弱化时,我指的是这个观点在阈之下。如果它不能满足某些条件,如果它必须要添加一些条件才能到达该阈,那么它多多少少就是低于该阈。相反,一个观点在该阈之上那么它就达到了真实【意识】构思过程的这个程度(Herbart,1824/1961)。

知觉、意象和记忆的研究都为该观点提供了一些证据。在正常环境中低强度的刺激物不会形成意识。当两个刺激物同时引发观念联想时,这种联想比起只有一个刺激物引发观念联系更可能成为意识(Anderson,1983),等等。许多涉及意识的现象都能用激活阈的观点来解释。近年来提出的许多模型中都包括了“扩散激活”,这在本质上并没有偏离赫尔巴特的思想。这些模型把知识视为相关元素的网络,不论它们是音素、单词还是抽象概念。信息可以从一个节点传播到另一个节点;任何元素连接的程度都可以通过分配给每个节点的激活数字来标示。这些模型是很有效的,它为心理学提供了灵活的、强有力的理论语言。它们已经被应用到模型语言、视觉知觉和语言知觉、意象、记忆还原、语言产生等方面(Rumelhart et al.,1986)。但是,在这些模型中,激活的力量不是被解释为被激活物可能变为意识的原因。

几个理论家提出尝试性的建议,即意识事实上涉及高水平的激活。在某些方面这是有吸引力的,而且事实上我们在第2章提出的模型可以用激活的术语来表达(2.3.3节)。但是,我们认为单纯使用激活表征意识存在着以下风险。

2. 单独使用激活假设的困境

激活本身并不足以产生一个意识经验。特别是在当一个事物一遍一遍被重复展示时的意识经验习惯化和自动化现象中尤为明显。我们把这些现象称为"冗余效应"。这在本书中很重要(第5章)。冗余效应表明,我们对重复的可预测的事物通常会丧失意识。这适用于感知的刺激物,以及重复的心理意象,任何实践性的可预测的技巧,甚至意义中可预测的成分(第5章)。在本章的后面我们认为冗余效应不但包含激活的衰退过程,也包含积极的学习过程(1.4.1节,5.0节)。

一般而言,如果我们接受意识经验相对高于一些阈的激活,如赫尔巴特的激活假设所言,那么我们也必须接受这样一个事与愿违的观点,即太多的激活持续时间太长,反而会导致意识经验的丢失。或许激活是先上升然后下降?然后我们就必须解释一个学会的自动性技巧是如何有着低的激活却是有效的!如学习骑自行车时,当我们获得了该技巧的效率和有效性时,我们就会对骑车的具体细节失去了意识。因此,激活不能用来解释意识、效率和有效性。如果激活用来解释意识,那么就必须由其他的事物来解释效率和有效性。

这是一个进退两难的境地:要么意识和激活是一样的,在这种情况下激活不能用于解释无意识自动技巧的效率和有效性,要么激活和意识是不一样的,在这种情况下激活不可能是意识经验唯一的必要条件。本书的后面我们把冗余效应理解为意识经验既是提供信息的,又是高度被激活的证据,也就是说,它包括了一个旨在减少输入时不确质性的处理过程(第5章)。我们对一些事物有意识,仅仅在于它们的不确质性没有被解决时。通过增加其他一些必要条件,该观点打破了独立的激活假设的循环论。

我们可以将激活作为一个方法去建构一个事物可能变成意识的模型。但是激活仅仅是一个必要条件,而不是意识的一个充分条件(2.3.3节)。

3. 新颖假设

我们所谓的新颖假设假设上述提供信息的刺激物不是全新的。它源自另一种对意识经验的理论,认为人们的意识聚焦在失谐、新颖或"反习惯"方面(Berlyne,1960;Sokolov,1963;Straight,1977)。当然,新颖与信息的概念紧密相关,而且在第

5 章中,我们认为信息的数学定义对于构建现代版本的新颖假设很适合(Shannon and Weaver,1949)。

4. 冰山一角假设

另一个长久以来流行的传统观点把意识看做心理学中的冰山一角。冰山一角假设强调意识经验是在大量的无意识事物中出现的(Ellenberger,1970)。在现代的认知研究中,意识经验与有限能力心理机制紧密相关(见 1.3.4 节),它表现的是在大量的、复杂的、无意识记忆和心理机制冰山中的一角。不同的是,弗洛伊德的审查隐喻试图说明的是意识经验仅仅是动机这个巨大的冰山一角的观点(Erdelyi,1985)。

很奇怪的是,很少有研究者询问为什么我们的意识能力如此有限。这个有限性比起神经系统的大小、能力和进化中的精密程度是很让人吃惊的。一些心理学家提出意识的有限能力肯定存在生理上的原因,但是,当然这得求助于意识的功能作用这个问题。甚至于生理机制得以进化也是出于功能性的原因。我们在第 2 章将对该问题作出解答。

5. 剧场假设

第四个流行的隐喻可称为聚光灯假设或剧场假设。这个观点有时被称为"意识的面纱"。最早的版本可以追溯到柏拉图经典的洞穴的寓言。柏拉图把一般的知觉与被捆绑在洞穴里的囚徒的困境相比较,后者只能看到投射到洞穴墙壁上的人们在火前走动的影子。而那些影子被投射到墙壁上的人本身,囚徒是看不到的;他们不可能被囚徒直接看到。按照柏拉图的观点,我们人类就像这些囚徒——我们只是看到了真实的影子。剧场假设的现代版本可以在林赛和诺曼(Lindsay and Norman,1977)、克里克(Crick,1984)以及全书中找到。他被法国的历史学家和哲学家泰纳(1828~1893)如此优美地描述道:

> 因此我们可以将人的心灵和剧场相比较,这个剧场的深度是不确定的,它的舞台幕前的台口部分很窄,但后面的舞台自台口向后延伸却越来越大。在灯光照耀下的台口是仅供一个演员表演的空间。他出来,打个招呼然后离开;接着下一个,再下一个……在舞台幕布中、更远一点的舞台甚至在台口的灯光前,观众不知道的进程正是在这一批演员的每一个演员中不间断地进行着,以协助在观众眼前一个一个经过的演员,就像在一个奇妙的灯笼中(Ellenberger,1970,p. 270)。

泰纳在他的剧场意象中设法将几种重要的特征融合在一起。第一,他的剧场意象包括了当我们在某个时候只对一个事物有意识时的观察,不同的心灵事件会相互将彼此从意识中驱除。第二,他的剧场意象包括了冰山一角假设,该观点是指在任何时候实际发生的事物总是比我们所知道的要多。第三,他的隐喻包括了危险的感觉，即在幕后发生的未知的事物受控于我们主观阶段意识到的事物（第4、5章）。

剧场假设很容易合并激活假设：我们可以简单地要求演员必须具备某种激活，以便可以在舞台上光芒四射。事实上，本书发展的理论是剧场假设的现代版本，试图把所有不完整的隐喻融合成一个单一的前后一致的模型。

一些心理学家用聚光灯隐喻来谈论意识，这是对剧场假设的改变。它把意识经验比做照耀神经系统各个部分的聚光灯（Crick, 1984; Lindsay and Norman, 1977）。人们可以拿着聚光灯随处照，但是剧场导演控制了舞台上表演的内容。这两个隐喻很相似，尽管聚光灯强调控制的过程（第8章）。

6. 常识

剧场假设的一个版本在西方和东方的思想界产生了极大的影响，就是“常识”的概念，在常识的领域中所有的特殊感官都会相遇并相互分享信息。常识的最初含义不是类似于我们生来就是要远离二手车销售商和政治家控制的普通常识。相反，根据亚里士多德（他把该术语介绍给了西方哲学）的思想常识是一种一般的感官形态，它介乎于五种特殊的感官中。他赞成常识的论据有一种明显的现代认知的风格。这些风格如下：

（1）大众心理学的五种感官每一种都是特殊的感官——纯粹视觉的、纯粹听觉的、纯粹触觉的，等等。随着每种感官器官的分离和区分，对一个物体的视觉、听觉、触觉和其他感官特性必定会定位在一个同样的物体上，这是很显著的。为了解释有争议的综合问题，除五个“具体”感觉，对“一般”感觉的假定是有意义的。

（2）有一些为我们感觉所认识到的事物，它们对于任何一种特殊的感官而言不具有特殊性，对于两种或更多的感官而言也是普通的——例如，运动、休息、数字、尺寸、形状等。因此，对于亚里士多德而言，假定一个常识来理解“普遍的可感觉到的事物”是合理的。

（3）不同的、特殊的感官印象会频繁地被比较和区分。这同样也是常识的功能，即能够对几个特殊感官给出的报告进行比较。

（4）他认为常识具有记忆、意象的功能，甚至能够意识到我们正拥有的感觉经验这样的事实（Encyclopedia Britannica, 1957）。

因此常识与意识存在某种关联，也和告知我们自己对什么有意识的内省能力相关联。亚里士多德的结论和本书第2、3章的论点存在惊人的相似之处。有趣的是，常识的概念也出现在亚里士多德时期经典的《东方心理学》中。四个假设中的每一个都可以发展成为一个现代的模型。所有四个假设都存在一部分的真理，而且从某种角度说，本书的任务就是要找到这些隐喻切实可行且可检测的混合体。

1.3.2 当代的观点

当前只有很少的心理学模型涉及注意和意识,但是现在大多数观点都是只被表述为一个单一的假设,没有详细说明与其他假设的关系。例如,曼德勒(Mandler,1984)认为意识经验常常包括"问题解答"和对正在进行的程序的中断(见第7、10章)。波斯纳和他的同伴提供了有关意识经验的许多明确特征的证据,但是没有给出一个总体的理论性的观点(Posner,1982)。单一假设方法有利也有弊,当模型破裂时,单一假设仍可保持切实可行性。另外,模型构建吸收了更多的信息,能够更靠近用连贯的方法理解意识许多特征的终极目标。我们两方面都需要。本书注重理论构建,并会引用任何具有合理性的单一假设。

1.3.3 有限能力:选择性注意,竞争性任务以及瞬时记忆

大脑是如此巨大、复杂和精密的器官,以致在意识和意识能力问题上的限制让人吃惊。认知心理学家在研究这个"核心的有限能力"时借助于三种证据。

第一,在选择性注意实验中,要求被试关注一组实验所要求的信息,例如,难以理解的演讲或视觉上快速移动的篮球比赛。在这些条件下,人们对同时展示的另一组信息是没有意识的,即使是对于同样的感官器官。类似地,当大脑处于全神贯注的状况,当一个人深深沉浸在某一组信息时,另一组信息是完全被排除在意识之外的(第8章)。

第二,在双重任务的范例中,人们被要求同时做两件事,例如,对于瞬时视觉信号尽可能快地大声说出并同时说一个句子。一般而言,由于竞争,两个任务中的每一个任务的表现都会降级。任务越可以被预测、自动化和无意识,它降级的可能性就越小,它干扰另一个任务的可能性也越小。

第三,瞬时记忆是很有限的,且易消失。它包括感官记忆(特别是视觉和听觉储存),它是被有意识地经历的。感官记忆会迅速消失而且限定于相对少的独立的刺激物(Sperling,1960)。瞬时记忆也包括短时记忆,短时记忆本质上是一种能够保留不相关的、可再现的信息的能力,短时记忆比瞬时感官储存有更长的信息保留能力。

让我们更详细地探究这些事实。

1. 选择性注意:人们在一段时间内只对极具条理的事物有意识

在近代,首先再次去研究意识的当属布罗德本特,他采用了一个简单且有启发性的试验方法,并提议用一个基本的理论隐喻来解释它(Broadbent,1958;Cherry,1953)。布罗德本特和他的同事要求被试"跟踪"一段话,即立即重复所听到的话,即使他们同时仍然在听下一个单词时——这项任务人们可以做得很好(Moray,

1959)。快速“跟踪”是一个高要求的任务,如果一段话进入了被试的一个耳朵,那么他就不可能对进入另一个耳朵的模糊的声音再有意识体验。此时,这意味着人们在同一时间仅能处理一个通道的信息。因此,注意的功能,可能是选择和简化来自于感官的多重信息(Brosdbent,1985;James,1890/1983)。注意就像个过滤器,它为重要的信息保存了信息处理能力。尽管存在经验上的困难,“注意是选择性过滤器”这一概念在过去的30年里一直是占优势的理论隐喻。

然而,人们很快发现处在未被注意的“通道”中的信息事实上也在大脑中被加以处理,以使其足以识别。因此,莫里(Moray,1959)证明在未被注意通道中的被试的名字可以突破局限到达意识通道。显然,如果名字在一开始就没有被识别并和其他名字相区分,这是不可能发生的,这意味着刺激物识别可以在无意识状态下发生。麦凯(MacKay,1973)和其他一些研究者证明,意识通道中模糊的单词会受到无意识通道中清晰的信息的影响。在一个我们对其有意识的句子里,如“我们在银行附近”,无意识耳朵通道里听到的“河流”这个单词可能会导致听话者把“银行”解释为“河流银行”,同时无意识的单词“金钱”可能会被人们解释为“金融银行”。最后,很显然我们的耳朵并不是真正的通道:如果一个人将两段语言在两耳间来回快速地转换,人们可以很好地记住一段语言,尽管它是在不同的位置听到的。看起来,重要的是有意识的语言的内在连贯性,而不是由哪一只耳朵听到的(4.3.4节)。

在假设过滤发生在输入过程较后阶段的前提下,研究者已做了一些实验来进一步了解这个问题(Treisman,1964;1969)。语言的过滤不是发生在声音上,而是发生在含义上。然而,即使当研究者发现无意识语言的意义影响着有意识信息的理解时,这样的解释还是遇到了麻烦,表明意义在某种情况下能够跨越无意识的通道(MacKay,1973)。诺曼(Norman,1968)强调在决定什么会成为有意识时语义选择的重要性,卡纳曼(Kahneman,1973)指出选择性注意也受到心灵的长期习惯或长期倾向,以及瞬间意愿的影响。因此过滤模型随着语义、意愿和倾向等因素而变得丰富起来。所有这些因素事实上与意识和注意有关,但还不清楚它们是否有助于解决过滤隐喻中的根本性难题。

过滤的目的是要保留信息处理的能力(Broadbent,1985)。如果信息同时在注意通道和未被注意的通道被处理,过滤就没有任何意义了,我们也会处于左右为难之中。我们把这称为“过滤悖论”(Wapner,1986)。但是是什么机制促使事物变成有意识的?本书认为意识涉及信息的内在分配机制(见2.2节,2.5节)。显然,意识和无意识刺激物都被自动系统加以分析。但是尽管未被注意的输入信息也被加以分析了,它却不会传播到整个神经系统。相反,在整个神经系统都可以获得关于意识刺激物的信息,因此许多不同的知识来源都会对输入系统产生影响。这就为新颖的语境影响制造了机会,它有助于以许多新的方式形成和解释进入的信息。通过这个方法,神经系统能学习处理真正的新颖的信息,并形成革新性的适应性和心理反应(5.1 节)。

因此,意识包含的这种过滤,不是一个输入过滤,而是一个分布过滤。神经系统的运行就如同一个装配了电视广播站的社会。站点从各个通讯社、外国报纸、广播以及自己的记者那里获取信息。它会完整地分析所有的信息但不会悉数向社会广播。因此,社会各个机构并不关注所有出现的信息,而只是关注电视报道的信息。

从社会内部看,外部信息似乎被完全过滤了,但事实上它已经完全被自动系统分析过了。因此,意识接触的是内部无意识信息(Navon and Gopher,1979)。

2. 双重任务范例:任何意识事件都在互相竞争

关于两项任务互相干扰的实验文献有很多(Posner,1982)。总体而言,这些文献得出的结论可以被归纳为以下三点。

(1) 特性干扰:相同的任务会互相干扰,可能因为它们使用了相同特征的处理资源(Norman,1976)。当我们处理两件同时包括语言产生、视觉处理等的任务的时候,或者当两项任务使用紧密相连的大脑皮层中枢时,我们的某些具体的能力会受到限制(Kinsbourne and Hicks,1978)。

(2) 非特性干扰:当不相同的任务是有意识的或出于意识控制之下时,它们之间也会互相干扰。当这些任务随着实践变得自动和无意识时,它们就不再相互干扰了(Shiffrin et al.,1981)。同样,两个不同感官中的两个刺激相互削弱,要么它们融合,要么它们一个接一个地被感知(Blumenthal,1977)。

(3) 由有限能力处理的竞争性任务随着实践会变得自动和无意识。当它们变得自动和无意识时,它们就会停止竞争。

因为意识和有限能力存在紧密的联系,我们有时可以用双重任务的状态去检测与意识有关的假说。本书的后面会对这种干扰提出一种理论上的解释,并认为有些实验证明“精确的意识表述”的例子并不是真实可靠的。当然,无特性干扰的存在并不是在这个方面支持了意识。它是为意识之下的中枢有限能力提供了证据。我们一般会说意识经验占据了中枢有限能力,但是也有一些能力限制的事物没有被作为意识事件予以表述(例如,第 6、7 章)。

3. 瞬时记忆是已逝的,且局限在一小部分孤立的事物中

有关意识和有限能力瓶颈之间的联系的另一重要证据来自于对瞬时记忆的研究。我们已经讨论了斯普灵的著作(Sperling,1960),他证明了人们可以在瞬时间接触数字和字母的视觉矩阵。这可以被理解为瞬时感觉记忆的证据,也可以作为听觉和触觉方面类似的感觉记忆的证据。感觉记忆是有意识的,尽管它们不需要成为有意识的。例如,当我们的大脑已经为阅读所占据时,有人说什么我们都不会听见。几秒钟之后,我们会回到记忆中并回想起刚才说了什么,尽管当时我们对说

话的细节没有意识(Norman,1976)。这意味着语言上一些声音的特质可以被回想起来,我们获得了听觉上的感觉记忆,而不仅仅限于具有高水平的感觉记忆。

瞬时记忆中最著名的是短时记忆(STM)。它是可重现的,通常是瞬时记忆中词语的那部分——在该领域中我们可以重现新的单词和电话号码。在短时记忆中,能被记住的不相关的单词、数字、物件和分类目录的数目是有限的(Miller,1956;Newell and Simon,1972)。通过重现,我们可以回想起5~9个条目,没有重现,就只能回想起3~4个。这个小小的数字对于如此庞大而精密的人类大脑而言是少得让人吃惊的。一个廉价的计算器可以记住几倍这样的数字。而且,短时记忆也受限于持久性,仅仅10秒或许没有再现(Simon,1969)。

短时记忆是一个最特殊的记忆,因为虽然它也受限于事物的长短,但每个条目的"长短"却可以是无限的。例如,人们的短时记忆可以记住下列不相干的事物:意识、量子物理学、母亲、欧洲、当代艺术、爱、自我等。每一个事物都代表了一种信息,且是一种高度组织化的信息。也就是说,"母亲"的两种固有属性间的关系可能比"母亲"和"当代艺术"间的关系更紧密。这是信息块的一种形态,组织化的信息可以被视为短时记忆中一个单一的事物。再如,记住下列一组数字:677124910091660129418891。它远远超越了我们短时记忆的能力,有24个单元的长度。但是我们倒着读就会发现这类数字可以分为6个信息块,它包括了一些众所周知的年份:1776、1492、1900、1066和1988。信息块大大扩展了短时记忆的效用。它强调通过新颖的、不能连成一体的事物就可以测量短时记忆的长度。一旦这些事物变成永久的记忆,或当我们发现产生整个信息串的简单的原理,那么所有七个条目在我们眼里就会成为一个条目。

综上表明,短时记忆从根本上讲是建立在长时记忆基础上的——能够被回忆或意识到的信息的更大的储存空间。1066年是诺曼人征服英格兰那一年,这个事实已经存在于长时记忆中了,而且已存记忆的某部分会以某种方式告诉我们1066可以作为一个单一的完整的记忆块。毫不吃惊,几个作者都赞成短时记忆仅仅是长时记忆中当前活跃着的、独立的成分(Atkinson and Juola,1974)。

短时记忆和意识不同。我们仅仅是对当前再现的短时记忆的事物有意识,而不是针对当前"背景中"的条目。事实上,在当前短时记忆中未再现的条目类似于感官领域次要的事物。它们已经进入核心的意识中,但它们没有作为焦点被关注。然而,意识经验和短时记忆也存在紧密的联系,在某一方面,把意识作为一种瞬时工作的记忆是有益的(第2章)。此时短时记忆变成一个稍大点的当前信息的记忆储存器,与意识相比它可以保留更长一点的信息,且更孤立的事物。

再次提醒,短时记忆包括有意识的再现、内部语言与我们本身认知能力相关的知识(元认知)。也就是说,短时记忆不是原始的,而是在孩童时期发展起来的一种更精密的功能。在本书的后面我们认为有意识的控制本身要求对意识经验加以理解,因此短时记忆中有意识的再现首先就要求理解意识经验。因此短时记忆不能用来解释意识经验;也许必须用其他方法来解释意识经验。在稍后的章节(8.0节)我们认为所有的这些功能可以通过和意识经验相互作用的系统来加以理解。

总之,短时记忆与意识不同,尽管它们会同时出现。它包括意识经验、对再现和恢复有意识的控制、运用一些元认知知识能力和控制能力,以及在信息块的例子中,一个相对精密的长期储存和恢复系统。短时记忆绝不是简单的。我们会发现它有助于建立意识经验的概念,从中发展出有意识控制(见7.0节)和元认知(8.0节)的一些概念,并最终处理短时记忆中的某些问题(见pp. 310-313)。

我们简短回顾了与意识经验有关的有限能力的三大证据来源:在选择性记忆、竞争性任务、瞬时记忆中能力限制的证据。这都表明意识经验、有限能力处理过程和有意识控制存在着紧密的联系。有一个小小的疑问,就是和神经系统无意识部分的庞大与精密相比,与意识经验相关的神经机制在能力上是如此有限。

1.3.4 心灵之眼和意识经验

近年来,我们的心理意象知识正在突飞猛进地增长。不久前,心理意象还被广泛地认为是非科学的,相对不重要的,当前科学方法是无法对其进行研究的(Baars,1986a)。但近十几年来,我们已经获得了大量的有关心理意象的坚固而可靠的信息(Cooper and Shepard,1973;Kosslyn,1980;Paivio,1971)。

大体上,心理意象的领域和一般的视觉上的知觉具有很多相似之处——心之眼和身之眼(Finke,1980;Kosslyn and Schwartz,1981)。视域是一个水平的椭圆形,任何人都可以通过在空间中固定一个点,然后从两侧向内移动双手到固定点来证实这一点。从左右两侧,可以在离固定点大约65度的位置看到双手,当手垂直上下向内移动时要过很久才能看到手。当眼睛闭上时,我们可以在心中做相同的实验,并产生同样的结果(Finke,1980)。同样,以心之眼的观点看,我们会失去对距离的分辨力。我们能够看到30步外的大象,但要看到正在大象的耳朵上爬行的苍蝇,就必然会在心灵上放大它以获得更好的意象。当我们这样做时,我们就不再把大象看做一个整体,而只看到它耳朵的一部分。还有一些精巧的实验可以证明视觉和视觉意象存在着其他的相同点(Kosslyn and Schwartz,1981)。

当前关于心理意象最先进的理论认为,心之眼属于表征的领域,很像一个正在运行且具有详细的形式、组织结构和内容的记忆(Kosslyn and Schwartz,1981)。再次注意,我们可以对心理意象进行自主控制——我们可以学习去旋转它们,对一个场景放大和缩小、改变颜色,等等。心理意象和意识经验不同,但可以肯定的是,它是意识的一个主要模型。

1.3.5 知觉特征的整合和信息处理源的注意通道

在我们继续下文之前,当前有两种观点值得讨论。第一种观点认为意识的功能是黏合分离的知觉特征(Treisman and Gelade,1980)。第二种观点认为,在神经系统中,意识或注意创造了进入信息处理源的通道(Navon and Gopher,1979)。如果我们把这些观点和前面有关注意和瞬时记忆的概念融合在一起,我们就会十分接近本书提出的理论方法了。

在一系列精巧的实验中,特雷曼和他的同事为视觉上分离特征的存在提供了证据。特雷曼和格兰德(Treisman and Gelade,1980)的实验表明,大的彩色字母的可分成分会线性地增加搜索次数,即寻找红色的物品会花较短的时间,而寻找红色的字母S会花多一点的时间。同样,萨希和朱立兹(Sagi and Julesz,1985)发现人们可以很快找到一系列水平线上几条垂直线的位置,但当问及这些线是水平还是垂直时,却需要更多的时间。增加的特征越多,所需的时间越久。他们认为这表明整合孤立的视觉特征占用了有限能力。与该观点相关的一个问题是一个丰富的视觉图像可能有成千上万个孤立的视觉特征,不可能所有的视觉特征都会被顺次地处理。当我们在一个坐满欢呼雀跃的观众的运动场内观看一个足球队踢球时,肯定会涉及大量的视觉特征,但这些特征视觉不可能全部被一个接一个顺次地观察到。聚焦一个单一、显著的特征,例如,确定哪一个队穿红色球衣,就是一个顺次的处理过程。

但是,在特雷曼和他同事的发现中还有一些基本性的、重要的东西。在几乎任何丰富的视觉场景中,我们会作有选择的搜索。在一个杂货店,我们会寻找一个特别的包裹,在人群中我们会寻找友善的脸孔,或者在字典中寻找某个单词。眼动是高度功能性的,它会搜索场景中最有信息价值的和与个人最相关的那些部分(Yarbus,1967)。当场景中自动的、可预测的那部分被很快地整合或平行处理时,搜寻的成分通常是被顺次处理的;顺次和平行的处理程序一起产生了我们视觉上的经验。

曼德勒(Mandler,1983;1984)和马雷尔(Marcel,1983a)采用相同的方法认为意识具有构建性的功能,它把孤立的成分整合成一个连贯性的整体。有很多证据支持这个构建的观点(Bransford,1979),而且有一点我们应当明白,正如特雷曼和格兰德以及其他一些人提出的那样,知觉特征的整合不是一个消极的“黏合”过程;它是一个对一系列成分积极地、综合地构建,以形成一个连贯性的整体过程,这个整体大于各部分之和。

纳弗和格佛(Navon and Gopher,1979)提出了一个很不同的方法,他们把有限能力看做是一个类似于经济学中的资源分配的问题。注意或意识包含处理源存取这个观点是非常有说服力的,它也是本书所提出的理论的一个主要组成部分。需要注意的是,神经系统中大多数的处理源都是无意识的,这使得我们处于意识事件的显著情境中,意识事件被用来获得无意识处理存取。换个角度看,一个窄狭的、能力有限系统似乎正处于与一个极大的处理源交换场的交流之中。

这些看起来不同的观点如何能整合为一个单一的融合的理论?毕竟,特雷曼和他的同事发现的是意识知觉具有整合能力的证据,而纳弗和格佛(Navon and Gopher,1979)认为意识知觉系统是一个广泛分散的存取系统。我们可以通过“全局工作空间”解决这个矛盾,意识事件是很有限的,但是它可以传播到全身系统,所以我们既有一个狭窄的交汇的瓶颈,又有一项广泛分布的处理能力(2.4节,2.5节)。按照这种观点,专门处理器集中激活广播信息,这使得处理源“自主”选择那些信息。这种情形就像电视广播站在紧急时候可以号召志愿者那样;这些志愿者是自我抉择的,尽管在有限能力的媒介中通过广播更多的信息可以招募更多的人。

所有这些现象的模型有很多共同点。选择性注意、特征整合、瞬时记忆及存取信息,所有这些都表明,与意识相关的某种整合域是存在的,也许,自主操作器和非自主操作器能够使得一个“工作记忆”运行起来。所有的模型都涉及有限能力,而且近些年,越来越多的事实强调,进入有限能力系统也会为进入大量的不可达的心源提供通道(Baars,1983)。在第2章,我们将提出一个模型,它可以融合上述所有提议中最有用的特征。

最近的模型为神经系统提出了一个融合这些特征的整体的体系构建,下面我们会看到。

1.3.6 认知体系结构:分布系统和有限信息能力

目前的心理学模型把认知系统作为一个由许多功能块构成的集合体,每一个功能块都有其特殊的能力(Minsky,1986;Rumelhart et al.,1986)。这个分散的系统认为社会中许多问题的解决不在于“政府”,而在于其个体成员。有限能力有时被用来反映这种分布系统中的“工作记忆”(Anderson,1983),或者在有些情况下某种瓶颈会迫使众多单模块为了进入系统而进行竞争或合作(Baars,1983;Norman and Shallice,1980;Reason,1983;1984)。本书建立了一个这样的模型。

分散的模型要求我们改变人类惯常的思考方法。我们通常认为自己是由执行“自我”所引导的;本能上我们相信自己能控制自己。但是,分布系统是极度分散的——它们是专门的处理器,按照它们自己内在的标准决定它们将做什么。这类似于市场经济,成千上万个独立的交易在无须政府干预下发生,尽管市场作为一个整体受到政府的影响。专门处理器组成的分散的集合体似乎具有某些独有的特点(Greene,1972;Gelfand et al.,1971;Rumelhart et al.,1986)。一个分散的系统并不能排除决策的控制,就如经济中市场力的存在并不能排除政府的作用(9.0节),但是它可以限制行政决策者的控制,为控制在行政决策者和其下属部门间的相互转移创造了可能性。处理的细节一般由处理集合体中的专门处理器来完成。

本书提出的全局工作空间模型是由具有工作记忆的专门处理器组成的分散集合体,这个集合体被称为“全局工作空间”,它的内容可以被传播到整个系统中。

这个整体很类似于配置了电视台的人类社会。常规交互作用可以不经过电视台而发生,但是新颖的事物,就要求许多专门处理器的合作,且必须广播到全局工作空间。这样,新颖事件有更多的机会进入有限能力的全局工作空间(5.0 节)。

注意当前的一些理论为整个认知系统构建了一个体系结构。从这个意义上说,它们比早期短时记忆和选择性注意的模型更雄心勃勃。或许现在最有名的体系模型是安德逊的 ACT 模型,它从早期作为知识模型的语义网和塑造有限能力机制的生产系统的研究基础上发展而来(Anderson,1983)。但一些人也提出过类似的体系。

在这些模型中,意识经验通常会与有限能力机制或工作记忆发生模糊的联系。大多数的体系模型没有为有限能力这一让人吃惊的事实提出一个功能上的理由。但是认知构架的确存在显运行模型。这意味着我们可以在本书中继续研究,我们不用过多担心所讨论问题形式上的具体细节,一旦理论的轮廓清晰了,这些细节就可以解决。通常在自然科学领域,质性理论通常走在量性理论或形式理论的前面(Einstein,1949)。事实上,达尔文理论在其出现的第一个世纪纯粹是质性的,尽管它揭示了生命起源的重要问题。幸运的是,我们现在有很多计算公式可以用来使当前的理论更清晰和更具可检测性,从而使理论更合理。

1.3.7 全局工作空间方法试图整合所有切实可行的隐喻并使其成为一个单一的理论

本书所探索的模型认为意识经验包括一个全局工作空间,它是一个信息交换的中枢,使得许多专门处理器相互作用。进入全局工作空间的处理器能向整个系统广播信息。这个认知结构体系,允许我们把许多有用的隐喻、经验性的发现和与意识有关的传统的见解融贯成一个简单的框架。在这个语境中"全局"仅仅指信息可以穿越更大系统中的许多不同的子系统。有必要提供全局信息给潜在的任何子系统,从而使意识经验不同于神经系统中众多专门的局部处理器。

全局工作空间试图在一个简单的概念性框架中整合大量的证据,有些证据是早已为我们熟知的。图 1-4 表明了全局工作空间理论的三个主要构成部分——全局工作空间、无意识的专门处理器和语境——与其他的观点之间的相似性。它们存在明显的相似性,尽管不是完全的等同。精确性和连贯性是目前理论所要达到的目标。完全的创新可能是不重要的。

这些就是一些研究意识的方法。如果没有对无意识事物的清晰的概念,我们就不可能正确地思考意识经验。这是同一个硬币的另一面。我们现在讨论无意识这个问题。

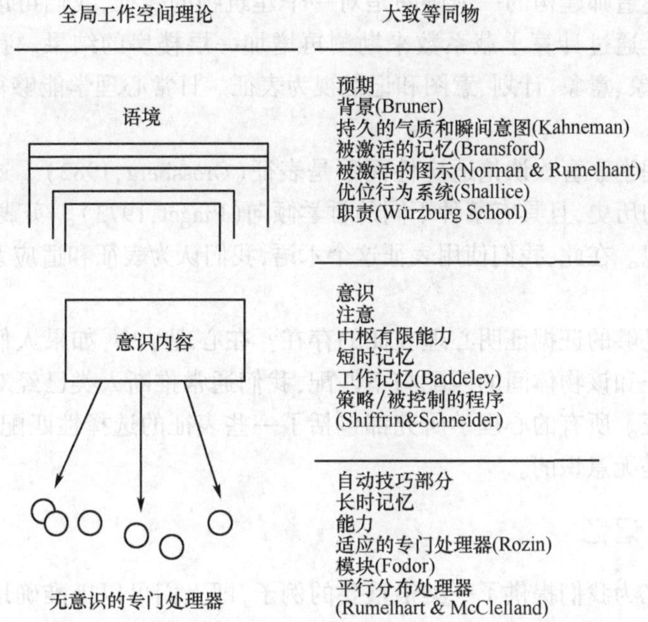

图 1-4　全局工作空间术语与其他广布概念的相似性

本书使用的概念不是新概念，它们是已经被广泛使用的观点的现代变体。然而，它们在本书中是专门用于定义无意识和意识功能的术语。这种定义在当前的心理学中没有被广泛使用。尽管以前的心理学理论没有现在的心理学理论精确。注意，全局工作空间理论只用三个组成部分：全局工作空间、无意识的专门处理器和语境。它们都可以用图表性的记号来表示，因此全局工作空间理论可以用直观的、明显的图表来描述

1.4　无意识专门处理器：一个共同认可的推断

无意识事件在本书中被视为专门系统所具有的功能。这个观点来自我们日常的观察，当我们获得一些技巧或知识时，我们对它们的具体细节会拥有越来越少的意识。我们最熟练的技巧通常是最少意识的。首先我们将探究无意识表征的特征；然后研究表征是如何与无意识信息处理发生联系的，这反过来导致了无意识专门处理器概念的产生。

1.4.1　存在很多无意识表征

一个表征是一个理论客体，该理论客体负载了它自身之外的某种抽象相似性。按照不同的术语，在表征和被表征的事物间存在一种抽象的匹配和类质同像。人类的知识可以被视为表征世界和自身的一种方法。我们不是直接作用于这个世界，而是尽可能把我们的观念外化，并将其加到世界一部分的表征上，然后去预测

它的行为。建造师建构的一个蓝图是对一个建筑物的表征,我们可以在蓝图显示的支撑结构上通过计算承载系数来勘测再增加一层楼房的结果。我们可以把知识、知觉的对象、意象、计划、意图和记忆视为表征。日常心理学能够很自然地被译成这些术语。

一些心理学家喜欢谈论适应性而不是表征(Grossberg,1982)。这种方法有着悠久而光荣的历史,且具有某种不同的哲学倾向(Piaget,1973)。实践中,适应性和表征十分相似。在此,我们使用表征这个术语,我们认为表征和适应系统共享了许多特征。

是否有足够的证据证明心理表征的存在?在心理学中,如果人们随后能正确地查明此表征和该物体间的匹配与不匹配,我们通常推断人类已经对一个物体作出了心理表征。所有的心理学研究都包括了一些表征的选择性匹配,不管表征是有意识的还是无意识的。

1. 再认记忆

再认记忆为我们提供了一类很重要的例子,即人们可以极准确地确认是否与以前事物的匹配与不匹配。在再认的研究中,实验者给被试提供了一系列的图片和声音,然后再展示一些近似的刺激物以检验他们能否从新的物体中找出旧的物体。人们在这项任务中做得很好,通常在一周或超过一周后在几百个物体中正确辨别率达到 90% 以上(Shepard,1967)。当然也有再认记忆失败的例子,特别是新旧刺激物太过相似。然而,即使如此,我们也可以合理地推断该任务包括了对刺激物的记忆性表征;这个表征不是完全准确的,它可能是抽象的,或者它被选择性地储存和恢复。

我们先来看第一类,相当明显的无意识表征。当我们在再认测试中再次看到上周的刺激物之前,我们关于这些上周刺激物的记忆到底发生了什么?按照上面的结论,我们必然以某种方式表征了这些记忆,否则我们无法成功地发现它们之间的匹配和不匹配。最简单的推测是记忆在持续地被无意识地表征。再认记忆惊人的准确性表明,人类有惊人的能力去储存我们所经验的事物,且毫不费力。当然,许多储存的记忆并不能被随意地回想起来。

记忆心理学家在经验性自传体记忆(情节的)和对抽象规则的记忆(语义的)之间作了区分(Tulving,1972)。读者对正在运行的、以决定“单词”这个词是被作为名词而不是动词使用的句法规则是没有意识的。然而,我们会对与该规则匹配或不匹配的事件有意识。违反了精确的句法规则的句子可以很快被发现。而且,有证据表明人们面对一串人为的标记可以以非凡的才能推断出标记下隐藏的规则,但他们对这些具体规则的内容却毫无意识(Frank and Bransford,1971;Posner,1982;Reber and Allen,1978)。

因此,抽象规则的例子表明许多知识都包括了抽象表征,它们被视为表征是因为它们符合匹配/不匹配的标准。匹配和不匹配可以被准确地“识别”,尽管人们对句法表征本身并无意识。

还有第三类的无意识的刺激物表征,即对目前已习惯的可预测性刺激物的表征。这个例子需要进行一些说明。

2. 索科洛夫和习惯性刺激物的心理模型

无意识的刺激物表征的正式观点来自于俄国心理学家索科洛夫(Sokolov,1963),他从事有关巴甫洛夫“定向反应”的传统性研究。定向反应是一系列心理变化,产生于当一个动物发现一个新的事物时,任何动物都会把它们的眼睛、耳朵和鼻子朝向新鲜的事物,同时一系列广泛的改变在它的整个身体出现,心跳和呼吸、瞳孔的大小、皮肤的导电性、大脑的导电性和不同血管的扩张和收缩等。现在我们知道,一个新事件出现后,大规模的激活会在约300毫秒内遍及大脑(Donchin et al.,1978)。所有这些针对新事物的一系列反应就是定向反应。如果新颖的刺激物在一段时间内有规律地反复出现,定向反应会渐渐消失——它成为习惯。主观上我们就对反复出现的可预测的刺激物失去了意识。

假定动物习惯了重复出现的一秒的声音脉冲,在声音脉冲之间有两秒的静止期①(图1-5)。现在我们减少中间间隔的时间,动物就会突然地再次定向。

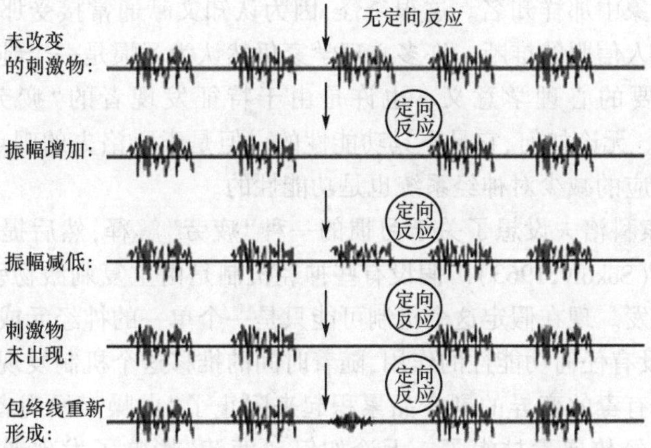

图1-5 索科洛夫论证:习惯性刺激仍在神经系统中得到表征

一个重复的刺激物会很快成为习惯,因此动物将不再定向于它。但是习惯产生后,当刺激物的任何特征有所改变时,定向反应将再次出现。该图展示了刺激物参数的改变,包括振幅的增加、减少、预期刺激物不出现、振幅包络线的改变。其他参数包括声音位置、重复率、光谱分布和对生物体有重要意义的刺激物如食物或剧烈震动之间的联系。因此刺激物的任何改变都会导致其他的定向反应,索科洛夫(Sokolov,1963)推断,神经系统对习惯性刺激物必定保留了一个精确的表征——否则变化不可能被发现。按照认知术语,这意味着我们保留了对事件精确的内部表征,该表征是可预测的,以致它们变得无意识了

①每隔两秒声音脉冲出现一次。——译者注

我们可以增加和减少刺激的音量,改变它的空间位置,它的音调或音频的分布,或改变其他特征,比如发生率或偏差率。在每个例子中,刺激物的改变会导致动物再次向该刺激物定向,即使在完全习惯定向后。也就是说,动物能发现任何新鲜的事物。但是神经系统是如何做到的?索科洛夫推断,神经系统能够如此是由于一些原来的刺激物和新刺激物间有着一些比较程序(事实上,新颖的定义包括了新旧的比较)。但是当新事物出现时,原来的刺激物在时间上已消失很久了,因此,它不可能用来进行比较。因此索科洛夫推断,神经系统保留了一些习惯性的刺激物的模型。既然刺激物任何特征的改变都会引起新的定向反应,那么我们可以推断,刺激物的表征必然保留了刺激物的所有特征。

有关习惯性刺激物方面的神经心理学证据十分有意思,该证据源自约翰研究的事件关联电位。在形成习惯以前,约翰和他的同事发现,在整个大脑中都可以发现与反复的视觉刺激物相关的活动。但是一旦习惯形成,只能在视觉系统中找到。按我们的术语,习惯性刺激物仍然被处理着,或许比以前更多,但是它却不是分布于全身的(2.2节)。这个发现和索科洛夫的观点相同。人们对反复或可预测的刺激物变得无意识的事实并不意味着刺激物消失了;相反,它仍然在适当的输入系统中被继续处理着。

尽管索科洛夫的观点在神经心理学中被普遍地接受,但在认知心理学中这些观点并不像想象中那样知名。这很奇怪,因为认知文献通常接受那些以实存的证据为基础的让人信服的推断。许多心理学家仍然认为习惯是一个纯粹的心理上的效果,没有重要的心理学意义。也许是由于特征发现者的"疲劳"(Eimas and Corbitt,1973)。无论如何,它是不具功能性的。但是索科洛夫的观点认为,对重复刺激物定向反应的减少对神经系统也是功能性的。

事实上,索科洛夫设想了关于习惯的一种"疲劳"解释,然后提供一个有趣的论证来反驳它(Sokolv,1963)。假设有些神经机制是由重复刺激物引起的,如上所述的白噪声爆发。现在假定这个机制可能只是一个单一的神经元或一个小的神经元网络,因为没有任何功能性的作用,随着时间的推移这个机制发现刺激物的能力下降了。或许有毒的变异的副产品累积起来阻止了"白噪声发现者"正常发挥功能或者一些神经传递素枯竭了。无论如何,"疲劳"影响了发现者。如果这是真的,我们可能习惯于对意识的期望,而事实上它是可以被观察的。但是去习惯的方式却和索科洛夫的发现不同。在形成习惯后一个新的定向反应还可能会出现,只要这个刺激物在某方面比原来的刺激物强一些——如果这个噪声更大、持续时间更长、出现更频繁。也就是说,这个枯竭和没有反应的发现者会被更强的刺激物重新启动。事实上,我们发现一个更大、持续时间更长、出现更频繁的刺激物会引发一个定向反应,但是一个更温柔、更短、频率更少的噪声也会引发一个定向反应。事实上,定向反应甚至会针对一个缺失的噪声的爆发而发生,这是一个预期的物理事件的缺失。因此,破除习惯并不是依靠刺激物的能量:它是依靠信息的改变,而不是能量方面的改变(5.0 节)。由此可知,在重复或可预测的刺激情形下,“疲劳”不是对意识习惯这一普遍事实的似真解释。另外,目前的研究表明:预期事物的缺位仍然引发皮层诱发电位出现大量的行为,这也支持了上述观点(Donchin et al.,1978)。

这个观点可以被归纳为另一种可能性的解释——“通阈”假说。假设我们仅仅通过打开我们听力的界限就可以处理一个听力上重复的刺激物,就像前面选择性注意理论中的“过滤”(Broadbent,1958)。这个假说可以解释习惯和面对更强能量输入时对习惯的放弃;但是,它不能解释我们为什么对一个新颖的、比原来刺激物更少能量的刺激物还会具有意识?

我们已经提到,当认知心理学家发现随着时间推移人们可以储存一些过去的事物时,他们通常都会推断存在一个心理表征,明显的证据就是人们能准确地发现与过去事物的匹配或不匹配。这也是我们推断记忆存在的方法(对他们开始普遍地接受了心理表征),基于人们在认知实验中表现出的让人印象深刻的能力。从形式上讲,这和索科洛夫的观点是相同的:它包括了一种认知记忆。人们和动物面对重复刺激物时,习惯于作出与过去事物是否准确匹配和不匹配的反应。但此处,我们推断这是一种无意识的再认处理过程,而不是对刺激物有意识的再认。

索科洛夫的观点对于学习的认知方法意义非凡。事实上,我们可以说对可预测事物意识的丧失是一个信号,即事物已经被完全习得的信号(5.0 节)。意识习惯并不是学习的一个偶然的副产品。它是某种必然的东西,是与新信息的获得密切相关的东西。既然学习和适应性可能是神经系统最基本的功能,那么意识、习惯和学习间的联系就是根本性的(见第 5 章)。

3. 本节小结

我们讨论的无意识刺激物表征的三大种类——储存情节的记忆、语言学知识和习惯性刺激物的表征——论证了本节主要的观点,它们其实是无意识的心理表征。当然,并不只这些。下一步我们将推断存在许多无意识的处理过程甚至无意识处理器。

1.4.2　有许多无意识的专门的处理器

一个处理过程会包括表征的改变。在心算加法中,我们可能会先意识到两个数字然后在心里执行加法过程。处理器可以被界定为服务于一个特定的功能而组织在一起的一系列相对整体化的处理过程(Fodor,1980;Rozin,1976)。本书的一个关键性的观点是神经系统包括许多无意识运作的专门处理器。

我们可以认为处理器已经经过反复实践,拥有了自动化和无意识的专门技能。自动的技巧可以被描述为“不可避免的、没有能力限制、无意识、无意图、具有高效率,对改变具有抵抗力”(LaBerge,1980)。这些是无意识专门处理器所有的特征,我们会在下面展开研究。

1.4.3 神经心理学证据

专门处理器的神经学证据是很广泛的,或许最明显的证据是大脑中许多神经元的小的集合体具有非常特定的功能这一实存的事实。实际上,大部分大脑皮层——组织的褶皱覆盖部分完全覆盖了人成熟的大脑——镶嵌着许多小的专门区域,每一个区域都促成一个特定的功能(Mountcastle,1978;Rozin,1976;Szentagotai and Arbib,1975;见第3章)。它们的范围包括从感觉和运动投射区域到语言产生和理解,再到三维空间的分析、计划和情感的控制、脸型识别等。在皮层覆盖的下面是一些专门的功能,包括眼动的控制、睡眠和清醒、短时记忆、血管化学的平衡控制、生育的荷尔蒙控制、新陈代谢和免疫功能、愉快中枢和痛觉通路、平衡和姿势的中枢、呼吸、良好的运动控制等。这些专门的神经中枢中有些只有相对少的神经元,有些却有上百万的神经元。

有限能力处理过程范围的狭小和神经系统的庞大形成了鲜明的对比——神经系统大部分是无意识运作的。仅大脑皮层就有550亿个神经元(Mountcastle,1978),每一个神经元和其他的神经元有10 000个树枝状的关联。每一个神经元每秒会产生平均40最多1000次的脉冲。相比而言,意识反应时间较慢,最多100毫秒,或者是神经元最快的发生率的1/100。一个明显的问题是:如此巨大而精密的生物计算机为什么却只有如此有限的意识能力?(见2.3.1节,10.0.1节)

并非大脑的所有部分都有特定的功能分配。例如,大脑"联合区域"的功能就很难准确地描述。大多数的功能在大脑皮层中并不具有分立的界限,可能广泛地分布在整个皮层中,而且,在皮层的下面有一个非特定的系统,我们将在第3章详细讨论。

1.4.4 心理学证据

心理学家也发现了与专门功能系统有关的证据。有两种证据需要特别指出:①在任何熟练的任务中自动性的形成;②对知觉、记忆、语言、行动和知识等错误的研究。我们发现每一种证据中都有些有趣的东西。

1. 在实践中自动性的形成

任何极熟练和自动的技巧都趋向于变成"模块化"——无意识的和其他的技巧相分离,且脱离意识的控制(LaBerge,1974;1980;Shiffrin and Schneider,1977)。任何复杂的技巧会组合许多半自治的专门的处理器。在阅读的例子中,我们有专门的处理器,如字母和字母识别、眼动控制、字母到声音的映射关系,以及各种水平的语言分析,如词语、句法和语义学。所有这些处理器涉及了极精密的、复杂的、熟练的、自动的,因此无意识的专门功能。

许多有关自动性的研究包括知觉实验,这一点我们不予讨论。避开知觉自动性的理由是在定义上知觉实验包括了进入意识(LaBerge,1980;Neisser,1967)。因此,它们会把无意识专门处理器的问题搞混乱。事实上,我们的焦点放在记忆、语言和想法、行为中的自动处理过程的作用上。知觉自动性将在第8章进入控制意识的语境中讨论。

对于自动性记忆检测,早期最著名的实验是斯滕伯格开展的,他让被试记住几组短的数字,因此,被试被告知记住数列"3,7,6"或者"8,5,2,9,1,3"。接下来,给出的数字可能是该数列中的数字,也可能不是该数列中的数字,然后斯滕伯格就可以测试出人们判断检测的刺激物和记忆中的数列相吻合所需的时间。这个过程很快变得自动化了,以至人们不再意识到正在将记忆中的每一个数字和测试中的数字相对比。而且,寻找一个单一事物所需的时间比有意识的反应时间快得多,因此我们可以再次推断记忆检测是自动和无意识的。最让人惊讶的是对测试数字反应的时间不在于该测试数字在数列中的位置,而在于整个记忆数列的长短;因此,如果人们看到数列"8,5,2,9,1,3",那么当测试刺激物是"5"时反应的时间并不比测试刺激物是最后的"3"更短,这是奇怪的。在1964年的会议上,萨瑟兰德称其极其费解。从表面上看,它像个疯狂的系统,现在被试已经发现了一个匹配,为什么它还不停下搜寻且作出一个明确的反应呢?(Sutherland,1967)

事实上,如果我们假设被试在有意识把记忆中的每一个数字和测试刺激物相比较,这确实是奇怪的。已经发现了对的答案,还继续寻找似乎有些傻。但是,如果比较过程在自动地进行,不受意识监控或不受自主控制,它就并非无理的。如果被试拥有一个无意识自动处理器来做这项工作,再如果这个处理器没有和其他意识处理过程竞争,那么让这个无意识处理器自行运转也不会有什么损失。谢夫林和斯奈德(Schneider and Shiffrin,1977; Shiffrin and Schneider, 1977)最新的研究证明了自主(被控制的)寻找不会自行运行,一旦找到答案它就会停止。

自动的寻找过程通常并不会和其他的过程发生竞争(Shiffrin et al. ,1981)。它是无意识的、专门的,它随着实践而形成,当然前提是该任务是连续的、可预测的。而且,自动任务中最重要的独立的处理器通常会作为一个单一的单元来运行。即专门的功能是由"模块化"的自动系统来执行的(见下面)。这是否完全正确,尚有疑问,但是对于大多数自动过程来说它是正确的(Treisman and Gelade,1980)。

记忆搜索并不是唯一具有上述特征的处理过程。已经形成的这些类似观点已经为词汇存取的过程准备完毕。在阅读句子时,读者会使用很多专门的技巧,其中一个是把一串串单词转换成意义的能力。在单词串与意义之间的映射关系就叫做词汇接触,尽管"词汇-语义接触"可能是更恰当的术语。已经积累的大量证据表明,词汇存取包括一个自动处理的模块(Swinney,1979;Tanenhaus et al .,1985)。文献中有一个典型的例子,是这样设计的:

被试听到一个句子的片段,结尾是个模糊的单词。如"他们都升起……"

"升起"这个单词可以是名词和动词,但在这个句子的语境中它必然是个动词。这个事实影响着对下一个单词的理解会花的时间。为了测试这一点,实验者给出以下两个单词中的其中一个,"flower"或"stood",要求被试马上决定所给出的单词是否是真正的英语单词。如果被试在他们的词汇决定任务中使用了句子语境,动词"升起"会快速对"stood"作出决定,因为两个单词在意义和句法上相似;如果没有使用语境,在动词 stood 和名词 flower 间进行选择所花的时间就没有区别。几个研究者发现在前几百毫秒中,句子的语境不会起任何作用(Swinner,1979;Tanenhaus et al.,1985)。因此,在前几百毫秒词汇接触是自动和不受语境限制的。过了这个期间后,前面的语境才会影响理解的选择。

词汇接触似乎涉及一个专门的无意识系统,它不受其他处理过程的影响。这个系统,我们推测它是经过多年的实践而形成的,似乎已"模块化"了(Tanenhaus et al.,1985)。它是另一个从自主控制和其他无意识专门处理器分离出来的关于高度专门化无意识处理器的例子。关于阅读的其他成分的模块性,已经找到了相似的证据,例如,句法、字母到声音的映射和眼动控制。

应注意无意识和熟练性是如何连接在一起的。无意识的专门处理器可以被视为一个高度熟练的、自动的技巧。只有当旧的技巧不再运行时才会获得新的技巧,而且我们已习惯用已存在的技巧去解决新任务。因此我们通常会把许多旧的子处理器和一些新处理器进行联合。自动性通常是可逆的,即可预测性会促成自动性,而打破可预测性可以再次获得意识。我们已经讨论了潘尼的发现,已经形成的意象,当任务变得容易时会从意识中消失,当它的难度增加时又会重新变得有意识。在潘尼的意象实验中,被试也可能使用了自主控制使意识意象重新出现。尽管这不能被广泛地观察到,但一些非正式的示范表明,当许多自动技巧遭遇一些不可预测的障碍时,它们可以再次变得有意识。来看看从下到上倒着阅读这个例子。正常的阅读活动绝大多数极可能是自动和无意识的,包括字母识别和运用上下文的语境推断字母的身份。当我们从下往上阅读一个句子时,这个过程肯定会变得有意识。例如:

Bob the big bad newspaper boy did not quite quit popping the upside-down cork on the beer bottle

这个句子的设计尽可能包括了许多的 b`s,d`s,q`s,p`s,以制造使人难以理解的歧义,因此人们需要对它们有意识。在"newspaper"中,读者可能会使用"news"这个音节去决定这个单词所围绕的主干是 p`s 而不是 b`s,在"quite"里类似的形状也可能基于在英语中 q`s 总是被 u`s 跟着这样的事实来识别。使用上下文语境也是一个典型的自动阅读过程(Posner,1982)。例如,大家都知道,对在一个真实单词语境中的字母的识别比在没有单词语境中的字母的识别更快和更准确(Rumelhart and McClelland,1982)。去自动化的存在使我们有理由相信,意识可能涉及去除自动化过程,而这会令它陷入困境(Mandler,1975a;见10.3节)。

现在我们来看有关无意识的专门处理器的另一个证据,它来自对知觉、行为、记忆、想法的错误的研究。

2. 知觉错误是特定模块化的证据

如上所论,知觉肯定是意识经验的重要领域。就经验的丰富性和易提取性而言,无可与其媲美者。早在古希腊和印度,古代思想家就已经认为5个典型的感官是相分离的系统,它们会在相互作用的共同领域合并在一起。双眼的相互作用就是很好的例证——在两个眼睛的视觉输入间存在合作和竞争。早在一个多世纪以前,心理学家就开始了对双眼间相互作用的研究。在正常的条件下,两个眼睛里细微的不同的透视会在经验上融合,以致人们在深度上只看到一个单一的场景。这个现象导致了立视镜的发明。它有两个幻灯片,把同一个场景的不同区域的图像展示给每一个眼睛。随着差距的加大,观察者会对深度产生一种强烈的超现实的感觉,就好像我们可以到达和抓住这个图像。20世纪,立视镜夸张的效果使其成为许多店面流行的娱乐器材。但是,当两个视觉范围的图像不一致时,这两个幻灯片就开始竞争,而且总有一个占据优势。当它们在时间、空间和颜色上不同时,双眼会发生竞争而不是合作;融合失败了,一个图像会把另一个图像从意识中驱除出去。在两个分离的视觉系统间使用竞争和合作这样的术语是很自然的。许多其他的现象也会以这种方式运作,因此,我们可以认为任何两个同时出现的刺激物能融合成一个单一的经验性事件;但是当刺激物在位置、出现的时间或质量上存在根本的不同时,为了进入意识它们就会互相竞争(Marks,1978)。

这个分析似乎强调了知觉的可分解性。历史上,就知觉存在两种对抗的观点:一个强调可分解性,另一个强调一般知觉的整体性属性(Köhler,1929;Mandler,1983)。格式塔心理学家坚决支持知觉不仅仅是各部分之和这一观点。事实上,这两种观点不必争执。现代知觉理论既包括了对其分离性特征的查明,又包括了其整合性(Rock,1983;Runelhart and McClelland,1982)。本书的逻辑前提是:知觉和其他意识事件其实是可分解的,意识系统的一个主要功能是把这些成分整合成一个单一的、连贯的、整体的经验(Mandler, 1975a;1975b; Treisman and Gglade, 1980)。因此,当我们探讨该主题的可分解性特征时,我们绝不是排除已为大家接受的格式塔现象。

近几十年,在知觉领域出现了有关"特征发现者"的明显证据。英语的音素可以被视为具有少量的知觉特征,例如,声音、位置、方式。因此,音素b、d、g被称为"发音的",而p、t、k是"不发音的"。这是基本的知觉特征——它们不是源自物理信号的分析,而是对说该语言的人的经验的研究。语言学家通过要求说母语的人比较一对对不相同的单词,如tore/door,pad/bad等,发现了音素和它们的特征。就听觉和运动阶段而言,这些单词在许多方面都不相同,但就音素而言,对于任何语言它都会大大缩小到平均 25 ~ 30 个;反过来,这也会使音素的特征数目减少到不到 10 个。

一份对在流畅的演讲中对声音和运动进行控制的详细研究表明:每一个特征都是很复杂的,它在说话者、场景和语言的语境间不断变化,很难和其他特征相分离(Liberman et al. ,1967)。例如,t 在 tore 中的发音就不同于在 motor 或 rot 中的 t。然而,说英语的人会认为这些不同的声音属于相同的知觉事件。在知觉和短时记忆中对音素的混淆是因为这些特征,因此 t's 和 d's 混淆的频率比它和 l's 混淆的频率频繁得多(Miller,1953)。处于知觉水平之下的音素的复杂性意味着,针对这些特征的神经探测器不是单一的神经元,而是相当复杂的"处理器"——大量的专门神经元,这最终引发了少量的抽象语音探测器的出现。

神经元作为特征发现者已经在视觉系统中讨论过了。在这个领域中胡贝尔(Hubel)和维泽尔(Wiesel)所作的研究最为著名(1959),他们在大脑皮层中发现了专门对路线定向、黑暗之中的光源或明亮中的黑暗产生敏感的视觉神经元。还有其他的方法来解释这个神经心理学证据,但是最为人普遍接受的解释是神经元是特征发现者。

一个反对这个方法的论点认为特征具有高度的语境敏感性。例如,在一个单词语境中的字母比在无意义的一串词中的字母容易识别(Rumelhart and McClelland,1982)。有许多类似的例证,都表明语境信息有助于发现在各个阶段与所有感官系统中的特征(见第 4、5 章)。因此特征并不是孤立发挥作用的。但是,近来的单词知觉模型包含语境敏感性的特征,因此这再次表明:分离各成分的能力和综合各成分的能力是彼此可以并存的。

最近一些让人振奋的研究表明,甚至单一的视觉知觉也包括了不同系统的整合。特雷曼和格兰德(Treisman and Gelade,1980)给出了许多关于视觉特征的经验性观点,包括特征改变时会出现知觉错误。当人们看到快速展示的彩色字母时,他们会在不同的字母间错误地转换它们的颜色(Treisman and Schmidt,1982)。在一个类似的情况下,萨希和朱立兹发现较短路线上的位置和方位经常会相互改变(Sagi and Julesz,1985)。在听觉系统中也发现了类似的现象。

所有这些事实表明,知觉可以被视为许多高度专业化系统的产物,这些系统相互作用产生了一个整体的意识经验。在某些条件下,这种相互作用占据了中枢有限能力,这个能力和注意、意识经验紧密相连(见第 2 章)。就我们的目的而言,有两个基本事实需要考虑:第一,知觉事件来自于可分解的专门的系统或功能块;第二,这个系统以一种"整体不等于各部分之和"的方式相互作用(Köhler,1929)。我们可以指出几个关于各成分相互竞争或合作以进入中枢有限能力的例子。从知觉到其他的心理学实验都可以归纳出这些观点,我们将在下面予以讨论。

3. 执行错误是专门功能块的证据

口误是我们熟知但还是无法避免的错误。它们不同于我们在无知时的错误。

如果我们出现了首音误置，如受人尊敬的斯普纳著名的口误“our queer old dean”而不是“our dear old queen”，该错误并非因为无知——正确的信息是可获得的，但它没有及时影响到说话的行为并作出区分。因此，语言和行动的误差本身包括了我们所要做的和我们几个知道的之间的分离(Baars，1985；in press c)。这使我们有理由相信出错总是与分离的专门处理器有关。

言语和行为的错误通常表明了沿着自然缺陷路径出现的一种分解模型。语言中的错误通常包括这些成分，如音素、单词、重音分布或句法结构-语言的标准成分(Baars，in press c；Fromkin，1973；1980)。在发生这些错误时，我们并不是随意、急促地脱口而出。另一个理由认为，行动由这些成分组成，但有时行动会沿着自然缺陷分裂的路线分裂开来。

行为错误表明了同样的道理。例如，里森(Reason，1984)收集了许多自发的行为错误，它们包括插入、删除一个行为或一个行为内部下属成分的交换。看看下面的例子：

(1) 我到房间里想要拿一本书。我摘掉戒指，照照镜子然后出去了——没有拿书(删除错误)。

(2) 从图书馆出来我马上到达了入口处的旋转式栅门，我掏出钱包想要付钱——尽管并不需要付钱(插入错误)。

(3) 整个早上我办公室的门响了几次，电话响了我拿起电话说请进(插入错误)。

(4) 不是打开一听 kit-e-kat，我开了一听米饭布丁给我的猫(成分转换——一个行为的首音误置)。

(5) 为了赶紧完成作业冲个澡，我把盆栽放在了卧室的床上，把内衣放在了卧室的窗台上(成分转换)。

在这5个错误中，行为错误以一种平和、自然、近乎自愿的方式被插入、删除和改变。这意味着正常的行为是以子成分的方式组织起来的，即行为是由模块化的部分组成的。里森(Reason，1984)把这些模块称为“行为图式”，他写道：“行为图式可以被独立地激活，以一种充满活力的和高度竞争性的方式运作并试图影响整个行为。”也就是说，行为图式通过竞争以获得参与该行为的优先权，有时它们会进入错误的语境，如错误(2)~(5)。这个论断与一个普遍性的观点是一致的，即行为的细节控制是分散的或“分配”的，因此，许多控制问题是由局部的处理器处理的(Arbib，1980；Baars，1980；1983；Greene，1972；Gelfanl et al.，1971)。这也和在熟练技巧的自动化中的发现一致，这些熟练的技巧已变得自动化和无意识了。当然，正常的行为会把许多此类高度熟练化的技巧整合为一个单一的有意图的整体。

表 1-3 标准语言的层级

序号	内容
1	语用学:说者和听者的意图
2	语义学:关于世界的知识
3	句法结构:有意义的单词的前后顺序
4	词典:识别单词和它们的意义
5	词素学:识别词缀的意义
6	音位学:对声音进行抽象分类
7	声学/肌肉运动:声音和说话控制

表 1-3 为标准语言的层级。常见的语言层级表明:存在一系列极专门化的、精密的无意识系统。它控制各个层次的语言理解和产生。因此,语用学必定包括当我们说话或不说话时的动机考虑;语义学是人类关于世界的知识;句法规则是极复杂的系统,控制着单词和词素的关系,等等。每个语义学层级都可以被视为一个专门处理器,反过来,它也是其他处理器的组成部分,因此句法规则在许多模型中都包括一个名词短语处理器,同时也可能有一个专门处理器对英文单词"the"进行分析(Winograd,1972)。因此,"语言处理器"由许多层级组成,每个层级都有子层级,而它们也有自己的子层级,依此类推。用技术性术语描述,语言的心理结构是递归的。

4. 语言处理过程的专门模块

普遍的观点认为对一个已说出的句子的理解包括一系列结构方面的分析,从说话者声音的听觉表征到更为抽象的一串串语音记号;这些记号详细说明了单词和词素,它们反过来又按照句法的方式进行编码来展示句子的主语、谓语和宾语。这个信息能够在复杂的含义表征语境中被予以解释,即参照说话者说这句话的意图(表 1-3)。近年来,在理解和模拟快速的、象征性的、智能的和以规则为基础的系统方面获得了很多进展。视觉处理过程也会沿用这样的分析方法(Marr,1982)。一般而言,现今,人类语言和视觉处理过程的主要方法包括一系列专业的模块化,它们的内部运作在某种程度上是与外界隔绝的。每一层次的分析其实是相当复杂的。我们已经研究了词汇接触,它包括了人们认识的词汇量的所有单词,或许对许多人而言是加上它们之间的语义学关系的 5000 个单词。

尽管专业模块化的各个层次是分离的,但它们通常需要在一起工作以便对一个句子进行解码,而不是以一种僵硬的、不变的顺序工作。但一个句法处理器遇到它无法解决的歧义时,为了获得信息它会号召语义学处理器一起工作(Reddy and Newell,1974;Winograd,1972)。如果我们遇到一个含义模糊的句子"老的男人和女人很高兴",我们会尽可能地对说话者的意图进行推测以判断是老的"男人和女人"很高兴,还是"老的男人"和女人很高兴。此类在不同的专门系统间的合作性互动的经验证据已经被马斯龙-威尔逊和威尔什(Marslen-Wilson and Welsh,1978)找到了。

因此不同的专门层次是以一种分离的方式存在的,但它们会联合起来分析一些句子,这好像它们是一个大的、连贯的系统。这似乎是专业模块化的一般特征,根据任务和语境它们可以灵活地分解和重新组合。因此针对语言分析、语言产生和语言匹配任务等,语言结构层次存在不同的构造。

我们当然对快速复杂的处理过程没有意识。而且，在智能这个词有根据的意义上，每一个这样的专门规则系统必然是智能的：它快速、有效、复杂、独立，具有象征性和功能性。这些是我们所谓的智能所具有的全部特征。

5. 专门处理器的其他证据

记忆的分解为专门处理器的存在提供了另外的证据。记忆中离散存取的例子有许多。也许最明显的是"口误"现象，一个单词即将获得但因受到阻碍而无法到达。有一些证据表明，像心情这种当下心灵状态，倾向于心情相关信息并使其难以获取非相关材料（Bower and Cohen，1982）。这些差异在催眠或外伤后的遗忘症中最为明显，并不是原来信息完全丧失了，而是丧失了自主提取原来的信息的能力（Jacoby and Witherspoon，1982）。在一些条件下，这些分离的记忆会重新被发现。事实上，我们大多数的记忆是由分离的事物组成的。

一个有关离散的最有趣的特征是，自动技巧和知识之岛①的方式无法通过自主回忆来获取，从而成为不可用的。例如，在打字时，哪一个手指用来敲字母 g？很多人会用他们的手指去寻找答案，即使他们执行这个行为已成千上万次，事实上，在开始打字时，他们可能对其是有意识的。当我们的技巧变得自动化时，我们就无法通过自主回忆来获取这些技巧。因此兰格和英伯发现经过几次字母编码实验后，被试报告他们对该实验丧失了意识。此后他们不能够再报告实验中的步骤数目，并丧失了检测他们自身效率的能力（Langer and Imber，1979）。

最后，有证据表明知识通常也是分散的、零碎的。研究日常知识的认知科学家惊讶地发现即使是优秀的学生，当他们被要求对日常现象进行解释时，他们也会丧失科学推理的能力。哈钦斯（Hutchins，1980）提出的一个小难题就是很好的例证。每一个受过教育的人都"知道"地球每天围绕它的轴自转，每年围绕太阳公转。现在假设一个人拂晓时在山顶学习，指着正从东方水平线升起的太阳。一整天他都站在山顶同样的位置，晚上太阳将要落到西方水平线下。他又举起手指着太阳。显然我们可以在早上这个人到太阳和晚上这个人到太阳之间画一条直线。问题是这两条线在哪里交叉？许多人，包括懂科学的聪明人，认为这两线在这个人这里交叉，他一整天始终站在相同的位置。但答案是错的，他随着山和地球整个一起已经改变了位置；他已经移动了即使他还在原地。太阳始终在原来的位置，当地球转动时，两条线的交叉点是在太阳那里。

许多人都不能解决这个小难题的事实表明，关于太阳和地球我们大多数人有两套思考图式。当问及一个受过教育才能回答的问题时，我们当然宣称地球绕轴自转，但当我们接受了地球中心的观点时，我们会看到太阳每天"在天空中转动"，并回到前哥白尼学说。在这个常识性的理论中，太阳早上升起晚上落下。当然，这

①"知识之岛"是一个隐喻，指从知识大陆分离出来的知识。——译者注

个观点也并没有什么错。这两种观点都会经常性地为我们所适用。当两个观点相互矛盾时我们就遇到了麻烦,如上述小难题那样。按照这样的方法还有很多这样的证据,即知识其实是很零碎的,我们在不同的图式中平缓地改变以选择符合我们目的的思考图式(注意,顺便说一下两种观点的冲突可能使我们对问题变得有意识;没有这个冲突我们可能会在这几个不同的图式中漫不经心地选择)。

简言之,在神经心理学中有关于分散的功能部分的证据,特别是来自对脑损害的研究;在心理学中,从任何一种熟练技巧的自动性获得的研究,到知觉、意象、记忆、行为、语言和知识表述的错误的研究,也有这样的证据。所有的证据都表明:在神经系统中确实存在许多智能的无意识处理器。

1.4.5 专门处理器的一般特征

尽管承认了专门无意识处理器的存在,但我们很少研究它们的内部运作。在视觉、语言、记忆和运动控制中,现在有许多有关专门处理过程的科学文献,它们在细节的研究上跨出了一大步。本书不会就某一个无意识的专门处理器作出评判,我们也不打算做这项工作。我们把专门处理器作为架构神经系统结构的“砖”,重点放在意识经验在这个结构中的作用上。当然,我们会对这些“砖”是什么给出一个大致的观点。

我们用行为图式的例子论证了专门处理器所共有的许多要素。行为图式在任何时候似乎都是整体的。一个复杂的行为图式通常作为一个整体去执行它的功能,这个观点是合理的。从自行车上跳跃的动作,我们不能等到聚集了空间定向的所有分离的成分,控制手和脚、平衡和视觉。相反,我们似乎是在回忆起单一的“骑自行车图式”的那一瞬间时,这个图式就组织和整合了骑自行车的所有成分。

但是,从自行车上下来,它分解了骑自行车的图式,因此图式的各个部分可以用于站立、行走和跑。这些运动也要求具备一般的技巧,如空间定向、运动控制、平衡和视觉。在许多类似的行为中肯定会运用一般性技巧。而且,当我们骑自行车时如果出了差错——如果我们的左脚踏板丢了——我们必须能够分解这个整体性的行为,以便找到骑自行车中的某些技巧来解决这个问题。

显然,我们需要两种看起来不一致的能力:一种能力是以一种整体的方式集合复杂的功能,另一种能力是当任务或语境发生改变时分解和重新组织这些相同的功能。第一种我们称为功能联合,第二种我们称为变化的成分。下面我们将把它们和其他的一般性特征列举出来。

(1) 功能统一。在任何时候,为了一些具体目标而联合起来的处理器,其运行就好像一个整体的处理器在运作那样(Fodor,1980; Rozin,1976),即根据外部的限制条件,联合具有内部的凝聚力和自治力或分解力。有时它被称为交流高端的内部宽带和低端的外部宽带。专门处理器有时被认为是按内部等级组织的,尽管我们喜欢用“回归(递归、循环)”这个术语,即专门处理器在功能上筑构在或包含在其他的专门处理器里。假定骑自行车的系统包含了视觉处理器;反过来对眼睛的运动必定存在一个控制系统,等等。这是对模块化特征的界定。

(2) 整个系统分散性特点。如果神经系统可以被认为是由许多专门处理器构成的,处理过程的细节显然并非由中枢控制系统处理,而是由专门处理器本身来处理的。

(3) 可变成分。专门处理器就像难解之谜。它们在结构上是递归的,因此一个处理器可能是其他处理器的联合体;反过来,该处理器可能是更大系列的处理器联合体的一分子,这个更大的处理器会作为一个整体的组块运作。我们不应脱离任务和语境而孤立地去界定一个处理器,尽管有些任务极其常见,以至于它们仅仅需要一些普通的、相对不变的处理器。

(4) 有限适应性。在有限的条件下,专门处理器能够适应新颖的输入信息。专门化的代价之一就是句法规则处理器不能处理视觉信息,当遇到数学难题时运动处理器会犯难。但是当环境需要它们去适应时,所有的处理器都可以改变它们的特性,分解和重组以并入到新的联合体中(此时它们也会像一个整体的处理器那样运作)。当视觉领域以一种夸张的方式经历着旋转或改变时,当运动控制因开手动挡的汽车转化到开自动挡的汽车而改变时,或者当脑损伤的患者通过使用新的神经元途径学习以达到他的目标时,我们可以看到这种重组(Luria,1980)。我们也可以在一个更简单的层次上,看到专门处理器的适应性(Eimas and Corbitt,1973)。当一个音节如 ba 被重复了一次又一次后,其结果必然是在 ba 和 pa 间出现不同的特征分界线。

这些观点证明了可能有些处理器是在不匹配的情况下被驱动的。也就是说,它们必须适应当它们对外界事物的推测被破坏时的情形,也有可能许多处理器基本上保持着消极的状况直到这种破坏出现(见第5章)。我们可以把这些处理器称为地址不匹配。

(5) 目标寻址性。虽然处理器如行为图式是无意识和自动的,但它们为之运行的目的有时却是有意识的。事实上,行为图式大多可以被标示为目标或子目标即下一层次的服务对象。在1.4.4节的例子中,行为错误(1)可以称为取书的目标错误;(2)是不适当地执行了掏钱包的目标,等等。每一个此种行为可以用不同的方式表述——用身体移动的术语,用肌肉群的术语等。但是,这一类表述并不能全面地抓住错误的要害。只有用目标达到和目标未达到的术语来对错误进行表述时才能揭示错误的整个事实。因此,行为图式具有整体的寻址能力,尽管对目标的具体细节不必有意识。生物反馈疗法可以使人对基本的一些神经元获得自主控制的事实表明,其他的功能性处理器也具有整体的寻址能力(7.3节)。

(6) 专门处理器的无意识和非自主特征。专门功能的控制难以通达意识内省。试着扭动你的小指头,我们对什么是有意识的? 答案是“几乎没有”。我们可能有一些肌肉运动知觉反馈的感受;一些对行为开始瞬间的感受;或许行为出现前一时刻目标消失的意象。但是,没有对指挥行为的清晰的感觉,没有清晰的计划的过程,当然对行为的细节也没有意识。扭动手指似乎非常简单,但它的细节是无意识的,而知觉则是有意识的,就像对一支铅笔的一瞥或说出来的单词的声音。很少有人知道移动小手指肌肉的位置在哪里(它们不在手里,而在前臂)。但是这不会妨碍我们随意地扭动手指。没有一个说英语的人会有意识地了解下巴、嘴唇、舌头、软腭、声门和声带等的运动,这些是说出一个单一的音节的构成要件。没有关于我们自身日常行为的可获得的有意识的知识,我们仍然生活得很好。格瑞恩(Greene,1972)称这个特征为执行性无知,并认为这个特征在许多分散的控制系统中都存在(见第7章)。

1.4.6 小节摘要

在承认专门处理器在功能上是整合的或模块化的基础上,我们可以总结出所有的这些观点。这意味着在整体的系统中具体的处理过程是广泛分散或分配性的。基于导向性的目标和语境,每一个模块都会在合并和分解中变化。专门处理器可以适应新颖的输入信息,但是是在有限的范围内。适应性意味着专门处理器对于它们的预测和现实的不匹配是敏感的,从某种意义上说,它们对不匹配具有寻址能力。至少有些专门处理器对目标是具有寻址能力的;或许所有的专门处理器通过各种有意识的生物反馈信号,被训练成具有目标引导性的特征。我们对专门处理器的细节是没有意识的,这表明决策控制处理过程对专门的系统是不了解的。

1.5 本书的共同主题

如果读者留意了下列的题目,本书的剩余部分将较为容易理解。

1.5.1 意识经验反映了潜在有限能力系统的运行

意识事件通常负载着非特定的有限能力,但并非所有的有限能力事件都可以被有意识地体验。似乎存在这样一些事件,为了占据有限能力而和有意识事件竞争,但是如果它们以读者体验这些单词的方式来报告的话,是行不通的。因此,意识经验似乎可能是有限系统之下的一个"运行的模型",而且这也是一个对我们将在下一章具体说明的全局工作空间结构的合理的解释方法。那么问题是:"除了负载有限能力,什么是意识经验的必要条件?"在本书中我们将提出几个条件并在最后一章作出归纳。

1.5.2 每一个意识事件都是由我们称为“语境”的持存的非意识系统形成的

这个基础性的问题会贯穿全书。我们把语境作为一个相对持存的系统，正是这个系统形成、存储和控制意识经验，但系统本身并没有变得有意识。这种语境影响的范围相当广泛。

根据我们已有的视觉知识，我们一般会认为光线会向上发光。结果，当我们遇到一个模糊的场景时，如月球陨石坑的照片，当太阳的光线来自照片的底部时，我们趋向于把它视为一个隆起物而不是洞穴(Rock,1983)。当然推断光线的方向是无意识的，但它深刻地影响了我们有意识的视觉经验。在语言感知和产生方面，在思考、记忆存取、行为控制等方面都有类似的例子。影响意识事物的无意识系统与意识经验本身间的对比，为意识经验理论提供了一些严格的限定。

理论上，我们会把语境视为已经在以某种方式处理相关的信息，且已经使用了全局工作空间的无意识的专门处理器的联合体，因此它们可以和正在进入的全局信息竞争或合作。上述假设的全局性语境并不是可以随意使用的。享有使用全局工作空间的优先权必定是以前曾经和其他语境有过合作和竞争的历史，并最终形成一个相关语境的层级，而正是该语境的层级决定了如何使用全局工作空间(4.3.2 节)。

我们有时会把语境视为一种关系而不是一个事物。我们可能会说光线从上面发光这个假设，和对月球陨石坑中照片中的凹陷的知觉是有语境关系的(Rock,1983)，或者某种隐道德规范框架和某人对自尊的感觉是有语境关系的。在一些模型中，语境是一个过程或一个相关事件——它承担网络的部分功能，但这个功能从未被明确地表述出来(Rumelhart and McClelland,1982)。在我们的方法中，我们想要语境“站出来”以至我们可以讨论它们，并在概念性的示意图中把它们标示出来。就语境到底是一个事物还是一种关系这个问题，没有必要使其僵化不变。在其他的例子中，语境信息是无意识的事物，正是它深刻地决定了什么信息可以变得有意识(4.0 节，5.0 节)。

1.5.3 有意识的知觉和意象是质性的事物，有意识的可存取的意图、期望和概念包括了非质性的事物

如上所述(1.2.5 节)，人们能表述质性的意识经验，如知觉、心理意象、感觉，等等。一般而言，我们可以称它们为知觉的或意象的。对于质性事件我们可以体验它们诸如温度、颜色、味道、大小、独立的短暂的开始和结束，以及在空间的位置等质性特征。还有一类表征并不像我们对知觉和意象的体验那样具有质性特征，但是，当它们能被精确地表述时我们也会把它们视为“有意识的”。当前可得的信

仰、期望和意图——一般的概念性知识,不会为我们提供连续性的质性经验(Natsoulas,1982a)。但是,质性和非质性的意识事件有很多共同点,因此,把它们都视为“有意识”的是有益的。但我们如何说明它们的不同点呢?

概念与知觉和意象相反。它允许我们摆脱知觉的具体经验的局限,甚至是可以摆脱意象的具体经验的局限,而进入抽象表征的抽象范畴。概念的处理过程通常会使用意象的事件,但这种意象的事件和它们可能产生的意象和内部语言不一样。意象是具体的,但概念是抽象的,它表征了一类事物的一般性。然而,抽象并没有囊括全部故事,因为即使针对具体刺激,我们也会产生期望和“设定”效应(例如,Brunner and Potter,1964,4.0 节)。这些期望并不像心理意象那样被体验。质性和非质性意识事物的不同点我们会在下面的章节论及。最后,我们会在第 7 章对此给出答案,这是任何完整的有关意识的理论无论如何都应该论及的。

在本书中质性的知觉/意象事件和非质性的“概念”性事物都被视为有意识的。关键是我们要同时考虑到它们的相同点和不同点,并最终尽我们的全力去解释它们的相同点和不同点(第 4、6、7 章)。

1.5.4 是否存在一种通用语,一种心灵的交换语言

如果不同的处理器都有它们自己的编码,是否有一种共享的通用编码?特殊的编码是否具有优势的地位?福多(Fodor,1979)认为必定存在一个 lingua mentis,该词在中世纪哲学中被称为“心理语言”。进而言之,在世界的许多地方,至少有一种英语的心理语言。具有专门的局部编码的处理器会面临译码的转换,就如我们在国际事务中面临的翻译转换那样,斐济群岛的联合国代表在联合国大会中可以听到中文、俄文、法文或英文的演说,但这些没有一种语言是他们的母语。翻译是一个日常的事物,也是其他处理程序的一个分内之事。然而,这项日常事务处理失败了就意味着和其他的专门领域间准确的交流和沟通有可能失败。这个隐喻并非牵强附会。任何局部编码的系统和整体系统都面临这样的转换。

在本书的后面我们认为质性的意识内容——知觉和意象特殊的作用可能与这有关系。在第 2 章中我们主张意识内容可以在神经系统中广泛地传播。这是通用语言的一个标准。而且,我们已经了解到一些意识事物可以渗入到其他的无法提取的神经功能中。例如,一个早已达成的共识是自动的功能完全独立于意识控制。人不能随意改变他的心率、肠壁的蠕动、流汗和性唤起。但是最近 10 年,学界发现了两种方法可以使意识参与到自动功能中来。第一,生物反馈疗法可以控制自动功能,至少可以短暂地控制。生物反馈通常包括来自自动事物中的有意识的知觉反馈。第二,甚至更有趣,情感上唤起的心理意象——视觉、听觉和身体等,当然,它们都是质性的意识事件,也能控制这些功能。我们可以仅仅通过想象一个逼真的可怕的场景,性唤起、生气的事或者需要我们努力加油的事,加快心跳次数,也可以通过想象一些平静、平缓和能给予帮助的事情来减少心跳次数。心理意象的逼

真性——它的有意识、质性的效用——似乎是能够进入神经系统那些独立部分的一个原因。

上述两种现象都表明有意识的质性知觉和意象都涉及心灵的通用语言。在本书的后面部分,我们认为所有的知觉和意象都包括了时空的信息,而且认为这些信息是由众多的不同的脑部组织来处理的(6.5.2 节)。感知的和意象的事件总是停留在心灵的某个时空中,因此,相应的神经组织必须对这些时空的信息进行编码(Kosslyn,1980)。一个时空的编码可能会为神经系统提供一个通用语言。最后,我们认为甚至是抽象的概念也会产生短暂的心理意象(7.6.3 节)。

1.5.5 存在着难以报告,但是其效果却可以观察到的短暂的意识事物吗

詹姆斯发起了一场强有力的论战来反对心理学上的无意识,部分原因是他认为有一些快速的意识事件我们并不记得,在内省中我们也会认为它们并没有变成有意识的。事实上,许多证据表明我们在回顾方面低估了我们对许多事物的意识(Pope and Singer,1978)。我们从斯普灵现象中(1.1.2 节)知道了人们可以短暂地获得视觉记忆的许多细节,并且这些细节在一秒钟后并不能被人们想起。另外,还有一些很重要的理论上的支持理由,认为人们其实有快速的、难以回忆起来的有意识"突现",它们没有直接的可供观察的效果(7.0 节)。但是如何检测这些观点是个难题。

还有其他的证据支持短暂的意识事件观点。在舌尖现象中,人们常常可以报告出那个短暂的没说出来的单词的意识意象,"它太快了,以致没有抓住"。通常我们觉得肯定的是,这个短暂的意象是那个没有说出来的单词,而且事实上,如果向处于这种状态的人们展示这个正确的单词,他们能够很快地把它识别出来并与那个错误的单词相区分,这表明短暂的意识"突现"是精确的(Brown and McNeill,1966)。任何一个被问及新问题的专家都可以简要地回顾许多信息去回答问题,这些信息并不全是有意识的,但它们可以被专家随意地变得有意识。因此一个国际象棋大师可以对这类问题"你能提前看出棋面的布局吗"作出快速的十分准确的回答(Newell and Simon,1972)。一些快速的回顾过程会涉及准意识意象。在理解一个能引起意象的句子的过程中,我们有时会体验一个短暂的心理意象,快速地闪过我们的心之眼,就像急飞的燕子在早晨的天空留下的黑色剪影那样。当然这仅仅是举例说明这个观点。

另外一个关于意识"突现"的轶事性的资料来自于那些极富创造力的人,他们不厌其烦地关注他们自己短暂的心灵过程。爱因斯坦对该问题就非常感兴趣,他经常和他的朋友马克斯·韦特海默(Max Wertheimer),一位格式塔心理学家,讨论该问题,在回答一个询问调查时,爱因斯坦这样表述道:

单词或语言，当它们被写出来或说出来时，它们似乎在我的心理机制或想法中没有发挥任何作用。心灵实体也许是作为想法的成分在运行，它是某种标记和或多或少的清晰的意象，这些标记和意象是能够有意识地重复产生和合并的……这种模糊的……合并性的活动似乎是创造性思维的基本特征……[这些成分]，在我看来，是属于视觉的和某些肌肉的。我们不得不在第二个阶段费力地寻找常用的单词或其他的标记，当……合并的活动已经建立完毕而且它也能够随意地被我们重复产生。[但是最初的阶段纯粹是]视觉和肌肉运动的(Ghiselin,1952)。

大约在20世纪初，许多心理学家试图调查与抽象思维相伴随的短暂的意象。伍德沃思和斯克勒斯伯格(Woodworth and Schlossberg,1954)这样回忆道：

当观察者被问及他们有什么样的心理意象[当解决一个简单的问题时]，他们的表述大相径庭，正如我们可以想象在一项研究中会发现大量的个体差异那样……一些表述了视觉的意象，一些表述了听觉的意象，一些是关于肌肉运动知觉的，一些是语言的，一些表述了生动逼真的意象，一些是模糊的和散乱的意象。一些人坚持认为在想法清晰地突发的那一瞬间人们并没有真实的意象，仅仅是意识到广义上的一些关系或其他的“物体”。许多心理学家不会接受此类的证据，由于他们的表述是属于不完整的内省。因此“无意象-思维”的争论持续了很多年，最后因为僵持不下而不了了之。

短暂性意识突发的可能性提出了棘手的但却是很重要的问题。这类事件如果存在，并不能丝毫不差地满足我们对经验事件的表述所定下的精确的、可检测的操作性标准。运用双重任务方法我们可以间接检测它们的存在，并记载下有限能力的短暂的存储，而且在明确的条件下我们可以证明清晰的意识突发的出现和消失。潘尼的研究表明随着实践的开展，心理意象逐渐变得无意识，尽管在这些意象中的信息会继续被运用以执行匹配性的任务，而且，当任务变得更难一点时意象会再次变得有意识和可报告。或许存在一个中间的阶段，此时意象正快速飞逝，但仍然具有暂时的意识。学会注意这类飞逝的事物的人比那些忽略这类事物的人更容易去报告它们的存在。但我们如何检测这类报告的准确性?

对内部语言瞬间一瞥的证据比自动的视觉意象的证据更少。建立在自动化思考恢复基础上的一些临床技术，在治疗临床抑郁症和焦虑症方面疗效显著(Beck,1976)。但是，很难证明，患者恢复到能够理解突发的非理性的悲伤或焦虑的思维，事实上是真正的自动化思考。或许患者会把思维组织起来使他们的经验合理化，使它更能被理解和可控制。但是原则上，有可能做一个与潘尼的实验极为相似的实验来检测自动的、短暂的有意识的思维是否存在。

在本书的剩余部分我们会尽力去建构一个稳定的理论框架，这个理论构架就包含着此类短暂的意识事件。因此我们推断它们是存在的，并等待开发出更好的工具来评判它们(7.0 节)。

我们是否应当称此类快速的观点突发,如果它们存在的话,是“意识的”？有人认为这完全是不适当的,或许确实是不适当的(B. Libet, 私人交流)。一个更好的术语可能是“快速的、潜意识的、有限能力的负载事件”。当然,名称并没有观点本身和观点的可检测性结果重要。这个问题似乎从一开始就使生命复杂化了,但在本书的后面部分它会帮助我们解决几个有趣的难题(第 7 章)。

1.6　小结和展望

我们已经简要概述了理解意识经验问题的一个路径。最基本的方法是将具有可比性的意识过程和无意识过程进行比较,然后在此基础上去界定理论。在这个过程中,我们发现传统的那些主要的假设也陈述了意识经验的许多特征——激活假设、冰山一角假设、新颖假设和剧场假设——也是非常有用的。所有传统的假设都包含了一定的真理。真理涵盖了它们,但又不仅仅是它们。

下面的章节会为我们提出的粗略理论——全局工作空间理论的模型 1,寻找证据。在第 3 章考量了它的神经生理学蕴意后,我们发现无意识语境在意识经验的形成和范围上发挥着明确的作用(第 4、5 章,模型 2 和模型 3)。有关无意识引导性语境的讨论很自然地会产生目标导向行为和自主控制这样的理论概念(第 6、7 章,模型 4 和模型 5),最后也会产生注意、反思性意识和自我等整体的概念(第 8、9 章)。第 10 章总结了意识经验的适应性功能,最后一章对全书作了简短的回顾。

第二部分 基本模型

在第2章,我们将详细阐述分散的、专门的处理器系统中运行的全局工作空间这个基本的理论隐喻。建立在此观点基础之上的粗略的模型(模型1)有大量的证据予以证明。具有可比性的意识过程能力和无意识过程能力的对比性分析为模型1提供了经验限定。

这个单一的模型只有两个理论架构:一系列分散的、专门的处理器和一个全局工作空间或“黑板”——固定的一些专门处理器可以进入这个空间,反过来,它也可以向其他所有的处理器传播信息。尽管模型1很简单,但它能够解释本章列举的所有的对比性事实。许多补充性的发现也支持意识信息可以在神经系统被广泛地传播这一假说。我们的结论同样也考量了相反的观点和一些未解的疑问,后面的章节会进行详细阐述。

第3章以科学家发现的处于大脑中的扩展性网状结构的丘脑活动系统为基础,探讨了全局工作空间隐喻在神经生物学方面的意蕴。部分前额和顶骨皮层似乎控制着这个系统的入口。我们会相应修改模型1以反映神经生理学提出的变化。

第2章　模型1：意识表征具有内在一致性和全局分布性

在我们从事物中发现结构之前，我们的大脑就已经开始独立地建构事物的结构了……知识不仅仅来自经验，同时也来自于智力发现和被观察事实间的比较。

爱因斯坦(1949)

2.0　引　言

几乎我们所做的每一件事，我们在无意识状态下都会比在有意识状态下做得更好些。在刚开始学习一项新技能时，我们笨拙地摸索，总是觉得不确定，对该行为的许多细节都保持清醒的意识。一旦学会了，有可能仅仅是通过几次重复演练就学会了，我们就对细节不再有意识，忘掉了那种不确定带来的痛苦经历，开始纳闷为什么初学者手脚那么慢又不灵活。这个过程对任何事情都适用，从走路到学习有关社会关系知识、习得语言、阅读以及包括理解本书的许多技能。

这些观察表明，我们对已知事物的复杂性没有意识。对于高水平的技能也是如此，例如，读者处理句子、句法结构的能力。为了理解一个句子的含义，至少需要对该句子某部分的句法结构进行分析。句法结构分析的第一个小步骤包括把部分语言分解为各个单词——名词、动词、介词、副词等。如果我们慎重、有意识地去做这件事，不借助纸和笔，它肯定会花费很多时间；这对我们的瞬时记忆是一个很大的负担；它还容易出错并会被其他的心理过程干扰，这个心理过程是指用于理解句子的心理过程。有意识的句子分析完完全全是低效率的。但是，我们每天都在无意识分析大量的句子，干得又正确又漂亮。许多我们每天都在使用的技能也是如此，是在无意识状态下运行的(LaBerge，1974；Langer and Imber，1979；Pani，1982；Shiffrin and Schneider，1977)。熟能生巧，当我们变得越来越有效率时，我们对它也就越来越无意识。因此我们干得好的事，大部分都是在无意识状态下完成的，那么意识到底对我们有什么益处呢？

本章阐述的问题是建立在对意识能力和无意识能力的对比性研究之上的相关问题。这些能力的比较(表2-1)为本书的核心理论观点提供了证据：意识经验和全局工作空间系统紧密相连。全局工作空间是一个信息交换的场所，即为神经系统中专门无意识处理器间的相互作用提供场所。它就类似于教室里的黑板，或者人类社会中的电视广播站。许多无意识的专门处理器通过竞争和合作以进入全局工作空间，一旦获准进入，它们就可以向其他能理解其所广播信息的专门处理器传播信息。

表 2-1　可比的有意识和无意识处理的能力

有意识处理能力	无意识处理能力
1. 计算的低效率；出错多、速度慢，而且有意识计算间相互干扰	1. 在自己的任务中高效率；出错少、速度快、不会相互干扰
2. 涉及的内容广泛；具有不同的意识内容相互联系的能力具有意识事件和它们的无意识语境相互联系的能力	2. 每个专门处理器的范围是有限的每个都相对独立和自主
3. 具有内在一致性、连续性和有限能力	3. 分布的，可以并列运行，联合在一起具有巨大的能力

全局工作空间系统的特征完全满足经验性能力比较的要求，因此才会导致模型 1 的出现（见图 2-3）。在该模型中，意识事件仅仅是在全局工作空间里发生的事物；其他的是无意识的。当然，我们会在后面的章节稍微修正该观点，但是基本的全局工作空间隐喻会贯穿本书始终。

显然，模型 1 只是一个粗略的近似物，但也是一个成功的模型。我们将详细研究它的内涵，包括全局工作空间的输入和输出功能。例如，意识内容具有全局分布性的观点，从字面上看是否意味着它会传播到整个中枢神经系统？我们引用了六种证据来支持这个观点。接着，我们会指出可能存在一些像模型 1 那样运作的系统，但是它们在“硬件”方面却有些不同。这种功能类似的系统也应纳入我们的研究范围。最后，我们会评述认知和神经生理学文献中类似的观点，从模型 1 总结出一些可检测的推论，并指出模型 1 的一些局限性——模型 1 不能处理的证据。这些局限意味着模型还有待修正，这一点我们会在稍后的章节中研究。

2.1　有意识和无意识处理能力的比较

表 2.1 是我们进行比较的第一个主要的数据集。注意，我们是比较意识过程和无意识的处理器。理由已经在前面的章节中论述了：我们有理由相信无意识的功能是模型化的（1.4 节）。同时也要注意这些比较并非绝对的。意识符号的运行并不完全是低效率的。尽管一般而言，心理过程的运行越有效率，它越有可能是无意识的，反之亦然。现在我们正式地列举出每一个对比，并详细地讨论它们。

2.1.1　意识过程在计算上是低效率的，但无意识处理器在它们的专门任务中是高效率的

试着计算（9×325）÷4，有意识地做每一步心算，或者试着有意识地“用图表分析一个句子”——在句法结构中分析从句的分界线，单词的种类如名词、动词、副词

等,判断句子的主语和宾语。或许没有谁能完全有意识地做这些符号运行中的某一个运行过程。甚至多年研究句法结构的语言学家也不能有意识地从语法上去分析某个句子。少数擅长心算的人可能通过长期的练习学会了自动地做大多数的计算步骤,同时包括了极少部分的有意识的计算步骤。

与相同的无意识过程相比,在意识状态下事情的进程会慢些,容易受到其他有意识或需要耗费心力的心理过程的干扰,因此容易出错。我们逐个思考这些特征。

(1) 意识事件的速度相对较慢。单一的反应时间(这个时间是指针对一个已知的刺激物作出一个已知的反应所需的时间)最多是大约 100 毫秒(2. 4. 1 节)。这也是我们在性质不同的刺激物间体验知觉融合所需的时间,布卢门撒尔(Blumenthal,1977)给出了 7 个论据以证明最小的"意识时间"大约需要 100 毫秒。相反,无意识过程是以神经放电的速度产生的,每秒 40 ~ 1000 次。在我们说话时,当我们说"bah"时,在我们的嘴巴张开之前声带就开始震动了;当我们说"pah"时,顺序与前面相反。在"bah"和"pah"间发出声音的时间差别大约是 20 毫秒,比意识反应的时间快得多,比布卢门撒尔(Blumenthal,1977)提出的最小的整合时间也快得多。但是,我们当然并不能有意识地控制/pa/-/ba/区别的具体细节。

(2) 意识事件容易受到干扰。有许多事实证明任何意识事物都会干扰其他的任何一个意识事物。任何感觉形式的知觉经验都会干扰其他感觉形式的知觉经验。我们经验的任何知觉也会干扰任何一个心理意象。任何心理意象会干扰同时发生的任何感情或身体上的感受。任何一种经验都会干扰任何一种有意识、需要花费心力的行为。而且在内部言语所说的任何话都会干扰到知觉、感觉、意象或需要花费心力的行为。这些都是基本的事实。

(3) 相反,无意识过程很少互相干扰。我们前面已经引用了自动化和自主控制技能间鲜有干扰的例子(1. 3. 4 节)(Shiffrin et al. ,1981)。

(4) 意识事物容易出错。即使是简单的心算也难以不出任何差错,更不用说有意识的句法结构分析、视觉景象分析等。易出错这一性能在实践中是很重要的,因为许多飞机失事、道路交通事故和工业事故具有很明显的人为错误特征。并非所有的人为错误都是由于意识的局限性。还有许多是由于不同的无意识事件的局限性,第 1 章和下面的章节都会有所论及(Raeson,1983;1984)。但是,意识处理过程的局限性当然是造成该问题的一部分。

当然,与意识局限性相比较,已经驾轻就熟的具有专门功能的无意识处理过程更有效率。

既然意识过程有这些让人苦恼的性能,我们禁不住要问:它到底有什么好处?如果我们可以选择,我们应该放弃意识吗?抑或它赋予了神经系统一些无意识处理过程不能给予的选择性优势?幸好,答案确实是这样。我们看看下面的观点。

2.1.2　意识处理过程包含了大量的可能性内容，但是任何一个无意识处理器的范围都是有限的

我们可能产生意识事物的范围，从根本上说是无限的：我们对周遭世界的感知会导致意象、梦想、内部言语、情绪感觉、快乐和悲伤。如果把信仰、概念和意图的意识部分包括进来，可能我们产生意识事物的范围还会更广。有证据表明，我们可以在一定程度上有意识地控制几乎任何数量的神经元，条件是我们从神经活动中能马上收到有意识的反馈（Chase，1974）。把所有的事实证据结合在一起，很明显，意识内容，从根本上讲，是与神经功能的方方面面联系在一起的。意识事物的范围和意识涉及的范围是非常广泛的。

我们如何知道无意识处理器只有有限的范围？一个考虑是基于一般而言，专门性会导致有限性。如果存在一个无意识句法结构的处理器，那么它不可能很好地分析视觉景象。在第 1 章我们引用了里森（Reason，1983）收集的几个行为错误，它们表明了行为图式在其运行中具有有限性，这已被错误中固定呆板的特征所证明了。通过有意识地记住我们正在做的事，我们就能避免错误。兰格和英伯（Langer and Imber，1979）认为，人们反复练习一个简单的任务会导致不专心的行为，他们发现，一旦该任务被练习到自动和无意识的程度，人们就会不再精确地估算任务的步骤。而且，被试比以前更愿意接受他们干得不好这样的错误结论，即使是当他们事实上干得不错的时候。显然自动性有其自身的缺点。

这些例子是有启发性的，因为它们似乎表明了无意识部分（专门处理器）的功能不受意识控制的干扰。在每一个例子中，其性能似乎都具有独特的“盲目性”，因为它的运行完全不管任务和语境表面上明显的变化。整个模型都支持了我们的基本观点，即无意识处理器涉及的处理范围是相对有限的。

如果我们考虑了专门化的优缺点，那么整个模型就是合理的。很明显，专门化最大的优点是我们能确切地知道在特定的常规情况下要做什么。在计算机语言中，针对特定的问题都会有设计好的程序。这个现有的程序对于它的特定目的而言是最好的，但是面对其他的问题可能就没用了。常规任务专业化的最大缺点是在面临新情况时缺乏灵活性。

由此看来，无意识处理器在处理已知情况时是最佳的工具。意识能力是用于处理新情况的，这会直接推出下面的观点。

2.1.3　意识处理器具有较强的关联能力和语境敏感性，但是无意识处理器是相对独立和自主的

这里使用的“关联能力”和“语境敏感性”是有特定含义的。关联能力是指能使两个意识事件相互发生联系的能力。经典条件反射训练就是一个很好的例子。

其中一个有意识的刺激物是作为另一个有意识刺激物的信号——铃声标志着食物来了,电光标志着电击,等等。在铃声和食物间、电光和电击间并没有天然的联系,这些联系是任意的。然而在适当的条件下,任何一个有意识的刺激物都可以作为另一个强化刺激物的出现信号。

如果在经典条件反射训练中有一个刺激物不是有意识的,结果会怎么样呢?苏联研究者声称,如果条件性刺激物随着多次重复变成习惯,巴甫洛夫条件反射作用就不会出现,因此它不再是有意识的(Razran,1961)。也有证据证明只有当人类有意识地获取了两个刺激物间的关联时,人类才会出现条件反射作用。道森和福雷迪(Dawson and Furedy,1976)在一组优秀的实验中,使用听觉噪声的一个声调作为一个较为温和的电击出现的信号。通常,被试很快就明白了这个声调意味着电击,因此经过几次实验后一旦人们听到这个警告的声调,皮肤就会出现导电性。在另一组实验中的被试也被给予了相同的一系列刺激物,但被告知了不一样的关于噪声声调与电击的关系。他们被告知,实验的目的就是要看看人们是否能从背景噪声中发觉它的声调,电击的功能仅仅是表明新一轮实验的开始(实验中的人是愿意相信任何事的)。因此,他们被引导着去相信电击是声调出现的标志,而不是相反。在这种条件下,即使重复多次,声调对电击的经典条件反射作用也不会出现。尽管被试对两个刺激物都有意识,但他们重新解释了声调与电击间的关系,而且绝不会认为声调意味着电击出现。

这些发现表明,对于发生的经典条件反射作用,被试必须对两个刺激物都要有意识,同时也必须对刺激物间的条件性关系有意识。如果任何一个条件欠缺或无意识,经典条件反射作用就不会出现。只有意识功能有这种把两个任意的刺激物联系在一起的关系能力。我们不能把两个新鲜、任意的刺激物无意识地互相联系在一起。

这里界定"语境敏感性"采用的方法是意识事件是由无意识因素形成的。有很多此类例子(见第4、5章)。或许最明显的例子是我们每天所做的许多日常行为。当我们开车时,我们每天都会走一样的路线,因此随着时间的推移,对于可预测的开车行为会变得越来越无意识。如果在从家到工作地点的路线中有新情况发生,以前无意识的行为就会变得越来越有意识,以适应新环境。如果有一天我们在回家的路上决定要开车去食品杂货店,我们可能会突然发现我们已经到家了而没有去杂货店,因为在关键的十字路口我们没有意识到我们的目的。同样,即使如果我们提前知道我们熟悉的路线已经被堵住了,这个信息也必须及时变得有意识,才能使我们作出走另一条路的正确选择。一般来说,语境的改变不会自动地被编程,它们需要意识。但是,一旦语境信息被编入程序,它不需要再次变得有意识就可以控制我们的日常行为和经验。

涉及知觉的课本里有很多例子,表明我们的意识经验是由许多我们不曾想象过的无意识因素形成的(Gregory,1966; Hochberg,1964; Rock,1983)。例如,我们生活在一个“木匠化”的世界,一个长方形和正方形的世界。但我们通常从倾斜的角度看它的表面,因此我们的眼睛得到的是一个梯形的投影,而不是一个长方形的投影(图 2-1)。每一个这种梯形的投影来自于许多长方形或梯形,它们从不同的角度进入我们的眼睛。如果我们观察一个由梯形组成的空间,而且我们所处的位置仍然是在正常的木匠化空间向同样角度的视网膜投影,那么结果会怎样?

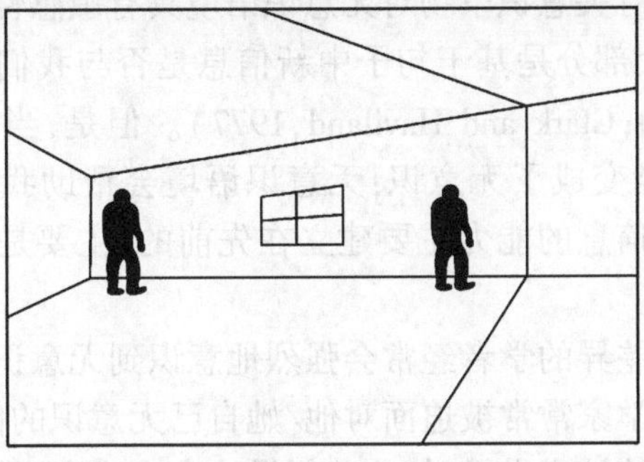

图 2-1　在阿姆斯扭曲房间实验中连贯性平衡的维持

阿姆斯扭曲房间是证明意识经验中竞争部分为维持内部连贯性而进行协调平衡的例子之一。这个房间看起来是矩形的,但它其实是梯形的,一边比另一边低。在房间中来回走动的人给观察者造成了内部矛盾:要么是人在缩小或增大,要么房间是扭曲的。最初,我们会假定房间是矩形的,而人被视为一会儿变高,一会儿变矮。随后如果观察者向对面的墙壁扔一个乒乓球,知觉就会被改变;此时房间被视为是梯形的,而在里面来回走动的人的高度是不变的(Allport,1954)。维持意识连贯性的平衡模型不仅适用于视觉,也适用于所有意识功能

阿姆斯(Ames,1953)在 50 年前首次做了这样的实验。他发现人们把这个被扭曲的空间视为正常的、长方形的屋子。梯形屋子墙壁的高度是不一致的,尽管它们看起来是一致的,有可能其他物体的高度是按照离它最近的墙来标示的。如果我们观察在阿姆斯扭曲的房间中来回走动的人,结果会怎样呢?人不会改变身高,但是墙壁,虽然看起来具有一致的高度,但却是会改变的。因此,在人的高度不会很快改变的事实与假定墙壁不会改变的事实间产生了知觉的冲突。得到的结论很奇怪:当人们走向或远离观察者时,他们的身形会夸张地变大或缩小(图 2-1)。

当他们走到梯形房间较低的墙角,与感知到的房屋高度相比,他们的身形扩大了两倍;当他们走到房屋较高的墙角,相比起来他们缩小了。但是为什么我们不能发觉房屋真实的特征,而使我们感知到的人的高度保持一致呢?部分的原因是视觉系统让我们把房屋的高度视为一致,结果,它唯一的选择就是把人的高度理解为是不断变化的。很明显,我们对于在阿姆斯房间中的人的意识经验是由无意识的假设构成的,这个假设是关于他/她会出现在什么样的空间的假设。

这种维持认知一致性的平衡模型不仅适用于视觉,也适用于所有的意识功能。例如,一个人有意识的关于公平的观点会因为看见一个罪犯逃脱惩罚而改变

(Abelson et al. ,1968)。这种试图维持意识一致性的趋势也可以在著名的认知失调现象中找到(Festinger,1957)。同样,在视觉意象中,如果一个人设想在20步远的距离有一只大象,而且此时有一只苍蝇正在它的耳朵上爬来爬去,他会自动把焦距放在苍蝇身上;此时,在心之眼里,看见的仅仅是大象耳朵的一部分。因此,想象出来的大小和距离会维持一种始终如一的一致关系(Kosslyn and Schwartz,1981)。

还有许多其他的有关意识事物对无意识语境具有敏感性的例子。在交谈中我们理解句子的能力,大部分是基于句子中新信息是否与我们在交谈中所获得的信息相符合(Chafe,1970;Clark and Haviland,1977)。但是,当我们听到一个新信息时,对方说过的话已经变成了无意识;无意识语境会帮助我们形成有意识的新信息。我们理解任何新信息的能力主要建立在先前的、主要是无意识的知识基础上(Brasnford, 1979)。

研究知识变革和差异的学者经常会强烈地意识到无意识预设语境的作用。研究某种新文化的人类学家常常被迫面对他/她自己无意识的假设,只有当他们面对与他们的预设相违背的社交世界时,这些假设才会变成有意识。同时,历史学家也会意识到每一个新时代都会根据他们自己的假定重新解释"相同"的历史,大多数的假定在它们发生作用时都是无意识的。第4、5章会详细讨论这些语境的作用。

所有这些例子,表明无意识的预期引导着我们对世界有意识的理解。这与上述的"关联能力"不一样,"关联能力"涉及的是两个有意识的事物互相联系在一起。语境敏感性,本书使用的这个术语,意指所有意识经验都是受无意识语境限制的。

具有可比性的无意识事件的对立观点是"无意识处理器是相对独立和自主的"。也就是说,我们假设无意识处理器应对上述引用的行为错误中的流畅而有效率的行为负责,除了它们与环境不相适应外,它们其实执行得相当好。因为这个独立行为的不恰当性,这些错误常常是有趣的,尽管它完全丧失了应有的关联性和目的。

行为错误似乎要么涉及没有根据外部环境的变化而调整,要么是没有利用当前任务的语境。在节假日起床,穿上衣服去上班是一个没有进入到新语境的错误。日常行为似乎会自动地运行。根据新环境调整它,需要我们进行有意识的思维活动。拿一个罐头起子而不是剪刀去修理花草是一个没有利用到当前任务语境的错误;我们已经"忘记了我们正在做什么"。

2.1.4 意识经验具有内在连贯性,但是无意识处理器可能是相互矛盾的

我们已经指出(1.3.4节)选择性注意总是涉及一系列极具条理的事件。我们绝不会把两段内容不同或者发音不同的话混淆在一起。一般来说,意识经验都具有内在一致性。例如,在图2-2中的纳克方块只能在一个时刻、一个方位上看到;

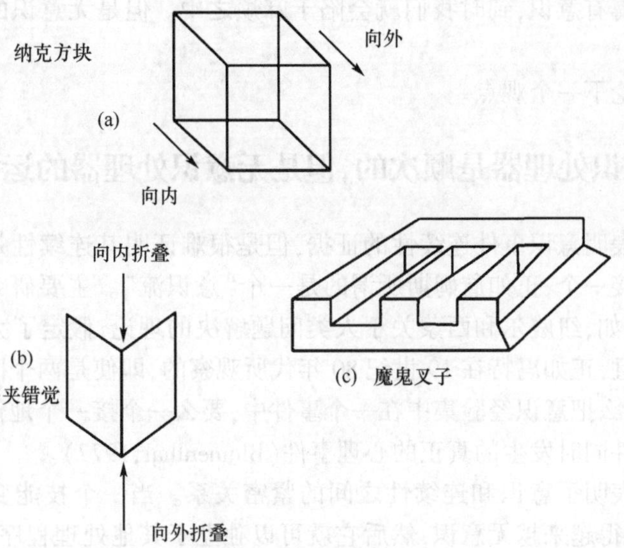

图 2-2　意识经验总是具有内在的连贯性

这些视觉例子阐明了意识经验的基本特征，它们并不仅仅局限于视觉，在所有知觉和抽象知识中都能发现相似的现象。当某个刺激物如(a)或(b)有两种不同解释时，同一时间内只有一种解释能变得有意识，虽然有证据表明另一种解释仍然被无意识地表征。这种局部性歧义在所有知觉模型、语言和抽象思维中极其普遍。我们很少意识到许多局部歧义，因为所有输入系统会通过语境处理它们(4.1.3 节)。魔鬼叉子是一个“不可能”的图像，它没有一个单一的连贯解释，因此它不能被准确地作为一个整体来体验。通常，不可能图像的经验会随着眼球的运动而改变。所有这些事实表明意识内容总是具有内在的连贯性

每一个有意识的解释都具有内在一致性。我们绝不会看到两个意识解释相混合的情形。例如，我们绝不会同时看见飞机前面部分的一个角落和与之不同深度的飞机的另一个角落，因为这样违反了不弯曲的、正方形立方体的一致性限制。

这些现象在知觉中是众所周知的，但是它们并不限于知觉。在概念方面也会发生此类现象。社会心理学家花了几十年时间调查在价值判断和人的感知中认知的一致性。同样，他们也会维持内在的一致性(Abelson et al.，1968；Festinger，1957)。在同一个时刻我们不可能思考两个相互排斥的观点，尽管我们可以一个接一个思考两个互相矛盾的观点。当我们思考含义模糊的单词时，有一点我们是清楚的：大多数单词都至少有两个不同的、抽象的概念性解释。人们不可能在同一时刻思考单词如“turn”“look”或者“book”的两个含义。

与意识的一致性相反，在同一时间运行的无意识处理器可能相互间不具有一致性。例如，有大量的证据表明，含义模糊的单词的无意识的含义会在神经系统中被表征为有意识的含义(Tanenhaus et al.，1985)。而且在 1.4.1 节讨论的关于人在太阳升起和落下时指向太阳的那个小小的难题也表明，我们可以同时怀着两个不同的相反观点，只要这个矛盾没有变成有意识的(Hutchins，1980)。难题的作用

是使矛盾变得有意识,到时我们就会陷于麻烦之中。但是无意识的矛盾本身是可行的。

接着讨论下一个观点。

2.1.5 意识处理器是顺次的,但是无意识处理器的运行是平行的

有很多表明意识事件连续性的证据,但是很难证明其连续性是绝对的。意识经验是一个接一个,正如詹姆斯所谓的是一个"意识流"。主要研究意识过程的心理学理论,例如,纽威尔和西蒙关于人类问题解决的理论,假定了大量连续性的生理机制。而且,正如冯特在 19 世纪 80 年代所观察的,即使是两个同时发生的意识事件,人们要么把意识经验集中在一个事件中,要么一个接一个地体验。还没有两个独立的事件同时发生的真正的心理事件(Blumenthal,1977)。

自动性表明了意识和连续性之间的紧密关系。当一个技能变得越来越熟练时,它就会变得越来越无意识;然后它就可以独立于其他处理程序而运行了,就像平行处理器那样运行(LaBerge,1974;1980; Shiffrin and Schneider,1977;Sternberg,1966)。相反,当我们妨碍了一个自动技能以致它变得"去自动化",它就会变得越来越有意识,而且它的速度会变得更慢,也会更加具有连续性。但是,具体的处理时间,以毫秒计算,意识过程的连续性是不清楚的。正如串行数字计算机通过在不同程序中来回快速转换的方法可以模拟平行系统,因此很可能一些平行的事物确实是被连续性系统所控制的(Anderson,1983)。还有一些理由很难让我们相信意识绝对是连续性的。但是有一点是清楚的,经过几秒钟后,较长的意识事件会呈现出连续性,而无意识事件是在平行运行的。

我们此处宣称无意识处理器能够平行运行,但它们并不是必须总是平行运行的(Banks and White,1982;Sternberg,1966)。事实上,如果无意识处理器需要作出一系列偶然的决定,那就很难推断它们是如何平行运行的:如果 A 能导致 B,而 B 又能导致 C,那么 A、B 和 C 就可以通过这样的顺序而获得。因此,前面章节讨论的语言等级,当没有自上而下的信息时,可能是顺次运行的,即使这个等级绝大部分是无意识的。

有关平行的无意识处理过程,另外的一个证据来自神经生理学。正如汤普森(Thompson,1967)所评论的,大脑的组织和功能"使人联想到平行的处理过程"。大脑的许多领域是同时活动的。在过去的几年里,平行处理过程的数学模型可以用来理解神经系统的运行方式,而且有几个系统已经被详细模型化了(Grossberg,1982;Rumelhart et al. ,1986)。

最后,还有一些非常重要的例子,如语言理解。有证据表明无意识的语言处理器是以平行作用的方式运行的(Marslen-Wilson and Welsh,1978)。显然,当平行处理器相互作用、相互影响时,它们不会再平行运行(即互相独立)。在下文我们认为意识使得这种平行运作的处理过程更为便利。

但是,对证据进行最简洁的总结仍然会得出这个观点,即意识处理过程是顺次的,而无意识处理器是平行运行的。

2.1.6　意识处理过程的能力是有限的,但是无意识处理器,集合在一起,具有较大的能力

我们已经讨论了三种现象中的有限能力(1.3.4 节):①选择性注意。人只对提供的两个信息流中的一个有意识,并排斥另一个。②双重任务范例。两个有意识的任务会互相削弱、降级。③瞬时记忆研究。它表明仅仅一小部分新颖的或零散的信息可以被记住。所有这些现象都与意识有关,尽管它们和意识不完全相同。

关于意识的有限能力有一个有趣的反观点,就是丰富多彩的感知场景的例子。在一个坐满了雀跃的观众的运动场观看足球比赛,我们会有极其复杂的视觉经验,它们非常详尽,但是似乎也完全是有意识的。这里的关键是足球场景的内在组织结构,事实是每一部分的场景会帮助我们预测其余的部分。如果相反,我们给人们展示的是许多任意的没有关联的视觉事物,然后请他们再粗略地看一眼后估计它们的数目,视觉知觉能力会下降至 4 ~6 个事物(Mandler and Sheho,1982)。另外,我们可以随着顺次的眼动审视一个连贯的场景,挑选一些相对小的信息固定在每一个物体上。因此,复杂的场景在任何时候并非必然在知觉上是有意识的,经过多次顺次的信息固定,我们逐渐积累、形成了这个复杂的场景。

因此,意识能力看起来是有限的,选择性注意的实验和短时记忆的局限性都表明了这一点。"无意识处理器集合在一起有较大的能力"是怎么回事呢?想想我们中枢神经系统的大小就很明白了。根据现在的估算,仅仅大脑皮层,就占了颅腔一半的体积,包含了 550 亿个神经元的等级序列(Mountcastle,1978)。每一个神经元可能与其他的神经元产生多至 1 万种联系。神经元之间的相互联系是极其密集的——我们通过仅仅 6 个或 7 个中介神经元就可以从任何一个神经元到达其他任何的神经元。每个神经元产生的电量平均为每秒 40 次脉冲,当它们被激活时会高达 1000 次脉冲,而且这种活动会在大脑的所有部分持续着,包括大脑中当时还是无意识的部分(Shevrin and Dichman, 1980)。

从任何的标准看这都是一个相当庞大的系统。作为一个信息处理器,它的庞大系统比迄今为止人类建造的任何事物都要大得多,而且很明显,在任何一个时刻它的大部分活动都是无意识的。另外,具有巨大能力的长时记忆也是无意识的。我们在一生中学会的所有自动化技能的信息处理能力同样是巨大的。而且从神经生理学上说,很显然在任何时候大部分的大脑活动是无意识的。

为什么如此巨大的系统在意识性能方面却有着如此奇妙的局限性?在意识局限性与巨大的无意识处理性能间的差异确实是矛盾的。这个矛盾是神经系统功能上的特点,还是在进化过程中出现的一个错误?本书的后面部分我们将讨论人类反而因为这些看起来有限的意识性能获得了一些很有价值的能力(2.2 节,10.0.1 节)。

2.1.7 对表2-1中证据的总结

在我们对上述列举的对比进行解释之前，我们再简要回顾一下。如果有人愿意接受我们在讨论有意识和无意识的“表征”和“过程”中使用的关于信息处理过程的词汇，那么有些事实就完全可以确定了。

意识处理过程在计算上是低效率的；它们相对较慢、笨拙，易于出错。但是它们涉及的可能性事物的范围是没有限制的，而且两个意识内容可以相互发生联系；无意识语境因素对意识内容有着深刻的影响。意识经验具有内在连贯性；不同的意识事物是顺次出现的；在执行具有意识成分的任务时我们的能力是相对有局限的。

另外，无意识处理器在它们的特定任务中是非常高效的。每一个无意识处理器都有一个有限的范围，它的运行相对于其他的处理器是自主的。无意识处理器具有高度分散性，并具有相互排斥的性能；可以并行运行；而且集合在一起具有较大的处理能力。

在下一节我们将提供一个理论的隐喻来解释这些观察发现。这个隐喻大大地简化了上述分散的事实，把它们融合为几个基本的理论特征。另外，它为这些事实提供了一个功能性的解释，即拥有此类神经系统所具有的选择优势。

2.2 基本模型：智能信息处理分布系统中的全局工作空间(黑板)

近年来，计算机科学家、心理学家和一些神经科学家对分布信息处理系统越来越感兴趣——这些系统是智能、专门处理器的集合体。这些系统在人工智能研究(Erman and Lesser，1975；Reddy and Newell，1974)、认知心理学(Rumelhart et al.，1986)和神经科学(Arbib，1980；Grossberg，1982；Mountcastle，1978)等领域是热门的课题。这些系统已经被用来模拟视觉系统、人类记忆、行为控制和语言知觉及其产生。在一个分布系统中，为数众多的智能专门处理器通过竞争或协作来解决一些常规问题。几个专门处理器联合在一起可以比任何单一的处理器执行得更好。尤其当分布系统面临的问题是没有先例参考时更是如此，以至于该问题会被一种全新的方式加以处理。

在一个真正的分布系统中，并没有中枢的执行者——系统不会把问题分配给适合的专门处理器，或者命令它们执行某些任务。对于不同的问题，不同的处理器都可能作为执行者而运行，有时它们相互间会以一种很灵活的方式把执行控制分配给对方。控制基本上是分散性的。智能处理器本身会保留处理过程的主动权——它们决定处理什么，忽略什么。在后面的一个章节我们将阐述神经系统中有一些组成部分是作为执行者在运行的。但是这些执行者是在一个本质上是分散的环境中运行的，正如政府在规制市场经济时那样，市场经济在本质上也是分散的。

但是,即使没有一个真正的执行者,处理器的分布集合体仍然需要一些中枢性机构,专门处理器通过它可以互相交流。这种中枢信息的转换可以被称为“全局工作空间”“黑板”或者“公告板”(Erman and Lesser,1975; Hayes-Roth,1984;Reddy and Newell,1974)。“工作空间”仅仅是一种记忆,在这个记忆里不同的系统可以执行它们的活动,“全局”这个单词意味着这个记忆中的符号通过众多的处理器被分配开来(图 2-3)。每一个处理器都可能产生一些局部的变量并运行,但是它可以对全局性的符号作出感应。这将在下面详细讨论。

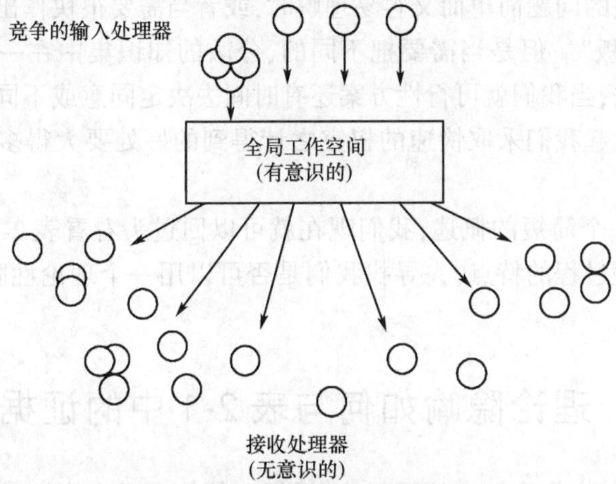

图 2-3　模型 1:分布系统中的全局工作空间

全局工作空间模型的一个大概近似物,证明了有意识的有限能力机制。神经系统被假定为专门的无意识处理器的联合体,包括知觉分析器、输出系统、行为图式、句法结构体系、计划和控制系统等。通常,这些专门处理器在各自领域内十分高效,但是领域之外就不适用了。这些系统基本上是分散的或分布式的。无意识的专门处理器之间的相互作用、合作和控制需要一个中枢的信息交换机构——全局工作空间。图中,四个输入处理器组成的联合体通过合作安放了一个全局性信息。一旦到达这里,信息就会被广播到整个系统中。这个模型解释了表 2-1 列举的对比证据(所有延伸的理论推断都可以用这个图表示)

类比法将贯穿全书。为了让问题更容易理解,我们会把全局工作空间视为一个电视台,向全国广播信息。还有一个尤为适当的类比:一个庞大的专家委员会,多得足以占满一个会场。假设集会者被召集起来解决一系列的问题,这些问题是任何一个专家都没有办法解决的。各个专家就问题的不同方面可能产生一致或分歧的意见,但是存在一个交流的问题:每一个专家能够更好地理解和表达他/她通过技术术语所要表达的意思,这些技术术语可能并不能充分地被其他专家理解。解决这个交流问题的一个有益的步骤是在会场前面的大黑板上公开这个全局信息,以使大体上每一个人都能读到这个信息并对其作出回应。事实上,只有能理解它或部分理解它的专家才会阅读这个信息,但我们并不能事先知道谁是专家,因此有必要使会场的任何人都了解该信息。

在任何时候都会有一些专家试图传播全局信息,但是这个黑板并不能同时容纳所有信息——不同的信息常常也会互相矛盾、排斥。因此一些专家为了使用黑板会发生竞争,而有一些专家会通过合作达到传播全局信息的目的(事实上,全局信息的其中一个作用就是导致专家间的合作,甚至包括不是特别了解该信息的专家。通过使用黑板,专家的联合建立起来了)。

这种情况在人类社会中很常见。这用于描述立法机关或委员会,甚至一个大型的科研会议,都是非常恰当的。很显然,这类"体系结构"既有优势也有劣势。当我们需要解决的问题简单而又容易理解时,或者当需要很快作出反应时,没有人会使用这个"黑板"。但是当需要把不同的、分散的知识集中在一起时,这不失为一个不错的办法,当我们就可行性方案还有时间去决定同意或不同意时,以及当我们犯错的代价比起我们采取快速的权宜之计得到的好处要大得多时,我们必须听到不同的观点。

假如要作一个简短的概述,我们现在就可以回过头看看表 2-1 列出的有关意识和无意识处理过程的特点,去寻找我们是否可以用一个理论性隐喻使这些特点简单化、条理化。

2.3 理论隐喻如何与表 2-1 中的证据吻合

如果我们假设,作为初步的近似物,黑板上的信息是有意识的,会场里的专家相当于无意识处理器,本章中的模型和对比性分析就非常吻合。

看看表 2.1 的第一个观点:意识处理过程在计算方面效率是很低的。委员会和立法机关在处理事物时的低效率同样是臭名昭著的,因为每一个行为都必须获得许多不同的个体的默许。如果想要事情高效率地完成,那么最好把事情交给一个等级性的机构如政府官僚机构、军队或警察部队。委员会和立法机关有它存在的价值,但是速度和效率却不在这些价值之中。

这个观点同样适用于庞大、分布式的神经系统中的全局处理过程。任何全局信息都可能与一系列合作处理器,以及对这些合作处理器会产生干扰的另外一些默默合作的处理器有关。这在处理新问题时非常有用,任何处理器对于新问题的解决都没有一个已知的算法。来自不同知识源的信息经过汇集可能会产生一个解决之道。例如,雷迪和纽威尔(Reddy and Newell,1974)、埃尔曼和莱塞(Erman and Lesser,1975)发现了一个被称为传闻证据的分布系统来处理语音识别中非常棘手的问题。他们所采用的方法的很多细节现在已经为世人所熟悉,即声波可以表征英语中的音节——但是不能肯定每一个声波对应着正确的音节。事实上,如我们上面推测的,语言是具有部分模糊性的,因此不可能每一个声波对应着唯一的一个音节。因为这个原因,传闻证据通过全局空间使用了大量被称为"知识源"的合作和竞争的分布专门处理器(它们或合作或竞争),联合起来寻找到某个声波对应的最佳音节。

在机器语音识别快速发展的领域,传闻证据体系在时间方面有很大的优势:它能够理解任何一个男子在通常嘈杂的房间里使用一般的麦克风所说的大约1000个单词。与其他具有可比性的系统相比,它的确做得更好些。

有关传闻证据方案随后的历史发展相当有趣。研究者在研究传闻证据所使用的各种专门知识源时,发现了一个方法改善听觉处理器以致它能够预测性地追踪声音的话音素,话音素在频繁的声谱中是具有最多的声音能量的领域。换句话说,他们发现了一个成功的方法,这个方法使听觉处理器有可能去解决以前需要不同处理器合作才能处理的问题,如句法结构和语义学。一旦该方法被证明可行,研究者们就可以对分布性传闻证据结构体系进行分配,因此合作性的计算就不再是必需的了。他们在改进的听觉处理器基础上发明了一个名为Harpy① 的新系统,它可以更加专业地做同样的工作(Erma and Lesser, 1975)。但是,从我们的观点看,作为一种心理学模型,传闻证据比起专业的Harpy更有意义。传闻证据并没有失败;相反,作为一个革新式的系统它是成功的,它为把声音转换为语音代码的专门算法充当了垫脚石。

这类似于人类新技术的历史和发展。当人们开始学习一些新工作时,会耗费大量的有意识的思维处理过程来完成它。显然为了完成好这些工作,许多独立的功能性处理器需要以一种新的方式来合作。但是,随着时间的推移,人们发现用更简单的方法同样可以达到相同的目的,而且对该工作的控制越来越趋向于归属于一个单一的专门处理器(这个处理器可能会把现有的处理器的某些构成部分吸收进来)。因此,在事物正常的演进过程中,分布式"委员会体系"必然会被新发展出来的专家系统所超越。当然,这也是当一个新技能变得自动化和无意识时,我们推测会出现的情形。

因此,表2-1的第一个观点——意识在计算上的低效率,与我们设计的模型是吻合的。完全通过全局空间这个媒介物所进行的计算需要所有相关处理器间默认或积极的合作。当然比起该过程仅仅由一个随时准备着解决类似问题的专家体系来执行,这个过程需要更多的时间。但是关于无意识处理器的相反观点与模型是否吻合呢?根据表2-1,"无意识专门处理器在它们自己的工作范围内是高效率的"。我们在此处讨论的模型中已经作了此种推测,因此这个观点也是与模型吻合的。

那么表2-1中的第二个观点呢?意识处理过程具有广泛的范围,但是无意识处理器仅仅具有相对受限的范围。如果黑板上的信息对应着有意识的事件,那么它们延伸的范围就和能把该信息放置到黑板上的分布式处理器一样广泛。因此,

①Harpy是传说中的一种鹰身女妖,有着锋利的青铜爪,掠夺成性。——译者注

全局空间里信息范围是非常广泛的,但是任何个别的处理器局部处理的信息范围都是很有限的。

另外,意识处理过程具有很强的关联能力和语境敏感性。关联能力意指能够使不同的意识事物发生联系的能力。显然,黑板上的几个信息是可能互相联系在一起的,尤其是如果一些专家专门留意此种联系,或如果几个信息同时紧密地出现在一起时(我们将在第 4 章讨论语境敏感性,无意识的条件会导致有意识事物的形成)。与这一点相反,无意识处理器是"相对孤立和自动的"。当然,这本就应是一个分布式体系的内在本质。到目前为止,模型与需要解释的数据间非常吻合。

意识事物内在的连贯性呢?它同样吻合,因为黑板上的信息至少需要听觉专家间默认的合作。如果一些全局的信息遇到强烈竞争,它就可能无法待在黑板上。那么无意识处理器相反的观点即高度的分散性又是否吻合呢?这同样也是分布式专家体系固有的特点。因此到目前为止,一切都是吻合的。

表 2-1 还认为意识处理过程是顺次的。这是直接从内在连贯性要件中推导出来的——那些不能被整合为一个单一信息的不同信息,只能被一个接一个地展示。因此我们不能看见两个事物在同样时间占据同样空间,正如我们不能用两种方法同时解释纳克方块一样。因此,体系中黑板的分配方法必定是顺次的。但是,无意识处理器"可以平行运行"。这也是我们的模型的固有特征。

最后,意识处理过程的能力是受限的。这个特点同样是从内在连贯性要件推导出的。如果任何全局信息必须是内在连贯的,它就必须排除同时出现的不相干或矛盾的信息。这种不相干或矛盾的信息有可能出现在一些分布的处理器中,因此它们也是体系的一部分。但是它们不能进入黑板,除非它们能够赶走现有的信息,或者除非现有信息自动离开黑板。因此,无意识处理器集合在一起,具有巨大的能力,并可以同时局部地处理很多事,前提是这些局部的处理过程不需使用黑板。

总之,我们现在可以用一个相当简单的模型去代替表 2-1 中所列出的所有特征:有关一组专门处理器的观点,每一个处理器都能够很好地处理它们自己特定的工作;所有专门处理器都能够通过全局空间进行相互交流。通过这个方式它们可以互相合作和竞争,以便加强或削弱某个全局信息。

与意识本身一样,当日常任务被直接委派给专门处理该问题的专门处理器时,这个系统工作的效率是很高的,而且黑板是专门解决那些任何单独的专门处理器不能处理的问题的。当彼此合作的处理器发现了一个解决该问题的简单算法,而这个算法又可以为一个单一的专门处理器来执行时,这个有限的全局能力就会被解放出来以解决其他未解的难题。

2.3.1 什么时候全局空间体系是有用的

全局空间主要用于解决那些单一的专门处理器不能处理的问题——这些问题

因证据不足难以找到答案。人类在任何新颖、被降级或者模糊的领域都会遇到这种问题。尤其是当我们遇到新问题时最为明显。假如我们刚开始学习骑自行车，或者理解一种新语言，从定义上讲，我们没有足够的信息。另外，如果我们惯常使用的解决已知问题的信息被降级了，已被证明的答案就会再次变得因证据不足而难以证明。因此，全局空间体系在上述这些事实中的有用性是很清楚的。可能其有用性不明显的是那些本身存在歧义的问题，在这些问题中它们所有的局部信息都可以用几种方法来理解，因此，我们必须把这些不同的解释整合为对该信息单一的、条理清楚的解释。

这种内在的歧义常常可以在语言处理过程及视觉知觉中找到（Marr，1982；Rock，1983）。我们将在第4章讨论在知觉、行为、语言和思维领域普遍存在着这种局部的模糊性。简单地讲，该观点认为任何局部的、不完全公开的信息总是会有不止一种解释。因为我们经常必须处理那些局部的、不完全公开的信息，所以常常会借助新颖的和无法预测的信息来解决局部信息的模糊性。全局空间体系结构的设计就是旨在借助意料之外的知识源来解决这种模糊性。

全局空间的另一个作用就是同时为许多专门处理器更新最新的信息。更新是很必要的，它并不仅仅是用来记住我们的车停在哪里，也要探索社会关系、知觉条件等变化的历程。证据表明社会知觉会因为一个单一的意识体验而改变（Levicki，1986）。同样，研究者发现音位知觉也会随着当前的体验而改变（Eimas and Corbitt，1973）。

2.3.2 合作性的计算：一个例证

我们可以通过一个稍微富有幻想性的方式来举例说明这个过程，即想象不同的语言专门处理器在一起交流，分析一个孩子的语言游戏，这里面混杂了很多歧义，“I scream，you scream，we all scream for ice cream”。假设声音可以被有意识地感知，并按照下列信息串被全局性展示。

AYSKEREMYOOSKREEMWEYALSKREEMFRAYSKREEM

这是非常现实的，因为在日常语言中大多数单词间并没有实质上的间隔（似乎我们听到的许多单词间的间隔都是感知的，并非实质上的）。现在我们来设想几个专门处理器试图通过合作来理解这串信息而进行的谈话吧。

> 词汇处理器：看第一个音节，我可以推测出两种可能性。音节A可能是感叹“ah!”；AY可能是“I”，AYS可能是“ice”：AYSK不在我的词典里，AYSKR也不在我的词典里。
>
> 句法处理器：如果第一个音节是从感叹词“ah!”开始，我推测它是另一个感叹词，或者一个句子的开始。如果它是“I”，我推测是一个动词短语，且该动词是主动的第一人称的动词，不太可能是一个从句。如果第一个音节是“ice”，它可能是一个不常用的句子，尽管它只是一个普通的名

词。最有可能的是:“I”。

词汇处理器:好,让我们假设它是“I”。下一个音节,SKREE 或 SKREEM。“scree”是罕见的,“scream”比较有可能。

句法处理器:“scream”是一个主动的第一人称的动词,和推测的一样。下一个单词更有可能是介词“at”,它可以连接一个名词短语作为动词的宾语。

语义学处理器:“I scream”象征着激动,通常是由于害怕。

词汇处理器:假如我们目前的分析路径是正确的,下一个音节是 YOO(“you”)或 YOOS(“use”),不会是 YOOSK 或者 YOOSKR。

句法处理器:奇怪!无论“you”或者“use”都不会在推测的介词“at”后;因此我没改变先前预测后面是名词短语的推测。“I scream”必定是一个独立的从句,或者我们全错了。如果是这样,那么“you”后面必定是下一个从句,另外一个可选择的连接项是“and”。如果是的话,下面必定是一个动词短语,而且是一个主动的第一人称的动词。

词汇处理器:好,让我们假设它是“you”,那么下一个音节是 SKREE 或者是 SKERRM,和前面一样,“scree”是罕见的,推测是“scream”。

句法处理器:“you scream”是一个惯用的结构。

语义学处理器:“I scream,you scream”意味着非常激动,可能是由于害怕。

语用学处理器:说话的人想要告诉我什么呢?我并没有大声叫。

反事实主张:寻找一些可能性的玩笑或语言游戏吧。

词汇处理器:下一个音节是 WE,WEY,WEYA_只有“we”在我的词汇表里,We 和 WEY 是同一个单词的两种信息串,因为 WE 通常紧跟着一个元音字母,而 Y 通常作为元音字母前的一个过渡。

句法处理器:现在我已经可以看到一个模型了。我们分析出来的是由一对主谓型结构组成的一组从句,它们不是由系动词连接起来的。如果是这样,我推测下一个单词也会是一个主动性的第一人称动词。

语义学处理器:如果是这样,下一个动词仍然与激动有关,可能是由于害怕。“I scream, you scream, we... 怎么样?”

词汇处理器:假如目前我们的推测是对的,下一个音节是 YAL 或 AL。“All”在我的词汇表里。

语义学处理器:好的,“All”放在复数“we”后面是合理的。

句法处理器:和我推测的有一点出入,但是它也可能是主语的名词短语的一部分。下一个,我推测是一个动词短语,是一个主动性的第一人称动词。

语义学处理器:好的,这与“we”相匹配。

词汇处理器:和我们推测的相对应,下一个单词 SCREEM 也是“scream”,有点单调乏味了。

句法处理器:如我所料。

语义学处理器:也如我所料。“I scream, you scream, we all scream.”非常激动,可能是害怕。

语用学处理器:不要太相信推测了,当心这是一个陷阱重重的语言游戏。

词汇处理器:下一个音节可能是 FRA,FRAY, 或者元音被简化了,FOR,“Fry”和“for”在我的词典里。

句法处理器:我赞成是“for”,现在推测是一个宾语的名词短语。

语义学处理器:最后,我们发现所有的都指向一种事物。“we all scream for...”什么事物呢?

词汇处理器:和前面的信息串一样 A,AY,或 AYS,基于前面的模型推测是 AY。

句法处理器:不对,“I”不是一个宾语性的名词。

词汇处理器:那好,我们再回过头去看,“for”可能意指“because”,但是这是古老的用法现在已不通用了,是不可能的。“ice”怎么样?

句法处理器:好,就试试它吧,如果这个句子还有其他的结构,我推测它是最后的宾语性的名词短语。

词汇处理器:假设目前我们的推测是对的,下一个音节是 KREE,或 KREEM;只有 KREEM 在我的词典中是“cream”。

语义学处理器:“I scream, you scream, we all scream for ice cream”,“Ice cream”是年轻人喜欢的一种食物,他们会吃很多这种食物以塞满他们的嘴巴。前面三次使用“scream”意味着对冰激凌激动不已,尽管这个方式具有明显的夸张。注意相同的模型重复了三次。

词汇处理器:不对,是四次,考虑到 KREEM 语音上的特性,以及信息串 AYSKREEM 有两种不同的读法。

语用学处理器:瞧这个句子,我认为,它是一个语言游戏,估计是幽默性的。

面部处理器:它会引起一个微笑。

注意,当这些不同的专门处理器体系在协助解决一个复杂问题时,协助性和竞争性推测是如何形成的。相同的“I scream”和“ice cream”并没有对该体系造成任何真正的困难,因为句法处理器预测第一次出现的 AYSKREEM 是“I scream”;同样,句法处理器预测其第二次出现时是一个名词短语。这种传闻证据体系利用全局空间反复地讨论它们的推测,但是也可以使用更直接的渠道。全局空间的优势是它可以容纳许多规则体系,当然这些体系在未参与解决问题前,其与问题的相关性是无法提前预知的。解决的问题越新颖、越有歧义,那么全局空间的利用价值就越大。

注意,在这个过程中,意识的产生并不是各个组成部分特征的简单融合,而是对输入信息的一种智能化构造,它远远超越了各个输入成分以及任何单一的处理器(Mandler,1983;Marcel,1983a,见 1.3.5 节)。

2.3.3 加速激活作用和抑制作用以执行合作性和竞争性处理过程

有几种方法来具体实施合作性处理活动。一个方法就是希望可以加速神经系统中的激活作用(Rumelhart and McClelland,1982)。全局空间体系中的处理活动也能运用激活作用;在实践中,这意味着给一些处理活动分配一些不同的潜在意识信息,以验证它们变成意识的可能性。在上面的例子中,听觉处理器可以在全局空间展示它的假设。句法、语义学、词汇处理器和其他的处理器可以在这个假设上添加或删减激活作用。当这个激活作用下降到一定的水平,或者另外一个假设可以带来更多的激活作用时,当前的听觉假设就会从全局空间中消失,从而被另一个更受欢迎的假设所代替。这个过程就像一个大众投票的比赛一样。

前面我们已经指出高度的激活作用可能只是意识体验的一个必要而非充分条件(1.3.1 节)。现在我们可以再对该观点进行完善,即激活作用是许多合作性处理器努力的结果,它们对当前的内容投赞成票,使这个内容可以继续待在黑板上。

2.4 全局工作空间输入系统的特征

我们可以推测出意识的全局工作空间在输入方面的一些特征。第一,就如我们在第 1 章强调的那样,相对持久的意识内容偏向于知觉和意象方面(和意象类似知觉)。第二,最短的意识整合时间可能是 100 毫秒。具体阐述如下。

2.4.1 意识体验有很强的知觉倾向性

意识和知觉不同,但是知觉肯定是具体意识体验的首要领域。在稍后的章节我们会提出抽象概念中的意识,以及甚至对行为有意识的控制可能是由快速、准知觉的事物进行居间调解而成的(7.0 节)。如果这个推测是正确的,那么全局空间输入体系的“语言”可能是感知性的(1.2.4 节)。

2.4.2 意识时刻:对意识刺激物整合的短暂限制

有几个时间上的因素与意识体验相关联。短时记忆也许包括了最长的数据恢复时间,没有重复大约是 10 秒(Simon,1969),而且有证据表明在知觉输入与对刺激物有意识的判断形成时在时间上有 0.5 秒的间隔(Libet,1978;图 2-4)。这里我们主要关注意识成分,也可能是全局工作空间的“周期时间”。关于这种周期时间的许多证据都来自对知觉整合的研究。布卢门撒尔(Blumenthal,1977)就涉及心理学时间问题的大量知觉研究文献进行了很好的整理总结。他认为“开始的注意整合会形成暂时的体验;整合时间的间隔是 50 ~ 250 毫秒,最常见的观察结果是 100 毫秒”。

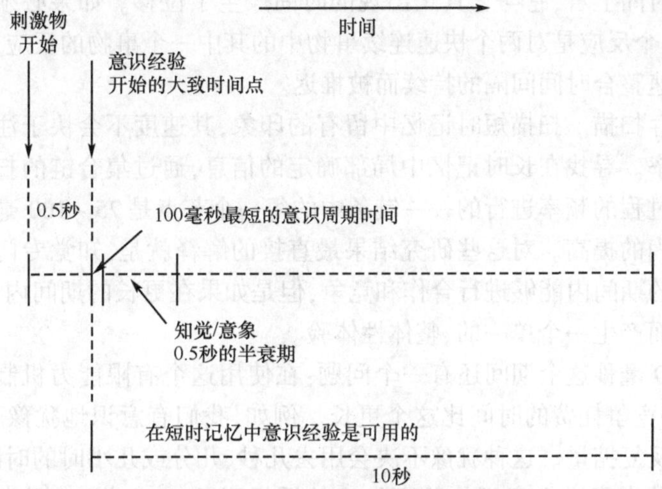

图 2-4　意识经验与回忆的一些时间参数

典型的意识经验可能始于某个知觉刺激物,这可能需要花费 0.5 秒时间才能变得有意识(Libet,1978)。神经生物学证据表明,这段时间可以进一步划分为早期阶段,这一阶段关注刺激物的具体特征,并大约持续 200 毫秒。随后的抽象阶段大约需要 300 毫秒。布卢门撒尔(Blumenthal,1977)与一些学者根据知觉融合时间,推断意识经验最短的持续时间(周期时间)是 50 ~ 250 毫秒,一般为 100 毫秒。基于许多因素考虑,一个快速的、单独的意识事件的半衰期大约是 0.5 秒。西门(Simon,1969)估计如果它与短时记忆的限制条件吻合,大约 10 秒内它仍然会被提取。如果意识事件因复述而被记起,这个时间会被延展

布卢门撒尔对整合间隔的时间证据进行了很好的总结,值得把它们全部引用下来:

(1) 时间强度联系。在整合间隔时间中,存在时间和体验间存在一个互惠原则。在这段持续的期间里会融合和形成一个心灵印象。在这个间隔时间中出现的几个印象不太深的刺激物会加在一起并在心灵上形成对刺激物深刻的印象。如果在整合的过程中一些事物不知什么原因中途被中断了,我们对该事物的印象就会是部分的或不完整的。

(2) 中枢掩蔽。在一个整合时间间隔中,当出现两个或多个不能被整合在一起的事物时,体系处理过程就会只对其中一些事物形成印象而排除另外一些事物。

(3) 表见运动。在一个整合时间间隔中,空间上两个暂时分离的刺激物会融

合、整合在一起以形成一个整体的印象。但是,因为它们空间上的分离,我们会把它们视为在两个地点运动着的一个物体。

(4) 暂时多数和同时性。在任何一连串快速间断性的事物中,它们出现的频率不会快于大约每秒 10 种事物。一般而言,这是人类认知表现在频率上的限制。

(5) 不应期和优先进入权。有时当出现在同一个整合时间间隔中的两个事物既不能被融合也不能被掩盖时,一个事物就会被推迟并被整合到随后的注意脉冲中。因此从时间上看,它与它真正出现的时间产生了位移。如果必须作出两个反应,那么第一个反应是对两个快速连续事物中的其中一个事物的反应,第二个反应则会因为快速整合时间间隔的持续而被推迟。

(6) 内存扫描。扫描短时记忆中留有的印象,其速度不会快于注意性整合处理过程的频率。寻找在长时记忆中局部确定的信息,通过集合链的扫描是以注意性整合处理过程的频率进行的——链条中的每一个节点是 75 ~ 100 毫秒。

(7) 频闪的提高。对这些研究结果最直接的解释就是,知觉专门处理器在大约 100 毫秒的期间内能够进行合作和竞争,但是如果在更长的期间内,它们就不能互相作用从而产生一个单一的、整体性体验。

关于 100 毫秒这个期间还有一个问题:在使用这个有限能力机制时会发生一些竞争,这些竞争耗费的时间比这个更长。例如,我们有意识地犹豫不决,对一个棘手的问题反复掂量。这种犹豫不决会用去几秒、几分或几小时的时间;它好像确实包含着一种为了进入意识体验而发生的缓慢竞争(7.0 节)。通常一旦作出决定,那么就只有一个观念有权继续进入意识。对于两个不同观念争相进入意识而言,100 毫秒确实是一个极为短暂的时间。我们将在第 4 章和第 5 章论述这种为了有限能力而发生的竞争是瞬时经验的语境之间的竞争,而不是瞬间质性意识事物间的竞争。

把这些放在一个更大的视角是有益的。图 2-4 列出了许多与意识经验有关的时间参数。

2.4.3 阈悖论

至此,读者可能注意到我们所使用的方法存在一个问题,即为了使专门处理器联合起来从而产生一些全局信息,我们必须广播这些信息。但是它们需要其他体系的帮助从而首先变成一个全局信息。那么一个信息如果没有一系列其他体系的支持,如何能够进入全局工作空间?它如何能够跨越意识大门的阈?这就如刚出道的青年艺术家或作家面临的问题一样。为了引起大众的兴趣,他们必须展示他们的作品是有吸引力的。但是,除了将作品向公众展示外,他们无法证明这一点。

对于我们的模型存在的阈悖论必须认真思考,可能还需要对我们的模型进行一些修正。一般来说,有两种方法来解决这种矛盾。第一,可能存在一个逐步达到全局化的工作空间等级结构。在较低的等级,信息只会在一部分体系中传播,但不是全部的体系；到了较高的等级，信息才会真正实现全局广播。它允许新信息不断地征集越来越多的支持它的体系，直到最终它能被全局广播。我们可以把这称为等候室假设，正如存在一系列的等候室，每一个等候室都具有越来越强大的全局广播功能。同样，刚出道的艺术家可以把其作品展示给越来越多和越来越有影响力的人看，而这些人有可能越来越达到真正的公众认可的程度。

还有另外一个办法。我们可以想象所有要求进入意识的体系都可能瞬间进入到全局工作空间，但是因为太短暂而不能被有意识地报告出来。每一个瞬间进入的信息都可以招集另外的支持体系。召集的体系越多，这个信息就越有可能被保留在全局工作空间中足够长的时间，以至可以被作为一个意识事件被感知和回忆。这样，一个新信息就可能获得越来越多的支持，从而增加其被保留更长的时间以至可以被报告的可能性。这可以称为瞬间进入假设。

阈悖论导致了一个当前我们不能完全解决的理论选择点。事实上，两种选择都可能是真的。它们都和意识进入需要 0.5 秒这个发现是一致的（Libet，1978；1981）。在第 3 章我们会提出神经生理学证据支持进入意识是一个滚雪球式的发展过程，而不是一个瞬间发生过程这一观点。时间上的因素似乎支持瞬间进入选项，但事实上，等候室选项也假定会耗费时间。就这一点而言，我们没有证据在它们之间作出选择。

2.5 全局工作空间输出系统的特征：全局何以全局

一旦一个专门体系进入了全局工作空间，它能得到什么？在日常语言中，单词“global”意味着“世界范围的”或“与某个事物的整体相连”，但是按照计算的术语，它的含义更加具体。全局变量是用来界定一个较大体系下属的所有子体系，而局部变量相反，它只是用于界定一个单一的子体系。如果一个完整的体系有三个部分，那么我们在这三个部分中都能识别出全局变量。因此进入全局工作空间意味着进入一个作为整体的、更大的体系。

如果我们理解的神经系统具有大量的处理器，而许多处理器本身还可以分解成子处理器，事情就变得更有趣了。原则上，在神经系统中一个真正的全局变量会分布到所有各个层次的处理器中，或许还会降至单一细胞的层次。因此我们的问题是，全局信息发布的范围到底有多广泛？是否只有一小部分专门处理器才能获得全局信息？或者，是否有证据证明“全局信息”能够在整个神经系统中传播？

有一些证据可以推断意识事件在神经系统中有相当广泛的分布。这些证据如下：

(1) 任何意识或需要耗费心力的任务都会彼此竞争。我们可以把这称为“一般性”论据。观察夜空中的星星会干扰到我们的拇指对机动车的自主控制。对句子中的字母产生的意识会干扰到我们对这一章有意识的理解。事实上，从任何模型上看,对任何刺激物产生的意识都会干扰到对任何其他刺激物的意识,也会干扰到有意识地进入任何自主行为或概念化过程。当这些事物是无意识时,它们通常完全不会发生干扰。如果我们认为神经系统由许多专门系统组成,正是这些专门系统按照它们自己的标准来决定处理什么信息,那么我们可以推导出甚至相对微小的系统,如那些用于观察夜空星星或控制一根肌肉纤维的系统,也必须以某种方式进入意识系统。

我们可以把这个"一般性"论据扩展到其他一些例子中。精神物理学家使用一种名为"交叉模型配比"的技术进行了几十年研究,目前,发现任何模型中的任何刺激物从强度上都可以和任何其他模型中的任何其他刺激物进行比较——这个结果不是混乱的,在心理学研究中这是一些最简洁和在算术上具有规则性的数据发现(Stevens,1966)。经典条件反射作用研究表明:在广泛的生物学范围内(Garcia and Koelling, 1966),许多不同的刺激物预示着会出现许多不同的其他刺激物,即使它们之间不存在任何联系。当有条件的刺激物与无条件的刺激物间存在一种自然的生物联系时,著名的条件反射作用的影响力就会极大地增强。在不具备生物联系的音调与电击间出现的著名的条件反射作用这一事实表明,存在着一种任意联系的能力。下面,我们将详细地探究与之相关的发现,即人们通过生物反馈训练,至少可以是短暂地获得对神经系统新的自主控制(Chase,1974)。对人类而言,任何刺激物都可以作为一个信号导致人们执行任何一种自主行为。在语言理解过程中,当我们遇到歧义时——在语言的各个方面都会存在歧义——几乎任何语境因素都可以解决任何的歧义(4.0 节),等等。在许多领域都可以适用的任何一个论点通常意味着存在整合能力,这种能力使得许多不同的专门系统可以相互作用。

如果全局工作空间在大脑中的等同物真的是全局的,那么下列观点就是正确的,即大脑中任何有意识的或处于意识控制下的事件都可以和其他任何事物相互作用,不论它们有多么不同。如果没有类似于全局工作空间这样的事物,这一切就很难解释。现在我们讨论生物反馈训练。

(2) 有意识的反馈可以对任何基本的神经运动事件进行某种程度的自主控制。生物反馈训练总是包括有意识的信息这个观点并没有得到足够的重视。为了控制脑电图描记器中脑电图的 α 波,我们会在 α 波出现时发出一个声音或打开一盏灯作为记号;为了控制肌肉运动我们可以把球扔给被试,通过扬声器记录肌肉组织在爆发时的声音,等等(Buchwald,1974;Chase,1974)。当然,这并不是说,我们对行为的任何细节都有意识,而是说,我们必须对从行为到建立自主控制的一些反馈具有意识。按照全局工作空间理论,建立生物反馈控制要求我们通过某种方式"广播"有意识反馈。

通过意识反馈,人们可以以让人吃惊的速度至少短暂地控制极广泛的生理行为。就动物而言,生物反馈控制可以建立在海马体、丘脑、下丘脑、腹部网状结构和视前额叶的细胞核中的单一神经元中(Olds and Hirano,1969)。就人类而言,许多神经元也可以被控制,包括在脑电图描记器中脑电图的 α 波,在感觉运动脑皮层中的活动,激发波和外侧膝状体核(Chase,1974)。在人类意识肌肉系统中,单一运动组织——它只包括了两个神经元——经过半小时的训练就可以被有意识地控制,经过进一步生物反馈训练,被试就真的能学会敲击单个脊柱运动组织!(Basmajian,1979)。自动性功能如血压、心跳率、皮肤的导电性和肠壁的蠕动可以被暂时控制;对自动性功能作更持久性的改变是不可能的,因为这些功能通常由连锁负反馈循环所控制,这产生了一个旨在抵制改变的系统。但是在中枢神经系统中(CNS),正如布赫瓦尔德(Buchwald,1974)所写的:“毫无疑问,中枢神经系统活动会出现操作性条件反射——事实上,这是一个如此普遍的现象以致几乎没有任何形式的中枢神经系统的活动(单一组织,激发波或脑电图描记器)或大脑的任何部分不受它的影响。”①

我们预测在整个大脑中都可以获得有意识反馈,而且局部的分布处理器“决定”是否对此作出回应。我们可以在生物反馈训练和试图在一个较大的城市定位走失的小孩间进行类比。按照一种局部的和系统性的方式,首先在家和学校附近寻找这个走失的小孩是合理的。但是如果没有找到小孩,向全城所有的住户广播这个信息是有帮助的,只有那些把该信息识别为与本人相关信息的人才会对该信息作出反应。这个信息是全局的,但是仅仅适当的专家才会对此给予回应。事实上,没有全局广播这样的观念,很难想象会出现一系列有关生物反馈训练的影响力和普遍性的报告研究。

(3) 事件相关电位研究表明有意识知觉输入信息是遍布整个大脑之中的,直到对该刺激物已形成习惯。有直接的神经生物学证据可以证明意识的这种全局性广播。约翰发表了一系列的实验结果。在这些实验中,他使用事件相关电位去追踪因连续、反复的视觉或听觉刺激物——也就是一连串闪亮的灯光或者大声的咔嚓声而产生的脑神经活动(Thatcher and John,1977)。因此当我们给一只猫看一连串明亮的闪光时,它的大脑就植入了许多记录性的电位(当然这只猫在整个实验过程是醒着的)。发电活动由植入的电极控制并平均分配,这就像是在时间上锁足了刺激物从而在本质上排除那些任意性的活动。因此,尽管在一般的脑电图扫描中存在着干扰和错综复杂的情况,我们仍然会发现相当简单而又“规则”的平均的发电轨迹。

在约翰的重大发现中,我们感兴趣的是由于视觉上的闪光产生的发电活动能够在整个大脑中找到,这大大超出了专门的视觉通道。就这一点而言,我们可以推测猫对明亮的灯光是有意识的,因为该刺激物是新颖的。但是随着同一刺激物不

①一些研究者把生物反馈作为一个操作性条件反射。在全局空间理论中,操作性条件反射可以得到一些新奇的有意识的行为(第 7 章)。

断地重复,习惯产生了。大脑中的发电活动并不会完全消失,该刺激物仍然存在,但它会变得越来越区域化——直到它固定在惯常的视觉通道上。这个结果和我们的预期是吻合的。按照模型1,在习惯形成前,我们对信息是有意识的,且该信息具有全局分布的特点。但是习惯形成后,我们对它不再有意识,它就仅仅局限在大脑中具有视觉功能的那一部分皮层上。此时就只有专门输入处理器参与分析该刺激物了。

(4) 定向反应与因新颖性而产生的有意识惊讶密切相关,被公认为包括神经系统的每一个重要区域。我们已经知道任何新颖刺激物都有可能是有意识的,它会导致一个定向反应(OR)(Sokolov,1963)。OR可能是最广泛的反身性反应。它打断了脑电图扫描中的α活动,它使整个大脑和身体的血管扩张或收缩,它改变了皮肤的导电性,使得眼睛、耳朵和鼻子朝着刺激物的方向定位,导致了自动性功能如心率和肠壁蠕动的变化,引发瞳孔快速地扩大,等等。近年来,研究发现它对皮层诱发电位也有重大的影响(Donchin et al.,1978)。所有这些变化不一定是由一个全局传播的信息引发的,但这些变化涉及的范围如此之广,既有解剖学上的又有功能性的,这个事实表明某种全局性的传播可能正在发生。

(5) 大脑中的丘脑网状系统和中脑与意识功能密切相关。我们已经知道,从所有输入和输出系统接受的信息,事实上与所有子皮层结构相关联,并从丘脑分散投射到大脑皮层的所有部分。因此,它可以把信息传播到皮层上。我们会在第3章对该系统予以详细探讨。

(6) 意识事件的所有特征似乎都由无意识规则系统调控,这是我们可以从任何分析过程中能够发现的错误,只要我们对错误的事件有意识,我们就能从这样的事实中把它推导出来。

这需要解释一下。以一个简单、常规的句子为例。我们可以很快发现在发音、音质、方位、房间音质、词汇学、音节重音、语调、情感、音韵学、形态学、句法、语义学、问题、演讲关系、谈话的规则、交谈的效果或者讲话者实用主义的意图等方面的错误或者异常。谈话中的上述每一个方面都对应着一个相当复杂完备的规则体系。作为该种语言熟练的操作者,我们对此规则已经达到相当高的熟练程度(Clark H H and Clark E V,1977)。这是一种相当复杂的能力。但只要我们对某个说出的句子有意识,我们就会把所有相关的知识源运用其上,所以我们会自动地发现任何与上述规则相违背的地方。这意味着这些规则正以某种方式对句子产生效力。如果我们对该句子无意识,我们就不会发现我们的错误(MacKay,1981)。这种情况,也属于全局性广播的一个固有功能。

2.6 进一步思考

下面我们来讨论模型1其他的一些分支。有几个模型的运作很像全局工作空间体系，有必要加以讨论。我们从模型 1 总结出一些可检测的推论，并认为模型 1 可以回答一些更深层次的问题，当然有些问题它也是无能为力的。这些让人困惑的问题，我们可以在本书后面的章节中通过更加先进、高级的模型来解决。

2.6.1　在功能上与全局工作空间体系类似的一些体系

除了本书中讨论的全局工作空间外，还有一些其他的体系，其运作与全局工作空间很相似：它们是功能上的类似物。前面我们将专家会议进行了类比，每一位专家都可以在黑板上书写一条信息供大家观看，以此来发表该专家的个人观点，这就与分布的专门处理器系统中的全局工作空间很相似。但是，如果我们去掉黑板，取而代之的是给每一位专家一个足以使每一位专家都能听到的扩音器，将这些扩音器连接在一起，当一个扩音器打开时，其他的所有扩音器就会关闭，因此任何时候都只有一个专家可以传播其信息。在功能上，这和黑板是一样的(图 2-5)。

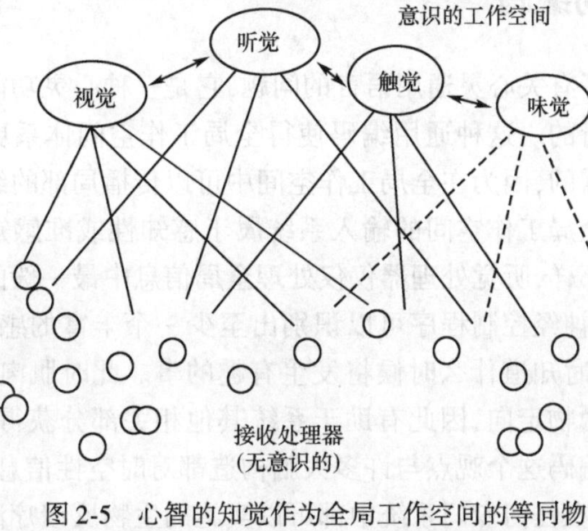

图 2-5　心智的知觉作为全局工作空间的等同物

许多不同的系统可能都类似于全局工作空间。此处展示的全局工作空间的等同物之一是心智知觉间相互抑制的联合体。心之眼是视觉意象的领域(Kosslyn，1980)，为了进行类比，我们可以说心之听觉、心之触觉，或者心之味觉。它们每一个都界定了意识经验的某个领域，而且会彼此排斥。如果每一个心智知觉都能够被全局性地传播，与此同时会抑制其他的心智知觉，同一时间只有一个知觉可以分布一个信息，在功能上，这个系统的运行就类似于模型 1 中的单一的全局工作空间

本书中，我们推测意识正是与全局工作空间或与之类似的体系联系在一起的。在细节上这个体系是如何实现的仍有待研究。在本章中，有一点是必须强调的，那就是意识至少具有两个特征：意识事件具有内在一致性和全局分布性。如果我们从抽象的角度来讨论事物，我们就不必举出任何特定的“硬件性”示例。

2.6.2 心之眼、心之声和心之身是全局工作空间的特征

图 2-5 展示了一个在功能上与全局工作空间体系类似的体系：大脑的感觉能力，它们连接在一起，同一时间只有一个感觉在工作。正如我们所提及的，大脑的感觉能力可以被视为工作空间（2.6.2 节）。内部言语长期以来就是和短时记忆或者“工作记忆”联系在一起的（Baddeley，1976）。

然而，注意，我们还可以对视觉意象，尤其是内部言语进行某些自主控制。意识经验原理必须解释自主控制（第 7 章）。当然我们不能把自主控制视为想当然，或预先就假定它属于心理意象原理的范畴。另外，当前的心理意象模型很少涉及意识（Pani，1982）。它们通常都不会考虑习惯和自动性。但是，图 2-5 为全局工作空间概念给出了一个有吸引力的示例。

2.6.3 何为全局编码

前面我们提出了有关心灵通用语言的问题，它是一种心灵功能的通用语言，可以在许多体系中运行的。这种通用编码使得全局工作空间体系更具有合理性，尽管它并不是绝对必需的，因为在全局工作空间中可以传播局部的编码。

有一种可能是全局工作空间的输入系统属于感知性或准感知性，正如我们在模型 1 中所设想的那样，听觉处理器仅仅处理全局信息中最一般的特征，即时空特征。因此，肌肉运动神经控制程序可以识别出至少一个丰富的感知场景中时空方面的特征，并且在此时知道什么时候将发生有趣的事。此时肌肉运动程序可以使其他接收器朝着刺激物定向，因此有助于系统其他相关部分获得更多信息。通用语言可能是时空性编码这个观点与许多大脑构造都对时空性信息很敏感的事实一致。另外，我们知道在任何专门系统中都可以实施的生物反馈疗法表明，在生物反馈事件与有意识反馈信号在时间上几乎是同时的。这与全局的时间编码是一致的。

2.6.4 理论选择点

理论选择点是：是存在着独立的全局性输入处理器，还是神经系统中的任何部分都可以进入全局工作空间。

我们面临的一个难题是我们是否要划分出一系列独立的专门处理器作为全局输入和接收处理器。对立的双方各执一词，其中一些论据以我们目前的技术是很难解决的。例如，有人认为知觉和意向的独特功能表明全局工作空间的输入系统在本质上必定是知觉性的或准知觉性的（2.4.1 节）。这样一来，就存在一系列独立的全局输入处理器，即知觉和意向处理器。按照生物反馈研究文献中的观点

(2.4.5 节),在适当条件下,所有其他神经结构在本质上都可以作为全局接收处理器,它可以接受信息但不能处理信息。这看起来十分简单易懂;但是当我们考虑到许多全局接收处理器具有有意识的知觉后果这一事实时,问题就变得相当复杂了。因此肌肉控制系统能即刻作出知觉上的反馈,因为当它们改变时,知觉方面也会随之改变。同样,有人认为也有一些微妙的且难以报告的心理意象与许多无知觉的抽象概念相关(Holender,1986;James,1890/1983,Ch. X 见 1.5.5 节,6.5.2 节,7.6.4 节)。如果存在这种可能性,那么此时问题就变得更加难以检测了,因此我们最好不要急于决定这一理论选择点,留待将来适当的时机来解决。

2.6.5　其他相关的模型

我们已经讨论了与全局工作空间系统有关的观点。在第 1 章中我们指出亚里士多德的常识与全局工作空间有许多相似之处。近年来,林赛和诺曼(Lindsay and Norman,1977)及其他一些学者把全局工作空间结构视为一个心理学模型。最近,分布式系统的正式模型研究也把全局工作空间结构包括在内(McClelland et al.,1986,第 10 章)。其他的一些研究也涉及"意识的聚光灯隐喻"(Crick,1984)。

全局工作空间实质上是不同的独立能力间相互交叉作用的空间。意识经验和意识各个独立方面间的整合关系早已被特雷曼和格兰德(Treisman and Gelade,1980)、曼德勒(Mandler,1983)、马雷尔(Marcel,1983a;1983b)、拉伯奇(LaBerge,1974;1980)和其他一些学者论及。

关于意识经验可以传播到神经系统的所有部分这一多少有点让人吃惊的观点并没有多少资料来源。约翰的"学习的统计学模型"与此十分相近(1976)。神经生理学家很早就已经知道了分散的和非特定的解剖结构,而且一些神经解剖学家明确地把大脑干的网状形式和亚里士多德的"常识"相联系(见第 3 章)。加扎尼加(1985)最近提出意识就好像大脑中的一个公共器官。让人奇怪的是,他也认为意识的首要功能是使过去的事件获得事后的合理化。这似乎不适当地限制了意识的功能(见第 10 章)。

最接近的模型是在平行分布系统中把意识经验和有限能力机制联系起来的模型。里森(Reason,1984)、诺曼和沙利斯(Norman and Shallice,1980)已经按照这种思路提出了一些系统模型。同样,安德逊(Anderson,1983)在他的 ACT 系统中提出了"工作记忆",这是目前最详细的结构模型,它与意识经验的关系十分紧密。

2.7　可检验性预测和反证

2.7.1　从模型 1 推导出的可检测性预测

我们已引用过的许多经验研究可以进一步用来检测模型 1。这里我们只关注几种预测。注意,许多预测中使用的措辞是有限能力,而不是意识经验。这是因为模型 1 阐述了意识经验的一些但并不是所有的必要条件;其实是关于有限能力的一个模型。因此就这一点而言,我们也使用有限能力而不是意识经验来描述这些预测。

1. 全局工作空间是供新颖性事件相互作用的一个空间

一个关键性概念是在常规处理器之间新颖的相互作用需要全局工作空间。精密的处理过程在多数情况下,没有意识或有限能力处理器的参与也是可以运行的,但是新处理过程离开了它们却无法运行。在试验上可以这么预测,新单词合并不会在无意识的情况下发生,但是已为人们习惯的单词合并却可以无意识地进行。我们将在第 5 章讨论新颖性和信息性的问题,并再提出一些实验上的预测。

2. 检测和传播全局性相互作用

生物反馈疗法为研究全局性相互作用和传播提供了一个极佳的实验模型。有一种有力的观点认为,在本质上神经系统的任何部分都可以相互发生作用,而全局工作空间就相当于一个协调器,这个结论可以从模型 1 中推导出来。因为任何全局性信息必然会相互干扰,以及生物反馈使我们可以控制反复的神经活动,所以在生物反馈控制跟踪实验中,可以通过对细微变异的控制来监控全局工作空间的活动。因此人们可以在生物反馈疗法期间学会通过控制两个脊柱神经元来控制某个单一的肌肉纤维,这两个脊柱神经元独立于其他的神经元。通常,反馈会因"咔嚓咔嚓"的声音而产生,这种反复演奏的声音通过一个扩音器从而在肌肉组织上产生一种强化的电子信号。事实上,倍斯马吉安(Basmajian,1979)早已证明了我们可以学会使用一个单一的肌肉神经敲鼓!如果被试可以被训练为能够发出均速的肌肉神经脉冲,约 5 赫兹的频率,我们就可以研究出该脉冲与其他有意识的事件,如发现某种知觉信号、理解某个句子及其诸如不是完全自动性控制的事件间的相互作用。任何有意识或有限能力的事件必然与肌肉神经组织的控制发生干扰。

3. 意识经验最少的整合时间

前面引用的有关知觉融合的证据证明了全局工作空间的周期时间大约是 100 毫秒。我们可以运用生物反馈疗法来检测这个相互作用的时间。例如,在肌肉神经组织训练中,一个分离且隐秘的神经组织(肌肉神经刺突)通过扩音器被放大和反馈会产生一个独立的意识事件(听觉上的咔嚓声)。我们很容易通过延缓该咔嚓声 50 毫秒、100 毫秒、200 毫秒和 300 毫秒来测量两者之间可容许的滞后时间。大约 100 毫米的上限将会非常有趣。如果 100 毫秒的周期时间是正确的,生物反馈疗法就不可能迟于有意识的时段。

我们也可以对输入系统作同样的推断。特雷曼和他的同事(Treisman and

Gelade,1980；Treisman and Schmidt,1982）与朱立兹（Sagi and Julesz,1985）的研究表明：人们可以很容易地在视觉知觉中识别出那些独立的特征。如果其他特征已经被识别了但有一个特征却延迟了50毫秒,那会怎么样呢？如果最少周期时间的观点是正确的,那么必然会整合那些在时间上短暂的差异性特征,并会快速放弃整合超出100毫秒的"奇妙的特征"。

4. 处理器的组合、分解和重新组织会占用有限能力吗

我们在第1章中主张许多语言和行为的小差错表明了整合行为图式中存在瞬间分离。当有限能力已经满负荷时这种分离还会发生吗？如果要重组这些分离图式,是否需要有限能力？模型1认为分离系统间的重组当然会使用全局工作空间。近年来,已经可以在实验室中做许多关于语言和行为方面可预测性失误的实验（Baars,1980）。关于这一点,我们不是要检测关于有限能力处理错误的问题,而是为检测全局工作空间原理提供一个更广阔的领域。

有许多关于处理器联合体重组的例子。说和听可能涉及许多重叠处理器的不同组合——都包括了词汇、句法结构和语义等处理器。很可能,在说和听之间的转化会短暂地占用有限能力。

2.7.2 模型1能解答的问题

按照相同的思路,从以前可得的独立自动系统中建立新的专门模型,必然会占用有限能力,而且可能产生可检测的意识特征（Case,1985）。

1. 许多无意识系统能够发现并行的错误

与之相关的一个问题是发现运行中的错误是否涉及并行监控系统（7.3.2节）。注意,错误之所以成为错误,并不是因为它通常都是有意识的,而是像其他专门处理器那样,错误发现系统它们彼此根据情况可以并行。如果监控系统并行,"审视"一个全局事件,那么在一些有意识事件中发现两个同时发生的错误所用的时间,并不比发现一个错误所用的时间长。兰格和英伯（Langer and Imber,1979）的研究表明,当一些技巧变得自动化时,发现错误的能力就会弱化：越是无意识,越难以发现错误。当然,当自动性技巧遇到困难时,它们会"去自动化"（4.1.4节）。也就是说,一些技巧的特征可以再次变得有意识。自动性技巧在发现错误方面的任何实验都必须处理这种复杂情况。但是,如果去自动化耗费的时间越长,那么当该技巧变得越有意识时,它必定就会降级。因此,在试验过程中,我们可以监控一些自动化技巧是否仍然是自动化和无意识的（Marslen-Wilson and Welsh,1978）。

2. 有限能力的功能性解释

有限能力是人类心理特征上首要的、令人吃惊的特征,但是我们很少探求它是

否存在。能同时做许多事情这难道不奇妙吗？为什么进化没有对神经系统产生影响？模型 1 给出了答案。如果信息在同一时间能作为一个整体为系统可得，全局信息在同一时间必然就局限于一个单一信号。只存在一个“整体系统”，而且如果所有的处理器能够接受同一个信息，那么在同一时间必然就只有一个信息能被传播。可以用很多原因解释信息能被系统整体可得，特别是当问题不能被任何单一的已知专门处理器解决时。解决问题所需的知识可能存在于系统的某个地方，但是为了找到它，问题必须被广泛地知悉。这是对有限能力的一种纯功能性解释。

当然，全局传播是费时间的。如果一些问题可以被分配给一个专门处理器，它就会有效率地处理该问题，而且不会占用全局工作空间的有限资源。

3. 组织性 VS. 灵活性

人类心理其他方面的特征也能纳入模型 1 的范畴。例如，在过去几十年里，认知心理学家已经确认了在知觉和记忆中组织的重要性。关于组织的作用有许多有力的例证（Bransfod，1979；Mandle，1967；Rock，1983）。如果我们学会了其中的规律，就会很容易地记住这些事物；事实上，我们很难记住甚至察觉那些毫无组织的信息。“任意的”声音就是这类信息。

但问题是，组织性往往使我们按照特定方式去做和看待事情。组织性通常会导致僵化死板。大多数时间我们从意义上去分析语言是合适的，但有时候（如在校对时）我们必须从意思分析转化为拼写分析；这种转化通常会导致问题的产生。著名的“校对错觉”现象就表明，当我们专注在单词的意义时就会忽略拼写和词汇的错误。哪一种体系结构能够融合组织的价值并满足灵活性的需要？就模型 1 而言，该体系中的专门处理器可以根据情况的需要分解和重组。这一点，对于记忆中的组织就很难做到。

关于神经系统的灵活性，最好的例证是条件反射。通常，条件反射理论家们认为，任何刺激和反应间都可以建立起随意的联系，而且他们还证明在许多情况下，一个音调可以作为电击的信号，等等。这与认知心理学家发现的强有力的组织效力是相反的：在音调与电击或在条件反射研究中通常使用的许多其他刺激间没有必然联系。事实上，当生态学上的刺激和反应间的条件反射发生时，其产生的效力比使用生物学上随机的刺激物更强（Garcia and Koelling，1966）。但是，应当注意非随机、组织性、生物学上重要的联系会大大影响到在整个神经系统中都会发生的生物学上的随机联系。

生物反馈疗法提供了一个极佳的例证。当它刚被发现时，生理学者和心理学者都对自动性功能如心率、皮肤导电性、血管收缩和扩张等受到生物反馈（至少就人类的生物反馈）的影响而感到吃惊。词语“自动性”就意味着，这些活动不受意识的控制。现在却表明任何神经系统都会受到有意识的生物反馈控制，尽管自动性功能会抵制永久性的再训练（Chase，1974）。

在解释这种高度的灵活性时,我们喜欢使用类似于模型 1 这样的例子,因为在该模型中,可以很快地对信息进行常规的组织和控制,同时它也允许不同层次组织间的转换,即以不同的方式对功能块进行重组,并生成全新的处理器联合体。

4. 人们是如何谈论他们的意识经验的

人们是如何谈论他们的意识经验的呢？他们又是怎样按照有意识的信息进行活动的呢？如果依照我们前面关于意识经验的可操作性定义,从这一点上讲,我们的模型肯定是与此相关联的(见第 7、9 章)。我们已经给出了部分的答案。说话要求产生一个由专门处理器组成的联合体。因为所有的处理器都可以从全局工作空间接收信息,我们就可以大致上解释与说话有关的处理器是如何奉行该意识事件并把它说出来的。在全局性“听众”中,语言系统很可能接收了相关信息;但是这并不能解释这些语言系统是如何组织一个连贯的语言来描述该全局性信息的。不过,这已然朝着正确的方向迈进了一步(8. 5. 4 节)。

这样的观点也可以适用于其他自主控制系统。当我们拿出一个香蕉时,与要求人们说“这是一个香蕉”相反,我们可以要求人们用手指指着香蕉或朝着香蕉眨眼睛。所有这些自主控制系统都可以提取意识刺激产生的全局信息。

5. 惊奇能瞬间删去全局工作空间

我们知道惊奇可以引起一系列定向反应,它会占用有限能力,产生大量的神经活动,并导致当前有意识事件的丧失。一个明显的例子就是惊奇可以删去全局工作空间中的信息,因此使得一个新的、让人惊讶的信息获得系统广泛的、合作性分析(Grossberg,1982)。这其实是我们理论中延伸出来的一部分内容,我们将在第 4 和第 5 章中详细阐述。

6. 意识与执行控制

当然,我们并不是宣称意识就是一个执行者。在社会隐喻中,它相当于一个广播站而不是政府。但是,政府会利用广播机构来实施控制,而且极有可能是执行性处理器会使用意识来控制其他处理器。就这一点而言,沙利斯(Shallice,1978)认为意识肯定与“优位行为系统”的选择有关,这个观点显然与我们的模型 2 和模型 3 是一致的(见第 4、5 章)。但是,行为并不是在意识中唯一被选择的事物——在知觉和行为中,意识经验是可选择的——当然沙利斯并没有解释清楚为什么优位行为系统要不嫌麻烦地在意识能力中占据支配地位。行为和目标变得有意识的代价是什么(2. 3. 1 节)？然而,一个有关优位行为系统的一般概念是有价值的,在第 4、5 章中,我们将沙利斯的观点进行了归纳,将其称为优位目标语境。也就是说,我们把执行性控制系统作为目标语境,它们形成和控制意识事件的存取,尽管它们本身并非有意识的。

7. 意识与压抑

许多读者认为,如果不讨论弗洛伊德的无意识这一 19 世纪最有影响力的观点,我们就无法深入讨论我们的论题。大家普遍认为,弗洛伊德的研究是建立在一种我们必须要明确阐释的意识和无意识过程认知原理之上的(Erdelyi,1985)。与 19 世纪大多数学者一样,弗洛伊德也把意识经验视为一种想当然的东西。他把意识经验等同于知觉,并未详细研究它。在 19 世纪末期,最让人感兴趣的是不可思议的无意识能力,例如,在情绪激动地表达了痛苦而又难忘的记忆之后继而在被催眠后的暗示中以及在歇斯底里的释放过程中表现出来的无意识能力(Baars,1986a;Ellenberger,1970)。弗洛伊德并不认为无意识是出于习惯、分心或者催眠后的分离等原因——这些现象对他而言是理所当然的,不需要任何解释。他关注的是动力型无意识,在该领域中,期望和害怕被有意地保持为无意识状态,因为它们变得有意识时会导致难以忍受的焦虑。动力型无意识就像一个阴谋者,它的目的是使这些事物远离我们。它和本能的思维过程紧密相连,这个神秘的思维过程出现在幼年时期、梦中以及一些精神障碍中。但是这些现象都预设了意识及其功能的最一般的原理(见第 8、9 章)。

因此,本书的目的是为理解这些现象建立一个坚实的认知基础。在后面的章节中我们会探索研究心理动力现象的经验方法和对它们如何在一般性认知框架中被模块化提出一些建议(7.8 节,8.4 节)。

但是,在我们的基本隐喻和心理动力原理中的压抑概念间还存在一种有趣的联系。全局工作空间是各个处理器联合体的一个公共设施——毕竟,全局信息可为潜在的任何一个处理器获得,就正如已公开发布的信息可以为任何潜在的读者获得一样。弗洛伊德最初使用了一个相反的隐喻来解释压抑,即动机性无意识:类似新闻审查的观点。在《梦的解析》中,他这样写道(1900,p. 233):

> 某个政客有一些执政党不愿意透露的真相……因为害怕受到新闻审查;因此他运用了稳健而又掩盖性的措辞……新闻审查越严苛,他伪装的程度就越彻底,而且,通常会运用更机智的方法使读者了解措辞的真实意义。

对于弗洛伊德而言,动力型无意识的存在源于审查。那么对事物产生意识就是走向审查的对立面,即公开吗?压抑被假定为对会产生焦虑的信息的一种审查,但是弗洛伊德显然并没有追问这样一个问题:“被审查信息的背后到底隐藏着什么?”我们可以推测有时删除全局工作空间的信息是合理的,因为系统中有一些处理器会采用一种意想不到的方式对该信息作出反应,以否定已建立的控制机制。对正在减肥的人而言,不对那些美味食物方面的极具诱惑性的广告产生意识是有用的;有意识地关注食物会导致失控。同样,政治家也会希望不要公开丑闻,因为各派政治力量在回应该信息时会失控。在上述两种例子中,有限公开是维持控制的有效措施。

有很多方法可以使信息成为无意识。这些机制并非天生就是有明确目的的。习惯、遗忘和分心并不是故意把刺激隐藏起来使其不被意识的机制。但是,类似分心的机制可以被一些特定系统有目的地加以使用,从而控制整个系统(第 7、8、9 章)。

实验派心理学家在实验中就如何判断压抑是否存在遇到重大的经验难题(Baars,1985;1986a;Erdelyi,1974;1985)。我们在本书中并不是要解决这些实验中的困难,而是发现心理学中具有影响力的关于无意识的这个概念与我们的分析完全吻合,这是令人高兴的。

2.7.3 反证

模型 1 显然是不完整的。更糟的是,它似乎与一些经验性观察结论及某些与意识经验相关的强有力的直觉相矛盾。因此它需要进一步地完善。以下是反对模型 1 的四种观点。

(1) 模型 1 并没有区分意识经验和其他占据有限能力的事物。到目前为止,模型 1 考量了神经系统中一部分的有限能力,这一部分有限能力被假定是以意识经验为基础的。但事实上有一些占据有限能力的事物并不是意识经验(见第 4 ~ 7 章)。反对模型 1 的这个观点很简单,就是认为它并没有区分意识经验和其他占据有限能力的事物。稍后的模型会修正这个不足之处。

(2) 认为在任何时候我们仅仅对内在一致性事物产生意识这个观点似乎是违反了人的直觉。在读上述句子时,读者可能对打印出来的字和内部言语都是有意识的。大多数经验,至少在回顾时,可能会融入许多独立的内在和外在的事物。但是,当然在任何时候,在全局工作空间每 100 毫秒的周期中,我们可能仅仅对一个内在一致性事物产生意识;多个事物就可能涉及在不同的意识内容中进行快速转换,就好像我们知道视觉图像是通过眼球在许多事物上的定着而形成整体的。我们可以称之为频带宽度问题:在全局工作空间的任何一个整合期间,几个内在一致性信息是否能同时进入?当然,这是一个很难确定的问题,因此我们又可以称之为理论的选择点。为了简化问题,我们假定在任何心理瞬间,只有一个全局信息存在,而且我们对多个事物具有意识的感觉是我们在对意识内容进行回顾过程中产生的。常态的意识经验就好像坐在火车中看一闪而过的乡村景色;当我们的元认知受到意识经验影响时,我们可以看见一节节疾驰而过的火车车厢,好像火车正在围绕着一个曲线运行,因此我们可以从外部来观察它。我们假定在回顾中比起在任何瞬间经历的事物,我们可以观察到更多的事物。

(3) 100 毫秒的全局整合时间对于与意识有关的许多整合程序而言太短暂了。我们假定一个一致的意识内容至少需要 100 毫秒的时间。虽然它可能持续 1 ~ 2 秒,这比最少的意识整合时间长一些,尽管这样,这个时间也不足以思考一个复杂的问题,或整合记忆中两个领域的信息,或有意识地做许多其他事情。即使我们假定人们通过心理再现可以自主“记起”一个意识内容,例如,肯定有许多可以进入意识的机制持续的时间比我们自主再现一个想法所用的时间长。又如,各种态度,会持续存在于一个人的一生中,而且态度必然也会影响一个人有意识的想法、意象和感受。我们必须在短暂的意识内容和永久性的知识结构间的空隙建立一座桥梁。在第4章中,我们找到一种新的构架来填补这个空隙,称为“语境”,就是它形成和引起了意识经验,而它本身却是无意识的。

(4) 阈悖论。一个全局信息是在什么时候变成有意识的?要成为意识的就需要全局性传递信息,新的全局性系统为了要继续待在全局工作空间中,就必须传播信息以获得其他系统的支持,这就存在一个悖论,一个自相矛盾的局面:一个系统为了成为全局性,成为意识的,它必须首先全局性传递信息。笔者认为上述(2.4.3节)难题可以用两个方法解决:通过构建工作空间全局性等级体系或者允许所有潜在的内容瞬间进入——足以使其向其他系统传递一个召集信息,而并非足以像意识那样被回忆和被报告。阈悖论是一个反证,但它存在可能的解决方法。

2.7.4 其他未回答的问题

还有一些是作为一个完整的理论必须涉及的问题,我们并没有讨论。其中显而易见的问题有:

(1) 为什么我们对习惯性刺激和自动性技能丧失了意识(第5章)?

(2) 为什么我们对帮助我们形成意识的知觉对象和意象的局部知觉语境没有意识(第4章)?

(3) 为什么我们对概念语境的大多数时间没有意识,它们被我们假定为形成世界观框架的基础(第4、5章)。

(4) 我们认为可以有意识地控制我们的行为这样的观点在心理学上是真实的吗?在意识与意志间存在联系吗(第7章)?

(5) 意识与注意间存在区别又会怎样(第8章)?

还有一些问题我们并没有答案。例如:

(6) 短时记忆的数目限制是如何与意识的全局化概念吻合的?我们已经知道通过心理再现人们可以记住7+2或7-2个不相关的事物——单词、数字或判断等。但是很显然,这个事实并没有“脱离”全局工作空间。

(7)为什么知觉和意象过程与意识具有特殊的联系?这些“质性”和其他“非质性”的心理事物有什么区别?

(8)我们从未对某个单独的特征或方面产生意识,例如,上面假定的专门处理器,但是却对整个物体和事物具有意识,即内在一致的和完整融合各方面特征的整体有意识。为什么是这样?

(9)当我们说“我”对某个事物有意识时,我们所指的“我”,其本质上是什么?或者它只是一个无意义的惯用表达(第9章)?

显然这还有待进一步探索。

2.8 小　结

我们首先对意识和无意识现象进行了详细的对比分析。意识过程在计算上是低效率的,但是却涵盖了宽泛的范围,具有关联能力和语境敏感性。而且,意识事物还具有内在一致性、连续性和有限能力。与意识性能的上述各方面相比,无意识处理器在计算时具有很高的效率,它们只涉及相对有限的领域,是相对孤立和自动化的,它们也高度分散,彼此之间相互排斥、抵触;它们可以并行运行,而且,把无意识处理器集合在一起时,它们会产生巨大的能力。

在这些比较中有一个值得注意的相似物,这个系统构造也被运用于一些人工智能的装置中,我们称之为专门处理器分布式系统中的全局工作空间。这个组织类似于一个大型的专家委员会,每一个专家都操着各自领域的专业术语,他们通过全局传递装置来相互交流,例如,在专家委员会前面有一个大大的黑板,如果我们暂且假定全局信息是有意识的而专家是无意识的,那么图 2-1 的对比分析就可以从这个模型中得出。模型 1 大大简化了这些证据。

借助于这个有用的模型,我们可以更深入地探讨一些问题。何谓全局传播?我们提出了六个论据来支持有意识(全局性)的信息,事实上在神经系统中是分布的这个观点。我们提出了几个方法来完善模型 1,这些方法就是"功能上的对等物"。有几位学者提出了相同的观点,这个框架也得到了一些认同。本章的最后,我们从模型 1 得出了一些预测并指出了模型 1 的不足之处。

简化证据的结果导致了这个简单模型(表 2-3)的产生。正如本章的标题所表明的,意识经验包含了心理表征,它在神经系统具有全局分布性与内在一致性。但这并不是全部。在后面的章节中我们还会发现模型 1 需要增加一些特征来匹配更深入的对比分析。注意,第 3 章认为输入和输出处理器中的反馈为多个处理器创造了一个稳定的联合体,正是这个联合体帮助了某一个意识内容战胜其他的意识内容。第 4 章中我们讨论了模型中语境的作用——认为意识经验是由大量的无意识机制形成和指引的。本书的后面部分我们发现这个原理很自然地导出一种新的有关意图、自主控制、注意和自我控制等的理论观点。

第3章　意识经验的神经基础①

3.0　引　言

这一章我们将对比分析方法运用到意识经验的神经基础研究中,即我们旨在寻找能够控制有意识和无意识不同状态的神经元总群——当然大部分神经元或沉睡,或清醒,或昏迷。这些神经元结构的运行方式在很多方面与我们设计的全局工作空间模型很相似。

在传统上,心理学家和神经系统科学家在对待神经系统方面存在着一个奇怪的分歧。基本上,神经系统科学家把神经系统视为一个由复杂的神经元组成的庞大集合体,它们相互连接,以极快的频率并行运行(Thompson,1967)。心理学家在传统上却把它视为另外一个不同的系统。他们认为神经系统运行的频率较慢,处理一些简单事物都还存在极高的出错率,而且它们串行,在一定时间内只能做一件事(Atkinson and Shiffrin,1968;Broadbent,1958;Newell and Simon,1972;Norman,1976)。当然也存在一些例外。过去10年中,越来越多的心理学家展开了平行或平行互相作用处理模型研究,而一些神经系统科学家也开始研究串行,如事件相关电位(Anderson,1983;Donchin et al. ,1978;Hinton and Anderson,1981)。但是,虽然上个世纪神经系统得到了广泛研究,这两方面的分歧仍然较为严重。

事实上,双方都没有错,尽管它们都不完整。从神经元的角度来看,大脑皮层这样的组织是相当复杂的,目前的研究表明大脑皮层大约包含了55 000 000 000个神经元,每一个神经元每秒释放出40~100次电脉冲,皮层下以及大脑两侧之间有着纵横交错的联系,而且在同一时间似乎所有的神经元都是活跃的(Mountcastle,1978)。但是,当我们从功能上来研究这同一个组织时,即从它的输入和输出性能来看,在解决简单问题时(尤其是新问题)它的频率低于10赫兹,它会出现大量错误,它使各个行为串行出现,尽管这些行为表面上可以并行执行,而且在学习新事物方面,它的效率实在不会让人产生好印象。

---

①我很感激对本章观点提出有价值意见的几位神经系统科学家和心理学家,特别是大卫 · 加林 · 本杰明 · 里博 和查尔斯 · 英林(加利福尼亚大学旧金山分校)、保罗 · 罗詹(宾夕法尼亚大学)、米歇尔 · 韦普纳(加利福尼亚州立大学洛杉矶分校)、西奥多 · 梅尼库克(韦斯顿行为科学研究会)、阿诺德 · 沙伊贝尔(加利福尼亚大学洛杉矶分校)和詹姆斯 · 纽曼。

当然，区别在于，大多数心理学家研究的是神经系统的有限能力，它与意识和自主控制是相连的，而神经学科学家关注的是神经系统的"湿件"（人脑），规模庞大而且复杂，而且在具体功能上是无意识的。但是这种二分法有什么意义呢？一种串行、慢速和相对不好的性能是如何从一个规模庞大、快速、高效和并行的系统中产生的呢？这才是问题的关键。

这个问题从表面上看是"注意"与"脑皮层激发"相对比的问题。双方的概念都与意识过程相联系，但是采用了不同的联系方式（Scheibel，1980）。心理学家很容易就在人类信息处理过程中发现了选择性，因此许多潜在刺激就会逐次简化为一个意识流。自詹姆斯开始直到现在，心理学家都基于选择性来思考注意和意识，这是对复杂的一种简化。但是，神经学科学家更为直接地从神经系统入手，发现有大量证据证明失眠和对新事物的定向反应与整个神经系统的脑皮层激发有关，但却没有证据证明选择性与脑皮层激发有关。脑皮层激发与脑电图扫描中的广泛去同步化作用有关。也就是说，当新刺激物"抓住了动物的注意"，有规律的、相对慢的脑电波会被快的、无规律的、低电压的行为中断，这种快的、无规律的、低电压的行为意味着信息处理过程的增强。这表明从神经角度看，复杂性不是简化了而是增加了。因此，注意和激发是不同的事物，虽然与我们的问题有些联系，但仍应被视为不同的问题。

我们认为神经系统类似于全局工作空间结构，本章就旨在探究这个心理学家和神经科学家发生分歧的假说。全局工作空间模型的一个优点就是它同时预测了选择性和广泛的激活，因此它在一个单一的框架中调和了这两个矛盾的观点（Baars，1987）。

3.1　神经生理学与模型 1 相吻合

3.1.1　神经系统是一个并行的分布系统

神经系统的各个部分同时运行，而且在一定程度上相互独立（Thompson，1976）。另外，有大量证据表明从解剖学上讲，大脑的结构通常会促进一些特定功能（Geschwind，1979；Luria，1980）。在这种情况下，我们会很自然地把大脑视为一个并行的分布系统，一些对大脑功能的解释也是按照这个思路来展开的。多年来阿尔比布（Arbib）一直认为运动系统是由众多专门处理器组成的集合体，在一定程度上它们彼此独立运行（Arbib，1980），而且近年来许多神经科学家用分布式"单元模块"这个术语来解释大脑皮层的柱状结构（Mountcastle，1978）。罗赞（Rozin，1976）把智力进化理解为易提取的特定功能的增加，智力进化最初是作为一种特定的、进化的适应性而发展起来的。在较高级的神经系统中，他推断，为了适应新情况，特定功能是可得的。所有作出贡献的学者都支持神经系统是一个并行的分布

系统这个观点。因此芒卡斯尔(Mountcastle,1978)这样写道:

> 一般的观点认为神经系统庞大的结构,如我们所知的脊髓后侧角、网状结构、背侧丘脑、新大脑皮层,等等,它们本身由局部的结构系统所构成。这些结构体系形成了模块,它们随地点的变化而改变……但是在任何庞大结构中,就第一阶段的分析而言,它们是相同的……因此几个不同的庞大结构紧密联系在一起形成了相关联但分布式的系统;这些分布系统被认为执行了各个分布的功能(p. 36)。

芒卡斯尔也把大脑新皮层解释为特定分布处理器的结合体。皮层是一大片分层的覆盖物,相互折叠,覆盖在最上面的头盖骨上。从横断面看,覆盖物是由许多显微镜才能观察到的细胞构成的柱状物构成的:

> 新大脑皮层基本的运行单元是垂直排列的细胞,它们相互排列成一个竖轴……而且很少水平排列。
>
> 我把新大脑皮层基本的模块单元界定为一个微型柱状物。它是由细胞纵向排列的……大约包括110个细胞。这个数字在不同皮层区域和不同种类的哺乳动物中基本上是不变的,除了灵长类有条纹的皮层,它包括260个细胞。它们在大脑皮层中围成一个弯曲、纵向的圆柱体,直径大约是30微米……人类的新大脑皮层……大约包括60亿个微型柱子,上面排列着5000亿个神经元(p. 38)。

接着,芒卡斯尔认为这些细胞构成的微型柱结合在一起形成皮层柱子,并构成大脑皮层基本的"单元模块":

> 在新大脑皮层中,我们有可能区分出一个比微型柱子更大一点的处理器。这个更大结构的直径或宽度在不同的区域从50微米到1000微米不等……而且它横切面的形状也是不一致的,有圆形、椭圆形,或平板形……我们可以推测人类新大脑皮层大约包括了60万个这样较大的结构体(皮层圆柱),每一个这种结构体又包括了几百个微型柱子……统计结果表明它是一个非常庞大的结构等级。
>
> 因此,理解新大脑皮层功能的一个重要方法……就是要解开新大脑皮层模块的内在结构和功能性组织。
>
> 这个模块,我认为,可以称为皮层柱子。

与芒卡斯尔不同,他是从解剖学上定义模块的,而笔者是从功能上看待基本单元的(Luria,1980)。当然,这些方法并不是矛盾的,因为功能性单元最终会运用解剖学上的单元。但是它们的侧重不同。为了以示区别,笔者把这些特定的分布单元称为"处理器"而不是"模块"。

3.1.2 网状丘脑的激活系统:全局工作空间在神经系统中的证据

大脑中的哪一个部分会执行模型1所描述的功能?我们来详细阐释它的

特点。

首先，它和意识功能相联系，如清醒、集中注意、习惯，以及本书中对比分析所列举的所有事实等意识功能。

其次，它与第 2 章的模型相吻合。在输入方面，许多系统都有进入我们假定的全局工作空间的通道，而且不兼容的信息必定为通道发生竞争。在输出方面，它也能将信息分布到神经系统的许多特定部分。既然神经系统的许多部分被视为特定的，全局工作空间的输出机制从本质上讲就可以到达任何地方。

脑干和前脑中有一个解剖学上的和功能性系统，该系统与意识有密切相关，从某种意义上讲，当它被激活时，人们就会获得或失去意识(Dixon，1971；Hobson and Brazier，1982；Magoun，1962；Scheibel and Scheibel，1967)。这个结构包括由莫鲁兹和马古恩(Moruzzi and Magoun，1949)发现的经典网状结构，它从大脑的所有重要结构体中获取信息，包括所有知觉和运动束，而且会使所有信息源进行密切的相互作用。它还向上延伸，包括丘脑中不特定的细胞核。从功能上讲，它还包括较大的扩散性丘脑投射系统，这个系统的神经元纤维延伸到了大脑皮层的所有部分(图 3-1)。它也很可能包括了皮层间细微的皮质-皮层联系。我们把整个解剖结构称为扩散性网状丘脑激活系统(ERTAS)。

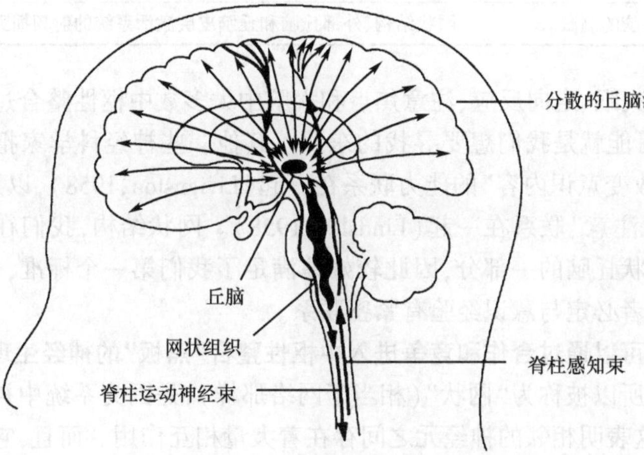

图 3-1　扩散性网状丘脑激活系统

一种神经全局工作空间？与意识经验密切相关的大脑组织包括脑干和中脑的网状结构、丘脑的外壳层，以及从丘脑到脑皮层向上分布突出的一系列神经元。这些组织体结合在一起可以称为“扩散性网状丘脑激活系统”(ERTAS)，因为刺激该系统中脑中的许多神经元都会导致皮层激活。作为整体的 ERTAS 在功能上可以被视为全局工作空间，或者可以被作为一系列逐渐全局化的工作空间(见模型 1A，图 3-2)。ERTAS 有许多让人想起全局工作空间的特征，包括：通过所有知觉和运动系统以及几乎大脑所有领域连接输入和输出信息；不同输入信息间竞争的存在；通过分散的丘脑激活系统进行全局性传播信息的可能性。可能其他大脑结构对全局性传播功能也有所裨益，包括联结两个脑半球的胼胝体，联结皮层不同部分的第三位皮质纤维

表 3-1 简要地归纳了自 20 世纪 40 年代以来的许多研究结论。其中有一组合作研究者这样描述了位于脑干和前脑系统中更小的结构：

大脑内部，在经典神经学的知觉或运动系统之间可以发现一个中枢交换中心。我们发现这个中枢网状机制可以为大脑许多其他部分的活动划分等级……在更低层的脑干结构中，它可以再细分为一个低层级的、更活跃的运行组织，在细胞的兴奋性方面促进全局性的改变，它与头盖骨的丘脑部分是不同的，因为它具有更厉害的性能，即对大脑的最重要区域会产生间隙性的、转移的影响。

在与大脑皮层向上或向下的联系中，网状系统与神经系统的大部分区域紧密地联系在一起，且对它们的运行起了很大帮助。它肯定与失眠的发生和持续有关系；与定向反应和注意焦点有关；与习惯性知觉控制过程有关……与条件学习有关；尽管它与海马体和颞皮质，与记忆功能等有功能上的关联；与大脑皮层和大脑中大多数中枢性整合过程有关（Magoun，1962）。

表 3-1　神经比对

有意识的	无意识的
网状结构和外部丘脑的刺激	网状结构、外部丘脑和丘脑皮层激活系统的射频损毁模型

网状结构与失眠、定向反应、注意焦点和大脑中大多数中枢性整合过程有关这一事实表明：它可能就是我们想要寻找的东西。其他一些神经科学家把这个系统的许多部分与“改变意识内容”的能力联系在一起（Livignston，1958），以及与“一般性改变”和“集中注意”联系在一起（Lindsley，1958）。网状结构，我们在本书中认为它是扩张性网状丘脑的一部分，因此较好地满足了我们第一个标准，也就是说，神经元这个候选者必定与意识经验有紧密联系。

专门处理器可以通过合作和竞争进入中枢性整合“黑板”的神经生理学证据

网状结构之所以被称为“网状”（相当于网络那样），是因为系统中神经元的轴突一般都很短，这表明相邻的神经元之间存在着大量相互作用。而且，它从知觉和运动系统中，以及大脑中其他的重要组织中获取输入信息。尽管它和丘脑联系在一起，但是它可以在皮层的所有区域传递和接收信息。如果扩散性网状丘脑激活系统相当于我们的“黑板”，不同的专门系统就可以进入其中。

亚里士多德的“常识”被公认为是不同感官间的整合区域。事实上，研究网状结构的解剖学家已经指出网状结构类似于亚里士多德的观点。沙伊贝尔（Scheibel，1967）指出，科恩斯塔姆和奎塞尔的解剖学研究表明在网状核周围存在大量传入和传出系统，因此他们提议把该区域作为一个“中枢接收器”，或者“皮质感觉中枢”——感官神经轴集中的地方。

另外，还有一些学者的观点对我们的研究有重大影响，他们提到：“网状核通过对这些感官输入信息进行协调性压制使其暂时降为一种感官作用，从而使意识焦点的特定界线得以产生。”(p. 579)按照相同的思路，加斯托(Castaut，1958)把脑干网状结构称为一个“集中区域……信号在这个区域里集中，然后再度以扩散的方式被传递到大脑皮层中”。因此不同的感官内容相互压制，就如同我们设想的全局工作空间的输入系统。这满足了我们的第二个条件，即不同的专门处理器相互竞争以进入扩散性网状丘脑激活系统。

整体、一致的信息可以通过网状丘脑系统传输到神经系统的各个部分的神经生理学证据

前面已经提到，我们认为在扩散性网状丘脑激活系统中包括分散性丘脑投影系统，分散性丘脑投影系统是指大量神经元向上投影，就好像从丘脑产生一个喷泉，水柱溅到大脑皮层的所有部分。它包括了特定的和非特定的投影，这两种投影通常也包括按照相反方向而运行的反馈循环。系统的丘脑部分可能会从网状系统向大脑的所有部分“传输”信息。我们前面已经讨论了诱发电位，它表明未形成习惯的刺激会不特定地传输到整个大脑(Thatcher and John，1977)(2.5节)。有一种推测认为，大脑皮层的某个感官投影区域会提供输入信息给扩散性网状丘脑激活系统。如果这个输入信息优先于其他与之竞争的输入信息，它就会成为一个全局信息，可以广泛传输到大脑其他区域，包括大脑皮层的其余部分。因此，某个被选定的进入扩散性网状丘脑激活系统的输入信息被扩散和传递，是以牺牲其他输入信息为代价的(3.1.3节)。

因此，我们推断扩散性网状丘脑激活系统是建立在意识的“全局传播”功能基础之上的，而大脑皮层中某一个被选定的感知“处理器”提供特定的需要传递的意识内容(这些属于典型的感知性内容，因此扩散性网状丘脑激活系统从所有的感觉束接收并行的输入信息；当然，我们在前面已经提及了意识经验和感知具有天生的关联)。这些意识内容，反过来，当它们被加以传播时，可以激发运动、记忆和一些相关的活动。

一些有力证据表明大脑皮层的活动本身不会变得有意识(Libet，1978；1981；Magoun，1962；Shevrin and Dichman，1980)。我们可以推断，当信息被全局传播或变得有意识之前，任何皮层活动必定会激发扩散性网状丘脑激活系统去支持循环信息流(Scheibel，1980；Shevrin and Dichman，1980)。迪克森(Dixon，1971)认为，网状结构和大脑皮层间的循环流是输入感觉信息变得有意识的必要条件。

3.1.3　一个可能性方案

或许有几个通道可以进入大脑的全局工作空间。在一种方案中，两个知觉输入信息通过直接感觉通道同时到达大脑皮层，并开始为进入有限能力系统——很可能是丘脑和网状结构，而发生竞争。假定这两个输入信息分别是听觉和视觉信息，那么我们的刺激引发了竞争(图3-2)，一个可能是从左耳进入的声音，另一个可能是右眼看到的落下的玻璃。至少一个世纪以来人们都认为两个刺激物,不相容的事物是不会同时变得有意识的(Blumenthal,1977;Wundt,1912/1973)。在我们的方案中,任何时刻两个事物都只有一个事物可以被传递,因为它们在空间位置和内容上是相互矛盾的,因此两个同时发生的皮层事物不会融合成一个整体的、一致的事物。由于专门接收处理器对其中一个更为支持,所以它可能更有优势。例如,我们可能会留意到落下的玻璃;此时,能移动手指去抓住正下落的玻璃的专门处理器会很快被激发并协助形成对视觉刺激物的直接意识,同时排斥听觉输入信息。在视觉和听觉刺激物之间可能存在快速交替,因此,每一个信息有 100 毫秒的时间进行传递以招募支持它的处理器。有可能接收视觉信息的处理器战胜了接收听觉信息的处理器。但是玻璃下落得很快;忽略了这 100 毫秒就会使我们错过落下的玻璃;争相进入意识的竞争不可避免地会减缓有效的行动。

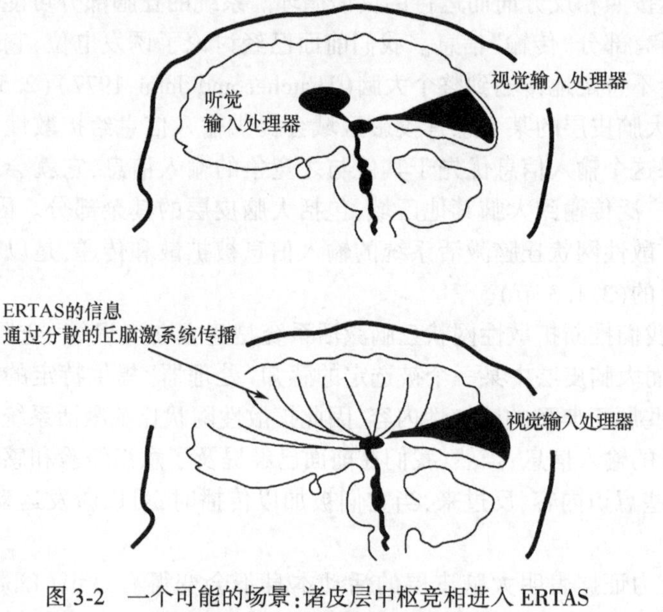

图 3-2　一个可能的场景:诸皮层中枢竞相进入 ERTAS

在上述场景中,皮层主要的知觉投射区域为进入 ERTAS 的通道而竞争。这与利贝特(Libet,1978)发现的证据吻合,在躯体感觉领域中皮层提取时间非常快,而意识的发现时间却慢一些,要半秒时间。因此有可能皮层知觉领域早已经对刺激进行了分析,然后不同的皮层分析器才会为 ERTAS 通道而竞争。获胜的刺激表征可能会通过双向的丘脑-皮层联结向下循环至丘脑,并分散地传播到皮层和大脑其他区域

这个方案有以下几个特点。第一,知觉系统为进入全局工作空间发生了竞争。只有一个输入信息会获胜,它获得了许多潜在接收系统最多的支持,尤其是那些为该获胜的系统作准备和“感兴趣”的接收系统。“获胜”意味着该系统进入了丘脑,或许进入了网状结构,使得获胜系统的一些重要信息得到广泛传播——时空特点、它的重要性、它与当前目标的关联性,等等。或许一些接收处理器能比其他处理器

从全局信息中获得更多信息。第二,在获胜输入系统、全局工作空间、接收处理器和每一个反馈到其他结构的组织体之间或许存在一个循环的信息流,因此在某个时间段内,激活系统间存在一个自我运行的循环(见图 3-3)。这个循环使得知觉输入信息和一些接收系统间建立了更多直接的局部通道;经过一段时间,这个局部信息流就会产生一个新的、效率高的专门探查"下落玻璃的处理器",它独立于全局工作空间而运行。

3.2 神经心理学对模型 1 的延展

虽然神经心理学与模型 1 是吻合的,但它也延展了模型 1 的某些内容。

1. 外部的丘脑类似于一个共有的感官模型

通常认为,丘脑的外层——互联网状核与身体的时空编码相关,在皮层激活出现前,它为不同的输入信息提供了"阀门"(Scheibel,1980)。因此身体右侧的听觉信号在一个区域被编码,而相同方位的视觉信号也可能汇集到相同的区域。这表明在丘脑外层存在一种通用的语言,而丘脑外层就是一个共有的感官模型。在这个意义上,丘脑中心比低层次的丘脑外层具有更多特征。

2. 脑干的网状结构类似于一个转换模型

那么网状结构(RF)具有什么功能,尤其是在我们知道脑干部分与睡眠、清醒和昏迷有关的情况下？网状结构在系统中就类似于一个转换模型,它作出更多特质性选择。如果我们使用意识的聚光灯隐喻,网状结构核就好比一个调光转换器,它增加或减少灯光的数量,但并不直接照耀某个特定物体。睡眠、清醒和做梦可能被视为神经系统不同的"运行模型"。

3. 一些特定能力的定位

知觉意象系统就像全局工作空间的输入系统,皮层的大部分区域都用于知觉分析,特别是视觉,而这可能是知觉/意象输入信息在意识占据优势的原因。很可能意象也使用了这些知觉系统,即使用了内因刺激。因此,一些专门输入器可能就位于皮层中知觉投影区域。

当然,自主决定会影响意识内容,而且对于大多数人而言,这些决定可能不是知觉的,因此有可能非知觉性事物也进入了全局空间。或许,这些非知觉系统使用了视觉/意象处理器以进入意识系统。

短时记忆和海马体。有证据证明海马体——围绕在丘脑周围的组织体,与短时记忆转换为长时记忆具有密切关系(Milne,1959)。当然,短时记忆与意识紧密相关,如果海马体包括了这个系统,它就很可能是全局传输的接收器之一(Winson,1985)。

自主控制语言和对短时记忆内容的再现。同样,自主控制语言与短期再现具有明显的联系,例如,在记一个电话号码时。产生语言是左侧大脑的功能(Springer and Deutsch,1981),尤其在布洛卡区域。很可能这个系统包括在心理再现之内,毕竟这属于心灵言语;再现使得意识进入到瞬时记忆中。因此这个再现系统为全局工作空间提供了输入信息。但是,一般而言,自主控制和前面的皮层有更紧密的联系,因此这个功能性系统可能包括了前面的区域和布洛卡区域。

4. 时空编码类似于一种通用的语言

我们已经论证了知觉和意识具有特殊的联系。在这个意义上,几乎所有质性经验都属于知觉性或准知觉性(例如,意象和内部言语)。所有知觉性经验都包含了时空信息,当然,神经生理学也表明许多神经系统可以处理时空信息。这意味着时空编码就像是一种通用语言,它在整个神经系统的全局工作空间中传播。

5. 全局传播的信息会反馈回其源头

如果传播真是全局的,那么提供全局输入信息的系统也必然会接收到这些被全局传播的信息,就好像电视台的编剧也可能在电视上看到他自己写的戏一样。在一些认知原理中,都假定存在这种又返回到信息产生源头的信息循环流。这样的假设具有许多有益特征。例如,麦克莱兰和鲁梅哈特(McClelland and Rumelhart,1981)就证明在一个单词识别的激活模型中,信息循环流有助于稳固该单词的表征。

6. 全局信息的接收者会把它们感兴趣的信息反馈给全局工作空间

从上述讨论的生理学证据,我们可以推断全局输出信息会按照两个方向输出。解剖学上的证据也表明大脑皮层会反馈于丘脑。这种反馈流在神经系统中是极其常见的。在大多数感官系统中,信息流可以"自上而下"及"自下而上"循环。在视觉神经中,许多神经元沿着高层次视觉中枢到外部视网膜的路线激发——以"错误"的方向激发。解剖学证据意味着接收系统,即吸收全局传递信息的系统,可以将它们感兴趣的信息反馈给全局工作空间,以此来增强或减弱任何具体的全局信息。我们可以将其与美国电视节目的比尼尔森收视率作个对比。每一个节目都被持续检测有多少人在收看它,低收视率的节目就会被停掉。在第5章中,我们推断这种盛行的反馈或许可以解释随着实践而导致的习惯和自发现象。

7. 其他解剖学上的系统也可能有助于全局信息传递

分散的丘脑投影系统(图3-1)并非唯一传递信息的投影系统,还有使大脑皮层的前面部分与其他区域相连接的较长的第三级皮层神经元,和环绕脑半球并贯穿胼胝体、连接皮层两个部分的纤维。所有这些传输通道都可能与全局传递有关。

8. 滚雪球式循环传递而不是立即传递

神经生理学表明传递不是瞬间发生的事情,而是由许多系统彼此反馈从而形成的"滚雪球式"的全局激活模式,以产生全局性激发,这些系统会彼此相互反馈给对方。例如,利贝特的研究表明一个皮层的活动要变得有意识,需要半秒钟的时间(Libet,1978;1981)。这比单一的传递信息所花时间要长,这也证明了皮层与亚皮层区域间存在信息循环流,这种循环流建立在皮层的内部,除非信息到达了意识阈。因此,我们不是按照字面意思严格使用传播隐喻:相对缓慢的累积必定会导致许多功能停止。这种"滚雪球"也解释了上述讨论的解剖学上反馈流的作用。

9. 注意:控制进入全局激活系统的通道

在第 8 章中,我们会讨论意识和注意的区别,注意的作用是控制进入意识的通道。这种注意系统存在于颅顶骨和皮层的前部(Posner,1982)。很可能,前部与对注意的自主控制有关,这种自主控制的注意通常会优先于自动注意机制。

3.2.1 神经生理学对模型 1 的修正

图 3-3 是模型 1 的修正版,包括从全局信息到它的输入源头和从接收处理器再返回到全局信息的反馈流。在第 5 章我们将研究关于反馈流的其他证据。

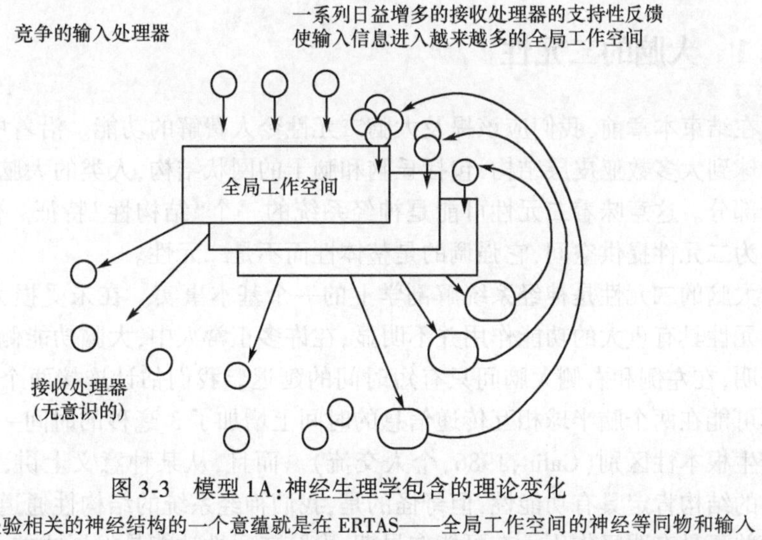

图 3-3 模型 1A:神经生理学包含的理论变化

与意识经验相关的神经结构的一个意蕴就是在 ERTAS——全局工作空间的神经等同物和输入与输出处理器间才存在双向的信息流。图 3-3 显示了一种可能性,即接收处理器能支持获胜的输入联合体,它采用的方式类似于听众会对他喜欢的某个特定演员作出反馈。神经生物学也与以下观点是吻合的,即可能有一系列可用的逐渐扩大的工作空间,当某个输入信息在变得完全有意识前,它必定会循环一段时间,从输入和接收处理器中获得支持(为了简洁起见,在后面的图表中只画一个全局工作空间)

3.3 神经生理学证据的近期修正

上述神经生理学解释与网状结构早期的模型很相似，这里我们把网状结构视为更广义的扩散性网状丘脑激活系统的一个子集(Lindsley,1958;Magoun,1962;Moruzzi and Magoun,1949)。有关网状结构中意识经验的中枢作用的观点遭到了一些质疑(Brodal,1956;Thompson,1967)。其中一些批评对我们的结论提供了一些限定，尽管它们与我们的结论并不存在决质性矛盾。

第一，通过对长期植入的电极的详细研究，研究者在网状结构中发现了许多特定结构体，因此简单地断定网状结构是非特定的是不正确的(Hobson and Brazier,1982)。当提到促进这些功能时，我们应当注意并不是指整个网状结构和丘脑，而仅仅是在这些较大解剖学结构体中的细胞核和网络。第二，在一些情况下，我们可以发现一些受伤动物，它们只有少数或几乎没有存活的网状结构组织，也会呈现出相当正常的清醒、睡眠、定向反应和条件反应。有可能丘脑外层的结构能够替代网状结构的功能，尤其当损害是逐渐产生时，此时就会有一个时间段来适应这种替代。第三，很明显，大脑的其他许多部分都与意识经验密切相关，例如，自主注意、自我概念、内部言语的自主控制、意象和骨骼肌肉系统及对睡眠和清醒的控制。因此我们必须注意，不要把我们的观点局限于扩展性网状丘脑系统；当然还有许多其他系统促进、控制和作用于全局工作空间的神经等同物。

3.3.1 大脑的二元性

在结束本章前，我们应该提及大脑二元性令人费解的功能。沿着中间线，从皮层半球到大多数亚皮层结构，包括丘脑和脑干的网状结构，人类的大脑可以划分为两个部分。这意味着二元性可能是神经系统的一个“结构性”特征。但是，模型1没有为二元性提供空间，它强调的是整体性而不是二元性。

大脑的二元性是神经系统解剖学上的一个基本事实。在未受损大脑中，大脑的二元性具有重大的功能作用并不明显；在许多正常人中，大脑功能侧化的大量证据表明，在左侧和右侧大脑间只有短时间的延迟。我们估计连接两个脑半球的胼胝体可能在两个脑半球相互传递信息的时间上增加了3毫秒的时间——这并不足以产生根本性区别(Galin,1986,个人交流)。而且，从某种意义上讲，大多数解剖学上的结构肯定具有功能性，但奇怪的是，我们神经系统的结构性通道对大脑的二元性并不具有明显作用。有可能在早期，大脑二元性功能是发展式的，在受损成人的大脑中，它的功能就更难以观察了(Galin,1977)。

3.3.2　一些合理的结论

尽管存在这些限制性条件,但仍然有有力的证据证明:扩散性网状丘脑激活系统的许多部分促进了意识经验的产生,大脑皮层和大脑的其他一些部分可能为意识经验提供了内容。按照全局工作空间模型,我们可以合理地解释这些证据,它们纯粹属于认知证据。扩散性网状丘脑激活系统和大脑皮层的作用在于提供了一个稳定的意识内容。从大量研究中获取的证据表明,扩散性网状丘脑激活系统和已知的一些意识功能,例如,睡眠和清醒、警觉、定向反应、集中注意、敏锐的知觉辨认、对定向的习惯、条件发射和知觉学习之间存在直接关系。而且也有一些证据与模型 1 的三个重要特征一致:第一,大脑主要结构,尤其是大脑皮层,可以被视为许多分散的特定模型的集合体;第二,这些模型中的一部分可以通过合作和竞争的方式进入扩散性网状丘脑激活系统;第三,获准进入的信息可能向神经系统的其他部分全局传递,特别是大脑覆盖的巨大皮层。

这些实实在在的神经生理学证据似乎与模型 1 相一致。还要补充一点,有关从皮层模型到扩散性网状丘脑激活系统的反馈流证据表明:信息循环流可能是维持意识内容的一个必要条件。另外,全局信息还可能会反馈到它自己的输入源。这两种反馈都可能会促使维持全局工作空间中某种意识内容的系统的加强和稳固。这些修正已经被纳入了模型 1A(图 3-3)。

3.4　小　　结

我们作个简要总结。首先,许多神经科学家认为神经系统是一个分布式并行系统,其中有许多不同的特定处理器。有关意识和无意识现象的神经生理学证据的对比分析,把重点集中在众所周知的脑干和中脑的网状结构上,集中在丘脑的最外层以及从丘脑到皮层的分散投影纤维上。几个关于神经系统的事实表明,我们不能把全局传递这个概念过于当真,事实上意识信息在中枢神经系统中是广泛分布的。至少扩散性网状丘脑激活系统的一些部分可以担负起我们的构想,即这个系统从大脑中的专门模型接收输入信息,然后把这个信息全局传递到整个神经系统。

第三部分 语境的基本功能

接下来这两章探讨语境的功能,即引起并形成意识经验的无意识系统。第4章认为语境几乎影响着所有心理学领域。我们对支持这一观点的大量证据进行了全面评述,包括各种各样的语境和它们相互作用的途径。在某种意义上,语境可以被视为一种神经系统已经适应的信息;它是新事物得以被界定的背景。意识总是偏爱那些新颖的、有益的信息。但是对新颖性的识别必然要求和现状进行比较,旧知识就可以被表征为语境性。

第5章阐述的观点是,所有意识事物都会提供信息,从而减少稳定语境中的不确质性。反复性事物总会从意识中消失,尽管它们仍然被无意识地处理。一个事物要想成为有意识,它必须是新颖的或意义重大的;它必须能够激发神经系统中大量的适应性处理过程。这种观点的结果之一就是把学习理解为语境的改变,即人们改变了学习知识的方法。我们将提供大量证据予以证明。

第4章　模型2：无意识语境形成意识经验

当我们在事物中发现结构之前，我们的大脑就已经开始独立地建构事物的结构了……知识不仅仅来自经验，同时也来自于智力发现和被观察事实间的比较。

爱因斯坦(1949)

4.0　引　言

想象在一个阳光明媚、微风徐徐的日子里，你正站在一艘小帆船上，然后出发去旅行。天气很好，当你从港口出发时，海面上波涛起伏，但一切仍然让人感觉到很舒适。刚开始，你会觉得水平线在上下摆动，但很快你就意识到是你的船而不是水平线在摆动。当你抓住你的浆时，船又变得平稳了。往回划时，船运行得相当平稳，风向和海浪都没有改变。你的船泊进了码头，你也上了岸，水平线突然又开始晃动起来，此时你必须控制自己以保持平衡；很快整个世界又变得平稳了。

这个普通的经验其实是对本章和下一章内容的概括。当我们走、跑、转身、坐、跳舞或者登上陆地时，神经系统中特定的组织结构会作出一些预测来弥补引力和视觉环境的改变。而且只有当预测正确时，我们所体验的周围环境才会维持稳定。这些语境判断的预测完全是无意识的，但是它们却深刻地影响了我们的意识经验。只要它们是正确的，它们就不会留下任何实存的记号。当我们踏上小船时，它们可能已经改变了，但是却以一种奇怪的方式改变：我们仍然没有意识到我们的意识结构有任何改变，在整个知觉领域中，我们只是注意到了一种不稳质性。当我们站在帆船上时，随着周围环境的改变，我们体验到我们的身体正在以一种全新的、未曾预测的方式运动，尽管我们知道所处的环境并未改变，只是我们与环境的关系发生了改变。周围的环境其实并未随着甲板的运动而改变。当我们放下浆，返回岸边时，我们也会经历相同的感受。①

此时，我们会无意识地预测船会有规律地摇晃和摆动，因此现实和预期之间的关系再一次出现了偏离。对不稳定环境的经历产生了语境判断系统，这个系统会再一次修改它的预期，因为我们有在陆地上行走的经历，所以我们很快就又获得了平衡。

对判断引力和视觉环境的系统是我们意识经验语境的组成部分。我们逐步受

---

①本章以及下一章讨论的语境这个概念要特别感谢米歇尔·韦普纳，他提供了许多极有帮助的建议。

益于这类语境处理过程,但我们却并不把它们作为意识经验的客体来体验。它们的影响力可以从许多证据中推测出来。航海旅行这个例子就包括一个知觉-运动语境,但是也从可以思考、信仰和交流等语境中得出许多相同的论点(4.2 节)。有关知觉和认知的大量研究文献为无意识语境的影响力提供了充分的证据(Bransford and Franks,1976;Levicki,1986;Rock,1983)。

语境是本书的一个关键观点。第 2 章把语境敏感性界定为无意识因素形成我们意识经验的方式。第 5 章推断习惯性或自发性处理过程并没有消失,而是变成了新语境的一部分,这个新语境形成了后面的意识经验。因此语境是一个系统,它形成了意识经验,而与此同时其本身并不是有意识的。① 现在,知觉领域中,"设置背景"和"适应水平"间有密切的关联(Allport,1954;Bruner,1957;Helson,1964;Uznadze,1966),在认知科学中许多知识结构的构想和"框架"之间也有密切的关联(Clark and Carlson,1981;Minsky,1975)。语境包括当前形成意识经验的无意识预测和当前形成自主行为的无意识意图(见 6.0 节和 7.0 节)。欧洲和美国的一些前行为主义心理学家的观察结果都支持这一观点,包括冯特、詹姆斯、乌兹堡学派、布伦塔诺、格式塔心理学家和心理学家阿奇(Blumenthal,1977;Murray,1983;Rapaport,1951)。本书并不提供新证据,除了现代化理论框架——事实上,现代心理学长期以来都忽视了这些证据。

单词"语境"在当代的心理学中意指有形的环境,但是在本书中它是指称形成我们意识经验的内部世界。毕竟,有形的环境只有被内部世界所表征才能影响我们的意识和行为。因此,物质世界的语境只有通过大脑中的语境才能形成我们的意识经验。而且,内在的语境会保存过去的重要信息,而这个信息从我们现在的环境中是无法获得的。因此,在神经系统中标出心灵语境是很有意义的。

语境就类似于"被激活的知识结构""心理表征""语义网络""框架""基模""剧本""计划""预期"和其他在认知科学中被广泛讨论的有关对知识的表征(Bransford,1979;Helson,1964;Mandler,1975a; Miller et al.,1960; Minsky,1975;Piaget,1952; Rumelhart and Norman,1975)。我们会参照上述大量文献。但是为什么要添加如此多的术语来解释同一个事物?原因很简单。对于我们而言,单词"语境"并不是任何心理表征:它是一个无意识的表征,会影响到另一个意识的表征。这个特殊意义在其他术语中并没有被表达出来。

本章将研究稳质性语境的一些特征。我们先对有关语境知识的大量证据进行评述,详细讨论语境的几个普遍特征,然后探讨意识内容和无意识语境的相互

①有时我们可能会把语境视为一个关系而不是一个事物。视觉系统关于光从上面照射过来的臆断可以视为与所谓的月球火山口的凹度相关的语境(Rock,1983);同样,一种内在的道德准则可以视为与某人的自尊的感受相关的语境。没有必要把语境固定地理解为一个事物或一种关系。在上述例子中,语境信息是无意识的且稳定的事物,它深深地影响着意识经验的形成。

关系。

4.1 关于语境的证据之源

语境研究有一点棘手,因为从定义上,我们并不能直接意识到它。由于这个原因,我们先从形成意识经验的无意识语境的四个普遍性证据着手。

(1) 启动效应的存在,即一个意识经验会改变另一个意识经验的处理过程,尽管第一个经验在第二个经验产生时已经消失了。

(2) 普遍存在的稳定现象,即当我们解决一个问题时,或感受到另一个事物时,我们无法避开无意识语境的影响。

(3) 自上而下的语境影响的例子,即改变我们对任何一个模糊的、未知的、被降级的、不完整的、孤立的、不曾预测的或者部分被遗忘的事物的意识经验。

(4) 严重违反语境预测的例子,会导致一部分无意识的语境变成意识的和可以被报告的(表4-1)。

表4-1 意识经验及其无意识语境的对比

有意识的	无意识的
1. 知觉、意象、内部言语和身体感觉即刻可提取的概念	1. 形成和激发意识事件的语境因素概念性预设
2. 可以被当前优位语境解释的输入信息	2. "非语境"输入信息,该信息对应的不是当前的优位语境
3. 中断注意流的以前未被注意的事件(例如,被试的名字)	3. 影响注意事件解释的未被注意的事件(例如,没有歧义的词语)
4. 严重违反无意识的语境(去语境化)	4. 轻度违反无意识语境(例如,校对者效应)

4.1.1 启动效应:意识经验通常会提升相关意识经验的接受能力

当一个经验可能影响到另一个类似经验时,我们就可以说前一个经验"启动"或形成了后一个经验的语境。这是一个极其普遍的现象。例如,布卢门撒尔就引用了 Fraisse(1963)的话:

> 当我听一个演讲时,我注意到了演讲者所说的句子,但是我却是根据已听过的但当前并没有注意到的和仅仅只有一个大概含义的所有句子来理解演讲者当前所说的句子。当我听音乐时,我注意到一个简短的、有节奏的旋律一次又一次地响起,但它却是融入了整个曲调,是整个曲调引起我情感上的共鸣(Blunenthal,1977)。

音乐和演讲都是极好的例证。语言心理学研究上有大量证据证明广泛的关联关系是理解对话中某个单词的必要条件,尽管我们对这些关联关系的意识并不强(Clark and Carlson,1981;Clark H H and Clark E V,1977;见4.1.3节)。同样,一段音乐的曲调,最初表述的主题,乐章的发展和变化,所有这一切必定构成我们体验该段交响乐的一个独立乐句的基础,但是当我们体验该独立乐句时,这些基础性东西并不是有意识的。

图 4-1 以短期启动效应为例。中间的图 4-1(b)是一个歧义纳克方块。盯着图 4-1(a)看几秒钟然后再返回来看图 4-1(b),我们就会认为我们正在看这个歧义图中立方体的底部。图 4-1(a)的体验构成了体验图 4-1(b)的基础,尽管体验图 4-1(b)时,图 4-1(a)是无意识的。现在,如果我们观察图 4-1(c)一会儿,那么我们就可能从顶部来看这个歧义立方体。

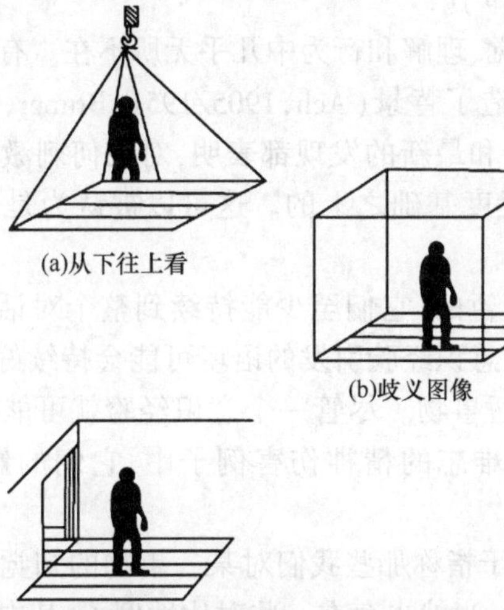

图 4-1　启动效应:意识事件增强类似事件的存取

作为许多启动效应例证之一,歧义的纳克方块,中间的图(b)既可以被人们从上面理解,也可以从下面理解。选择哪一种解释受以前意识经验的影响。站在平台上被吊车吊起的建筑工人(a)提供了一个想象框架,即我们会从下看,把他视为一个站在地板上的人。注视(a)一会儿将趋向于启动从下的图,而注视(c)将趋向于启动从上的图像。因为我们更常见的体验是从上的图(c),所以通常都偏向它,这可以被视为一种长期的启动效应

在语言方面,我们能轻而易举地举出启动效应的例子。比较下面两个例子,前一个单词激发了对后一个单词的理解:

册:书

对比

逮捕:书

按照激发事物,对书的意识的理解就会出现不同。

通常,一个意识的激发事物:

(1) 会减少对类似事物的反应时间。

(2) 会降低在知觉阈附近的相关事物或者歧义的、不清楚的、短暂的、被降级的、不易理解的,或与周围相孤立的事物的阈。事实上,在处理过程中存在无意识选择点的任何任务,在启动相关代替物时都很敏感(Baars,1985)。

(3) 启动会增加记忆中类似事物进入自由联想、线索性回忆和识别任务的可能性。

(4) 一个意识启动可能会增加与启动刺激物相关的行为和语言(Baars,1985;见 7.4 节)。

启动效应在感觉、知觉、理解和行为中几乎无所不在。有一个较早的关于心理词汇的证据证明,启动创造了背景(Ach,1905/1951;Bruner,1957;Luchins,1942)。其实,在心理学上,最古老和最新的发现都表明,对任何刺激物体验的强度都是建立在先前刺激物的强烈程度基础之上的。这可以被认为是普遍适用的短暂启动效应。

启动效应并不总是短暂的,它们至少能持续到整个对话的时间(Foss,1982),而且我们进一步认为一些意识经验引发的语境可能会持续好几年(9.2.1 节)。因此,我们并不仅仅讨论短暂事物。尽管一个意识经验就可能引起语境短暂性改变(Levicki,1986)。在痛苦难忘的精神伤害例子中,它们的影响能够持续很多年(Horowitz,1975a;1975b)。

通常,单词"启动"用于指称那些我们对某一事物的知觉由于以前类似的体验得到了改善、提高的情形。当然也存在一些对比性例子,其中前一个事物导致后一个事物以相反的方式被我们感知。例如,Uznadze(1966)发现有时我们感觉橡皮球重量在增加,而有时因为先前感知的橡皮球重量,当前橡皮球重量在减少。按照我们的定义,所有这些影响都可以被定义为语境影响,因为当后一个事物变得有意识时,我们对前一个事物产生的影响并没有意识。但是我们的关注重点是更一般的例子,即先前的意识经验促进了后面的处理过程。

启动与被启动事物间的类似性可以是感知的或者概念的。在上面的例子中"书"与"册"之间的类似性不是感知的,而是语义的或者概念的;图 4-1 中关于纳克方块的两种观念间的类似性更接近于概念的。

本书中对语境所作的推断往往都可以用启动任务来检验。这也是强调启动作用的原因之一。

4.1.2 固质性:对"明显事物"视而不见

下面四个句子都是标准、连贯的英文句子:

(1) The ship sailed past the harbor sank.

(2) The building blocks the sun shining on the house faded are red.

（3）The gtanite rocks by the seashore with the waves.

（4）The cotton clothing is made of grows in Alabama. （Milne,1982）

刚开始读这些句子时,大多数人都觉得不知所措;它们不通顺,在某些地方有点不对劲。我们可能会试图用一些牵强的观点去理解它们:或许句子(1)是两个相连接的从句,例如:“轮船驶过,港口沉没了?”但是港口不会沉没,因此这个解释行不通。如果我们相信它们确实是标准的英文句子,那么我们试图理解它们的体验就会让我们觉得非常泄气和烦恼。

怎么回事呢？来看看句子(1)出现的语境吧：

一小队拿破仑的海军舰队试图突破英国军队在港口入口处设置的封锁。两艘船,一艘小型护航舰和一艘大型驱逐舰,径直冲向港口以吸引对方的炮火,而第三艘船试图从港口边通过。这艘船驶过港口的水槽。

如果你首先遇到句子(1),这个小故事就可以帮助你解开难题。哦,你的意思是“这艘船(,)驶过了港口(,)水槽!”那是一个脏脏的水池子！当我们把它放到语境中时,这的确是一个标准的句子。

当然,我们也可以安插从句“which”从而产生：

(1)The ship which sailed past the harbor sank. ①

但是在英文中“which”的使用是选择性的,为了清楚明了,我们趋向于使用它。

我们在句子(1)中遇到的问题就是一种固质性。在英语语境中,我们理解句子时,通常会推断第一个动词就是主动词,除非它具有相反的语义性或句法性意义(Milne,1982)。如果假定“sailed”是主动词,那么我们就不知道如何理解动词“sank”了。但是“sailed”可能是从句的动词,例如：

（1）The ship sailed by the commodore was a beautiful sight.

（海军准将驾驶的舰艇是一道美丽的风景线。）

（2）The ships sailed at Newport are racing sloops.

（在新港起航的船只是比赛的帆船。）

（3）To my surprise, a ship sailed by a good crew sank.

（我惊讶的是,这组技术优良的船员驾驶的船沉没了。）

此处主动词都是出现在句子的后面。我们理解句子(1)所遇到的问题是在运用相关证据之前,我们趋向于对其进行句法解释,而且我们很难再摆脱这种理解。在大多数情况下,我们的注意力都集中于无意识地理解句子的开头部分。我们被固定在错误的句法语境中。

几乎在所有的问题解决过程中都可以发现固化现象。它出现在视觉、语言感知、疑难问题解决、科学、文学、政治和战争中(Bruner and Potter,1964; Duncker,1945; Levine,1971; Levine and Fingerman,1974; Luchins,1942)。美国在越南战争

①行驶的轮船驶进了港口的水槽。——译者注

中的战略就是典型的固化例子,其战略是建立在政治领域内国际关系在当时已经被广泛接受的假定之上。回想起来,这些假定是有问题的。但是这正是固化的关键:追溯来看或从“外部”看,我们很难相信一个如此专注的人看不见这个“明显的”解决办法。但是在固化语境中解决办法却不是明显的:事实上它很难被感知。

然而,在学习过程中却经常存在固化。当我们学习某个知识时,在我们还没有相关知识来理解这个需要学习的知识之前,我们可能会发现自己是在错误的语境中解释学习对象。Mcneill(1966)引用了一个例子,在这个例子中一位母亲有点操之过急地想要教她的孩子英文的否定句:

CHILD: Nobody don't like me.

MOTHER: No, say "Nobody likes me".

CHILD: Nobody don't like me.

MOTHER: No, say "Nobody likes me".

(这样的对话重复过八次。)

MOTHER: No, now listen carefully, say "Nobody likes me".

CHILD: Oh! Nobody don't like me.

一年后,这个孩子可能会嘲笑这样的错误,但是在当时,他并没有为感知到这个区别作好准备。在学习中、生活中,是否准备就绪决定一切。

意识到我们观念的“固质性”很重要的一点在于要有一个外部性观点,在这个外部性观点中错误才会被意识为错误。也就是说,我们成年人能找出这些令人捧腹的例子,是因为我们知道正确的答案。但是对于孩子而言,错误并不是错误。错误的句子并不会被意识为错误;按照孩子的内化规则,它不存在任何错误。

选择性注意是语境固定化效应

极有可能,“固化”存在于我们认为完全正确的心灵状态中。例如,我们可能会认为选择性注意是一种固定的心灵状态——毕竟,在遮蔽言语中(shadowing speech),我们的一只耳朵完全未曾察觉到我们没有注意到的演讲,就好像孩子在语言案例中没有察觉正确的句子一样。因此,一段语言能够引起我们的意识经验并排除其他语言就类似于一个语境固定化效应。注意,结构相同的两段话将导致彼此的泄露;就是说,当它们形成语境时,“无意识”流就会影响到意识流(Norman, 1976)。通常我们那只没有注意听的耳朵会听到一些声音,可能是这些声音特质与那只注意听的耳朵所听到的声音特质类似。毕竟,听到的那只耳朵肯定也会听到这些声音。而且,当与注意听的耳朵相关的语义语境涉及一个歧义的单词如“bank”时,它就会受到那只没有注意听的耳朵的影响,在某种程度上,这些影响与语义的歧义是相关联的(MacKay, 1973)。在表4-1中,这一点列在无意识一栏的“非语境”信息中。当存在潜在意识输入信息时,正确语境并不会对它产生影响,它本身也不会变得有意识。

同样,在全神贯注状态下,阅读一本引人入胜的小说,或者观看一部使人入神的动作片,会导致我们对周围世界不闻不问。在心不在焉的状态下,我们同样被一种想法所吸引而排斥其他事物(Reason,1983)。一个合理的推断就是,所有这些状态都是由强有力的语境层次来产生、形成并划定界限的,此时这个语境层次不允许任何干扰。

通过改变固定语境,或者放弃当前任务,我们就可以从固化中解脱出来。在前面的例子中,通过拿破仑的舰艇冲击英军封锁这个小故事,语境发生了改变。它建立了一个可行的新语境,但毫无疑问它也存在自己的固化。当然,这是一个一般性例子:我们可以转换到更有效的语境,但我们并不能撤销语境。我们不得不承认它同时具有优点和缺点。

固化的存在为语境提供了大量强有力的证据。下面,我们来看语境进入意识经验的例子。

4.1.3 自上而下的影响和歧义的普遍性

许多经验领域都充满了局部歧义。在一些例子中这很明显,但是在另一些例子中就不那么明显。在明显的例子中,当周遭信息被降级、不完全或者被遗忘时就会有很多局部歧义发生,例如,在一个嘈杂的房间中听一段对话,从远处试图看一辆开来的公共汽车,或者在夜晚穿过一个漆黑的房间。在所有这些例子中,我们会更加依靠我们的内部语境来限定意识经验。在社交领域,解读别人的心意是很重要的——他们的意图、信仰以及对我们的态度。但是我们并不能直接解读他们的心意。我们拥有的证据是不清晰的,因此容易受到我们自己的目标、期望、愿望和担心等的影响。通常我们对别人心意作出的推断并非完全由证据来证明的(Nisbett and Wilson,1977)。在这个情形下,常常都是内部语境控制了我们的经验。坚定的政治信仰就生动地表明了这一点。报纸中的社论就表明不同政见的人们是如何运用相同的事物去支持有关世界、其人、道德完全相反的观点的。或者以“未来”为例,人类非常关心未来,通常我们对未来也有坚定的信仰,尽管未来事物其本身是概率性的(Tversky and Kahneman,1973)。由于证据不充分或者不清楚,因此我们越来越依靠于内部语境性限制。

这些例子都是很明显的,但还有一些歧义领域,在这些歧义领域中,我们对事物的体验也非常有信心,尽管周密的实验表明:歧义领域中我们对很多局部不确质性还没有意识到。大量证据表明,我们借以推断自己情感的身体感觉,通常是有歧义的(Schachter and Singer,1962;Valins,1967)。而且,我们自己的意图和作决定的原因通常是无法回想起来的,或者至少是有歧义的(Nisbett and Wilson,1977)(见第6、9章)。我们关于过去的记忆和预测未来的能力都是比较弱的,而且它容易被我们当前的观点过滤(Bransford,1979;Mandler,1984)。历史学家总是不厌其烦地试图解释人类的普遍趋势,以现在的观点去重构过去的历史,律师也热衷于运用设计好的技巧去改变证人关于某个罪犯和意外事件的记忆(Bransford,1979)。

甚至看起来稳定和可靠的知觉领域,当我们孤立小部分信息时,它其实也具有歧义。在一个标准的长方体房间中,它的每一个角落都可以用两种方式来理解,从一个角落的外部或者内部。为方便起见,读者可以把一张纸卷成管状,通过它来观察房间的任何一个直角角落。每一个房间的每一个角落都包括二维和三维的模糊领域,好比纳克方块和书夹错觉(图 2-2)。同样,对表面感知的明亮度依赖于周围表层的明亮度(Gelb,1932;Gilchrist,1977);对于深度的知觉是由我们关于光线的照射方向、物体的形状和尺寸等语境性假设来控制的(Rock,1983)。当我们把刺激物孤立开来时,这些歧义就出现了——但是有必要指出,在正常的视觉知觉中,刺激物的输入信息通常都是孤立的。在任何单独的眼球固定中,我们通常会吸收少量的、孤立的信息。正常的、精密的(视网膜中央凹)视力仅仅包括圆弧的 2 度;但是当人们被问及他们自己具体的视力范围大小时,他们通常相信肯定大约有 180 度。即使是看起来稳定和可靠的视觉领域,都充满了歧义(Marr,1982)。

语言,正如我们所见,也为歧义提供了大量的例证。事实上,语言分析的每一个阶段都有自身的歧义。因此,就会有:

(1) 声音歧义。英文的 l 会被日本人听成 r 或 l,不送气的 k(如在 cool 中)可以被以英文为母语的人自由地转换为 kh(如在 keel 中)。在阿拉伯语中,却是区分不同单词的标记。大多数以英文为母语的人听不出语言的声调,这些声调在一些语言中是很重要的,如中文。而且,每一种语言都有许多相同发音的字符串,它们的分隔地方不同,例如,英文中的“ice cream”和“I scream”。在学习一种新语言时,我们常常会意识到这些歧义的发音顺序。

(2) 词素歧义。在英文中 final/s 有四种不同的词素解释。它可以是复数的(the books),第三人称单数动词(he books the tickets),所有格的(the book's cover),或者复数的所有格(the books' covers)。

(3) 词汇歧义。任何人翻看字典都会相信每一个单词都不止一个意义。越常见的单词,它的意义可能越多。

(4) 句法歧义。句法有很多歧义。最著名的就是乔姆斯基原理中表面和深层结构的歧义(Chomsky,1965;1975)。因此,“old men and women”的团体存在表面歧义:可以是 old(men and women),或者是(old men) and women。类似“flying planes can be dangerous”和“they are eating planes”这样的句子,也有歧义,不能用简单的树形图来描述;它们涉及主体和客体歧义。

(5) 讲述歧义。看看下面的例子:

(a) The glass fell off the table.

(b) It broke.

(c) It was always a little unstable.

在(b)和(c)中,it 所指代的事物发生了改变。只能根据语境来决定,根据我们对眼镜和桌子的相关知识来决定。这种歧义极其常见。

(6) 指称歧义。发生在当我们在一个有许多椅子的体育场中说“那把椅子”或在图书馆中说“那本书”时。

(7) 语义歧义。概念常常并不会明显地与其他概念发生关系。什么是意识?什么是原子,或者体力,或者一个物种?所有未解决的科学问题都涉及深刻的语义歧义。

(8) 论题的不确质性和歧义。看看下面的话(Bransford,1979):

过程相当简单。首先把不同事物区分为不同种类。当然是否构成一类事物可能很大程度上取决于需要处理事物的多少。如果没有进行下一步骤的便利设备,你就不得不转向其他事情了。当然,你把它们分配得很好。很重要的一点是不要把事情做得过度了。也就是,一次尽可能做少量的事情而不是做很多事。从短期来看,这一点可能并不重要但是却很容易导致复杂状况发生。错误也会出现。首先,整个过程将会变得复杂。但是很快,它将变成生活的另一个方面。在不久的将来我们很难预测是否有必要停止做某件事情,即便是当时,也很难说。在一个过程完成之后,我们又开始对不同的事物进行分类。那时它们就会被放置到适当位置。最终,它们将被多次使用,整个循环将不断被重复。但是,这就是生命的一部分。

对上面所讲的感到困惑吗?这就是语境:这一段讲的是洗衣服。如果你再读一遍,它就更容易理解了,具体细节在经验中会越发清晰,对事物的记忆力也会大大增强。

为什么对歧义唠叨这么多呢?那是因为歧义普遍存在,但是歧义的意识经验却很少见。通常我们会获取一些有关世界的且存在局部歧义的信息,但是我们往往意识到的是一个稳定、一致的世界。这意味着在输入信息变得有意识之前,它已经和众多无意识语境系统相互作用从而产生了一个单一的、一致的意识经验。意识和语境就如同双胞胎,在本质上,是紧密相连的。

我们在第 2 章已经指出,全局工作空间体系构建最初的目的是要把许多歧义或局部的信息源融合为一个单一、一致的信息(2. 3. 1 节)。

下一节我们讨论语境的另一个证据源。

4. 1. 4　去语境化:严重违反语境会导致有意识的提取

无意识语境假说会变成有意识的提取。我们听到或读到的每一句话都预设在它被理解之前,其(语境性)信息必须先被理解。上面“洗衣机”的段落就是这样的一个例子。但是这些语境预设仍然是无意识的,除非它们被违反了。如果我们突然在洗衣机的段落中加入 5 磅重量这样的词语,我们就会意识到这个语境假说。我们把这个过程称为去语境化。在理论上这是一个很重要的现象。看看下面的例子，它们很常见，因此预设观点还处于无意识状态中：

(1) 天气很热。强尼走进杂货店，买一个冰激凌吃。然后他买了一个锥形冰激凌蛋卷筒带回家给他妈妈。

现在注意下面的版本(慢慢地阅读将更好一些)：

(2) a 12 月的一天，天气很热。

b 强尼走了三个小时，才走到镇上的杂货店。

c 他身上没有钱了，但他也并不饿。

d 他买了一加仑冰激凌，尽情地吃起来。

e 他也买了一个冰激凌的锥形蛋卷筒带回家给他妈妈。

第二个故事在“买冰激凌”事件的预设语境中加入了许多不合理的条件，因此我们发现这个无意识信息变成有意识的了(图 4-2)。故事(1)中“走入杂货店买冰激凌”的这个事实，当然我们对这个事实是无意识的，假定会走几分钟(而不是三小时)；热天有可能是在夏天(而不是冬天)；买卖会涉及金钱(因此没有钱是不能买任何东西的)；如果某人不饿，他肯定不会吃一加仑冰激凌；在炎热的天气下走三个小时，还带着一个冰激凌的锥形蛋卷筒，它肯定会融化的。当出现这些不合理条件时，至少一些反驳性语境会自发地进入大脑中。

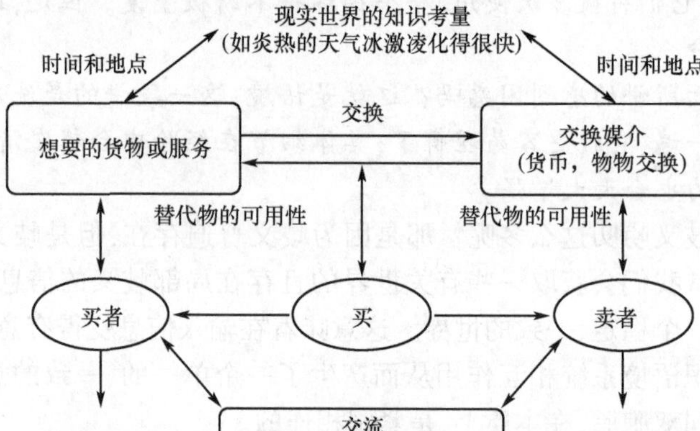

图 4-2 “买”这个概念的预设，一旦违反了，就可能变成有意识的

理解日常概念如“买”所需的知识以图中语义网的方式表示。“买”预设了其他概念，如时间、地点、交换、移动、运输、协商、金额或交换的其他等价物、动机、买方和卖方的预期所得，等等。没有这些概念，就无法理解，或者会遇到障碍。但是这些预设概念在通常的买卖行为中是无意识的。当它们被违反，或者对它们不确定时，它们才可能被有意识地提取。因此，在炎热的天气下，拿着一个冰激凌走三个小时这个观点违反了某些预设，它就会通过全局工作空间被传播。在全局工作空间理论中，理论某个有意识被提取的概念所需的预设性概念网被称为概念语境(见图 4-5)

我们可以把预设语境视为在正常对话中一系列稳定的、可预测的限定条件(Clark and Carlson，1981；Foss，1982)。只要这个预设信息仍然具有可预测性，它就

会继续处于无意识状态。但是当它被严重违反时,它就会以某种方式变成有意识的。这与刺激物习惯性研究中发现的预期被违反的情形是一样的,在自动性任务中它随着干扰而产生,随着习惯性心理意象被破坏的程度的增加而增加(见1.4.1节,5.1节)。在所有这些例子中,新颖信息都会打破先前状态中已确立的可预测性特质。当然,当我们对概念性语境的一些部分有意识时,这些新的意识事物仍然处于它们自己的无意识语境中。一个正在发挥语境作用的语境知识要变得有意识,就好像企图抓住自己的尾巴一样,是永远不可能的。

4.1.5 无意识语境的证据总结

到目前为止,我们已详细讨论了几种证据。

第一,当先前经验变成无意识时,意识经验会改变后面的、相关经验。我们可以推断,前一个经验创造了后一个经验得以形成和界定的语境。

第二,普遍存在的固化现象表明,所有意识和有意图的过程都符合这样的假定,对于主体而言这种过程是无意识的,虽然对于外部观察者而言它们是很明显的。选择性注意和全神贯注状态可能是这种固化的变种。

第三,在生活的各种领域中都存在大量局部歧义的证据,过去、未来、他心、自我感觉、视觉和听觉、语言理解等。所有这些领域都充满了歧义;但是歧义本身很少被人们意识为歧义。通常,许多不同语境会相互作用,从而创造一个关于现实的单一的、有意识的解释。

第四,严重违反我们的语境假定,从概念上讲,这些语境就会变成有意识,即我们会把这种惊奇作为意识经验的客体,而且当它们变成有意识时,有时我们就会改变我们以前思考它们的语境方法。

我们用两个简单方法来判定语境。第一,我们可以将启动试验设计为对优位语境中的信息具有敏感性。目前,认知心理学中的很多例子都使用了这种启动方法(Baars,1985;Swinney,1979)。第二,我们可以观察当有违反语境预期的事物时人们表现出的惊奇现象。因此,心跳的改变——可以作为测量这种惊奇现象的方法——可以用于测量那些无法告知我们其意识经验的婴幼儿也存在音素分界线。测量惊奇现象的方法也可以用于成人,既然无法证明成人对语境结构的有意识报告是准确的,因为我们太相信语言报告,所以我们可能未曾发觉成年人经常违反语境预期。

4.2 语境的几种类型

我们可以区分出语境的几种类型:首先是知觉和意象语境;其次是概念思维语境;再次是目标语境,它引起和形成行为;最后是交谈语境,它由两个人在一起交流而形成,或者由我们自言自语而产生。注意,上述一些语境确实形成了意识经验,但有些语境只是引起了有意识观点和意象或者有助于选择有意识知觉对象。知觉-意象语境很明显属于质性意识经验。目标语境可能仅仅起到回忆某个单词的作用(6.0 节)或者引起一个心理意象。也就是说,并不是所有的语境都必定会进入意识经验。但是这些不同的语境似乎也彼此相互作用:知觉性事物和意象会对概念思维施加许多影响;概念又影响着内部言语、意象和知觉事物的选择;目标影响着概念,反之亦然。现在我们来具体研究语境的这些类型。

4.2.1 知觉和意象语境

1. 知觉语境

假设你坐在一个小型的、采光好的电影院,正看着一个金属光碟而不是电影屏幕。光碟看起来是白色的。但是此时有一个人点着了烟,随着烟圈上升你看见它轻轻飘动穿过了来自剧场后面的一道细长强光,并朝着金属光碟飞去。你再看这个光碟,发现它并不是白色的,而是黑色的。这就是杰尔贝效应(Gelb,1932),我们可以简要地将其概括为物体表面的颜色是因为所感知的照射过来的光线而形成的。如果我们对照射过来的光线没有意识,我们就会把光碟的亮度归因于光碟表面的颜色而不是光线。当我们发现烟草点着的烟穿过了光柱,就会发现光碟是黑色的。同样,如果我们将月球火山口照片倒着看,我们就会发现火山口的深度被颠倒了,因此火山口看起来就像是小山一样。这是因为我们假定光线是从上方照射过来的,当然通常的情形都是这样来理解图片。当月球的照片被颠倒了,光线就被假定是从图片上方照射过来,凹面就会被视为凸面(Rock,1983)。

自 19 世纪以来,知觉研究中已经出现了许多类似的例子。它们可以被概括为复杂和微妙的无意识系统,我们将其称为语境,形成并界定了我们的有意识知觉经验。

2. 意象语境

对意象的研究并没有像知觉那样广泛,但是在过去的十几年中,也产生了一些非常有意思的结论,它们表明我们通常对于视觉表象的限制是无意识的。这些限制表明了意象的形式和内容(Kosslyn and Schwartz,1981)。视觉表象“领域”和视觉极其相似:它是一个平面的椭圆形范围,它向我们展示的是一个潜在的三维空间领域,心之眼从一个点到另一个点所需的扫描时间是两点间距离的直线功能,就如同我们的视觉范围一样。

显然,我们对心理意象了解得越多,我们就会发现越来越多的限制,它们多数是无意识的,除非它们进入大脑中。

4.2.2　概念思维语境

任何试图刨根问底的人想必都从体验中了解到稳定的预设总是无意识的。我们对于自己绝对相信的事物,总是认为它们是理所当然的。而且我们忽视了稳定的预设还有其他的选项。事实上,当一些科学家开始质疑那些在已有的科学发现中被认为是永恒(因此它基本上是无意识的)的预设时,科学范式常常会发生转变。在爱因斯坦的自传中,他这样描述19世纪的物理科学(1949):

上个世纪所有的物理学家都把经典力学作为所有物理运动牢固的和最终的基本原理,事实上,是所有自然科学的基本原理……甚至包括麦克斯威和赫兹,回想起来正是他们推翻了把力学作为物理研究最终基础的这个理念,事实上,在他们的有意识研究过程中,他们完全是坚持力学是物理学的牢固基础这一理念的(p. 21)。

稍后的几页,他回顾了他是如何发现狭义相对论的:

10年来,我不断地反复琢磨这个原理,这个原理是从我16岁时感兴趣的一个悖论中推导出来的:如果我以速度c(即光在真空中的速度)追逐光束,我就可以把光视为在一个空间中振动的静止电磁场。但是,事实似乎并非如此……我们可以发现这个悖论中似乎包括了狭义相对原理的萌芽。当然,现在几乎所有人都知道了,任何试图解决这个悖论的方法都注定会失败,只要时间的绝对性原理,即同时性,正嵌入我们的无意识中,没有被我们意识到(p. 53)。

库恩(1970)引用了达尔文的例子来说明同样的作用:

达尔文在《物种起源》一书最后一段特别描写知觉的段落中写道:"虽然我完全相信本书中的观点是正确的…但我并没有期望可以说服那些有见解的博物学家,他们的观点将在很长的一段时间里与我的观点相反……但是我相信将来——成长起来的年轻博物学家,会公正对待这个问题的两个方面。"(p. 151)

达尔文发现许多资深的博物学家不能有意识思考关于他们自己的、稳定预设的替代物。如今在心理学中,这种现象很容易发现,因为这个发生的现象就类似于范式的转变(Baars,1986a)。现在也有一些心理学家并不重视意识经验。对他们而言,意识作为一种科学上真实和重要的事物,其作用是难以发现的、无意识的。

一个有趣的发现是,比起科学转变的例子,为什么概念预设容易变得有意识,正如上面引证的案例那样(4.1.4节)?在上述例子中,达尔文、爱因斯坦和许多科学家对于一些科学家无法意识到他们自己预设的转变而抱怨重重,是因为这些科学家在情感上过多地把他们的精力倾注于他们惯常的思维方法上?还是在越复杂的知识领域中更难以察觉到语境的转变和它们的结果?抑或两者兼而有之?

1. 知觉语境与概念语境的比较

在知觉和概念语境之间有些有趣的差异。在知觉中,当语境遭到否定时,我们并不会直接感知到这种否定,尽管我们可以将其概念化。也就是说,习惯了小帆船的摇晃后,我们就可以注意到不是水平线在摇晃而是船在摇晃这个概念事实。但是我们并不清楚这个知觉语境的概念性认识是否有助于适应性过程。

阿姆斯的房间实验为我们提供了另一个极佳的例子。前面我们提到,一个墙壁是梯形的房间,只要观察者是静止不动且用单眼观察,这个房间看起来就是标准的。如果是这样的话,当走进去的人靠近墙壁较低一端时,他就会变高,当他靠近较高一端时就会变矮。视觉系统,必须在房间和人的高度是不变的这两个预设中选择改变其中一个,最后它选择人的高度变化了而墙壁是不变的。但是,当乒乓球在墙壁弹跳时,对语境预设产生的质疑就变得无法抗拒了。在标准的房间中,球却以意想不到的角度弹开;当它们弹到远处时,它们要花更长的时间才能到达对面的墙壁,尽管它们看起来距离很近。因此观察者的意识经验转变了:房间似乎是一个梯形的房间,人的高度被认为是不变的了。以前的无意识预设得到了修正,现在我们对房间的意识才是正确的。

在解决概念性问题时,情形就会不一样。对牛顿时间原理提出质疑的爱因斯坦式物理学家能够直接且有意识地改变他们的预设,尽管更多守旧的和他们同时期的学者发现这很困难或者不可能。在概念语境中,我们有时可以有意识地进入一个语境,并同时改变它。此时新的概念语境就会对该项科学观察的解释产生重大影响。注意,一旦我们对预设观点产生了否定,它就不再是预设的,而是被集中注意的和有意识的。因此在它自己的概念语境中,它会被加以解释。当我们讨论我们的概念语境时,我们的概念语境就变成有意识了。

2. 科学范式大部分是无意识语境

在不同的语境预设中,当人们试图交流他们的观点时,就会出现交流问题。科学中不同的范式就是一个最明显的例子。人们可能会认为至少科学不存在这样的交流问题,因为科学家面对的是一个可以共享的、可以观察的经验性领域,并且成熟的科学学科会使用明确的正式原理。但事实并非如此,历史学家很早就开始讨论在科学中频繁出现的交流问题,但是直到库恩发表了开创性著作《科学革命的结构》(1970)后,交流问题才广泛地被认为是科学的基本特征之一。库恩概括了科学历史上的两种变革:在某种框架或“范式”中,发展是累积性的,科学家可以分享其中共同的工具、目标、特定的难题及其对现实的假定。因此在《牛顿的数学原理》问世之后的两个世纪里,物理学界使用着同一个范式,直到19世纪末期,才发现这个范式内部存在难以解决的矛盾。爱因斯坦的相对论解决了其中一些难题,导致了新框架的产生。一段时间内物理学家又可以在这个新框架中进行交流,且不存在特别棘手的难题;但是信奉爱因斯坦原理的物理学家们和那些继续以牛顿原理观察世界的物理学家们之间存在着严重的交流问题。库恩(Kuhn,1970)把这种现象称为“矛盾范式间的不可通约性”:

> 因为新范式是从旧范式中产生的,通常新范式无论是在概念方面还是在实践操作方面,合并了很多旧范式曾使用的词汇和结构组织。但是新范式并不是以旧方式来使用这些借用的词汇和结构的。在新范式中,旧术语、概念和实验都会与其他事物产生一种新联系。这样就会产生一个不可避免的结果,我们称之为两个分歧流派间的误解,可能这个术语不太确切。一个嘲笑爱因斯坦广义相对论的外行,他的理由是空间不可能被“弯曲”——空间并不具有这种性质——并不能简单说他就是错误的。那些试图研究出爱因斯坦原理的一种欧几里得版本的数学家、物理学家和哲学家也并没有错。以前所指的空间必然是平面的、单一的、同位的,且不受物质存在的影响。如果不是这样,牛顿学说的物理学就行不通。要转换到爱因斯坦学说的宇宙,这是一个整体性的概念网,它包括空间、时间、物质、力量等,这种革命性分水岭上的交流必定是局部的。再看另外一个例子,人们把哥白尼称为疯子,因为他声称地球在转动。他们也并不是错了或完全错误,他们所谓的地球是在一个固定位置。他们所谓的地球,至少是不能移动的。相应地,哥白尼革命并不是要移动地球。相反,它是一种关于物理学和天文学问题的一种全新方式,它必须改变地球和运动的含义。没有这些改变,移动的地球这个概念就是不理智的……
>
> 这些例子揭示了矛盾范式间不可通约性的最根本特征。在某种意义上,我无法再对此深入地详细说明,矛盾范式的支持者都各自信奉各自那一套理论。一方面,孕育在范式中的否定方面会慢慢地脱离出来;另一方面,肯定方面仍然会继续重复原有的运动(在化学领域)。一种范式是化合物,另一种范式是混合物。一种是平面空间,另一种是弯曲的矩阵式空间。在不同领域,两组科学家们从同一个方向的同一个点出发却发现了不同的事物。注意,这并不是说他们可以发现他们所喜欢的任何东西。他们都是在观察世界,他们观察的对象并没有改变。但是在一些领域中他们发现了不同的事物,而且他们以不同的方式看待这个事物和其他事物的联系。这就是为什么一组科学家不能证明的原理,在另一组科学家看来却是直观的、明显的原因。同样,这就是为什么在他们期望进行全面交流之前,一组或另一组科学家必须经历一种转换,我们将其称为范式转变。因为这是不可通约之间的一种转换,在逻辑和中立的经验的推动下,矛盾范式间的转换并不会每次都有进步(pp. 149-151)。

为什么坚定的科学家改变他们的范式会如此困难?从我们的模型看,改变之所以困难,部分原因是在任何时刻范式的主要部分都是无意识的。按照我们的术语,范式是概念语境。如果我们想对范式有意识,由于意识的有限能力,我们仅仅可能对范式的某一个方面有意识。但是通常,两组科学家间范式的差异并不仅仅表现在一个方面,而是同时表现在心理框架中的许多方面。这就是为什么在科学中(其他领域)转变现象常常表现为相对快速的,不具有理性成分的全或无的事物。库恩将"格式塔转换"的转变经验进行了比较,例如,在纳克方块中的经验就是这种"格式塔转换"。

4.2.3 意图类似目标语境

目前我们已讨论了两种语境,质性(知觉-意象)语境和概念语境。意识经验也会受第三种无意识语境的影响,我们称之为目标语境。在理解需要解决的问题、意图和自主控制时,目标语境是很有帮助的。我们对目标语境的详细讨论将推后到第6章和第7章。但是,在这里有必要介绍有序的目标等级这个概念,简单地说,在任何时候目标都是按照重要性进行排列的,高层次的(更重要的)目标优先于低层次的目标。这绝不是一个新观点;这个概念已经有许多动机和认知心理学家提过了(Maslow,1970),而且关于目标等级计算方面的意蕴,在某些细节方面已经被人工智能研究者们解决了。此处我们所强调的是通过这种目标等级控制意识事物,如图4-3所示。

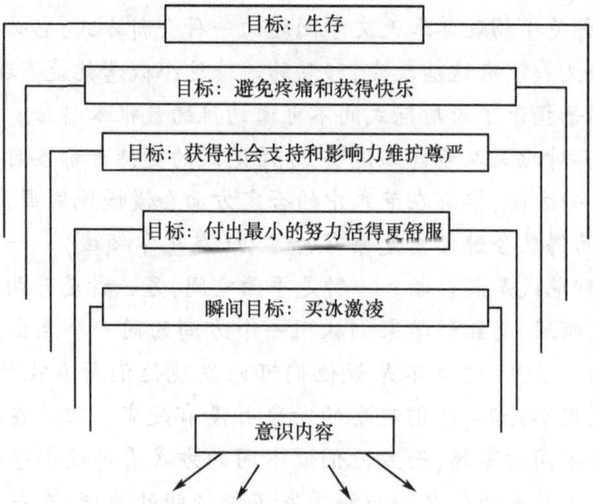

图4-3 目标语境的一个重要的层级

共同影响意识内容的一系列有序的目标语境(目标层级)本身并不会完全变得有意识。注意,高层级目标语境不比低层级目标语境更重要。是否选择某个特定目标不能一概而论;不同的情况下,层级会有所不同——显然,在长时间、非自主禁食之后,吃的目标会变得更重要。目标通常被界定为语境;当它们被违反时,它们通常会变得有意识,但是通常情况下,它们是无意识的(见第6、7章)

注意,随着时间的流逝,目标等级不是僵化不变的。例如,食物被抢夺之后,吃这个目标在等级中肯定会上升。但是在任何时刻,这个等级都是有序的;在任何特定时刻食物是优先于性欲,优先于看电视的。随着时间的流逝,一些目标会更加稳定:一般而言,寻求生存比避免无聊享有优先权。当然在这里我们并不是要展开这个观点,我们仅仅是认为有序的目标系列是意识经验流的语境。这一观点的相关证据将在第6章和第7章中列出。

4.2.4 其他类型的语境

社会和文化语境通常在无意识状态下起作用。社会学家高福曼(Goffman,1974)写道:

> 当我们西方社会的个体认识到某个特定(社会的)事物时,他总是……会运用一个或多个解释的框架或图式……去定位、感知、识别和标识出现的、似乎是无穷尽的各个具体事物。他可能并不能意识到框架这种结构性特征,如果被问到,他也不可能完整描述出这个框架,但是这些障碍并不会妨碍他轻松自如地运用它(p. 21)。

人类学家常常会意识到他们自己关于文化的预设,尤其是当他们遇到违反他们预设的文化时。一般而言,当无意识预设被严重违反时,它们就会变成有意识。在交谈中,西方人会认为,其他文化关于在交谈中两个人面对面的距离可以是6英寸,这个社交礼仪是不可接受的。如果这样,西方人会觉得很不舒服或觉得受到冒犯,但这样一来,我们就会对以前想当然的事物有了意识,即我们也接受了一种特有的社交距离这个事实。因此,无意识的传统和习惯开始受到重视。习惯会导致适应并丧失意识;这就是为什么孩子、初学者和陌生人会使我们对当我们成为成年人、专家和各种集体成员后不再接触的事物再次产生意识。对于社会学和人类学而言,语境的这些特征有很重要的意蕴。例如,所有文化都有定期的仪式、节日,而且仪式的开始都会使用夸张或者甚至是让人痛苦的表现手法;它们的主要功能可能是旨在建立和恢复难忘的意识经验,从而激发和加强关于社会的无意识语境预设。

在动机和人格研究中也一样。天才弗洛伊德让我们相信,我们对自身缺乏意识主要是由于压抑。这可能是对的,但是即使没有压抑,我们同样会忽视存在于行为、信仰和经验中的规则,因为规则本身创立了一个无意识语境(Nisbett and Wilson,1977;见第9章)。可能动机机制如压抑和拒绝使用语境挡住了痛苦或困惑的经验(8.4节)。

许多知识都可以按照这些术语进行解读,当然这种解读是有益处的。其中最重要的是交流语境。事实上,我们需要某种共享语境来指导各种社会关系。为了交流,我们必须彼此分享关于我们自己、我们的读者、我们的概念框架和知觉世界的无意识预设。交谈语境和概念语境有密切关系,但它们并不是同一的。这里我们可以沿用克拉克和卡尔松(Clark and Carlson,1981)的术语,他们把"旨在理解讲话者所说内容的内在语境"界定为"在某一刻听者认为存在于说话者和听者间共同享有的领域"。显然,听者和说话者的语境不一定等同,尽管在交流成功的情况下,他们的语境大部分会发生重叠。我们强调的是参与者所信奉的那些被共有的信仰在当时可能是无意识的,尽管他们会有意识地认识到这些隐语境被违反了。克拉克和卡尔松引用了正式的例子说明在社会习俗、演讲和明确引用中,共同领域是必需的。"约定好的新契约"就是这样的例子,两个对话者都关注新的事物,把共同约定好的事物视为理所当然的(Chafe,1970;Clark H H and Clark E V,1977)。

两个熟悉的人,他们之间通常可以进行简洁明了的交谈。一个单词,一个眼神,意外的沉默——他们都能理解其中的意思。使用这种简洁表达的原因很简单:在一起交谈多年的人,他们有着许多共同语境,以至于他们不必使所有的表达都清楚详细。

奥尔松(Olson,1970)作了一个简单的实验,可以作为交流语境的原型。奥尔松让一个小孩告诉另一个小孩,找找在屏幕后面藏着的一个金色星形饰物,这个饰物在白色圆形砧板下。第一个小孩所说的话并不建立在所提到的砧板上,但是当还有其他的砧板时,就会依靠提到的砧板了。如果其他的砧板也是白色的但具有不同形状,这个小孩就会指出可以澄清所指对象的形状,说"它在圆形砧板下";相反,如果颜色不同但是形状相同,这个小孩就会说,"它在白色砧板下",指出可以澄清所指对象的颜色。因此对象的描述根据语境转换而有所不同,而语境转换被假定是存在于听者大脑中的。交流的这个普遍性特征,可以适用于成年人,也可以适用于不同的语义领域。

大多数的听者和讲话者之间都共享了大量语境:奥尔松实验中的小孩子们共享着许多关于物体、大小、形状、颜色、重量、砧板的可玩性、金色星形饰物、语言,甚至关于这些事物彼此的认知等知识。这些语境的大部分被视为理所当然;在进行交流时,它不必被提及,也不必变得有意识。只有在共享语境中需要进行选择时,那些用于澄清对象的信息才有必要具体阐述。这就是为什么共享了大量语境的人们之间很少把话说得明白具体的原因。

自言自语语境

我们与他人共享的语境越多,我们说话时就越不需要有意识和直截了当。这个观察结果也揭示了我们内部对话的一些特征。一直以来,我们似乎是通过最低限度的有意识内部言语来和自己进行交流的;而且每一个有意识思考都会参考大量知识。我们可以假定在交流中需要明确表达的内容极其类似于在说话者和听者的大脑中需要变得有意识的内容(Chafe,1970)。也就是说,通常,可能我们只能对相关选择语境歧义的信息产生意识——其他信息虽然在我们大脑中,却仍然保持无意识状态。这一观点与意识事物是信息负载的这个观点有很紧密的联系,即它们从一个较大的选择性解释语境中选择了某一种解释(见第5章)。

4.2.5　不同语境间的相互作用

知觉和意象是概念和目标语境中的核心要素。特别是概念性思维受内部言语和视觉表象的影响——这两者又都受意象语境的控制。事实上,正如罗施和他的同事所证明的,我们许多抽象思维都深深地受到可引起意象的"原型"的影响(Rosch et al.,1975)。作为一种物种,鸟的分类并不是通过鸟是一个物种这个抽象描述来表征的,而是通过一些特定的可以形成意象的鸟,如知更鸟等来代表一种抽象的分类。同样,我们心里对于椅子的分类也是通过典型的餐椅来表征的,它是由木头做成的,有着正方形后背和座位,透过清漆可以看见它实木的纹理。这种原型的椅子既不是我们通常遇到的椅子,也不是对所有椅子的抽象性描述。相反,它是我们可以随意地有意识想象的一种椅子。原型的意象有助于索引出不能被形象化的抽象描述。

同样,我们知道隐喻也深深地影响着抽象思维,隐喻可以是形象的,也可以代表更多抽象事物。莱考夫和强生(Lakoff and Johnson,1980)讨论了大量常见的隐喻,例如,"记忆就像一个容器""爱就像旅行""电就像小溪"以及"原子就像太阳系"。这些隐喻影响着思维,有时甚至远远不止这些——在本书中它们非常有用,但也必须对它们持谨慎的态度!

因此,知觉和意象语境深深地影响着概念语境,但是却是按照另一种方式来产生影响的。相对而言,知觉不受概念思维的影响——试试看,我们不能通过想象视觉世界而改变它——但是概念思维可以激发不同的视觉意象和内部言语。概念性过程影响对所要注意的知觉事物的选择。在第6章和第7章中,我们认为意象和知觉对行为目标也生产了重大影响。

简而言之,不同的语境会彼此发生作用。最重要的是概念性思维和目标与意象语境互相作用的方式。在第6章和第7章中,我们将回答在第1章中提出的问题:质性的意识内容如知觉与心理意象和非质性的有意识的信仰、概念、预期与意图之间是什么关系?

4.3　语境知识的模型化

我们可以将我们熟悉的认知表征事实运用到语境中去。皮亚杰对于图式的描述、认知上有关剧本的观点、语义网络、记忆结构、故事语法、当前被激活的知识等——如果我们谈及的知识架构在影响意识内容时大部分是无意识的,这些表述就可以适用于语境(Anderson,1983;Bransford,1979;Mc Clelland and Rumelhart,1981;Norman,1976;Piaget,1952)。这个与众不同的特点非常重要。我们会使用惯用的符号[图4-4(b)],在这些符号中,语境由水平的方框来表示,水平线上的长度表示持续的时间,垂直的长度表示和其他语境以及全局工作空间的合作与竞争。通常,"较高级"的语境方框意味着一个更为包容的语境,它以较低级的语境为前提条件。语境方框是嵌套起来的,高一级的语境方框包括了低一级的语境。当然这些图仅仅是概略性的,语境的详细内容还必须针对每一个领域进行具体研究。但是此处我们主要关注的是语境最一般的特征。这一节旨在阐述我们前面提到的证据在理论上到底有什么确切的意蕴。

4.3.1 语境是专门处理器组成的一个稳定结合体

目前,我们的模型只包括两部分:专门的处理器(它是无意识的)和全局工作空间(它的内容是有意识的)。现在我们添加第三个组成部分,"语境",它是一个无意识的知识构成体,但是它制约着成为意识的内容。

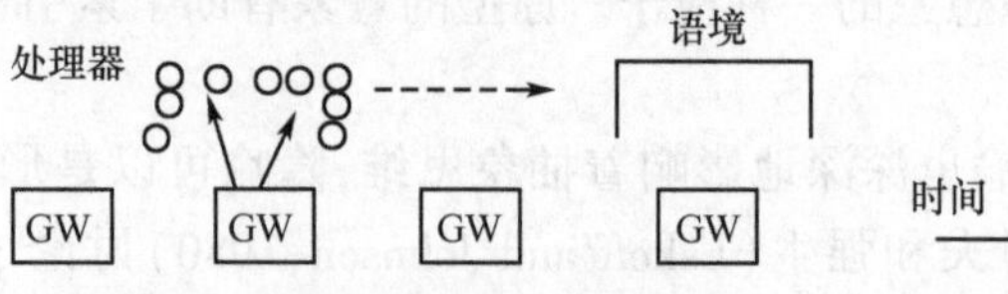

(a)通过联合处理器建立新语境并占据全局工作空间的优势地位

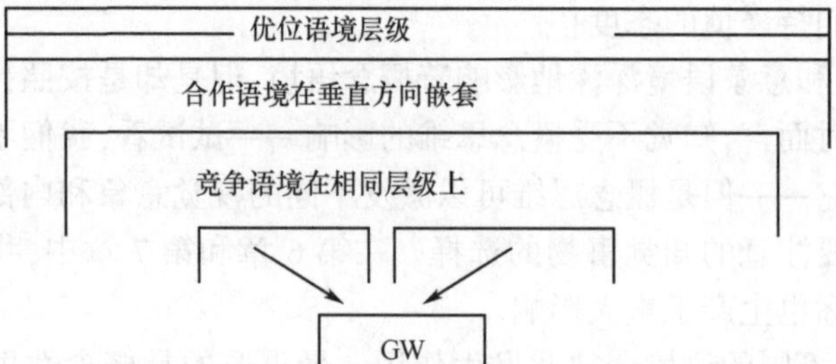

(b)语境可以彼此合作或竞争

图 4-4 语境知识的模型化

全局工作空间图中常规性语境,在直观上会被尽可能地设计为显而易见的语境。由专门处理器(圆形)联合体组成的一个语境(水平位置的方框)在一段时间内会相对稳定,并占据全局工作空间中的优势地位(长方形)。在图 4-4(a)中,当某个语境位于全局工作空间上方并能包围全局工作空间的宽度,它就占据全局工作空间中的优势地位。根据理论,此时语境能限定意识内容而其本身是无意识的。注意,全局工作空间会反复地表征一段时间内的意识内容流。在图 4-4(b)中,同一层级的两个语境为全局工作空间的优势地位而竞争。但是,竞争的语境本身嵌套在一系列更高层级的优位语境中。嵌套的语境可以被视为是彼此合作的,而不是竞争的。一系列持存的优位语境可以称为优位语境等级

前面的章节我们讨论过语境如何与专门处理器产生关联,毕竟,专门处理器也是无意识的。事实上,我们把语境视为由许多专门处理器组成的联合体,而且这个

联合体已经做好进入全局工作空间的准备。如果语境形成了意识经验,那么显然语境肯定会迅速且轻而易举地与全局工作空间中的信息相互作用。可以想象有一些这样的相互作用甚至在全局性信息到达全局工作空间之前就发生了。但是第2章提出的论据,即如果有足够的时间并通过学习,我们可以通过其他的知识源来解决任何歧义的这种能力,表明通过全局工作空间,一些语境系统肯定与潜在的意识事物相互作用(2.1节)。我们把当前起作用的一系列语境称为目前的优位语境层次,或者简称为优位语境(Shallice,1978)。任何相互合作的专门处理器组成的联合体,只要能形成意识经验,且有一个常规的、稳定的处理信息方式,就可以被视为一个语境。在图4-4(a)中,联合在一起的无意识处理器表示的方框就是一个语境。换一种说法,语境包括了无意识处理器,它们以某种稳定的方式来处理信息,并形成全局性信息给它们自己指定的组织体。假定在联合体形成和竞争的过程中,语境需要经过一段时间才能形成,这就类似于在议会中占多数席位的政党逐渐在它的成员中形成一个足够多数的稳定联合体。

4.3.2 目前的优位语境会把无意识限制施加到意识内容上

读者在阅读和理解前面的章节时,会获得一个局部性框架,或者一个有关本书剩余部分的语境。这表明你将以不同的方式体验本书的内容,甚至当你回忆前面的内容时,你也是无意识的。正是通过这种方式,我们人类才不断地界定和重新界定现实世界。

语境在发生作用时是无意识的,尽管在它们协助形成或激发的意识经验产生之前,它们可能有一秒钟、一个小时,甚至半生的时间是有意识的。在任何时候,优位语境都是由知觉-意象、概念和目标语境等组成的一个一致的混合体。在任何时候,我们的经验都是由许多相互连贯的语境控制的。此时读者的经验可能不仅由他/她所阅读的本书的第一部分控制,而且也由许多早在数年前就意识经验这个难题时已经形成的一些判断来控制。它还会受到我们之前在学习识别字母“d”,并将其与“b”“p”“q”进行区分时所作的判断,以及后来学习某种科学散文风格时所作的判断的影响。当这些语境因素一致时,它们就会联合起来控制全局工作空间。如果它们不一致,例如,读者长期以来都断定意识,从科学观点来看,是无法解决的,那么不同的语境因素就会进行竞争。

4.3.3 语境不会完整地预测意识经验

大量的证据表明,完全在意料之中的事物会从意识中逐渐消失(5.0节)。我们习惯了重复的声音,我们认为那些意料之中的想法是理所当然的,我们对于常用的技巧不再有意识。这意味着语境,虽然在某种程度上限制潜在的意识内容,但却并不限制它们。如果输入信息百分之百是意料之中的,我们就会对它习以为常,它就会是无意识的。任何经验的语境都会留下一定程度的悬而未决的东西。在下一章中,我们将再次考察对冗余输入信息失去意识的证据,并由此推断,在稳定的优位语境中,意识总是与不确质性的减少有关,即语境留下的未决的东西是由意识经验来减少的,直到输入信息完全变成意料之中和无意识的(5.1 节)。

4.3.4 语境的内在一致性和组织结构的作用

语境是有组织的知识结构。这意味着它们具有内在一致性;它们会抵制与它们不一致的改变,而且不一致的程度越深,它们的抵制就会越强烈;它们总是倾向于使不完整的输入信息变得完整,而且当一个组成部分改变时,另一个组成部分就会加以弥补。所有这些现象在语境中都可以观察到。例如,在阿姆斯房间中房子的高度和进入房间的人的高度是不一致的——当他来回走动时,我们会认为他的高度发生了改变。作为观察者,我们必须修正关于人的高度和房间的高度的语境预设。首先我们会放弃我们习惯把人的高度视为恒久不变的观点。当我们向房间里掷一个乒乓球时,我们发现我们对人的高度的语境预设修正是错误的;我们突然意识到房间是梯形的,人的高度又再次变成不变的了。因此,这里存在一个高度感知和矩形感知之间的转换;为了维持一致性,总会有一个或另一个发生改变。

关于感知适应性的研究,最为重要的要追溯到 19 世纪 90 年代,那时使用变形的护目镜、镜子、有色玻璃等来改变视觉景象(Gregory,1966)。因此,对两个眼睛或者每一个眼睛的某些部分进行不同的变化,整个世界在镜像中就可能是上下颠倒的。听觉领域也可以改变,例如,在两个耳朵之间转换输入信息。知觉改变的研究文献证明,人类的神经系统有一个很值得关注的能力,即在很短的时间内,它就可以适应感觉运动语境中发生的重大改变。

不相容的语境会彼此竞争,一个科学家不会同时假定时间是恒久不变的,同时又假定时间是变化的,即使当时对这些假定的知识是无意识的。观察阿姆斯房间的人不可能同时假定房间既是矩形的又是梯形的。如果当前施加影响的两个语境存在矛盾,根据我们前面的推断,它必然会导致冲突的意识经验。这些冲突的意识经验很可能是两个语境间妥协的原因。以笑话为例。通常,笑话包括建立一个容易让人误解的语境,然后在一个与之冲突的语境中快速地建立一个信息。引用一个不是特别搞笑但却是经典的音乐剧场笑话:"小鸡为什么要过马路?即到达街道的另一边。"这个问题建立了一个语境:我们寻找的答案并不是很明显。答案重复了一些明显的信息,因此违反了所给信息的语境限制(4.1 节)。被违反的语境可能会暂时变成有意识——我们可能会为我们没有想到这个明显的答案而觉得自己愚蠢——对旧语境产生意识可能会使我们适应这个冲突。因此,旧语境可能会被去语境化,至少在当时那一瞬间。笑声可能就是我们适应这个冲突的一种方式。

4.3.5　合作和竞争语境:模型 2

我们不可能同时意识到两个意识内容。但是在全局工作空间中,却可以有两个或多个语境限定。前面我们列举了许多同时发生的限定条件,它们形成了我们对语言的感知(4.3.1 节)。任何意识经验都会有许多语境限定:知觉、概念和相关目标等。我们可以把相容的一系列语境视为它们彼此在进行合作,不相容的语境是在竞争。图 4-5 通过图式形象地展示了它们合作和竞争的方式。在语境层次中合作语境在全局工作空间中占据优势地位,竞争语境虽然和优位等级处于相同的等级,但它们在工作空间中不占优势地位。

在第 6 章中,我们将进一步扩展这些观点,并进而推断交缠在一起的语境会产生一种意识事物流,它极其类似于詹姆斯所说的著名的意识流(1890)。

现在我们把所有的组成部分放在一起。图 4-5 展示的全局工作空间模型 2,就包括了语境。

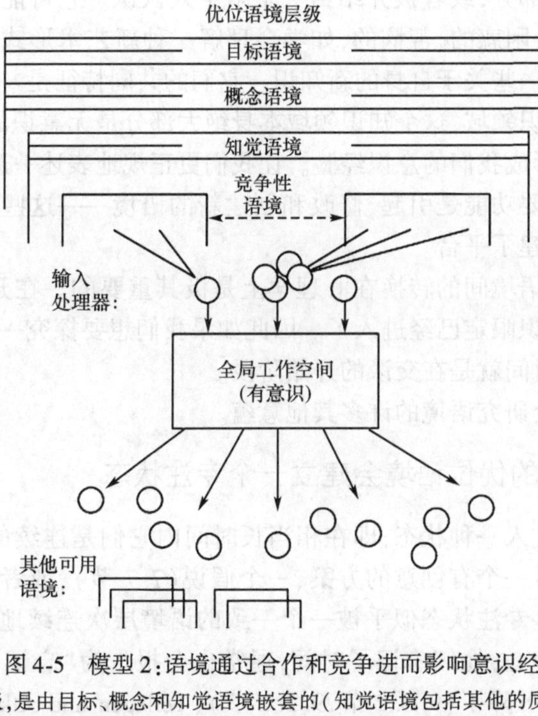

图 4-5　模型 2:语境通过合作和竞争进而影响意识经验

优位语境等级,是由目标、概念和知觉语境嵌套的(知觉语境包括其他的质性语境,如意象语境等)。在等级的最底层是两个为占据全局工作空间优势地位而竞争的语境。注意,潜在的语境(最下面的小方框)此时处在专门处理器之中;它们会被意识内容唤起,并为全局工作空间的优势地位而竞争。成功地占据全局工作空间优势的潜在语境会被添加到语境层级中

4.4 语境的某些似真性

我们可以把语境作为我们正在讨论的心灵问题中的一个论题和题目。讨论的论题总是有开头部分、中间部分和结尾部分,这意味着我们必须讨论心灵问题是如何被引起的,它们是如何持续、被改变和结束的。我们将阐述最具有似真性的假说,从目前看来,这些假说都是以经验的发现和逻辑的推理为基础的。当然,还必须对这些假说作进一步的检测。

4.4.1 进入语境和离开语境

我们所持观点的逻辑推理要进入一个新的语境,就需要一些独特的意识经验。按照定义,一个新语境是一个非完全可预测的事物,因此,它可能会需要意识(5.0节)。安插一个新语境从而产生一个意识经验可能会简单到如同走进一个新房间,阅读一本书的前言部分,或者被介绍给一个陌生人认识。它可能随时发生。它也可能是复杂的、让人困惑的、苦恼的,如学会理解一种新艺术形式,遭遇文化冲突,或者不情愿地学习一些关于自身的新知识。它们的共同特征是一个意识经验使我们进入了一个新知识领域,这个知识领域本身绝大部分是无意识的,即使我们一旦进入其中,它就会形成我们的意识经验。让我们更正规地表述一遍:

意识经验的主要功能是引起、修改和创建新的语境——这些语境反过来又为后来的意识经验搭建了平台。

这个观点表明语境间的转换在心理学上是极其重要的。在开始交谈时,与交谈有关的许多无意识限定已经进入了。因此如果我们想要探究一个语境的各项参数,那么最理想的时间就是在交谈的开始阶段。

下面,我们还会研究语境的许多其他意蕴。

1. 一个连续的优位语境会建立一个专注状态

有时,人们会进入一种状态,即在相当长时间内它们是连续的:他们会专注于一本有趣的书,或者一个有创意的方案、一个假说(7.7节),或者一个时间紧迫的任务中,就好像这些专注状态似乎被一个一致的语境层次连续地控制着。在这种状态下,人们不会分心,他们忘记了时间,通常也会报告为“忘记了自己”,这表明有意识的自我控制下降了(9.0.2节,9.2.2节)(Tellegen and Atkinson,1974)。这些都是专注的重要特征,在本书的后面部分我们还会详细讨论它们(7.7节;8.5.1节,8.5.2节)。

2. 自然结束和被迫退出

在交谈中我们所听到的句子会受到优位语境等级的限制,包括句法、语义、实用主义和话语等方面。当句子结束时,许多相关语境也会结束:在句子结束后我们就不会对句法和词汇作进一步预测;可能我们还会就下一个句子作出语义上的预测;可能一些实用主义的目的无法实现。因此在句子结束时,有一些语境会很自然地结束。如果一个句子是“很高兴和你交谈,再见”,那么对语义和话语的预测就会很自然地结束了。当一个语境结束时,就会为以前处在同一个等级水平上的与之竞争的语境留下空间。因此,如果我们为了终止无聊的感觉而开始和别人交谈,当交谈结束后,那种无聊的感觉可能又回来了。这其实是语境等级这个概念必然包含的一种现象,潜在的对抗性语境“静静地等待”着位于同等级优位语境的结束(4.3.5 节)。

一个语境的自然结束可能很难报告,因为语境本身是一个无意识结构。多数时候,我们对语境处理过程元认知的领悟是很微弱的,除非语境被破坏了,因此它可以去语境化并凭借自己的力量成为意识的对象。在专注状态中我们通常并没有意识到我们是全神贯注的。当控制专注状态的语境结束时,专注状态会自然结束,而且此时我们可能并不会意识到我们是非常专注的。但是如果这个状态被打断了,我们就会注意到我们刚才的专注,可能会为白日做梦感到内疚等。在第二种情形下,对控制语境的元认知所作的报告就可能更准确些。

干扰使得优位语境等级在它自然结束前就被中断。有关干扰和惊奇的问题接下来再讨论。

3. “惊奇”是由于不相容语境的竞争导致的意识语境的复归

有几位心理学家提出惊奇可能是意识语境的复归(Baars, in press b; Grossberg,1982; Izard,1980;Tomkins,1962; Underwood,1982)。这是一个似真的观点,可以用全局工作空间理论加以解释。原则上,随着新意识内容的产生,惊奇就可能出现,但是如果新内容和目前的优位语境吻合,它就不会中断该语境层级。基本上,这个句子的下一个单词并不会让读者感到震惊,因此它和当前语境的所有层级是吻合的。真正会让人惊奇的事物,是它违反了更深层次的语境(图 4-6)。在本章的第一段,我们描述了关于短暂的帆船旅行的经历,一旦回到陆地上,景象可能会短暂地晃动,因为语境预测周遭环境处于一种动态,而这种预测被违反了。很显然,这种惊奇是由于两个不相容的语境间的竞争而产生的。

同样,一位攻读博士学位的研究生在图书馆发现了一本让他梦寐以求的书,可能会感到惊奇。但是,他大部分的语境预测和目标并没有被违反;他很容易就适应了这种惊奇的情形。另外,如果这名学生花光了攻读博士学位的钱,该语境的改变就要求整个生活目标和局部性目标作出巨大的改变。

违反某一个语境层级就必然会“重新设置”目标层次,因此被违反的语境可以进一步细分,但是更高层次的(未被违反的)语境层级仍然会保持完整。如果书不在图书馆,找到它的目标就不会改变,他会采取一些其他方法来寻找它;如果无法

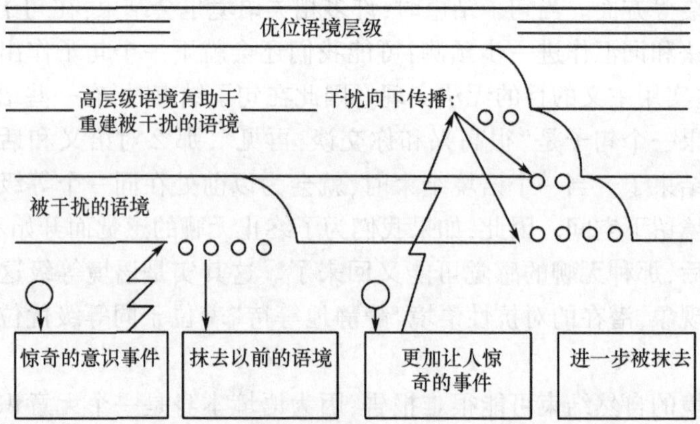

图4-6 通过扰乱优位语境，惊奇会抹掉意识内容；这种扰乱可能通过语境层级得到传播

惊奇趋向于抹掉意识内容，因为它中断维持旧内容继续有意识所需的语境等级。被中断的语境可能会被分解为专门处理器（圆形），语境最初是由专门处理器组成的。注意，未被中断的更高层级语境提供了修复被中断语境所需的知识和稳质性。如果惊奇中断了高层级语境，中断效应将可能向下传播到以该高层级语境为基础的其他语境中

获得这本书，那么可能会在其他地方发现所需的资料；如果资料也无法找到，那么研究课题可能就不得不改变；如果研究项目失败了，这个学生就可能不得不去卖保险了；等等。当某个目标被违反时，较高层级的语境还会继续保持，而且人们会在被违反的层级上进行重建，从而复原一个运行良好的目标语境。因此"惊奇"通常并不意味着对语境等级层级的全盘推翻，仅仅是较低层次的语境才被推翻，即我们可以把优位语境等级视为旨在把改变限定在较低的、可能性层级的一个系统。改变高层级语境，代价高昂，因为它分布在整个语境等级中，而且需要广泛的适应性。故而首选的是在改变低层级语境。

竞争语境可能会包括短暂的遗忘和"忽视"。卢博斯基和明茨（Luborsky and Mintz，1974）认为在精神疗法中，当两个问题相互冲突时，可能会出现短暂的遗忘（Baars，in press c），在这一方面，里森列举了许多有关遗忘和行为错误的例子（Reason，1983；1984；Reaspn and Mycielska，1982）。

在情感问题中，最重要的是惊奇和中断（Mandler，1975a）。惊奇会导致定向反应，同时支持该定向反应的神经系统中的主要行为与情感上的心烦意乱极为相似。惊奇导致了心率、血流量、消化管的平滑肌以及排汗等的改变，就像情感上的心烦意乱一样。在全局工作空间理论看来，那些能引起优位目标语境中较高层级语境改变的信息是极重要的信息；当然它也会中断较低层级语境，而且它还会导致情感上的体验（第9章）。在目标等级中较高层级的改变，会导致改变在整个语境等级中广泛散布。

4.4.2 通过有意识的提醒可以维持语境

那种认为从长远看所有语境完全都是可预测的观点,把问题简单化了。在任何复杂的语境中,必定有些方面,我们进行预测的可能极低,这就需要更多意识来参与。这意味着,至少有时候,需要意识和心灵活动去了解当前语境或目标结构,从而增加可预见性。可能在行为控制中存在一些未确定的选择点。如果我们没有有意识地进行选择,行为错误就会出现。在分心状态下,我们可以发现这些错误。里森(Reason,1984)的研究报告认为在连贯的行为中,当人们没有注意到这些选择点时,错误紧接着就会发生,尽管多数行为都是依循惯例的,且被认为是受到某个优位目标等级控制的。下面引用了里森列举的出现错误的一些情形。

(1) 目标改变必然导致偏离常规。

我决定减少摄入的白糖量,想吃一些没有糖的玉米片。但是,我却把糖洒在我的麦片粥里,就像平常那样。

(2) 当环境改变就要求修正之前已经建立起的行为模型。

我们的厨房有两个冰箱,昨天我们把食物从一个冰箱移到了另一个冰箱。今天早晨我又再次打开我们以前放食物的那个冰箱。

(3) 当我们在一个熟悉的环境中漫步,进行一些习惯性的动作时,我们的意向性就会减少(例如,在分心的状态下)。

我走进房间想要拿一本书。我取下戒指,照了照镜子,然后走出去了,忘记了拿书。

(4) 目前环境的某些特征与我们熟悉的环境中的特征相类似。

当我离开图书馆,走到旋转式栅门时,我拿出钱包想要付费——尽管我知道并不需要付钱。

所有这些例子都发生在我们的自动处理系统可以处理大部分但不是所有行为时,而且此时我们的有限能力系统被其他事物所占据了,即在连贯事物中存在不确定选择点时尤其需要意识,可能使选择点变得有意识有利于解决歧义的合作过程(2.3.2 节)。相反,当意识没有进入这些不确定选择点时就意味着行为"脱轨"了。

注意:语境和内容间有反馈。

就低预测性而言,无意识语境可能需要意识介入以维持它们的稳定性。例如,在听演讲时,有限能力更多的是载入句子间的相互关系,以及一个句子中短语之间的相互关系(Abrams and Brver,1969)。在演讲中,有限能力负载的高峰时期却是句子开始之前。这些发现表明:在意识内容和无意识语境间存在连续的反馈流,随着时间的推移,这个反馈流有助于保持优位语境等级。

4.4.3 修改语境:处理意料事物

前面我们推定语境等级会被惊奇事物中断,但是通常这种中断会被尽可能地保持在较低层级。那么,被中断的语境又会怎么样呢?它将如何被改变从而应对新情况?

惊奇可能会导致被违反语境组成部分的专门处理器的分解(图4.6)。有一些成分可以变成有意识,因此,专门处理器就会联合起来稳固这个被分解的语境。这和我们以前提到的观点是一致的(4.1.4节,4.4.3节),即当语境被中断时(去语境化),先前的语境知识可被有意识地提取,至少某些部分会变成有意识的。适应性就相当于专门处理器间协作性处理程序,这在第2章已讨论过了。当由从被分解语境中脱离出来的专门处理器组成的结合体在新结构中变得熟练、精通时,它可能又将作为一个语境而运行。

在一优位语境中,这可能是解决固化问题的一个最好方法(4.1.2节)。当语境控制着意识经验致使某个问题无法解决时,最好的方法可能就是中断这个语境,从而使语境的各个组成部分可以被重新审视。事实上,这就是"头脑风暴"的基本原则和其他解决问题的技巧。但是,去语境化很花费时间和智能。在惊慌状态下,固化可能就比较棘手,此时人们无法等待语境被中断和进行重新审视(Norman,1976)。

关于同化-适应程度

在一个优位语境遭遇的否定中,有一些会比其他的更加激烈;一个程度温和的否定可能会被忽视和同化,但是一个强烈的否定则必须严阵以待(5.0节)。下面的例子属于概念领域,但是其中的一下观点同样适用所有语境知识。思考一下埃里克森和马特森(Eriksen and Mattson,1981)提出的下列问题:

(1) 摩西带了多少种动物到方舟上?

(2) 在圣经故事中,乔舒亚吞下了什么?

(3) 电话的发明者,托马斯·爱迪生的国籍是哪一国?

无疑,一些读者会注意到每一个问题都包括了一个错误,但是大多数被试却不会在意这些错误。他们对问题(1)的答案是"两种"。但是当他们被问及"《圣经》中谁建造了方舟"时,他们会正确地回答"诺亚",这表明他们知道正确答案。而且,他们对于这些句子的短时记忆非常好,因为他们可以准确地重复每一个句子,而没有注意到其中不正确的名字。而且他们拥有的关于正确名字的知识并没有影响到他们理解这个句子。

现在我们来看看当错误名字被改变以致严重违反语境时会发生什么情况:

(1) 尼克松带来多少种动物到方舟上?

(2) 在圣经故事中,杰弗里吞下了什么?

(3) 电话的发明者,富兰克林的国籍是哪一国?

现在,没有人会被糊弄了(Eriksen and Mattson,1981)。这个"语义错觉"就极好地证明了我们常说的意识的语境这个观点。当语境被轻度违反时,人们通常不会注意到这个错误;当语境被严重违反时,他们就会意识到这个错误,因此,之前语境的内容就会变成意识的内容(4.1.4 节)。

在众所周知的"校对者效应"中,我们也可以发现相同的现象,该效应认为在单页清样中拼写错误很难发现,因为校对者大脑中"充满"了正确拼写。这里,我们可以根据错误的程度对它们进行区分:改变单词发音的拼写错误比不改变发音的错误更严重。同样,在演讲中,人们很难发现错误和不流畅(MacKay,1981)。如果我们的目的是为了听演讲者的意思而不是发现其出现的错误,那么我们就很少会留意到那些微小的错误。

输入信息只是程度微弱地违反了语境,就不会被有意识地察觉;输入信息程度温和地违反了语境,且可以并入其他的语境,就会被有意识地察觉;输入信息程度严重地违反了语境,在其原来特定的语境框架下,它并不会被有意识地察觉。它会被分离开来——它被视为其他的事物;它可能会形成属于它自己的语境。

4.5 经验测试的意蕴

4.5.1 相关的概念

语境的影响如此强大又无所不在,以至于每一个心理学家想必都观察过它。但是,他们很少使用无意识事物对意识事物的影响这样的术语。甚至当前有关语境的认知研究趋向于回避这个问题。当然,在本书中这是一个核心问题。但是,在现在的研究文献中,我们很容易找到对这些术语的重新阐释。或许关于语境是什么,最好的理论是适应等级理论(AL),该理论最初是由赫尔森详细阐述的(Helson,1947;1964)。适应等级理论预测一个知觉或概念事物被察觉的强度在于它所处的环境和以前环境的相似度。因此一个人对于犯罪行为严重性的判断是基于以前感受的严重性不同的犯罪行为。经历过灭绝人性的大屠杀的人,会认为仅仅是侵犯他人身体似乎不太严重。由语境控制的这种适应性模型可以运用于知觉判断,以及一些概念的判断,如开心、损失等。还有一些语言学方面的文献就集中于预设、已定信息和新信息的比较,话题与评论的比较等研究(Clark H H and Clark E V,1977)——所有这些都分别对应着语境和内容。在专家系统研究中,比起同样的知识在刚刚习得时,我们已经能准确地意识到专家知识的预先确质性和自动性(Anderson,1983)。从理论上而言,明斯基的"框架"理论和布兰斯福德关于"被激活的知识"的研究发现与我们所说的语境最接近(Bransford,1979;Minsky,1975)。

4.5.2 从模型 2 得出的一些可检验的预测

前面讨论的有关语境的证据(4.1 节)也可以用于检验我们的预测。启动效应、固化、自上而下的影响和违反语境的报告都是有用的。当前,关于启动效应有一个非常有意思的实验文献,它旨在评估认知过程的种类,它也适用于检测关于语境的相关推测。

1. 启动事件出现时会导致语境转换

本章推定当语境转换时,该语境中原来是无意识的事物会在短暂的时间内变成有意识的。我们站到船上的例子就能证明这一点。当人们刚站到船上时,他首要的事情必定是判断船摇摆的幅度,而当他在船上适应了一段时间后,相对而言这就没那么紧迫了。同样,在聚会刚开始时,我们很快就会感觉到我们对某个朋友持什么态度;几分钟之后,我们就不再意识到我们这种态度了,除非我们向他们告别。如果我们在交谈的开始阶段就看透了对方,比起交谈后面的过程,我们就更容易察觉到对方的想法或敌意。

如果语境改变至少会导致该语境的某部分变得有意识,那么改变对歧义刺激物的解释就必然会占用有限能力。如果我们用双重任务方法来测量有限能力,例如(1.3.4 节),我们会发现当我们在关于纳克方块的两种观点,对于一个笑话或一个歧义句子的两种解释,或某人动机的想法间进行转换时——所有这些语境的转变就会占用有限能力。或许对惊奇的测量,如定向反应,也表明其影响是可以测量的,尽管这可能建立在语境被违反的程度基础上(4.4.3 节;图 4-6)。

2. 许多语境会同时发生

语境可能是多层次的结构体。如果两个语境同时限定一个意识经验并进入全局工作空间,那么同时满足这两个语境的意识经验就会获得支持。前面我们已经讨论过双重听力实验,试验中所设计的歧义性语言与两个不同的语境吻合,当然它们是从当两个语境被激发时出现频率最高的歧义中选择出来的。同样,实验中所设计的口误,比起仅受一个语境因素影响的失误,它更可能在受到两个同时发生的语境的影响而产生(7.4 节)。这些纯粹是实验室中的论证,但是斯彭斯、斯卡伯勒和金斯伯格(Spence et al.,1978)证明在自发语言中,晚期癌症患者就死亡和疾病话题,比起控制治疗话题,会产生更多的双重听觉。在心理定式中也可以进行类似研究。

3. 我们并没有察觉概念性预设

尽管在问题解决中,学界对固化进行了大量研究,但是就提取预设知识这个难题却鲜有研究。但是支持"预设盲目性"的自然主义证据却具有很强的证明力——每个人肯定都遇到过这样的情形,无法回想起他自己的基本理念,甚至当这些理念仍然指引他的行为时。许多人,特别是学者,日常工作就是和学生及怀疑者打交道,他们需要学者对这些理念作出明确解释,而且很自然地,如果我们习惯了这种"辩解性"观点,判断日常一些理念就会更加容易。但是这种相对轻松的判断具有误导性:它并不代表多数的想法,通常也并不需要论证其预设的正当性。

似乎预设盲目性涉及的并不是提取总体理念的问题,而是无法思考和“坚持”一些理念的反对意见的问题。这在前面提到的科学改变例子中尤其明显(4.2.2节)。但是,这也同样可以用来解释在许多社会心理学研究中的抵制态度转变现象(Abelson et al.,1968)。

4.5.3　模型2无法解决的问题

到目前为止,我们对语境的研究并没有涉及语境形成和改变的方式。我们也并没有对它们进行审查研究。在下一章,我们会弥补这个缺漏。我们仍然坚持这样的观点:意识经验,当它们被适应后会形成新语境;反过来,这个新语境又会限制后来的意识经验。因此通过习惯新经历,我们总是在界定和重新界定我们的现实世界。这个结论性观点对于学习有很重要的意蕴。

至此我们还没有讨论目标、意向和自主控制等问题。一个完整的理论必须解决这些基本论题,在第6章和第7章中我们会讨论如何研究它们的方法。

4.6　小　　结

我们已经研究了无意识系统无处不在的影响力,它可以引起、选择和形成意识经验。有关其影响的证据有很强的证明力。事实上,没有语境就没有意识内容。从心理学上讲,我们总是置身于许多正在运行的无意识系统之中,这些无意识系统形成和界定了我们的经验。有一些无意识系统从孩童时代就跟随着我们,但有一些可能是在最近几分钟内才被唤起的。

在全局工作空间理论中,我们可以把专门处理器联合体视为语境,它们采用一定的方式处理输入信息,并至少在一段时间内在全局工作空间中占优势地位。我们详细列举了不同的语境,如知觉和意象(它们有助于质性经验的形成)、概念思维、由目标所指引的行为等(在这些语境中,语境会进入意识经验)。在全局工作空间理论的扩展性版本中,这个结论能被轻而易举地模型化。意识的一个主要功能似乎是引起语境的形成,而这又会形成后来的意识经验。

实验派心理学家常常会认为,如果可能的话,在一个实验中语境影响可以加以控制和消除。我们认为这是错误的。其实,我们可以发现在心理学历史中有一些严重的概念性错误——这些错误误导了研究者数十年——它们总是始于研究者试图天真地除掉语境固有的一些现象。相反,我们认为语境的影响是不可能被消除的,而且我们也不希望完全消除它们,而仅仅是研究它们。在语境流中不存在零点。它们不是附随现象,在周密的实验中可能会产生这种混淆:它们是心理学的精髓,没有语境就不会有意识经验。

第5章 模型3:意识经验负载信息——它总是需要某种程度的适应性

在我们意识到雷声的同时,我们也就不知不觉地意识到之前的静寂,而且这种对静寂的意识还会继续下去;当雷声划过的时候我们听到的并不仅仅是雷声,还有雷声打破了静寂并与之形成的对比。

威廉·詹姆斯(1890/1983,p. 156)

5.0 引言:信息和适应性

到目前为止,这个“传播隐喻”是否有助于阐释这个问题呢?想想看,全局工作空间理论是怎样与一个公共性机构如一份报纸类似的呢?首先,全局工作空间可以向广泛的、专业的且相对独立的处理器公布某个信息(2.2节)。其次,在一定时间内,只有一个一致的信息可以被传递,因此大脑的新闻媒介在任何时候都不会公布一个自相矛盾的信息(2.1节)。再次,与报纸都有一定的编辑原则和操作准则来决定选择什么样的新闻和对新闻怎样解释类似,全局工作空间理论认为有许多语境性限制约束着我们对这个世界有意识的理解(4.0节)。就此而言,传播隐喻是有用的。

但是,我们并没有讨论有关传播隐喻的根本特征。其一,从目前来看,我们并不能从新输入信息中区别出一些旧信息;其二,这个模型无法决定某个信息的重要性;其三,我们无法阻止这个系统一遍又一遍地公布相同信息。简而言之,目前我们似乎拥有的是一份对新闻没有任何偏好的报纸。

然而神经系统对信息却有强烈的偏好。在对人和动物的研究中,有大量的证据表明:他们/它们会积极地寻找新颖的和负载信息的刺激,而且他们/它们对重要的输入信息有强烈的选择偏好(见5.1.3节)。重复的、“旧的”刺激总会从意识中消失,不论其感知的模型、抽象程度或者体力的强度(除了痛觉阈限)(5.1节,5.2节)。某个单独的神经元会习惯于重复的输入信息,而且只有当这个输入信息被改变时,它才会再次变得活跃起来(Kaidel et al.,1960)。全局工作空间系统就是专门针对这种新颖的和负载信息的刺激而设计的,因为它允许许多知识源联合起来处理某个单一的、新颖的信息源。意识的主要功能,我们推测,就是促进对新颖性信息的合作式整合(10.0节)。事物负载的信息越多,就越需要适应它,那么这个事物在意识中获得适用性所需的时间就越长(5.5节)。

5.0.1 关于"信息"的定义

在本章中,我们使用信息这个单词的一般性意思,即它减少某个稳定语境中众多选择的不确质性(Miller,1953;Shannon and Weaver,1949)。信息语境至少规定了两种选择。例如,在计算机中,可以在0或者1中进行选择,在外事交往中可以选择"战争"或者"和平"。任何任意的信息都可以编码为二进制码的混合体。当然这个根深蒂固的数学定义对于通信工程和计算机科学影响深远,但我们会从质性及某种更广泛的意义上来使用它。在过去几十年中,人们已经发现数学定义被越来越多地应用到物理学上。它在反应时间(Hick,1952;Hyman,1953)、经典条件反射(Rescorla and Wagner,1972)、基本等级种类(Gluck and Corter,1985)、知觉复杂性(Garner,1974)等方面,对许多基础性发现进行模型化时非常有用。因此,信息的数学定义对于心理学也有现实意义。

在这个意义上,信息是如何与意识联系在一起的?有证据表明(列在下面)仅仅当一个事物存在于一个稳定语境中时,我们才会对其有意识,当这个事物是可预测的,即没有其他可预想的选择时,我们对这个事物就没有意识。意识经验似乎仅仅存在于具有一定自由度的稳定语境中。因此,在一个稳定语境中减少不确质性这个概念似乎是恰当的。信息本身是依赖于语境的,而且我们已经提出了一系列论据证明意识经验具有高度的语境依赖性(2.1节,4.2节)。

对这个世界的意识经验并不是物质刺激的直接功能。当同一个刺激一遍又一遍重复时,很快它负载的信息就减少了——我们对它的意识也减少了。但是我们对一个极重要或多变的刺激的适应却很缓慢。因此,我们需要在物质刺激和真实的信息间进行区分。硬币的另一面,就是重复和冗余间的区别。同一个物质能量作用在同一个感官接收器上是否会负载信息,取决于相关语境中不确质性是否减少。有时不具有物质形态,想象中的刺激也能提供信息,就好像它的存在是多余的。对这句话,我们可以进行省略……它表明不存在刺激的情况下也可以引起我们的注意——而且读者对不存在的事物完全可能有意识,因此信息和刺激是不同的;它们不依赖对方而改变。一般而言,对一个事物产生意识的可能性随着信息的增多而增加,随着冗余而减少。

最后,当某个单一刺激暗示了除它本身之外的其他事物时,它会携带许多不同的信息。在巴甫洛夫的条件反射实验中,当暗示食物的铃声响起时(这是铃声本身之外的意义),饥饿的狗就更可能会竖起它的耳朵,对铃声的定向反应需要很长的时间才能形成,而学习的过程会更快一些。那么,我们衡量重要性的方法之一就是饥饿的狗有可能有其目的性,该目的为它的知觉系统创建了目标语境(4.2.3节),重要信息可以视为减少了目标语境中的不确质性(5.2.3节)。因此,信息的概念很自然地就与对动物或人类意义重大的事物联系在一起了。我们可以认为信息存在于许多不同层次中,就如同我们前面推断语境也存在不同等级一样(4.2节)。

最能够证明信息与意识具有密切关联的证据是所谓的冗余效应。在信息原理中冗余,缺乏信息,被定义为对于接收者而言在不确定已经为零时传递的物理信号。1945 年,对于大多数西方国家,“和平”或“战争”的选择就具有重要的信息价值,但是在一遍又一遍地重复“本土安全”之后,这个选择的信息价值就变得越来越少,即使西方国家随后发生事件的语境可以用这个词语准确地加以描述。因此“和平”这个词在描述欧洲和美国本土局势时变得越发冗余,但它并不是错误的。注意“本土安全”的确已经变得冗余了,因为当它还是一个新闻时它已经被很好地理解和了解了。而且,它还为解释更多当前新闻提供了一个语境。这个知识不会消失,但是它会保持在无意识状态中,即使它对形成当前意识经验很有帮助。

有许多熟悉的例子表明,意识输入信息随着重复而消失,如刺激习惯、技巧和心理意象的自动化、知觉适应性、知觉和判断种类适应水平的转换、超感官知觉全域实验中的“空白”、语义饱和、无法提取稳定的概念知识等。这些现象为我们进行对比研究提供了基础,它们表明意识经验和事物所负载的信息之间有直接关系(表 5-1)。

表 5-1 信息与冗余现象的对比

意识现象	可比较的无意识信息
新刺激或概念	对习惯刺激或概念可预测的重复
改变习惯刺激或概念	—
新行为	自动行为
去自动化的行为	—

对于某个重复刺激的意识产生了习惯是冗余效应最显而易见的例子。此时读者可能对椅子的感觉、周围环境光线的色彩效果和强度、背景声音、一本书的语言风格,以及内心世界和外部世界许多其他可预测的特征已经习惯了。1.4.1 节详细讨论了索科洛夫关于习惯性刺激的无意识表征仍然存在的观点。索科洛夫认为某个习惯性刺激任何参数的改变都会导致一个新定向反应。我们发现这种不匹配,我们必须维持预期输入信息的某些表征。但是这些表征不会引起一个定向反应,或者——按照本书的术语——通常它们都是无意识的。因此必定存在关于这个习惯性刺激的无意识表征,它们与该刺激首次出现时产生的有意识知觉表征在许多方面是相同的。因此索科洛夫的推断使我们可以在等同的物理条件下比较同一刺激的两种表征:当我们首次理解某个刺激时产生的有意识表征和习惯该刺激后继续存在的表征(表 5-1)。

5.0.2 信息与新颖性的比较(不匹配)

同一刺激的有意识和无意识表征,有什么区别?有几位学者推断,新颖性或者与预想的不匹配属于有意识知觉领域。也就是说,在输入信息与将要成为有意识的该刺激预期之间必定存在不匹配。这一观点在我们前面讨论的惊奇例子中是正确的。但是脱离特定的限定条件,它又是不正确的(Berlyne,1960)。任何违反以前预期的刺激只会发生在本身没有被违反的语境中——如果输入信息违反了所有预期,如果它完全是新信息,它就根本不可能被我们体验。因此,所有能够被理解的新颖性都会存在于一个相对稳定的非新颖语境中。

也有一些相反的观点。马赛尔(Marcel,1983b)推断输入信息和记忆间的匹配要求知觉输入信息成为有意识的。当时这也并非完全正确:如果输入信息和预期完全匹配,我们就会形成习惯并丧失意识。因此,我们发现就匹配和不匹配假说而言,我们处在中间的位置:的确,存在匹配的例子,但是并非完全匹配。不匹配和匹配假说都拥有一些证据,但不是全部的证据。

我们的推断是,信息概念比简单的匹配或不匹配概念更具吸引力。信息同时包括了语境的匹配和刺激详细信息的不匹配。进而可以推断输入信息必定是可用的,在这个意义上许多系统能够减少与之相关的不确质性。我们还可以把重要性界定为减少一个相关目标语境中的不确质性;最后它可以解释公认的冗余效应。

如果信息概念是适合的,那么如何解释惊奇这个示例,它确实涉及输入信息和预期间的不匹配?惊奇中的不匹配可以还原成信息的一个特例,即预期输入信息的语境本身被违反了。其语境被"去语境化"了,而其各个成分必定被重新分配到更高等级的语境结构中去。我们已经在4.1.4节中详细讨论过这一点。在这里其关键点在于信息概念似乎很适合于解释意识输入信息的许多重要特征;它也可以解释如惊奇这样的不匹配现象。

5.0.3　一些可能的反例子

多数论据都建立在冗余效应之上,在这些例子中重复导致了意识经验的消失。也有些看起来与冗余效应相反的例子:在这些例子中重复事物不会消失,或者它们似乎随着实践变得越来越有意识(5.4节)。例如,对于意义重大或无法预期事件,意识会消失得很缓慢,对于慢性疼痛,人们不会对它丧失意识。我们推断这些事实反映了重要信息的一种特殊功能。但是就如我们前面提到的,重要性可以被视为减少了较高层次目标语境的不确质性(5.2.3节)。

而且,还有一些例子表明实践似乎增强了我们对事物的意识。例如,不断地回想就会使我们更加容易想起已经被储存在记忆中的事物(Erdelyi,1985),练习图像搜索就会使搜索目标迅速地,并在无意识状态下进入意识之中(Neisser,1967;Shiffrin and Schneider,1977)。但是注意,这里被反复练习的并不是图像或记忆目标,而是搜索和回想过程,即在上述情况下,我们控制进入意识的技巧变得自动化了(见第8章),但是成为意识的输入信息并不是可预期的,而是新颖的和负载信息的。因此,这些事实并没有与意识需要负载信息的输入这一观点相矛盾。事实上,是回忆或搜索过程本身随着练习变得自动化和无意识,只要回忆或搜索的结果仍然是负载信息和有意识的。

也有一些例子表明重复刺激会从意识中消失,只有当它以一种新表现形式出现时,它才会再次变成有意识(Pritchard et al.,1960;Warren,1961;1968)。在5.4节中,通过进一步理解信息与冗余的含义,我们可以更好地理解这些看起来像的反例,即这些例子似乎表明:如果解释语境改变了,那么相同的输入信息就仍然可能负载信息。其实,有大量证据支持这一推断。从信息论观点看,语境的改变会创造新信息,即使是重复输入信息。

我们的结论是,冗余效应既是有说服力的又是普遍存在的,那些看起来像的反例也可以在扩展性信息原理的框架下得到合理解释。总之,它们都表明,信息负载是事物成为有意识的必要条件。这个观点也暗示了语境的一种新观点(4.0节):在这个意义上,语境是由神经系统已经适应的事物构成的;它是界定新信息的一个背景。

5.0.4 专用术语备忘

我们这里使用的"信息"术语同样是沿用了申农和其他学者发展起来的关于信息的经典数学定义(Shannon and Weaver,1949),但是我们还是应当注意它们之间可能存在的一些区别。比起传统信息论中的单独的、一元的、一维的信息语境,心理学语境是一个非常复杂的、多维的知识结构。但是我们当然也知道多维和复杂的知识结构原则上可以简化为二元选择(Shannon and Weaver,1949)。而且,传统定义假定不确定性减少是发生在一个稳定的选择语境中,但是就心理学而言,我们知道语境并不完全是稳定的,而是尽可能去适应负载信息的输入信息。神经系统获得了预期的输入信息,它不像传统信息论中的语境那样消极。在5.1.1节中我们推断,意识经验与涉及相对稳定的负载信息的选择语境的现象联系在一起。在相对稳定的语境中,传统定义是有用的。最后,关于信息的正式定义是量性的,但是此处我们并不是要研究一个量性方法。目前量化仅仅适用于众多现象中小部分的、可以通过实验来证实的现象。一些心理学家已经做了这些实验(见上面引用的参考文献)。这里我们的关注焦点是就一般而言意识和信息间的特殊关系。

5.0.5 适应性

讨论过信息之后,本章第二个主要概念就是适应性。这里我们使用其狭义定义,它是学习表征某些输入信息的过程,学会理解某些输入信息直到它们成为自动的、可预测的过程。当然,学习表征事物,包含了减少不确质性(即信息)。当输入信息和它的表征完全吻合时,就其表征而言,输入信息就是多余的。因此冗余就是适应成功后的最终产品。

这里我们可以借用皮亚杰的术语来表征适应连续体的不同节点(Piaget,1952)。当面临一个崭新和陌生环境时,人们需要找到新语境来体验该输入信息,这类似于皮亚杰的适应。换句话说,适应性必定与发现可用语境有关。在连续体的另一面,当输入信息非常熟悉和可预测时,只需要极少的适应性把信息同化到可用语境中。在冗余的极端例子中,语境和输入信息是完全匹配的。

对事物的意识经验似乎发生在外部同化和适应过程的中间。如果我们可以完全自动预测某个事物,我们就不会对它有意识。但是如果输入信息要求彻底改变我们当前的语境,我们也不会对它有意识——它太过复杂或者杂乱,以致我们无法意识它,虽然我们可能意识到输入信息的大致框架和暂时性解释。在这两极间的某个点上,即在连续体的同化和适应间,我们产生了对某事物准确的意识经验。从适应性观点看,这个负载信息的有意识的事物满足了适应性要求。当然,这就是本章标题所标明的主张:意识经验负载信息——它总是需要某种程度的适应性。

总之,在这些基础概念间存在紧密的关系网:信息、意识、不确质性的减少、对语境中某个选择的放弃、适应性和学习的必要条件、形成可预测性和冗余性,以及新语境的建立。

随着时间的流逝会产生适应性,现在我们进一步推论:意识经验对应着"适应周期"的某个阶段,即在这个阶段,有一个相对稳定的理解输入信息的语境,但是在该语境中仍然有一些不确质性需要减少。许多处理器可以通过合作来减少这种不确质性;一个根本观点是神经系统总是处于一个动态的适应活动之中——为了适应有意识的输入信息,它总是处于运行之中——即使当我们似乎只对一个事物有意识时。离开了动态的适应过程,我们就不能理解意识经验。下面我们具体谈论这个问题。

5.1　适应性循环:任何可习得的任务都是从语境产生到有意识的信息再到冗余的过程

在学习新知识时,刚开始我们总是带着许多的不确定和困惑。通过关注某个问题,我们对所学的内容有了意识,就会有一种豁然开朗的感觉。最后,随着多次实践,这部分内容就容易预测,并从意识中消失了。这三个阶段组成了我们所谓的适应周期:仅从将要学习的知识来看,第一阶段的语境建立是对所学习的各个部分进行界定;在第二个阶段,我们需要一个工作语境来理解新内容,这个新内容现在是负载信息的——此时输入信息的作用是减少工作语境中的不确质性;在第三个阶段,我们已经完全适应了,并丧失了对已学会知识的意识。意识主要包含在前面两个阶段,但是在第一个阶段,输入信息被错误地界定了,以致我们没有真正意识到它。对该输入信息的意识发生在第二个阶段,我们把该阶段称为信息负载。

在下一节我们将提供支持上述观点的大量经验发现。

5.1.1　建立语境

看看图 5-1,对多数人来说,初看起来它像是由黑白点随意组成的画。但事实上它是一幅连贯的图片,但是想要有意识地体验它,我们还需要一些语境。图片附加了一个标题,“猎场中的达尔马提亚人”。一些观察者会发现这个提示很有帮助(注意如果这有所帮助,但当你觉得它有用的那一瞬间,你可能还是对题目没有意识——如同其他启动现象的例子,它的作用是语境化的,因为过去无意识经历此时有助于形成当前的意识经验)。另一些观察者发现汇集在图片中间斜的黑色“线条”是公园里人行道的边线。明白了这一点就有助于重建图片的三维属性。但是,再次注意,线条汇集在一起的人行道所产生的立体感这个信息在界定和帮助揭示有意识物体时可能是无意识的。其他帮助建立语境的有意识提示包括狗的鼻子在闻图片中间的泥土、图片上方的树、树的位置位于圆形的花圃,以及意识到这是一张在公园的背光阴影处产生的有斑点的达尔马提亚人的黑白图片。

图 5-1 猎场中的达尔马提亚人:意识经验有助于创建语境

这个著名的伪装图在用过有意识的提示后可以被发现,当提示有助于发现被隐藏的图案时,通常它们并不是有意识的。例如,一个有意识的提示表明在左上方的四分之一图案中的深色椭圆形是一个花台,或者大树底部围绕的是一个圆形灌木丛;另外,图案中间是一只狗的头部,这只狗正在嗅地面;聚集在图案中间的狭长的黑色斑点是两条相互交叉的人行道。所有这些有意识的提示可能有助于发现隐藏的图案,但是当它们影响该隐藏图案的意识经验时,它们通常不再有意识。因此按照本书的定义,它们的效果是语境式的(图片来自詹姆斯)

刚开始学习时,我们对很多事情都充满了困惑。直到困惑被消除,直到事物本身、父母、导师或老师,或者过去的知识或策划给了我们提示,我们才会完全体会所学内容。这一点并不局限于知觉。在 4.1.3 节最后,我们提供了一段让人困惑的话,它其实与洗衣服有关,但是并没有提到相关题目。提供题目(洗衣服)就为该段落建立了足够的语境,我们就会对整个段落的含义有意识,而不是把它们视为零散的和不一致的一串单词和句子。

通常当我们面对新事物时,我们仅仅有一个工作目标语境。有人会告诉我们哪些是有趣的或重要的内容,关注它们,你就会对它们有意识。这就是在上述达尔马提亚人例子中,读者被引导的方式。这也是心理学家在实验中使被试做某件事情的方式。我们告诉被试要追求什么目标,并观察他们如何行动:“请注意这个,试着记住它,告诉我们你看见了什么。”提供目标语境有助于缩小可能性的范围。

当然,意识经验的语境本身是由意识事物引起的(4.4.1节)。建立语境可能包含了对输入信息暂时的有意识解释,或者某些有意识片段,或者会对经验不同阶段的分析而不是所期望的经验有意识。在达尔马提亚人例子中,读者一开始肯定对黑白斑点是有意识的。但是在语境建立阶段,人们对将要学习的内容是没有意识的。只有在达尔马提亚人语境建立后我们才能对达尔马提亚人有意识。

5.1.2　意识经验相当于适应阶段的信息

再回到达尔马提亚人的例子(图5-1),一旦我们拥有了对这张图片恰当的语境限定,显然我们就对它有了意识。但是这意味着什么呢?

意识经验这个概念本身就表明了存在意识事物这样的表象。达尔马提亚人有一定的体型、位于某个位置、颜色、质地,等等。表象涉及以下几种判断:最起码存在与不存在的判断,与相反表象的隐式比较。心理物理法则表明知觉的强度总是包含了与以前强度的隐比较(Stevens,1966),而且这一观点并不仅限于强度。知觉事物的许多方面,如颜色、明亮度、模型都会进行隐比较(Garner,1974;Rock,1983;Uznadze,1966)。概念判断也被认为包括在隐比较中(Helson,1964)。个人知觉研究清楚地表明:我们是通过与其他人作比较才会意识到某个人的(Levichi,1986;Weiner,1986)。总之,大量实验证明意识经验并不是仅仅包含了一个方面,而是至少存在两个可选择的表征,其中一个是隐式的。当我们对一个事物有意识时,事实上内部程序就会说:“哈哈!这是一个黑白斑点狗,而不是一个棕色的狗,或者猫,或其他东西。”不用说,这种隐比较会同时出现在分析的许多层次上。

另一种说法是意识事物是类客体的,它们有许多相互关联的特征,它们是从潜在的选择中隐式地分化出来的。这与习惯表征截然不同,习惯表征不是被作为类客体的而被体验的。既然习惯性表征具有较高的可预测性,我们就可以对它进行假设。

在几个例子中,意识事物和信息量性方法间会建立一种直接的联系。以“基本的层次种类”这个概念为例。罗施和他的同事做的大量研究表明:人们趋向用种类的典型数字来思考问题。因此当我们思考“家具”时,它并不是一个抽象分类,而是典型种类,如椅子、桌子和床等,其他的种类如烟灰缸、窗帘和花瓶等,我们很少会自发地想到它们(Rosch,1975)。而且,物体也符合抽象等级,多数典型物体属于特殊与一般的中间等级。因此,殖民地时期的餐椅是特殊的;一般性餐椅,指椅子、家具、制成品、静物和实体物。人们想到椅子时,总是想到等级中最典型的种类:容易描述、识别、描绘、回忆等(Rosch et al.,1975)。典型物体可能最容易引起意识。

但是,目前有些证据表明:在任何时候最容易用到的物体等级的层次取决于我们可能考虑到的等级种类。如果我们把人造物和自然景观在审美上的优缺点进行比较,“椅子”就不是有关人造物的最佳例子。同样,我们讨论殖民地时期和现代餐椅之间的优点,它们具体的不同点就可能进入我们大脑中。根据我们的目的和隐比较,抽象等级的不同层次就可能进入我们大脑中。沿着这个思路,巴萨卢(Barsalou,1983)、默菲和梅丁(Murphy and Medin,1985)指出概念结构是极不稳定的,会随着选择语境的改变而改变。格卢克和科特(Gluck and Corter,1985)在这个推理的基础上提出了一系列量性推测。为了测量相对的信息负载,他们修改了信息著名的数学公式,结果他们发现由此推导的模型可以准确预测在不同环境下将选择哪一个等级的层次。格卢克和科特推断:"一般而言,最有用的种类是那些关于事物特征中适合交流的信息(因此能减少不确质性)。"

在可能性意识事物、隐比较和数学信息论之间还有其他联系。加纳(Carner,1974)发现人们喜欢选择信息语境中负载信息既不是最多也不是最少的刺激,这表明我们倾向于注意我们不必花太多精力去适应的事物,我们注意的是我们只需花适当精力去适应的事物。有证据证明选择反应时间,即在明示的种类物间选择所需时间,是数学位速率的功能,它是信息的量化方法(Hick,1952;Hyman,1953)。甚至典型的条件反射也是信号刺激所负载的大量信息的功能(Rescorla and Waner,1972)。

在交谈中,我们会选择负载最多信息的特征表达给听者,即这个特征最具比较价值。我们已经提到奥尔松的孩子语言实验,其中选择语境决定了孩子是否会说"金色星星在方形木板下"或者"金色星星在白色木板下"——即使所指的木板是同一个(Olson,1970)。我们发现这个推理可以追溯到亚里士多德,他把"定义"界定为一个一般性种类再加上该种类中一个有差异的特征的描述。"哺乳动物是一种动物,这种动物会给幼小动物喂奶。""椅子是一种家具,人们可以坐在上面。"一般性语境提供了一个选择语境,微小特征可以把选择物减少到正确的子集。

这也是语言的基本模型。交流取决于"新-旧契约",因为是对某个事物的共同理解,因此它们不必重复,交流就可以从新信息开始(Clark and Carlson,1981;Haviland and Clark,1974)。同样,单个句子中也有"焦点"和"预设":在句子"it is the book that I lost yesterday"中,"书"被放到了句子前面,能引起更多的注意。比较一下,"yesterday I lost the book"就没有一些特别的关注点。有许多语言技巧可以使一些信息放在前面,同时把那些共享信息设置为背景。当我们听到一个句子时,我们似乎首先关注的是什么是新的、焦点的、典型的和被强调的信息(Chafe,1970;1980)。此时,已知的、次要的和无关紧要的事物的重要性就会被隐降低。

如果意识经验真的存在于一个隐选择语境中,我们怎样才能知道这些选择项被减少的过程?归根到底,是信息减少了不确质性。当然,答案有一部分是建立在5.1.3节讨论过的冗余效应。但是考虑到意识事物最明显的特征——它们是转瞬即逝的,我们很难在大脑中长时间保持一个有意识意象。通过再现,我们可以恢复某事物的内部语言,但是即便被再现的单词也会逐渐消失以及被很快腻厌(见5.1.3节)。知觉事物可以通过几种方式被恢复,但是我们总是为了某个特定目标才暂时保留它们，而不是长时间保留它们。有意识的知觉记忆，例如，视觉感官记忆或者听觉感官记忆的存储，仅仅能持续几百毫秒。有一种对意识事物短暂性的解释是认为适应性过程会连续地从意识事物中学习，减少它们的选择项，并蚕食提供的信息。如果这是正确的，那么随着适应性机制导致的不确定性减少，多数意识事物会快速丧失许多信息价值。消失的意识事物与适应性所要求的信息概念是一致的。

最后，注意当习惯性或自动化事物预测的条件被违反时，它们会再次变得有意识。如果它们因为冗余而变得无意识，一个使它们再次变得有意识的方法就是打破它们冗余的模型。而且事实上，当自行车的脚踏板脱落时，就会发生这样的现象，我们就会对大部分已变得自动的骑自行车这个行为的某些方面再次有意识。骑自行车，掌握平衡，等等，现在当它们变得有意识时，它们又再次负载信息了。这又证明了意识与信息内容是相互联系的。

5.1.3　冗余效应发生在处理过程的各个阶段

现在我们来讨论意识经验负载信息证据中证明力最强的证据：冗余效应。如果我们问一名心理学学生，练习是否会帮助人们处理新知识，他肯定会回答说："对，当然，重复会帮助你理解和记住它。"重复一个电话号码会帮助你想起它；而且如果我们不理解某个句子，重复阅读它肯定会让我们有更多的时间去思考它。但是，有一个基本例子，其中重复妨碍了而不是有助于意识进入。当我们已经了解某事物，再次重复它会有损于我们有意识地感知、理解、回忆和控制它的能力。换句话说，重复是否有助于意识进入取决于我们考虑的事物的信息价值。随着重复，只要信息增加了，意识的可用性就提高了；但是一旦刺激是已知的，重复它只会导致更多的冗余，导致意识的丧失。表 5-1 以简要形式展示了这个证据。

冗余——信息缺乏——可以被正式定义为不确质性消除后出现的某个信号，对于接收者而言已经为零。冗余表明输入信息与预测之间完全匹配。5.0 节所描述的选择语境减少到为一个单一表征，只有一个自由度，最大限度的确质性。在皮亚杰的同化和适应维度中，冗余对应着最末端的同化。

当然，多数时候，当我们注意某事物时，我们并不会等待完全适应出现。当我们把某个观点或某个知觉事物理解或澄清到某种程度时我们就满足了。然后我们就开始下一个事物。冗余效应代表了完全适应的一些极端例子，但是多数时间相对的适应我们就会满足。一旦有意识的信息被理解到某种程度，我们就转向下一个目标。

现在我们来看一些具体的例子。

1. 知觉冗余效应

对于不同的知觉、听觉、嗅觉、味觉和触觉，冗余效应是很明显的。在所有这些知觉中,我们可以对重复或持续性刺激快速从意识中消失进行模型化。在听觉例子中,米勒(Miller,1955)表明在几百毫秒后,被试所感知到的一阵突然的白噪声,其强度会快速下降。在嗅觉方面,我们每天都能察觉到我们忘记了某种气味,而这种气味在我们第一次闻到时绝对会引起我们的注意。多数人对周遭持续的气味是无意识的,但是对于新来的人来说却感受明显。呼吸这个动作,改变了气味和味道感受器中气味分子的浓度,可能正是这个动作改变了刺激,打破了感受器以前已适应的习惯性味道。同样,当多数美食在吃下满满第一口时,它就变得不那么美味了。美食家烹饪的菜肴通常都由精选的美味组成,这些味道具有对比性,以此再次唤醒我们对其他习惯性味道的品尝。而且读者可能能够证实此时我们以前感知到的物体——例如,某人的衣服——现在已经从意识中消失了。

有人可能反对上述观点,声称似乎视觉是与之不同的。视觉刺激的意识似乎不会随着重复刺激而消失,即使当我们固定地盯着某物体看时。但是该论断忽视了眼球运动的存在。除了头部和身体运动之外,我们的眼球处于连续不断地跳跃式运动中,既包括有意识运动,也包括无意识运动。只有眼睛持续地扫描一个有区别的视觉范围,新信息才会进入视网膜。因此只要眼球在运动,在视网膜感受器这个阶段,总是存在一些不确定信息。眼球运动很难完全停止,即使是幅度较大的眼球运动,而且一些连续不断的微小的眼球颤动(生理性眼球震颤)是不可能被有意识停止的。因此,在正常条件下,进入眼球的光线是不可能完全不变化以及可预测的。但是,人们可以人为战胜生理性眼球震颤,那么此时就会发生一些有意思的事情。例如,普里查德、赫伦和赫布(Pritchard et al.,1960)在一副隐形眼镜上镶嵌了一个微型投影器,然后把这副隐形眼镜固定在眼球上,因此随着眼球的运动,投影的意象也随之移动。在这种情况下,视觉意象在几秒钟之内就消失了。这种"固定视网膜像"方法表明:当连续的眼球运动不再维持视觉图像时,视觉仍然受快速适应的限制。同样,当人们看着一个明亮的但是无特色的区域时(经典的空虚视野),人们就会经历"黑视",此时视觉知觉一起消失了(Natsoulas,1982)。按照这种思路,奥斯瓦尔德(Qswald,1960)提供了一个极端例子:他让被试面对一组明亮灯光,这些灯光闪烁的频率是按照嘈杂的摇滚乐节奏安排的。他的报告说被试睡着了,眼睛却睁着。

实际上,所有知觉会连续改变它们与输入信息间的关系:鼻子呼吸空气,改变了气味的浓度;舌头试探性舔一舔,也会达到同样效果;手和身体通过移动和触摸来探查(触觉、触摸);多数哺乳动物的耳朵可以竖起来并定向,甚至我们人类在仔细倾听时也会朝着声音传来的方位竖起一只耳朵;当然耳朵会不停地寻找重要信息。因此,同一个物理事物可以通过许多不同方式进入感官系统,以此来避免适应性。但是在实验室中,我们可以证明真正连续的输入信息会很快从意识中消失。

再次注意意识消失并不意味着事物从神经系统中消失了。索科洛夫(Sokolov)的观点表明消失并不包括感受器的厌倦,或者出现了某种技能障碍。相反,随着重复使刺激物从意识中消失的事实是功能性的。它表明新一轮学习又开始了。

2. 概念冗余效应

适应性并不局限于知觉,它可能出现在分析的各个层次上。可以通过语义饱和来证明我们对抽象概念失去了意识。如果一个单词被用一种客观的机器人声音一遍又一遍重复朗读之后,就会看起来不一样,变得没有意义了,从前对它的那种熟悉感被疏远了(Amster,1964)。语义饱和与刺激物适应性相同,但是它出现在抽象层次上而不是知觉层次上。因此,这暗示着,负载信息这个标准并不仅仅适用于知觉和意象,也适用于概念思维。

也有人针对语义饱和的经验性效力提出了反对观点(Esposito and Pelton,1971),但是关于概念冗余的证据却是普遍存在的。对于任何领域的专家而言,他们通常都不会和初学者去交流专业知识,因为很难直接再回到这些知识中去(Anderson,1983),即使这些无意识知识仍然影响他们的行为和经验。

关于适应水平原理研究表明:选择语境会对概念事物进行评价,而选择语境是由以前的、对相同事物的经验所形成的(Helson,1964)。因此,判断某人是否快乐会深深地受到以前对快乐的判断的影响。通常,当一个人有了新的心仪事物时,例如,薪水增加了,理想的工作或者理想的伴侣,他会在一段时间内获得更多的快乐。但是,他很快会适应这个新环境,因此更新的事物就会由这个新形成的适应水平(AL)来评价。现在快乐程度相对于人的期望就降低了。另外,人们会不断提高他们的眼光,因此相对于他们所渴望的新心态,他们事实上是不快乐的。当然,在任何特定时刻适应水平——人们对世界成功预期的水平,并不能直接有意识的可得,尽管它由意识经验建立,而且它一旦被违反,就会再次变得有意识(5.3.4 节)。一般而言,关于这个世界我们了解得比较全面的那些方面,我们对它的意识最少。

3. 冗余目标也会从意识中消失,尽管它们仍旧会作为目标而运行

现在我们可以断定在目标、信息和意识之间存在直接联系,因为冗余目标也会从意识中消失(见 7.4.5 节)。一名研究生可能在研究生学习的开始阶段就很清楚他的目标是要获得更高一级的学位。但是一旦这个目标是可预期的,它就会从意识中消失。每一天,大量工作都是与子目标而不是最高层的目标联系在一起的,当然这些子目标都是获得更高一级学位这个目标所必做的工作。当某个学生去图书馆找一本书时,并不需要提醒他这样做是为了实现最终目标:他可能没有在图书馆找到这本书;他甚至可能没有通过考试。但是,如果所有子目标都失败了,且没有其他选择,他可能会开始考虑最高目标,而这个目标必定会再次成为有意识的。如果求学费用完了,如果这名学生在意外事故中伤残,等等,获得更高一级的学位这个最高层次的目标就会进入意识之中,而且他会开始考虑其他选择。但是只要目标是可预期的,它们就会和其他潜在意识事物那样处于无意识之中。

其实,获得研究生学位这个目标可能是一个不太好的例子,因为它是社会都认同的目标,人们可以和其他人就此进行交流,因此这个目标不会变得冗余,而是负载信息的。因此获得研究生学位这个目标很容易被提取,即使是它已变成老生常谈,它会被经常拿出来谈论。同样,教师也能够提取那些专业人士已经对其无意识的信息,因为老师必须与学生谈论这些预设信息,而学生并不知道这些预设假定。从这一点来看,也许连续的个人目标更难以变得有意识。因此获得他人尊敬和爱戴这类目标有可能是已经预设的和无意识的,即使当我们追求它的子目标时也一样。或者增强对某人社会管制的目标,比竞争者更出色的目标,也可能是无意识的,但它们依旧为人们所追求。由此可见,对目标的适应很像压抑(7.8.2 节),也就是说,人们会本能地否定所设的一些目标,即使这些无意识的常见目标仍旧继续指引人们的行为。

4. 冗余效应并不局限于意识过程,所有神经系统都能适应可预期的输入信息

意识经验并不是唯一具有适应性的事物。对重复输入信息的选择性适应似乎是神经组织的一个普遍特征(Kaidel et al. ,1960)。即使一个单一的神经元也会在一小段时间内对某特定频率的电刺激作出反应;之后,它对这个频率就不再有反应,但是会继续对其他频率作出反应。例如,一个 300 赫兹的脉冲列足以使一个神经元启动,除非这个神经元适应了。之后,它就不会因为 300 赫兹的刺激而启动了,尽管它会继续针对少于 280 赫兹或者多于 330 赫兹的刺激而启动(Kaidel et al. ,1960)。神经元的适应是选择性的,就如同定向反应的适应是选择性的一样(1. 4. 1 节)。另外,索科洛夫的观点也可以在此适用:厌倦并不能解释选择性适应,因为神经元会继续对未适应的频率作出反应。

在神经系统许多不同的组织层次中,都可以观察到选择性适应:单个细胞,神经元组成的较小的联合体,大的细胞核和路径;一个完整的感知和运动系统,以及整个神经系统(Tighe and Leaton,1976)。在我们的理论研究中,这一点非常重要,因为它预示着所有专门处理器都会适应(匹配)输入信息,而且当它们适应之后,它们就处于休眠状态。但是在局部神经元适应和对某经验丧失意识间有什么区别呢? 下面,我们的观点是丧失意识是许多局部神经元适应后产生的整体性结果。

5.1.4 适应系统能为后来的意识经验提供新语境

在一些意识事物被完全匹配后,又会出现什么情况呢? 我们前面提出输入信息并不会消失;那么是什么消失了呢? 第 4 章推断意识的一个主要功能是为后来的意识经验唤醒一个恰当语境。现在我们将把这个观点延伸至建立一个新语境。一个有趣的可能性是适应意识输入信息的系统建立了新语境,这个语境会形成未来的意识事物。回到本章的题词,现在我们就可以解释詹姆斯的评论:“当雷声划

过的时候我们听到的并不仅仅是雷声,还有雷声打破的静寂并与之形成的对比。”适应了静寂的这些系统,于是会预测随后持续的静寂,但是随着雷声的砰然巨响,它们必定发生巨大改变。而且,相对于雷声的经验,它们已经变成了语境:它们告诉我们不仅是出现了雷声,而且雷声与前面的声音是多么不同。

我们将详细讨论两个例子:第一个是关于开车的例子,第二个是科学概念发展的例子。

1. 一个知觉-运动方面的例子:被适应的意识内容可以建立一个新语境

当我们刚开始学开车时,我们对方向盘、变速杆、踏脚板等都是有意识的。但是一旦学会了开车,我们对这些事物的意识就会降到最低,而且我们主要关心的是路面情况:进行路面的拐弯,处理流动的车辆,避开路面的行人。开车的技术变成了我们体验路面情况的无意识语境的一部分。但是即使我们对路面的了解仅达到最低的意识程度,即如果我们完全可以预期它,此时我们开车时,大部分意识就会用来思考不同的目的地、长期目标,等等,道路本身就变成了语境。整个过程就类似于爱丽丝带着望远镜前行一样,进入一个新的现实,就暂时忘记了这并不仅仅是现实。以前的有意识事物在面对新现实时变成预设了。其实,一般来说,当工具和子目标变得可预测和自动化时,它们就成了语境。

在学习开车之前,我们会有意识地思考如何运用变速杆和方向盘等种种具体细节。我们并不知道转方向盘需要多大力气,也不知道如何朝不同方向拉变速杆。我们对这些行为没有“感觉”。它们都是悬而未决的选择。当然,它们受它们自己以前语境的限制。但是,在我们表征这些事物时,具有相当大的自由度。

当然,即使在适应后,神经系统仍然会表征和处理油门踏板上脚的压力以及转动方向盘所需的力度。当这些因素不再有意识时,它们并不会消失:通过一个适应性学习过程它们仅仅是变得可预测了。学习或适应,事实上,可以被界定为减少了某个领域的选择项。当复杂性被大幅减少时,我们就成功地学会了。在本章中,我们的根本观点是把选择项减少到一个会导致我们对刺激源丧失意识的程度。事实上,伴随着适应和自动化而产生的意识丧失可以作为一个信号,即标志着学习完成了。

但是,为什么以及什么时候驾驶行为变得自动化,而我们又对道路有了意识?可能在我们的目标中道路比驾驶负载了更多的学习内容。避开另一辆车,拐过一个黑暗角落,因为某个行人而踩刹车,比起驾驶方向盘,它们更不可预测。这些是非常重要的区别。但是一旦我们对道路本身习以为常了、可预测了,它就会变成其他事物的语境,等等,依次类推。

注意目标会为意识领域提供一些限定条件。事实上,目标包括了选择语境的种类(4.0节,6.0节)。我们在十字路口是否重视选择决定着我们是否将到达我们的目的地(我们短时的目标),而安全驾驶决定我们是否能够生存(一个永久性的目标)。像其他目标一样,这些目标在形成我们的行为和经验时通常不是有意识的。在避开另一辆车的行为中,我们并不会有意识地提醒自己我们想要活下去。我们可以把有目的的行为解释为负载了某种信息,而目标在选项的目标语境中具有重要的意义。目标语境详细列出了一系列我们的行为可以选择的各个目标,因此就重要性的不同层次而言,我们有目的的行为都是负载信息的。不去撞到那个行人就选择了不伤害别人这个目标、避免卷入法律纠纷这个目标以及我们用最小的代价到达我们的目的地这个目标。它们都是重要目标。一些目标比另一些目标更为重要,而一些目标是更高目标的子目标。在所有这些例子中,从在语境目标等级中选择目标选项这个意义上,我们可以把意识事物和自主行为视为负载信息。

一个语境系统并不会终生处于无意识状态。它可以被去语境化,而再次进入意识经验领域。假如我们已经习惯了驾驶动力方向盘的汽车,有一天动力方向盘坏了,方向盘突然就会变得难以掌握,尤其是慢速行驶时。我们关于转动方向盘所需力量的语境预测就被打破了;我们驾驶汽车的策略就必须改变。现在转动方向盘这个行为就变得有意识了。当以前的语境过程变成意识经验客体时,以前可预测的事物就被分解为几个不同的选择项。我们注意到为了以最少的力气转动方向盘,我们必须使汽车继续行驶。以前这是我们并没有考虑过的,但现在却变得有关联了。可能新意识信息展示的这个目标有助于揭示新情况对于驾驶汽车整体目标具有重要意义。这种对以前无意识的工具和操纵装置的去语境化现象很普遍。如果我们的手臂断了,这个正常的身体语境预设的部分就会变成经验的客体,现在它就包括了意识选择:手臂,也变得去语境化了。

这种观点对语境作出了一种新理解(4.0 节)。在这个意义上,语境是由神经系统已经适应的事物所组成的;它是新信息得以被界定的背景(图 5-2)。在概念层次上我们也可以得出相同的结论,这就是下面将要讨论的。

2. 概念预设例子:意识内容可以变成新语境

概念例子为我们提供了另一个关于适应性产生语境的范例。我们前面提到一个例子,所有有意识概念都存在于先前无意识预设框架中(4.2.2 节)。没有这种预设,概念本身就会完全不同。现在我们推断这种预设知识仅仅是先前意识概念的产物。当我们第一次遇到一个有着不同文化背景的人时,我们对已经预设的许多事物都会产生意识:这个人说话时,可能站在离我们不舒服的位置,他可能有不同的概念预设,等等。如果我们在那种文化中生活一段时间,所有这些显著特征都会消失,当我们再次观察我们自己古老的文化时,我们反而觉得震惊,以前预设的观点和行为现在变得有意识了。同样,它是使这些观点突显出来的对照物和转换物。比起初学者,专家对这些内容基本上没有意识了。

通常我们会引用语境化和去语境化现象。当我们遇到关于现实的新假定时,我们常常需要去明确地理解它。这并不意味着我们必须从文字上定义它们;只要

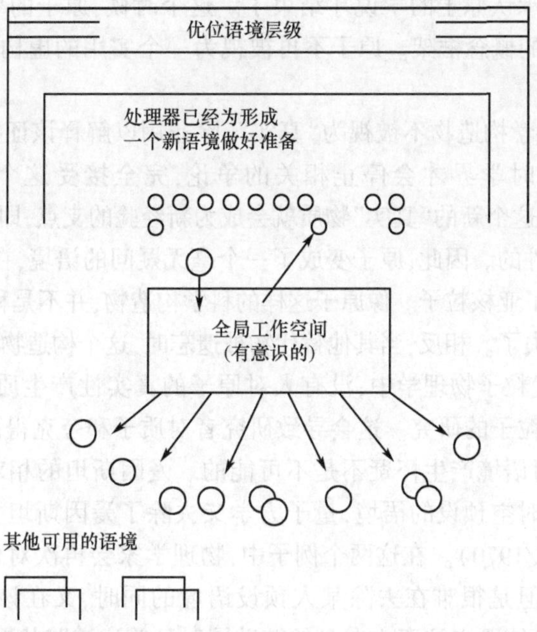

图 5-2　意识事件有助于创建新语境并激发旧语境

意识事件,当接受系统适应它们时,就会有助于创建一个新语境。在图 5-2 中,处理器的联合体已经为建立一个新语境作好了准备,但是需要一些新部分,只能通过全局工作空间有意识地提供。习惯后,或者更快的方式,有意识的知觉或理解之后,这些新部分可以与接受系统融合——例如,启动例子(4.1.1 节)。适应一旦发生,新语境就有助于形成未来的意识事件而其本身不会变得有意识。注意存在的语境也能由某个意识内容唤起,不一定通过删除而重建

能够在两个不同的观点间进行对比就足够了,例如,政治右派与左派观点的比较。一旦我们熟悉了这些比较,它们就会变得自动化和语境化,因此它们就可以形成随后的观点,而其本身并不需要变得有意识。但是,如果这个新语境被违反了,它就会去语境化;以前无意识的右翼和左翼间政治观点的比较,就会再次变得有意识(事实上,去语境化和上面提到的对象化很像)。

以创建科学真理过程为例,如原子发现过程。在现代,最早关于原子存在的假定要追溯到 19 世纪初的道尔顿,他发现电流可以使水分解为两份氢和一份氧。道尔顿假定微小的不可分的氢和氧粒子(希腊语:原子)是以 2 : 1 的比例构成了水。但是这个假说并没有建立起关于原子和分子的科学真理;在 19 世纪后半叶它仅仅作为学界不间断的学术讨论,赞成和反对的双方都提供了许多事实以证明各自的观点。

一些科学家不相信存在原子,或者仅仅把它视为一种方法上有用的虚构物,不具有任何真实性。他们提出了很多论据支持他们的观点:并不是所有物质都能够按照这个简单的比例分割为各个成分;被假定的成分间的关系是混乱的,直到 19 世纪末它们才可以被有序地组织起来。原子这个事实直到其各种替代物被减少到一个时,才被普遍地认可(图 5-2)。随着爱因斯坦在 20 世纪初提出的理论(Kuhn,

1970),其他的不承认原子的学说才结束了。这个时候,原子的事实才变成关于这个世界的新观点的概念框架。原子不再被视为一个实用的虚构物,它们是“真实”的物质。

通常,似乎科学构造物不被视为“真实”,除非用以解释该证据的其他方法被证明是错误的。此时学界才会停止相关的争论,完全接受这个新构造物(Baars,1986a)。事实上,这个新的“真实”物质就会成为新经验的支点,即新经验是以这个新构造物为前提条件的。因此,原子变成了一个毫无疑问的语境,在这个语境中,现代物理学家又发现了亚核粒子。像原子这样的科学构造物,并不是科学家接受它之后,它就从意识中消失了。相反,当其他替代物被遗忘时,这个构造物才被接受。

因此,在现代粒子物理学中,没有人对原子的真实性产生质疑,这样做只会危及亚原子和亚核粒子的研究。这会导致研究者对质子和夸克得以被界定的语境产生怀疑。当然,对语境产生怀疑不是不可能的。爱因斯坦的相对论原理就去除了牛顿原理中关于时空预设的语境,量子力学又去除了爱因斯坦关于决定论预设的语境(Kuhn,1962/1970)。在这两个例子中,物理学家会再次对他们预设事物的替代物产生意识。但是很难在去除某人预设语境的同时,又在该语境中研究课题。开车时,人们不可能既专注于方向盘的转动同时又关注道路状况。一般而言,一个语境必须保持稳定、预设和几乎无意识的状态,才能使我们可以专注于被该语境界定的事物。

开车这样的知觉运动任务和追求科学真实之间的类似性非常有趣。它们暗示了知觉领域的意识和概念领域的意识如科学可能遵循相同的法则。诸如可预测性和不确质性、信息负载和冗余、选择的语境和去语境化等概念有着广泛的适用范围。

本节要点是人类可以在所有层次上适应信息:知觉、意象、概念、运动神经甚至动机。当他们适应之后,他们对所学内容就不再具有意识。在下一节,我们认为人们也会去搜寻负载信息的输入信息,因此它们其实是互补的两种趋势。

5.2 人们也在许多层次上搜寻信息

至此,我们已经讨论了神经系统适应意识事物的几种方式,从而降低对该事物的意识。

但是也可能出现相反的过程:大量证据表明,人们会寻找新颖的和负载信息的意识内容。我们不会坐等知觉的消失,我们总是会去寻找新的和有趣的事物。简而言之,存在着两种趋势:一种是随着适应性而减少意识的趋势,另一种是通过寻找负载信息的刺激而增强意识的抵消趋势。这两种趋势可能会轮流出现,因此我们会寻找意识信息,然后适应它,再寻找新的信息源,然后再适应它,等等(图5-3)。这个过程形成了一个自我调节的体内平衡状态,这个平衡状态会趋向于最佳的信息流。在本节中,我们会在不同的意识层次上研究信息的搜寻:知觉、概念过程以及目标领域。在此领域信息搜寻有助于界定意识输入信息的重要性。

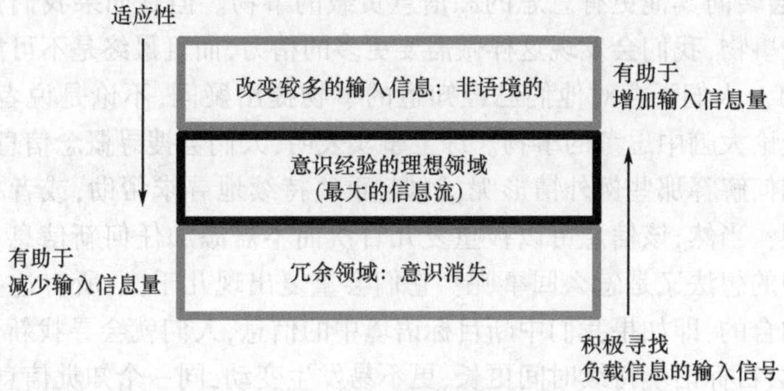

图 5-3　适应性 VS 新信息的搜寻

意识与信息密切相关。大脑似乎在趋向理想信息流中保持平衡。负载信息的输入量被定义为能减少不确质性的输入信息，无论是知觉、概念还是在目标语境中。如果不确质性过多，就没有足够的语境去限定意识经验或事件。相反，如果太过确定，输入信息就是冗余的，会从意识中消失。通常，系统会尽可能避免极端的确质性和冗余性，系统会趋向于新颖性范围的中间，此时信息量是最优的

5.2.1　知觉领域会以该领域中信息负载部分为目标

在自然界，动物的所有感官都会集合起来进行积极的、一致的寻找。一旦听到一个惊奇的声音，狗会竖起它的耳朵；它会向发出声音的方向看去；它的瞳孔就会扩大，肺活量会增大以帮助呼吸空气，鼻孔会张大以帮助它更好地闻味；当空气通过舌头时动物甚至会尝尝吸入的空气。如果声音对小狗有吸引力，小狗就会向声音的方向走去，通常会嗅嗅、看看、听听和舔舔这个有趣的东西。这是在积极寻找信息，因为信息在寻找食物、寻找社交和性伴侣、避开危险，以及寻找新奇东西时非常重要。

相反，在实验室中，我们通常一次只能研究一种知觉系统，但是同样会出现这种对信息不可抵挡的偏好。大量证据表明，眼睛的运动会集中在场景中负载最多信息量的部分（Kahneman，1973；Yarbus，1967）。让人们在可预测和不可预测事物之间选择，人们会选择那些适度的不可预测事物：它们有足够的信息量让人们觉得有意思，但又不至于多到让人觉得复杂或太过新颖而让人困惑（Garner，1974）。另外被公认的是，动物和人类并不是因为食物或其他奖励而寻找负载信息的刺激的（Harlow，1953）。

下面我们会发现，这种对信息无休止地搜寻同样也是概念过程的特征，概念过程是抽象的，且不能被直接还原为知觉或意象。

5.2.2　概念过程以信息负载内容为目标

一般而言，“信息负载”是写论文时的一个主要原则（Clark H H and Clark E V，

1977)。事实上,违反这个原则就会显得很奇怪。当同一个概念信息被重复多次之后,我们就会转向其他更有意思的和信息负载的事物。但是如果我们仍然试图关注这个冗余事物,我们会发现这样做需要更多的精力,而且最终是不可能的(Mackworth,1970)。人们不会对他们已经知道的事物提出疑问,不论是说者还是听者,他们总是谈论大脑中思考的事物。综上事实表明,人们会搜寻概念信息。

但是如何解释那些例外情形呢,例如,重复持续地寻求帮助,或者小孩子追求的某种愿望?当然,该信息可以被重复几百次而不需添加任何新信息。那些一直萦绕在心中的想法又是怎么回事呢?它们会重复出现几千次,所有这些例子与这个观点是吻合的,即如果我们中断目标语境中的信息,人们就会寻找新信息。与知觉语境相比,目标语境持续时间更长,更不易发生变动,同一个知觉信息——“我可以玩一下那个玩具吗?”在目标语境中可以重复一遍又一遍而不失去其负载的信息量(5.2.3 节)。

我们可以用图 5-3 来概括这些现象,唯一的区别是概念过程涉及表征更抽象的层次。显然搜寻信息可以在表征的许多层次上进行,就如对信息的适应可以发生在表征的所有层次一样。

5.2.3 目标语境界定需要注意的重要信息

多数意识观点都是为目标服务的,而且是实现目标的手段。思想抽样调查研究表明:大学生 40% 的时间都被与目标相关的想法和意象占用了(Klinger,1971;Singer,1984)。但即使是看起来没有目标的想法也可能是受到目标的指引,而这些目标在当时是无意识的(Horowitz,1975a;1975b;Pope and Singer,1978;见第 6 章),即使白日梦也可能具有特殊目标。

在本节中,我们会引用证明目标语境界定“重要”信息的证据,即人们对能减少目标限定语境中不确质性的信息非常敏感。这些信息会变成注意的对象:我们会对它们有意识。在小孩想要一个新的、具有吸引力的玩具这个例子中,它意味着输入信息可能在其他层次被不断重复,但是在目标语境中却仍然负载信息。我们仍然会寻找那些在知觉和概念上冗余的信息,只要它在优位目标语境中是重要的。

目标比任意刺激或概念更重要。事实上,心理学的重要性是由目标界定的。它们有助于所有动物为信息建立更高层次的语境。吃、喝、避开危险和不舒适、与其他动物合作与竞争等,所有这些行为都是由目标界定的。在这个意义上,与目标相关的输入信息在本质上就负载信息(6.0 节,7.0 节)。我们可以用刺激适应性这个例子来检验它:当一个刺激对于某个饥饿的动物而言意味着食物时,该动物在该定向反应适应前需要重复许多次。但是当该动物被喂饱时,重复同样的刺激会导致对定向的快速适应(Sokolov,1963)。条件反射通常包括利用生理上的重要目标进行强化刺激:吃、喝、避免疼痛等。而且经典条件反射深深依赖于通过条件刺激获得的有关重要的(与目标相关的)、非条件刺激的大量信息(Rescorla and Wagner,1972)。

显然,人们会搜寻周遭的重要信息,而且尽可能对它们产生意识。不管我们多么努力,对重复刺激所作的注意控制还是会快速消失,但是通过对成功与失败进行赏罚,它就能够复活,即此时我们会在有意识警觉和当前重要目标间建立直接联系(Mackworth,1970)。当存在金钱奖励或惩罚时,或当生存依赖与警觉时,例如,战时潜水艇中的声呐兵,此时我们就会在某种程度上战胜冗余刺激物会从意识中消除这个趋势。因此目标语境界定重要性,以及我们会积极搜寻重要信息这个观点似乎是证据充足的。此处,我们可以通过组建一个目标语境帮助维持 GW 中的相关信息使这种联系模型化。

5.2.4　小结:搜寻与适应信息

这一章提到了两种抵消趋势:搜寻信息和适应信息。第一个趋势产生了更多的意识,第二个趋势却是减少意识。显然我们的模型应当反映这两种趋势,它们相互抵消并最终达到了平衡(图 5-2)。到目前为止,在整个黑板上,这个图是非常一致的。知觉系统是对信息而不是物质能量具有高度敏感性。概念和目标构成都对信息具有敏感性,重要的区别在于是否能引起适应过程。另外,在信息和意识之间存在着一种特殊关系,这可以从冗余刺激从意识中消失这个事实中观察到(这个规则的例外情形在 5.4 节讨论)。再次注意,在一般情况下,适应性不是完全的:当日常事物部分具有了冗余,但是负载了更多信息时,该事物就会引起我们的注意。

5.3　模型 3:解释理论中的信息负载

现在我们开始用全局工作空间理论术语来解释这些证据。图 5-4 对这些事实进行了描述,即输入信息如何有助于在几个选项中进行选择,当然这几个选项是由某个稳定语境限定的。当一个选项被一遍又一遍选择时,语境就会开始惯例性预测它,直到最后当该刺激出现时,不再需要意识的介入。此时,在输入信息和它的心理表征之间可能会建立新的无意识关联,或者可能进行短暂的全局展示,它展示的时间会越来越短,直到它难以报告(2.4.2 节)。输入信息变得越来越可预测,对于心理表征而言它就越来越冗余,我们对它的意识就会越来越少。

5.3.1　系统是如何知道何为信息负载

全局工作空间系统是如何决定一些输入信息是否负载信息的?有时我们仅仅被告之某个意识信息源是重要的,即我们接受了去注意它的目标(见第 8 章)。事实上,我们在达尔马提亚人例子中就是这样做的:读者仅仅被要求去注意这个范例(5.1.1 节)。因此有时什么成为意识是由目标控制的。但是,即使当我们试图去注意一个厌倦的和重复的刺激时,短时间还行,但时间一长我们就会发现这非常困

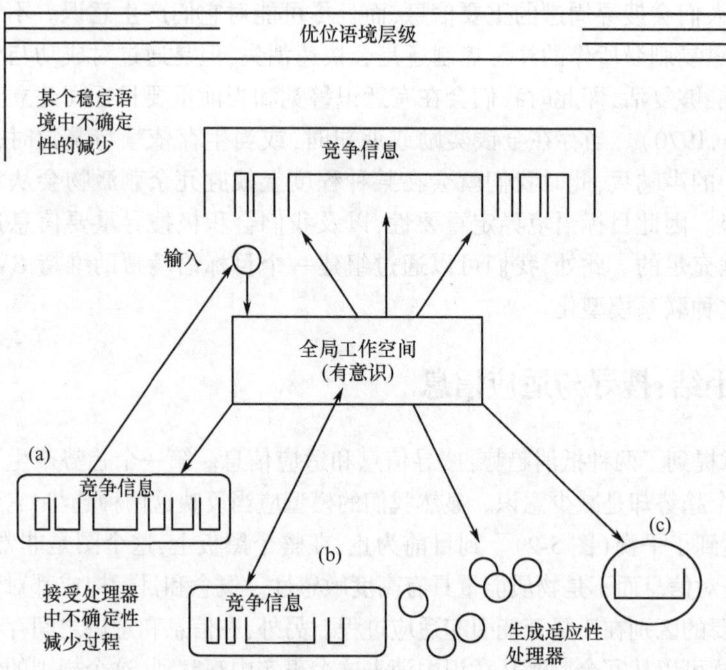

图 5-4 在语境和接收处理器中意识涉及不确质性的减少

意识似乎具有信息功能，可以被定义为在语境和接收处理器中不确质性的减少。不确质性是由适应（匹配）过程减少的，适应过程会持续下去直到激活的替换性分析处理器的数目为一个，如（c）。处理器会将它们对意识内容中感兴趣的部分反馈回来，只要还存在不确质性需要减少（注意反馈有两种方式：从接收处理器到输入处理器（a）的单向反馈和（b）中的双向反馈）。反馈循环有助于解释普遍存在冗余效应，这表明被适应的重复性输入信息会从意识中消失。适应处理器可能不再反馈它们感兴趣的部分，因此不再支持意识信息。图 5-4 右边的适应处理器（c）没有反馈箭头，它的形成表明又回到了接收处理器正常的圆形

难。另外，矛盾观点进入大脑，不论我们多么努力去注意它，刺激还是会消失。但是，当然有些信息本身是有趣的，即使它可能不能执行当前活跃的某个目标（Harlow，1953）。因此系统必定存在某些方式，这些方式决定了输入信号是否负载信息，同时这些方法独立于被目标控制的注意力。

最具合理性的推测是它们是由系统中的听众来决定的。对全局性信息感兴趣的专门处理器可能会把它们感兴趣的东西不断地反馈回来，直到所有可用信息被完全吸收，或者直到其他意识内容负载更多信息。前面我们把这称为“大脑的尼尔森收视率”，它类似于对美国不同电视节目的受欢迎程度所作的不间断评估。在模型 3 中，我们把它表示为从接收处理器出发再到全局性信息的反馈环。也许如果接收处理器停止反馈它们感兴趣的东西，我们对重复刺激就不再有意识了。图 5-5 就展示了这种反馈环。

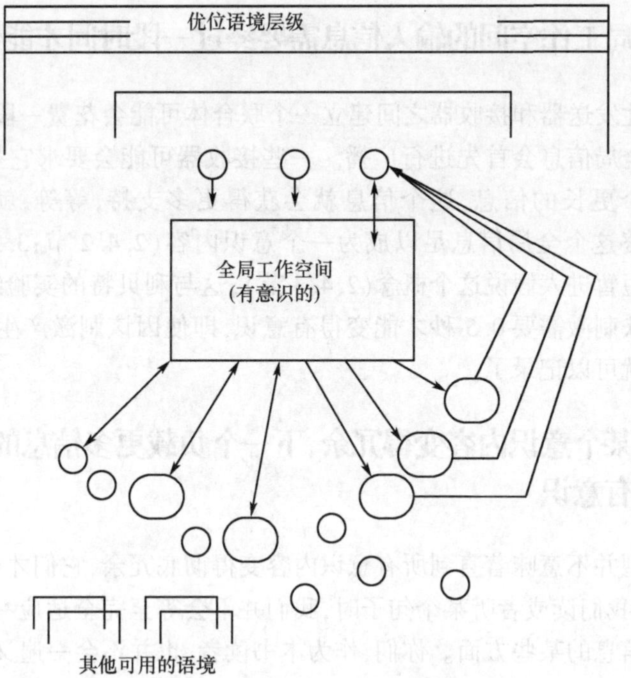

图 5-5　模型 3:来自适应处理器的反馈

冗余效应可以用来自适应处理器的反馈进行解释(用四个角是圆形的长方形表示),适应处理器为了适应意识内容仍然保持全局存取(图 5-4),这与模型 1A(图 3-3)是相同的,这意味着神经生物学证据试图证明的反馈循环是存在的;从功能性、心理学的角度,当前模型支持了这个推断(为了简化起见,以后的模型不再显示这个反馈循环,而仅仅用一个双向箭头来表示适应性和反馈)

注意,模型 3 和我们在第 3 章(模型 1A)讨论的生物学证据完全吻合。其实在大脑皮层、其他组织到扩散性网状丘脑激活系统之间也存在反馈环。这也和所有神经结构,小到单一神经元都会习惯某个刺激的特定方式这个事实一致。专门处理器接受全局信息,当它们适应该信息后,它们就不再反馈,不需要更多全局信息了。

在接收处理器和支持该信息的处理器之间存在联合体结构。就好像电视机安装了一个反馈装置,电视台通过这个装置能够知道有多少人收看节目。当节目受到欢迎时,听众有机会支持输入处理器——该节目的演员、编剧和制片人。在大脑中也有一个联合体在支持意识内容。但是当听众适应该广播时,广播内容就变得可预测和不负载信息了,因此继续观看节目的人就会越来越少。这个联合体就解散了,然后又会对另一个全局信息再次形成一个联合体。

简而言之,意识经验推断接收处理器在适应全局意识信息时会反馈回它们感兴趣的东西(5.0 节)。换句话说,任何意识信息必然是全局性信息负载。

5.3.2 全局工作空间的输入信息需要经过一段时间才能变成有意识

在全局性发送器和接收器之间建立一个联合体可能会花费一段时间。一个短暂的试探性全局信息会首先进行广播。一些接收器可能会要求它提供更多信息，从而产生一个更长的信息，这个信息就会获得更多支持，等等，就像"滚雪球一样"，直到最终这个全局信息足以成为一个意识内容(2.4.2 节;3.2.1 节)。前面我们引用了短暂进入假说这个概念(2.4.3 节)，这与利贝特的实验结果一致，即中等强度的皮肤刺激需要 0.5 秒才能变得有意识，即使因该刺激产生的大脑皮层活动在此之前就可以记录了。

5.3.3 当某个意识内容变得冗余，下一个负载更多信息的输入就会变得有意识

这个模型并不意味着直到所有意识内容变得彻底冗余，它们才会被完全适应。多数时候，当我们读或者听某个句子时，我们并不会等至完全适应——我们仅仅需要适应输入信息的某些方面。你们，作为本书读者，也并不会一遍又一遍阅读每一个单词或句子，直到语义饱和的程度——你们只需要达到瞬间"茅塞顿开"就足够了。事实上，模型假定的是一种相对适应：我们在某种程度上适应某个意识内容，可能直到我们觉得已经理解了它。随后，我们可能搜寻其他潜在意识内容，看看是否还有更重要的信息或者更强能力的信息，足以建立一个接收器的联合体来支持它获得优势地位。

5.3.4 信息负载和对象化与冗余性和语境化

我们已经推测，在信息适应阶段中会对刺激物进行选择，不论是显选择还是隐选择。即使是在一张简单白纸上的黑线条也意味着存在隐图形——背景的比较；相对于以前的视觉强度以及周围对比性区域等，纸张和线条的明亮度是隐式的。没有隐比较就没有意识内容。

这一观点对语境化与对象化这个问题产生了有趣的影响。意识内容总是对象化的，即使抽象事物和过程也会被具体化并被视为对象。我们谈论"数学""民主"和"过程"，就好像它们是椅子、桌子和铅笔这样的事物一样。当然，当这些观点变得完全可预测时，它们被习惯和自动化了，就会从意识中消失，即使它们会限制将来的意识经验。也就是说，按照我们的定义，它们变成了语境，它们限制着意识经验，但它们本身并不是有意识的。我们把这个过程称为语境化。前面我们谈论的违反预设的例子出现了相反的过程。当预设的语境限制被违反时，它们会变得有意识，因此它们变得对象化了(去语境化)。它们从语境变成

了意识对象——变成了经验和思考对象。语境化和对象化这两个概念有广泛的适用范围(见第9章)。

5.4　当重复的经验没有在大脑中消退时,信息负载是意识经验的必要条件吗

信息负载是意识事物的必要条件这个观点建立在前面讨论过的冗余效应之上。在这些例子中,当输入信息被一遍又一遍地重复时,最终它就会从意识中消失。这个效应普遍存在:它们存在于所有知觉中、心理意象中、运动技能中,以及概念过程中。但是,如果冗余效应存在明显的例外时,意识与信息间存在必然联系这个假说就无法维系了。如果存在真实的反例,它就会摧毁"必要条件"这个观点。这一节对一些反例进行了论证,发现它们其实仍然是在一个广义信息原理框架下运行的。"必要条件"这个观点,我们认为,是站得住脚的。

5.4.1　日常生活中,冗余效应的似假性

所有意识经验当其变得自动、可预测时就会消失这个观点有一些不合理之处。如果这个观点是真的,那么我们每天又怎么体验去上班的同一条路呢?或者同一把餐椅,同一张床,朋友、家人他们不变的脸?初看起来,信息负载观点荒谬吗?一些冗余效应,例如,前面讨论的停止的视网膜图像,仅仅出现在实验室条件下。是否可能是实验室创造了一个人为的在现实生活中并不存在的环境呢?

有些相反的例证确实造成了严峻的挑战,但有些例子却没有产生这样的效果。例如,奈瑟训练被试在单词列表中寻找某个单词,或者在有许多头像的某张照片中寻找某张面孔(Neisser,1967)。被试会完成得相当好,因为目标面孔似乎会快速从人群中自动"跳出来"。在这些例子中,任务的自动化似乎导致了意识的提取,而不是意识的消失。但是这是一个假的反论据。如果练习的任务包括了意识提取,那么当然在该任务中的练习必定会导致更多有效的意识提取。在奈瑟研究中变得自动化的是注意行为,使事物有意识的行为,而不是我们对其有意识的对象。人群中的特殊面孔,或者在特定环境中寻找的面孔,是很新颖的、信息负载的(见8.0节)。如果这个观点是正确的,那么注意行为就会从意识中消失,而目标并不会消失。奈瑟的研究并没有对重复的意识内容随着冗余而消失这个观点构成一个真正的反论据。

有些反论据更为棘手。在这些例子中,我们并不是对意识习惯了,而是我们会继续对重复的经验有意识。巴甫洛夫观察到置身于重复声音中的小狗会"自动地去习惯",以及慢性疼痛绝不会永久地从患者意识中消失这样的例子。即使停止的视网膜图像也不会永远消失,它们会以另一种方式重新出现,因此单词"BEER"会消失,但又会以"PEER""PEEP""REFP"等方式重新出现。这些例子可能构成真

正的反论据。5.4.2 节中提出如果我们考虑到这样一个事实,即如果解释某个事物的语境改变了,即使该事物不断重复,它仍然能够是信息负载的,那么我们就可以不理会这些反论据,仍然坚持信息负载的假说。这也符合对信息所下的正式定义(Shannon and Weaver,1949),它允许一个重复信号仍然产生信息,即使接受该信号的选择语境发生了改变。信息是一个关于信号与其语境间关系的问题,而不仅仅是信号或语境。因此,在重复事件并没有消失的例子中,我们要查明的是该事件的解释语境是否发生了改变。

现在我们详细探讨这些观点。

5.4.2 一些貌似的反例

在下面的例子中,重复事物的意识并没有消失。

(1) 变化性。同一个事物看似被不断重复,但事实上在输入信息方面却存在一些变化。视觉信息就是这样的例子。如果信息负载假说是正确的,我们就可以想象固定地盯着一个闹钟看会导致这个闹钟从意识中消失。但事实上,这个闹钟仍然待在意识之中。但是,这仅仅是因为我们不能控制自发的眼球运动,尤其是生理性眼球震颤。可能我们仅仅是固定地盯着闹钟看——其实,输入信息发生了变化。同样,如果技巧是变化的,那么技巧学习过程的自动化就不会出现。

(2) 学习。如果重复刺激没有被完全学会,意识的消失就不会发生,因此随着每一次重复,该内容会被理解得更深刻,因此它不会变成真正的冗余。这种重复会产生经典学习曲线,练习和学习间的关系比普通的冗余效应更广为人知。

(3) 相对适应。如果我们对某个事物的重复并没达到完全适应的程度,意识的消失就不会发生。一旦对某个事物产生了足够的适应度,我们就会停止对该事物的意识,把意识转移到另一个事物上。我们想要听某个重复的单词,但事实上,某个想法、某种感受或者某个意象就会进入我们大脑,它们甚至会发生在该重复单词消失之前。多数时间,如上面提到的,我们会满足于一种相对适应。

(4) 歧义性。如果刺激是歧义的且能够被重新解释,冗余就不会快速出现,因为我们会对刺激产生与以前不同的意识。

我们前面已经讨论了世界普遍存在部分歧义性(2.3.2 节)。语言就充满了歧义性;社会交往中也有歧义性;未来也具有不可知性和歧义性;我们身体的觉醒常常也可以用几种方式来解释;而且概念歧义更为普遍,即使是在科学上也是如此。

在艺术、文学、音乐、数学和科学中都可以发现对歧义重新进行无意识解释的例子。这些例子都是极佳的自然主义例证。任何一段复调音乐都表明在数字-图形方面存在歧义。如果我们关注的是某一段主旋律,其他旋律就会成为我们知觉经验的"背景"。从这个意义上,我们可以通过多种不同方式来体验所有的复调音乐。进而,甚至是一段单一的主旋律也会被重新解释,因为我们在听到它之前会不断地就接下来的几个音符产生预想;如果作曲家够聪明的话,他就会转到一个意想不到的旋律上,从而给听众带来惊喜。真正伟大的作曲家在处理旋律时,总是交替使用可预测和不可预测的音调,给我们带来不断的惊奇和愉悦。

音乐家总会在同一段曲子中找到新的、不同的兴奋点,即使这段曲子在一段时间内已经被重复了几百遍。这段音乐不会从意识中消失,而是被不断地重新理解,这也适用于其他形式的艺术。严肃艺术在它刚出现时,并不会被完全理解。在我们能够充分欣赏它之前,它们需要被多层次的重新解释。重新解释会自发地出现,仅仅通过使人们对该作品有意识的方法,或者在自主控制引导下。

(5) 重要性和目的。一个重复刺激,如果它的重要性超过了它本身且它的重要性还没有被完全适应,它就不会从意识中消失。如果注意这个重复刺激是当前的目的,尤其当观察者接收到其目的成败与否的反馈时,该刺激就不会变得冗余。可能的情形是,目标越重要,我们就越能够排斥冗余性,因此刺激,可能在知觉上是冗余的,但在观察者的优位目标语境中仍然传递着信息。

假如两个人正开车去一个新地方,但是只有司机在寻找去往该地方的道路,而乘客只是在欣赏风景。一个星期后当他们到达目的地时,谁有可能把路记得更准确?众所周知,答案会是司机,尽管这个乘客经验了同系列物质性刺激。不同的是司机在体验时是以一种目的性方式,考虑着是否朝这边或那边拐弯,注意重要路口标示的显著标记,等等。司机的意识经验是由目的来指引的,而乘客的经验相对而言是无目的的。

对同一个事物,如果人们怀有不同的目的,他们就会产生不同的意识经验,他们对该事物的记忆也会不同。因此皮歇特和安德逊(Pichert and Anderson,1977)就曾做了一个实验,即告知两组被试有两个小孩在一个房间玩耍。他们告诉第一组被试以一个买房者的心态去观察这个房间,但是他们要求第二组被试以小偷的心态来偷窥这个房间。结果两组人记住的东西就有所不同。"买房者"一组更可能记住漏水的屋顶,而"小偷"一组更可能记住彩电的位置(Bransford,1979)。这与不同目的会产生不同意识经验这个观点一致,或者正如我们下面讨论的那样,内部语境改变会导致对同一个事物的新的意识经验。

目的的作用之一就是自主地破除习惯,这是自主注意的一个特征(8.0节)。我们可以自主地使无意识习惯刺激物再次回到意识状态中。

仅仅通过注意,读者能够再次对椅子、背景声音、环境反射光甚至是语义预设等的感受变得有意识。这里我不讨论意志力现象的模型化,我把它放在第8章。在第8章中,我会讨论自主注意。但是注意,自主控制的企图改变了信号的内部语境。因此这个例子似乎也与下列观点(下面讨论)吻合,即使实体输入信息是重复的,语境的内部转变也会出现,从而导致一个新的意识经验。

(6) 语境转变。有时重复会导致自发的知觉改变。当我们被动地听某个重复词语时,我们很快就会听到不同的词语(Warren,1961;1968)。在一分钟内,一个重复单词如"break"会被听成"rake""wake""wait""rape""ape""ache"等。这个著名的词汇转换效应与语义饱和是不同的(已在5.1.3节中讨论了),因为此处被试并没有说这个单词,而是仅仅听到它而已。

与此类似的现象是停止的视网膜图像。在这个例子中,转变是根据单词的视觉特征而不是随后的音素或声音模型出现的(Pritchard et al.,1960)。因此"BEER"会变成"BEEP",因为"P"和"R"在视觉上很相似,但是在听力例子中"break"可能会变成"wake",因为/r/和/w/在音素上是相似的(Lackner and Goldstein,1975)。

在过去20年里,我们对语言声音特性的了解有了极大的提高,使得我们可以详细研究词语转换过程。众所周知,如音调/ba/和/pa/在音节上只有一个不同点。在发/ba/这个音节时,嘴唇在张开之前音带就已经震动了几十毫秒,但是在发/pa/这个音节时,在声音产生之前嘴唇就已经张开一段时间了(Liberman et al.,1967)。通过机器发出的语言我们可以系统地改变"噪音起始时间"(噪音与嘴唇张开之间的时间差异),并且在感觉到的/pa/和/ba/声音中标出确切的界线。现在我们就可以研究选择性适应的结果了。如果/pa/被一遍又一遍重复,在遇到/b/时,分界线就会改变;如果/ba/被重复一遍又一遍,情况就会颠倒过来(Goldstein and Lackner,1975;Lackner and Glidstein,1975)。机器产生的语言能自然地展示这个结果。它的意蕴是如果有一天我们听到的全是/p/s,而没有/b/s,我们对这些声音的知觉就会被严重扭曲,因为音素分界线发生了改变。但是这种扭曲仍然处于正确的方向。我们听到的全是/p/s,/b/类的音素就会被扩大,导致越来越多音素被解释为/b/s。因此音素系统可以自我调整,保持相对稳定的/b/s和/p/s数量。另外,实际上,在语言中这些对立的音素出现的频率几乎是相同的,通常我们会听到/b/s和/p/s音节的数量几乎一样,因此,这个分界线仍然停留在噪音开始时间。

信息的语境因此会发生改变,但是多数情况下,系统会确保它仍然处在稳定的状态。这似乎是所有知觉系统的特征。一般来说,我们知觉语境的稳质性是建立在知觉内容改变基础上的。/b/s和/p/s在语言中的分布,其功能可能是建立足够多的变化性以维持种类的分界线。这与生理性眼球震颤例子一样,它的功能可能就是避免过多的冗余输入信息。这个观点同样适用于其他知觉中的相反过程,例如,颜色认知(Gregory,1966)。但是,尤其是当我们处于变化连续体的另一端时,语境会发生改变。

这个结论同样来自赫尔森(Helson,1964)的适应水平理论。首先,我们理解知觉或判断中的预期刺激物价值的能力,很大程度上依赖于相同范围中的相反事物。如果我们日常生活中经常面对抢劫和谋杀(即使仅仅是在电视上),我们就会判断其为轻罪。结果,我们对罪行严重程度的判断就改变了。政治激进也是按照相同机制运行的:我们经常面对一个极端信仰,它看起来就会越来越不激进,同时我们的认知标准就会变得激进。其次,我们对事物的意识经验也依赖于我们之前相关的经验,即使它们此时是无意识的。再次,当我们反复地面对变化连续体的另一端时,语境也会改变。

现在我们可以回到最初的问题。为什么重复性的例子会导致意识的转变而不是消失？一个似真的答案就是在这些例子中语境改变了。当某个相反过程的极端价值被一遍又一遍重复时,解释的语境就改变了。这在词语转换例子中很明显,而且至少在视觉系统停止的视网膜图像例子中也是合理的。当然从数学角度看,一个相同的物质信号在不同的语境中会产生不同的信息(Shannon and Weaver,1949)。这样,我们就可以为信息负载假说的有趣的反论据提供一个满意理由了。

简而言之,重复的信号不会从意识中消失,如果它们没有被完全了解,因此每一次重复都会使我们学到更多信息;如果信息是可变化的;如果它们是歧义的,因此它们可以被重复解释;如果它们是为了更大的目的,且这个目的不是冗余的;或者如果语境发生了偏离,相同的输入信号仍然会负载信息。因此,我们也许可以解释意识经验"信息负载标准"貌似的反论据。当然这个问题值得进一步检测。

5.4.3　小结

到目前为止,我们已经推断所有的意识经验必定是信息负载的,即真正冗余才会导致对某个信息丧失意识。这个观点有大量的证据,包括所有知觉形式中重复的刺激,重复的视觉图像,自动化技巧、语义饱和,甚至稳定的概念性预设。一些反论据初看起来是很有说服力的,但是进一步审视它们,就会发现其实不然。虽然这些疑问有待于进一步研究,但是信息负载是意识经验必要条件之一这个观点是能站得住脚的。

5.5　学习的意蕴

如果意识总是包括适应,那么意识经验和所有适应过程就会存在紧密关系,包括理解、学习和解决问题。现在我们来看看学习的意蕴。

5.5.1 意识经验引发广泛的适应性和学习

各种各样的学习当然是人类参与的、最为明显的心灵适应过程。要学会某样东西,我们通常要对所学内容产生意识。但是学习过程的具体细节是无意识的。

信息和学习紧密相关。最被广泛接受的经典条件反射模型可以按照条件刺激物的信息负载来定义(Rescorla and Wagner,1972)。近来,关于人类学习的“联结主义”模型也建立在数学规则之上,旨在为最大化某事物提供关于另一事物的信息(Gluck and Bower,1986;Sutton and Barto,1981)。这些模型对意识经验没有显作用。但是,它们可以朝这个方向发展。

从理论角度,我们期望意识与我们对新事物或者已知事物间新联系的学习有关联。其基本原理是新联系要求专门处理器之间以意外的方式相互作用。因此“任何一个”专门处理器与“任何一个其他” 专门处理器的全局性交流是必要的(2.5 节)。广泛传播就可以使任何事物与任何事物的连接建立起来。

这个观点有证据支持吗?也许最明显的例子就是学习行为的极简单性。为了学会某项新东西,我们就会注意它。学习“魔法般地”发生了,我们会有意识地与代数、语言或者如达尔马提亚人这样的认知难题相互影响(5.1.1 节),但并不需要详细的意识介入,我们获得了相关知识和技巧。但是我们知道在具体细节上,学习并不是一个简单、一元的过程。达尔马提亚人要求细微和精密的视觉和空间分析;语言要求对音素和句法进行非常专业的分析。事实上所有形式的学习都包括了专门部分、知识源和学习技巧。学习的这些具体细节,当它们有效运行时,通常是无意识的。

在自主学习中,关键的一步是对所学的内容产生意识。这是使学习过程发生的必然条件,这已经被许多再认记忆研究证实了。通常,如果人们把某个事物作为“附带事物”来注意,对该事物的再认记忆会保存得非常好,即使在一周以后,但前提条件是该事物的特征非常显著而不会和其他类似事物混淆(Bransford,1979)。因此,意识似乎为学习提供了便利。意识是否是学习的一个必要条件是一个更加复杂的问题,5.5.3 节将加以讨论。

最后,我们的理论为大多数学习类型提出了一个相当激进的观点。学习过程中的意识常常会导致适应,这会改变意识经验的语境;但是我们知道语境的改变反过来又会改变随后的意识经验。因而可以断定,学习改变了所学内容的意识经验。这个观点的证据在知觉学习、获取知识、技巧学习、短时记忆、事件记忆和规则学习等方面很有说服力。关于联想学习,可能存在很多争议,我们将在下一节讨论这个观点。

5.5.2 学习改变了所学内容的意识经验

如果学习与新语境的产生有关系这个观点是真的,如果语境形成和约束新的意识经验,那么就可以推断通过学习我们就会以不同的方式来经历同一事物。有证据支持这个意蕴吗？当然,我们在学习代数之前和之后,我们会把代数作为“同一事物”来谈论,就好像我们谈论达尔马提亚人例证那样(5.1.1 节),在理解它之前和之后都把它作为“同一事物”来谈论。但是通过学习,我们对代数和达尔马提亚人的意识经验就不同了。知觉学习当然改变了刺激的意识经验。例如,在知道客体永存之后,孩子们就会对知觉世界有不同的意识经验(Piaget,1952)。以某种语言为母语的人通常能听出外国人听不出的语音上的差异;大多数以英语为母语的人听不出中文的声调规则,即使在学习理解一个复杂句子时,意识经验也会发生改变(4.1.2 节;Milne,1982)。在第 2 章“I scream/ice cream”这个例子中(2.3.2 节),感知单词的界线来回移动;而且事实上,学习外语最难的问题之一是学会感受单词的分界线。同样,概念学习,如学物理科学的学生进行的学习,当然会涉及对该领域的观点和见解的改变。宣告新的亚核粒子的诞生,开明的物理学家比起初学者,更容易导致对理解的不同的意识经验。

那么联想学习呢？当我们需要发现两个已知刺激物的联系时,或一个已知刺激和一个已知反应间的联系时,意识经验是否会发生改变？目前并不很清楚。或许支持意识经验改变的最有力的证据来自于道森和福雷迪(Dawson and Furedy,1976)所作的一系列伟大研究。他们证明如果人们错误理解了条件刺激间的联系,人类的皮肤电反应(GSR)条件反射就不会发生。在标准的皮肤电反应条件反射中给出一个刺激,例如,一个声音,随后跟着一阵电击,该电击能导致皮肤导电性的改变。道森和福雷迪提出了刺激的环境,正常的条件反射就出现了。但是随后他们改变了被试心灵中关于刺激因果关系的认知。他们告诉被试该实验的任务在于寻找噪声中的某个音调,而电击的作用在于标识一个实验的界线(被试总是愿意相信任何事)。也就是说,他们设置了刺激条件反射(音调—电击、音调—电击、音调—电击),并使被试以相反的顺序来思考它们(电击—音调、电击—音调、电击—音调)。在这个条件下,音调不再作为电击的信号。而且事实上,虽然刺激条件没有发生改变,条件反射却没有发生。

改变的意识经验这个问题意味着什么？我们仍然不知道联想学习是否改变了我们所学联系的意识经验。但是,道森和福雷迪(Dawson and Furedy,1976)的研究表明,如果我们意识经验中的刺激如音调不是标志着电击来了,学习过程就不会发生。因此“联想学习”和“获取知识”之间的区别可能是不真实的:所有的学习都是在一个知识语境中发生的,这个语境会界定刺激间的联系。如果这是对的,学习就可能会改变知识语境,即使是在联想学习中。

这个有点激进的学习假说产生了一个使人费解的意蕴,即如果我们通过学习会对一个事物产生不同的意识经验,那么为什么我们还会把它作为同一事物来思考呢? 这是一个深奥而复杂的问题,它由威廉·詹姆斯(James,1890/1983)提出。在范式转变后,针对科学构造物,库恩(Kuhn,1970)也提出了这个问题。其实,科学构造物如引力和光在相对论原理中,与牛顿物理学是完全不同的。但是它们仍然被冠以同一名称,而且它们通常被天真地认为是同一事物。当然关于引力和光,许多物理学观察数据并没有改变,但并不是完全没变(Kuhn,1970),而且一些新的联系也被加入相对论原理中, 例如,引力会使光弯曲。但是,"构造物的同一性"被保留了下来,至少在某种意义上,许多物理学家相信在爱因斯坦的框架中,他们仅仅以一种更深刻的方式来理解"同一事物"。一般性意蕴就是事物同一性不仅是讨论中观察的一种功能,而且是界定该事物的整个知识语境。这不仅在物理学中是正确的,而且在知觉、概念学习以及一般性学习中都是正确的。

被遗忘的意识选择点的发展功能。该假说还有另一个有趣的意蕴,即学习改变了我们对所学知识的意识经验。任何发展过程必定包括在不同的潜在路径中进行选择。我们可以选择在 6 岁时学弹钢琴,如果没有学,我们就不可能成为在音乐厅演奏的钢琴家。我们可能因为幼年时期痛苦的经历而选择不相信某种人,因此,我们就无法发现我们的这种不信任是不合理的,等等。在选择时,我们对选择项可能是有意识的,一旦作出了选择,我们就进入到选择所建立的新语境中,而且该语境通常不会对最初的选择进行解释。一旦学习了代数,就很难再次体验当初对纸上那些晦涩的代数波形曲线所感到的困惑了。因此一旦我们进入了这些选择所建立的语境,通常就不会对之前的选择有意识了。可能我们完全受前面选择的支配,以致我们无法消除它们。这意味着有些学习,以及随后在意识经验中的改变,可能是不可逆的。这是发展心理学的一个重要成果。

5.5.3 意识是学习的必要条件吗

每一位家长和老师在管教注意力不集中的小孩时,都知道这样一个道理:多数有效率的学习都始于意识经验。在日常生活中,这就是"注意"这个词语的含义,它旨在试图控制即将成为有意识的事物(见第 8 章)。在心理学实验中,我们总是提醒被试注意所要学习的内容。但是不知什么原因许多研究者都忽略了日常生活的显著之处,部分的原因可能是它被争议取代了,即意识是否是学习的必要条件这个疑问(Dixon,1971;1981;Eriksen,1960;Holender,1986;Marcel,1983a;1983b)。要确切地解决这个争议困难重重,大部分原因是它导致了该如何经验性界定意识的"原点"这个难题。我们前面提到过这个难题,开创一种理论方法的重要性并不要求对这个极其复杂的问题找到答案(1.5.5 节)。不幸的是,在学习的例子中,大多数关于意识作用的讨论似乎都等同于"必要条件"这个问题。但是如果意识经验不是一个必要条件而是学习过程的一种附属物,那么就不会质疑在现实世界中,意识和学习是紧密的同伴了。因此,关于意识是必要条件的争议会卷入一个更加复杂的问题,即在大多数学习中,意识具有什么作用。此处我们不会评论有关学习的争议;我们提及它,旨在说明无论这个问题的答案是什么,它都无法拒绝这样一个基本事实:多数情况下,当我们想要学习某项内容时,我们要对所学的内容产生意识。

为了避开这个尚未解决的"原点"问题,我们提出了一个相对容易的问题:我们学习的信息越多,是否就需要越多的意识参与呢?可能在学习相对常规和可预测的信息时,只需要少量意识。我们吸收的事物越新颖,就需要越多的意识经验。这个观点有广泛的证据,也没有争议:需要记忆的单词越多,我们就越会花更多的注意力。事物越复杂、新颖,我们就越会花更多的时间去有意识地注意它的具体内容和意蕴,等等。图 5-6 用曲线表述了这个情况。它表明在需要学习的信息量和学习所需的意识量之间的无变化的、上升的趋势。注意曲线的原点是无法界定的,它反映了意识是否是学习的必要条件这个难题。这个图建议我们不必解决这个难题就可以就学习和意识的关系作出有趣的推断。

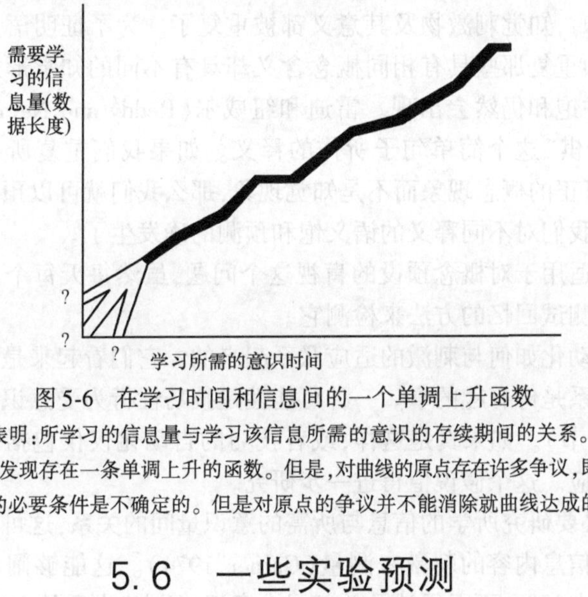

图 5-6 在学习时间和信息间的一个单调上升函数

假说的曲线表明:所学习的信息量与学习该信息所需的意识的存续期间的关系。在许多不同情况下,都发现存在一条单调上升的函数。但是,对曲线的原点存在许多争议,即意识是否是学习的必要条件是不确定的。但是对原点的争议并不能消除就曲线达成的共识

5.6 一些实验预测

当然,理论成功的关键,是作出一些新颖的并行之有效的推断。下面就是一些预测。

5.6.1 "冷狗"实验

有证据表明无意识(或者至少,无法报告的)单词可能是在为随后的意识过程作准备。马赛尔(Marcel,1983a;1983b)和一些学者证明隐藏在纸张后面的单词,它们是不可报告的,但仍然会提高相关单词的词汇判断时间(即决定一些字母串是否是一个单词所需的时间)。虽然这些结论是可靠的,但还是引起了巨大的争议

(Cheesman and Merikle,1984;Holender,1986)。争议的焦点主要是无法报告的单词是否真的是无意识的。也就是说,它关系到意识的"原点",这个问题很难解决。当然,我们对这个问题没有给出观点,但是GW理论却提出了一个实验性预测。

简单地说,当我们眼前短暂的闪过一个无法报告的词组时,如"hot dog",它就可能为相关的词汇判断预先作好了准备,如"sausage"。但是,如果词组是新颖的,如"cold dog",它就不可能为相关的词组如"Huskie"和"frozen Fido"作准备。新词组要求意识介入,使许多不同的专门处理器就该问题建立一个一致的解释。事实上,有一个研究文献是支持这个假说的(Greenwald and Liu,1985)。

5.6.2 其他可验证的问题

前面我们提到语义饱和是证明冗余现象普遍性的一类证据。其实,很难就语义饱和进行明确的实验(Amster,1964;Esposito and Pelton,1971)。例如,我们并不能确定语义饱和是一个语义事件,而不是一个知觉事件,因为当我们一遍又一遍地重复某个单词时,知觉刺激物及其意义都被重复了。为了证明语义饱和确实是语义的,我们必须重复那些具有相同概念含义却具有不同的知觉形式的同义词或释义,以证明这种饱和仍然会出现。雷迪和纽威尔(Reddy and Newell,1974)引用了100多种就"着棋"这个简单句子所作的释义。如果我们重复所有这100多个释义,如果它是真正的概念现象而不是知觉现象,那么我们就可以预测语义饱和肯定会出现。当然我们对不同释义的语义饱和预测的确发生了。

这似乎不适用于对概念预设的盲视这个问题,虽然每天每个人都会遇到这种现象。可以用测试回忆的方法来检测它。

技巧的自动化如何与刺激的适应联系起来的?它们看起来是如此相似以至于思考它们的联系是件有趣的事。一种可能性是技巧性行为受意识和准意识的目标意象指引(7.0节)。如果真是这样,或者技巧的自动化仅仅包括了对相关指引性目标意象的适应。这个假说值得进一步研究。

最后,有必要研究所学的信息与所需的意识量间的关系,这可以通过精心设计好的具有已知信息内容的刺激来测量(Garner,1974)。这能够阐释意识和学习间的关系这个热点问题,而无须涉及关于寻求意识"原点"本质的方法论难题。

5.7 其他意蕴

5.7.1 潜意识知觉

有两种方法使全局工作空间模型中的潜意识或无法报告的输入信息模型化。第一,如果输入信息是常规性的,知觉系统就可以自行分析它而不需依赖全局工作空间。第二,GW可能有利于信息的快速交换,以及可以报告意识经验的语言和回忆系统还没有时间注意该快速的全局信息。这与斯普灵(Sperling,1960)现象类似,刺激在短暂时间内是有意识的,但是随后却无法回想起来(1.12 节)。在第二个例子中,有限的新颖过程被处理了,前提条件是系统中其他专门处理器比语言和回忆处理器可以更快地对全局信息作出反应。此外,这两个可能性很难用我们目前的方法进行测量,但是它们是值得一提的。

5.7.2　包含多个意识经验的现象

本书对单个意识经验的意义的讨论到此为止。下面的章节主要涉及多个意识事件的相互关系,我们会讨论诸如解决问题的酝酿过程、自主控制和分心的有意识通道、这种分心是无法从质性上来经历的等问题。

5.8　小　　结

本章研究了适应性与自动化的基本现象。我们认为所有意识内容必定是信息负载的,因为它们会引起广泛的适应性过程。专门接收处理器肯定会反馈回它们对意识内容中感兴趣的部分,因此它们加入到支持该意识内容的系统联合体中。这就是模型 3。它把意识经验放入一个短暂语境中,我们可以称之为"适应循环"。它认为,所有意识经验,都包括一个适应阶段,在该阶段中可以进入一个解释性语境,以致意识信息可以被理解;但是并不能确定所有层次的可能性。意识出现的阶段是解释语境中未被解决的不确质性被减少的阶段。在此之后,适应就产生了,而且重复相同的输入信息并不会产生意识经验。因此在意识、适应性、信息、不确质性减少、冗余性和语境间存在紧密的关系。

从意识中消失的信息并不是不再出现,相反,它会限定后来的意识经验。它会变成新的无意识语境的一部分,这个新语境会解释后来的意识经验。它包含的一个意蕴就是每个事物是根据前面的意识事件被有意识体验的:"在我们意识到雷声的同时,我们也就不知不觉地意识到之前的静寂,而且这种对静寂的意识还会继续下去……"就如同在本章开始所引用的詹姆斯极富表现力的措辞一样。

我们需要适应的信息越多,为了建立一个解释该信息的新语境,我们需要对该信息产生意识所花的时间就越多;我们建立的语境越新颖,随后我们再次形成的意识经验就会越多。这对学习和发展提出了一个反传统的观点,即学习就是在不断地发展语境,它使我们可以以新的、不同的方式来经历同一个世界。我们也提出了一些证据来支持这个有点激进的观点。

最后,本章提出了意识经验的第三个决定条件,与传递全局性和内在一致性并列(第 2 章)。要成为意识,一个潜在的经验是必须负载信息。在一个目标语境中,某个事物的生物学意义和个体重要性都可以被视为是信息负载的。这使得 GW 理论可以解释重要性这个问题,该问题经常被目前的认知研究所忽视。

因此,我们不得不把一个单一的意识经验视为学习和适应的动态、发展过程的一部分。意识经验系统似乎越来越像是适应的主要器官。

在下一章中,我们将讨论语境帮助目标实现的方法。我们的许多意识流包括了与目标、实现目标的方法以及目标失败等有关的想法(Pope and Singer,1978)。在日常生活中,就像心理学实验一样,我们总是通过告诉人们一个目标而要求他们去完成一些任务。“我想要你听一个音调(目标),当你听到这个音调时,尽可能快地用你的右手按这个按钮(亚目标)。”但是人们在任何时候都不会对动机、计划的阶段和肌肉控制、时间、方案的检测等具体细节有意识,这些都是实现任何一个简单目标所必需的。任何时候与目标相关的大量过程都是无意识的,即使它们形成了我们的行为和意识经验。也就是说,它们大多数是语境性的。在下一章我们会证明一些关于目标语境和意识事件的简单假设使我们理解了意识流,从一个看似不相关的意识经验到另一个意识经验的心灵“飞行”和“停留”。

第四部分 目标与自主控制

到目前为止，我们已经研究了什么事物会成为有意识事物。在本章中，我们将这些观点放在一个更大的框架中，来探讨意识的作用。因此这里，我们把关注焦点从孤立的意识经验转移到意识提取、问题解决和控制上。

第6章研究常见的“三元组”：有意识的问题分配、对常规部分无意识地计算和有意识地展示解决方法及亚目标。在许多心理学研究中我们都可以发现这种三元模型，包括创新过程、心算、语言理解、回忆和自主控制。这意味着意识内容常常起到把问题分配给处理常规事务的无意识处理器的作用，当然这些事务是限定在某个目标语境中的。

意图可以被视为更大的无意识目标结构，它通过有意识目标意象来征集受动器和亚目标以实现目标。这表明意识经验是有助于解决学习、知觉、思考和行为中的问题的方法。意识内容和目标语境间的相互关系也为“意识流”提供了一个合理解释。

在第7章中，我们比较了自主行为和非自主行为，从而推导出威廉·詹姆斯意念运动理论的现代版本，它表明自主行为也是通过有意识目标意象获得的。意念运动理论可以解释许多关于自主控制的复杂问题；它意味着，意志总是包括了有意识目标意象，这些意象会被许多无意识条件潜在地修改。抽象概念可能受到类似目标意象的控制，它们可能在瞬间是有意识的。

第 6 章　模型 4：目标语境、自发的问题解决和意识流

每一个真实存在的意识似乎……是一位为了终结的战士，多数意识，如果它不出现，就根本不会终止。

威廉·詹姆斯(James，1890/1983，p. 144)

6.0 引　言

思考下面的问题①：

(1) 说出两种古代会飞的爬行动物的名字？

(2) 什么技术培育出假肢和人造器官？

(3) 说出"talkative"这个词的三个同义词？

这些问题会激发我们的心灵去搜索那些已知的但却不常见的词语。搜索时间可能比预期的要长，这会趋向于建立一个威廉·詹姆斯所称的"舌尖现象"(TOT)状态，即我们对讨论的这个单词有强烈的感觉，尽管它并没有立即出现在脑海中(Brown and McNeill，1966)。这一章就讨论与这种状态有关的各种表现形式。

在上两章中，我们研究了意识经验的语境，它是指形成和约束意识经验但其本身并不是有意识的诸系统。本章中，我们将展示目标语境或意图的整体性观点是如何帮助我们可以很自然地处理包括多个意识经验的任务的。当然，在实践中，所有心理学实验都涉及多个意识事件。目标语境这个概念可以使我们把一系列现象理解为一个单一模型的变体。在艺术、科学和数学领域中的创新过程似乎是受控于目标语境，当然还有一些短期事件如单词搜索、行为控制等(6.2.4 节)。意识流可以被视为因许多目标语境的互动而产生的源源不断的经验，每一个语境都趋向于使有助于实现目标的事物变得有意识(6.4 节)。

注意，目标语境并不必然是自主的。人类制定目标的能力以及指引自己处理事物的能力还需要具备元认知组织这个结构，这将在第 7～9 章中讨论。

我们是从詹姆斯著名的描述关于试图记住一个已被遗忘单词的情形开始的，即"舌尖现象"状态，而且我们用现代的术语将其解读为"舌尖现象"是一个复杂的、具有代表性的、占用有限能力的状态，它会影响单词搜索并评估候选单词，但是

---

①pterosaurus，pterodactyl；2bionics， prosthetics；3loquacious，wordy，voluble，verbose，long-winded，etc.

却不具有像颜色、温度、味道、程度或者在空间上有明显界限的场所等那样的感受质。因此,这种状态不同于心理意象,内部言语、感觉、知觉对象,它们具有感受质(Natsoulas,1982)。詹姆斯推测,我们约1/3的心灵世界可能都被这种特殊的期待状态所占据。我们想要证明的观点是,“舌尖现象”状态表征“一个正在寻找意识内容的目标语境”。

这种目标语境与具有目标功能的意识事件不同,它们都是系统运行所必需的。如果一个意识事件可以被理解为目标,系统就会召集一个目标语境和一系列处理器进行自发的问题解决。由此产生的解决方法通常会变得有意识。如果目标无法实现,阻碍物和亚目标就会朝着意识的方向发展,并召集它们自己的语境和处理器,直到最后产生一个可接受的有意识解决方法。

这种自发的问题解决极其普遍。它涵盖了生活中的各种计划、对未来的梦想、对自己身体的控制、在适当时间回忆起正确的词语、句子理解、企图实现的社会影响、人们在此时或彼时想要实现的无休止的各种目标,甚至操作性和经典条件反射也可以被视为有目标指向的问题解决种类。因此,本章的观点对于意识过程是功能性的这一观点至关重要,即意识能帮助人们实现他们生活中的目标。

6.1　舌尖状态作为一种目标语境或意图

6.1.1　詹姆斯关于舌尖经验的观点

下面我们将引用威廉·詹姆斯对企图回忆一个已被遗忘单词的状态的观察结果(1890)。这种状态是有意识的还是无意识的呢?看看詹姆斯的说法:

> 假如我们想要回忆起一个已被遗忘的名字。这种意识状态很独特。它有一个缺口,但又不仅仅是一个缺口,而是一个极其活跃的缺口。这个名字的幽灵就在这个缺口之中,示意我们朝着这个方向前行,有时我们有快要接近的感觉,然后我们又重重跌落下来,不再对这个术语有任何渴望。如果出现的是错误的名字,这个奇特的缺口就会立即行动起来,使我们不再理会它们。这些错误的名字与这个缺口不吻合。

因此,肯定有些事情正在发生。我们对这个状态是有意识的,因为如果某人提示了错误单词给我们,我们立即就知道这是一个错误单词。而且一旦正确单词进入我们的脑海里,我们也能马上识别出。按照现代术语,我们可以成功地识别与寻找已被遗忘单词的状态是否匹配。这种能够精确地发现其匹配或不匹配的能力,意味着这个状态包含对目标单词的表征。因为在不同范围内单词会变化,所以它必定是一个复杂的表征状态,就像一个心理意象或一个知觉对象。

而且,舌尖状态类似于心理意象或知觉对象,因为它排斥其他意识内容。我们不能在寻找某个已被遗忘的字词时,同时思考某张画、想着昨天的早餐,或者做其他与意识经验或心力有关的事情。舌尖状态占据了我们最主要的有限能力。

从一个方面看,舌尖状态与心理意象、感觉、内部言语和知觉意识经验又不同。所有这些意识事件都具有感受质特征,如大小、颜色、温度或位置等特征。但是舌尖状态不具有感受质特征(Natoulas,1982)。当字词发音不同时,我们不会经验两种不同的舌尖状态,虽然它们代表着不同的单词。因此,在某些方面,舌尖状态与知觉和意象等意识状态是类似的;但在另一些方面,它又与这些意识经验不相同,而是与第4章所讨论的语境更为相似。

这同样适用于当我们意图谈论还没有以语言表达出来的某个观点时:

> 读者是否从来没有问过自己,当我们意图说出某个事物而该事物还没有被说出之前是一种什么心灵状态呢?这完全只是一种意向,与其他所有的意图不一样,因为这个意向是一种完全独立的意识状态;然而多少个这样的意向才会构成明确的知觉意象,或字词或一个事物呢?几乎一个也没有!过一会儿,单词和事物就会被记起来;预期的意向、预言,此时都不再存在。但是当代替它的字词到来时,它会逐一欢迎这些字词,而且如果这些字词与它是一致的,它就会视它们为正确的,如果它们与它不一致,它就会排斥它们,并视其为错误的。因此它具有积极的特性,但是如果不使用代替它的、属于后来心灵事实的字词,我们该如何称呼它呢?它唯一能使用的名字就是想要说某某的意向(the intention to-say-so-and-so)。

詹姆斯推测,或许我们1/3的心灵世界被这种状态占据,进而,他似乎认为正是这种状态本身引起了搜索过程,最终产生了能够表述这个意向的单词(James,1890/1983)。换句话说,舌尖状态是积极的,它启动了有意识地展示一系列候选单词的过程,而且"它会逐一欢迎这些字词……如果这些字词与它是一致的,它就会视它们为正确的,如果它们与它不一致,它就会排斥它们,并视其为错误的"。

6.1.2 詹姆斯观察结论的理论意蕴

对于詹姆斯对舌尖状态提出的理论观点,我们可以用现代术语将其归纳如下:

> (1) 舌尖状态包括一个对已遗忘单词复杂的表述过程(事实表明它能准确判断与候选单词是否匹配或不匹配)。
>
> (2) 舌尖状态占据了最主要的有限能力,这与其他意识状态一样(证据是舌尖状态会被不相容的意识事件中断)。
>
> (3) 舌尖状态有助于引起字词回忆过程,只要这个状态在有限能力中占据优势,候选单词就会进入意识之中。
>
> (4) 当正确单词被找到时,舌尖状态就不再占据最主要的有限能力。
>
> (5) 尽管有上述特征,舌尖状态仍然不具备如颜色、温度、味道、位置、强度等的感受质特征。因此它与其他意识经验如心理意象、感觉、内部言语和知觉又截然不同。

通常,这些观察结论适用于意图与预想。如果要给一个行为建立这样的意识经验,我们只需让被试执行这个行为,然后再推迟执行的时间。要让一个跑步者体验"足尖"经历,我们只需要说"准备""就位",然后推迟"跑"。这时跑步者已经准备要跑了,"意图"到达了最高点,但是行动却没有被执行。或许不存在"意图跑"的知觉经验,但跑步者的注意力仍然被干扰性意识事件削弱了。"意图跑"如舌尖状态一样占据了有限能力。

根据这些意蕴,我们来寻找一种方法使舌尖状态及其先前状态和结果都能融入全局工作空间理论的模型中。

6.1.3 全局工作空间理论中的意图

全局工作空间理论把舌尖状态视为一个当前目标语境,在一段时间内占据有限能力的一个无意识的组织结构,证据是它会与任何意识内容竞争。但是当前目标语境通常是在已存目标的更高层次、更恒定的语境中运行的(4.3.5 节)。此时读者的意识经验肯定是由阅读这个句子的目标形成的。但是一旦这个句子结束,或者合上书,很明显这个当前目标语境总是存在于更复杂的目标等级之中,阅读句子仅仅是一个局部性亚目标。

我们的观点是,目标语境与常识心理学中的意图一样。我们会交替使用这些表述。"目标语境"这个词,强调的是意图的语境与非感受质特征,以及意图与其他语境的相似性,尤其是概念语境(4.2.2 节)。事实上,我们可以说,概念语境等同于预期,目标语境等同于意图。但是意图和预期很相似,甚至可以说它们在本质上一样。当我们有一个以未来为指向的心灵表征时,我们会根据它与外部事件的满足程度来谈论我们的预期。意图也是一样,除非它依赖于自发性事物。此时,意图是关于自身的预期。

目标语境并不一定是由语言性问题引起的。任何不完整的有意识刺激物,且能够引起进一步处理过程的,似乎都能产生一个语境来指引随后的无意识行为。这一点已经被广泛注意到了,例如,在格式塔心理学家、乌兹堡学派、蔡格尼克和阿奇等的著作中(Murray,1983;Rapaport,1951),广为人知的"蔡格尼克现象",就是企图完成不完整心灵内容的趋向。目前对相关证据还存在争议,我们将在下面讨论(6.2.2 节)(Holmes,1967;1968)。

如果非质性的意识内容意图是正确的,那么报告意图能力的争议就可能更容易理解了。尼斯比特和威尔逊(Nisbett and Wilson,1977)引用了许多社会心理学家的研究结论,该结论认为人们通常把意图归因于他们自己其实是不对的。例如,在百货商店陈列了许多香水,人们趋向于选择最右边的一款;如果问他们为什么选这个商品,他们会给出各种各样的理由但却不会谈到这款商品似乎是最合适的这个理由。这仅仅是许多例证中的一个,它表明人们对于他们做某事的理由并不清楚,即使撇开那些以自私或自卫为理由的例子。但是我们也知道在最理想条件下,人们能够相当准确地报告其他心灵过程(例如,在心理意象中,显语言问题解决、短时记忆的复述等;见 Ericsson and Simon,1980)。在报告意图与报告心理意象间有什么区别? 为什么意图难以报告?

一个可能性解释就是意图是复杂的、非质性的、能力有限的事物,它不会被详细体验。要成为可报告的,意图必须被转换成一种可被内省的编码,例如,内部言语、视觉图像或者身体感觉。这些意识内容可能更容易被准确报告。这并不是说意图与意识无关,与质性意象、内部言语等有关。进而言之,当意图遇到障碍时,就会产生惊奇的感觉,这种感觉是有意识的、可表达的。但是这种意识内容与意图不同。

下面我们将具体讨论意图的重要组成部分,即被有意识体验的目标的作用(6.2.2 节;见第 7 章)。首先,我们将详细阐述意图或目标语境的概念。

意图是多层次的目标结构

意图或目标语境表征系统的未来状态,起到限定有助于达成诸未来状态的过程的作用。但是意图不是单一的目标。它们必定是多层次的目标结构,由许多嵌套的目标和亚目标构成。即使一个简单句子,也是由许多同时存在的目标和标准来限定的,包括那些具体规定语言预期的音量和频率的目标和标准、音质、词语选择、语调、方言、词法、句法、修辞方式的选择、语义、演讲关系、交流的规则和社交效果(Clark H H and Clark E V,1977)。目标结构的每一个层级均可被视为一个整体目标,行为可能与之匹配,也可能不匹配。每一个层级都可能误入歧途,而且每一个控制层次上出现的错误都会被立即发现并纠正。

熟练掌握这些语言标准,我们就能通过语言达到许多实用性目的,许多目的会联合起来对任何语言行为进行限制。因此,我们通常希望我们的语言显得有教养,而不是呆板;宽容,而不是不加区分;我们希望能抓住听众的注意力,但不是达到使听众尖叫的程度。所有这些实用目标都同时限制着任何行为。

提醒再次注意,语境会因为有限能力而发生竞争,就如同意识内容间的竞争一样。区别就是,我们只能够意识到一把椅子(一个意识内容),但是许多目标语境会同时限定有限能力,只要它们彼此相容。

语言和实用目标系统一旦建立起来,它们作为一个整体就不会变得有意识了。因此,一个"想要说什么的意图"在最低限度上必然包括一个多层次的目标结构,在这个结构中,每个重要目标可以激活许多亚目标以实现其目的。任何时候,这种目标结构的多数组成部分在性质上是无意识的。图 6-1 和图 6-2 用横向的图表"框架"表示这种目标结构,它们共同限制某个行为。

关键的观察结论是目标语境似乎是由意识事件引起的,同时它们又引起了其他意识事件。这种三分式模型非常普遍。我们接下来就会剖析它,然后根据它来修正我们的模型。

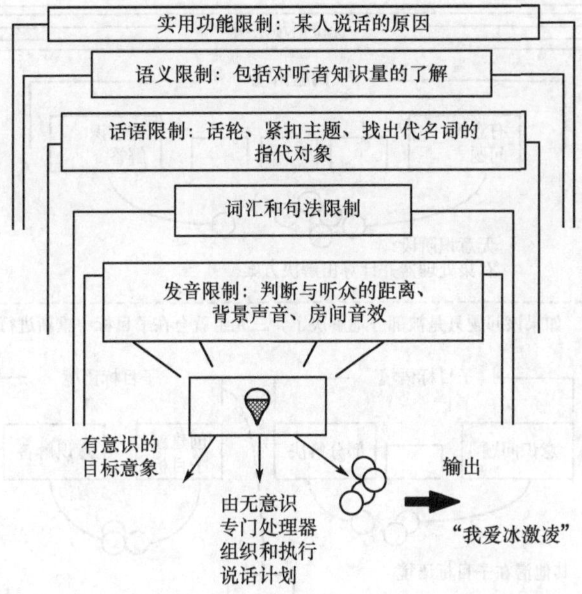

图 6-1　言说的意图：许多无意识目标语境会联合起来限制某个句子

任何单一的意识事件都受到多重无意识目标语境的影响，它们组合起来构成了一种目标层级。因此，将要言说的句子的意识目标意象会受到上述所有目标语境的限制，而它们通常是无意识的。在一系列专门语言处理器中，意识目标意象有助于召集和组织，真正能够起到控制该句子表达的新的处理器

6.2　意识—无意识—意识的三元组（CUC）

这里有一个常见模型：

(1) 将问题进行分配的意识阶段；

(2) 由无意识的、占据有限能力的目标语境引导下的无意识处理阶段；

(3) 有意识地展示解决方法。

在复杂问题中，这三个阶段可能还包括子目标，这些子目标也有它们自己的三元组（图 6-2）。例如，心算可能会按照下列过程进行：

(1) 有意识地对目标进行分配："12×24。"

(2) 无意识地进行子目标搜索。

(3) 有意识地对子目标进行分配：首先用个位数乘以 24。

(4) 有意识地对子目标进行分配："2×24。"

(5) 无意识地搜索答案。

(6) 有意识地报告子目标："……等于 48。"

(7) 有意识地对子目标进行分配："现在 10×24。"

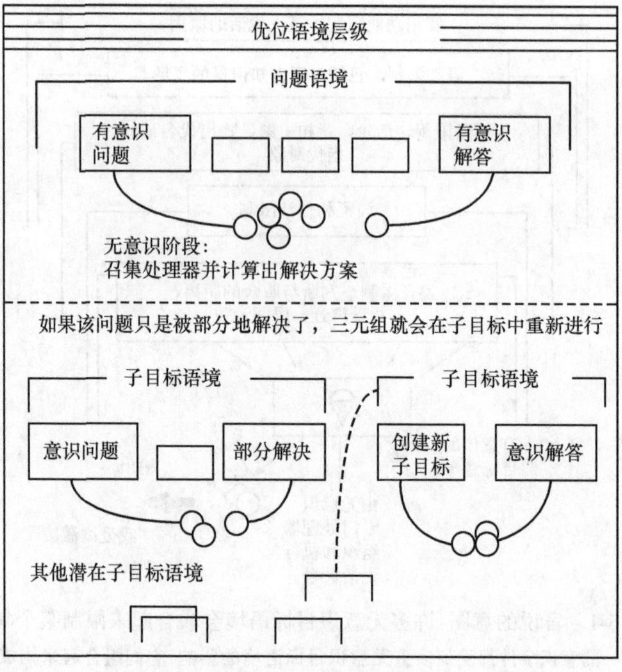

图 6-2　模型 4:自发解决问题的三元组

自发解决问题可以被标示为意识过程中的空白,这段空白期间就是为问题的答案作准备的。答案需要等待一段时间,几秒钟、几天或者更长时间,才能变得有意识。这个图是从全局工作空间的观点来解释三元模型:①有意识的问题分配;②对答案无意识的征集和运算;③有意识地展示答案。请注意,无意识的解决问题既需要大量无意识的问题语境,也需要无意识的专门处理器,它们才能解决问题。同时也要注意,整个过程发生在优位语境层级的范围内,这一点可以通过违反更高层级语境的解决方法总是被排除这个事实来证明。大多数的解决问题过程在所有的子目标被实现以及整个问题被解决前,并不仅仅包括一个这样的意识—无意识—意识的三元组

(8) 无意识地运算过程:(乘以 10 就是在后面加一个 0)。

(9) 有意识地报告子目标:“48,240。”

(10) 有意识地对子目标进行分配:“现在将这两个结果加起来。”

(11) 无意识地加法运算:(48+240)。

(12) 有意识地报告答案:“……等于 288。”

这个例子仅仅是一个说明。其中肯定还有许多个别的变量。一个相当熟练的心算者可能仅仅对第(1)和第(10)步有意识,其他所有步骤都是自动和无意识的。一个初学者有意识的步骤可能比上述列举的还要多。需要说明的是,CUC 模型的三元组可以被扩展为一系列的三元组,这些三元组是子目标的组成要件。表 6-1 用比较方式说明了这一点。

表 6-1　问题解决中的三维模型

	有意识的	无意识的
简单例子	1a. 有意识的问题分配	
		b. 无意识的处理过程和问题语境
	c. 产生有意识的解决方案	
更普遍的例子	1a. 有意识的问题分配	
		b. 无意识的处理过程和问题语境
	c. 有意识的子目标解决方案	
	2a. 对下一级子目标的有意识分配	
		b. 增加目标语境
		c. 更多无意识的问题解决
	(重复步骤 1 和步骤 2)	
	d. 产生有意识的解决方案	

6.2.1　模型 4:模型中的 CUC 三元组

其实很容易将这些观点合并到我们理论的示意图中(图 6-2)。我们仅仅需要证明全局工作空间会存在一段时间,并表明全局信息会传递到潜在的目标语境和执行这些目标的无意识处理器中。因此目标语境可以被吸收进来,而且当它们被吸收时,它们就会争相进入全局工作空间。一旦某个目标语境占据优势,它就会限定可能进入全局工作空间的意识事件。因此我们回忆古爬行动物名称的意图就会限定意识内容,直到正确名称进入大脑(6.0 节)。但是,如上所述,这个意图本身必须存在于其他意图的层级中,因此,如果还没有想起正确名称时,高层级的目标语境可能就会决定当前这件事情是否值得继续进行下去,决定最好是放弃,还是等待,或者是查查字典等。换句话说,其他层级的目标会与回忆该单词的意图发生竞争。在任何情况下,局部意图都不会占据绝对优势。

这种三元组模型其实可以很自然地从我们的模型中推导出来。更高层级目标语境所限定的意识事件能够吸收局部意图。反过来,局部意图会使表征某个问题的心理意象变得有意识。这就会吸收能解决该问题的处理器和子目标。如果该过程自动运行,它们就可以推算出该问题的解决方案。如果它们进入了一个死胡同,它们就会召集各自有意识的子目标意象去解决这个障碍,动员其他处理器去解决这个子难题,以此类推,直到最后,最初的目标得到解决。换句话说,最初的目标语境可能不再占据全局工作空间的优势地位——此时,我们会暂时放弃这个问题。

注意,在这个模型中并不存在自觉的问题解决,即系统在元认知上并不知道这是在解决问题。它仅仅是“不由自主地”做分内之事。我们将在第 8 章和第 9 章中讨论自觉的元认知。

6.2.2 意识内容引起新的目标语境

在语言方面,开始一个新话题或提出一个问题就可以进入一个目标语境。提出的问题会为随后的意识事件建立一系列的限定条件:至少在几秒钟内,意识设法被限定在回答该问题上(Miyake and Norman,1978)。这也是布朗和麦克耐尔(Brown and McNeill,1966)研究舌尖现象经验的实验方法:要求被试找出与某定义一致的不常用的单词(见6.0节)。需再次注意的是,这个问题是有意识的,对答案限定条件的具体内容却是无意识的,搜索该答案的具体细节也是无意识的,但是答案却会变得有意识。

在体验中被视为不完整的意识事件似乎会建立一个相当活跃的目标语境。这种不完整的意识事件包括不完整的句子或视觉图像、社会或情感问题、未解决的数学或科学问题。在每个例子中,意识经验会给未来的意识事件设定无意识限制。这个效应已经在克洛斯和辛格(Klos and Singer,1981)所做的关于青少年未解决的情感冲突例子中得到直接证实。大学生与父母间持久的冲突就是一种显著的冲突状态,例如,关于借父母亲车钥匙的争议。实验者要求学生们待在安静的家里并报告他们自己的无意识想法。当这些明显的再次设定的想法没有被解决时,相比较它被解决时,就会产生更多与之相关的想法(Singer,1984)。这个研究最大的优越之处就是人类的相关性原则;这些结论可能在实验室中更难以获得,因为实验室中设计的实验与被试日常生活无关,当然设计的实验也并不会让人过于惊讶(Holmes,1968)。按照我们的理论术语,实验任务的不相关语境会很快从目标层级中消失,因为它们与高层级的目标语境不一致。在任何目标语境研究中,个别相关性都必然是一个关键性变量。

6.2.3 目标语境引起新的意识内容

如果舌尖现象状态真是“一个旨在寻找正确内容的目标语境”,它就是一个能引起新的意识内容的优位语境的例子。在解决问题时惊叹:“Aha!”这样的经验是另一个例子,即突然有意识地弹出问题的答案,在自由联想中出现的想法,等等。因此它有两种运行方式;意识事件能引起目标语境,反过来,目标语境又会引起新的意识观点和意象。这就形成了意识—无意识—意识的三元组。

6.2.4 三元式问题解决模型的普遍性

三元组模型极其普遍。我们发现它不但存在于清醒状态下解决问题的情形中,还存在于白日梦中(Klinger,1971;Singer,1984)。它不但是控制单个行为的常见模型,也是长期规划中的常见模型;它存在于知觉中,例如,在著名的双稳定图表如纳克方块和图形-集合范例中,以及在记忆提取中,都存在舌尖现象所证明的三元模型。最后,这也是被广泛确认的,它还存在于高层次的创造性工作中。我们来抽样研究一下这个普遍现象,从艺术、科学和数学这些高层次人类创造性工作开始(Ghiselin,1952;Hadamard,1945;John-Steiner,1985)。

1. 高层次创造性

在高层次创造性活动中,无意识问题解决的作用早已被数学家彭加勒论述过了,他对数学发现的心理学作出了许多贡献。他写道:

> 首先最引人瞩目的是灵光一闪的出现,这是长期无意识运行的一个明显信号。在数学发现中无意识运行的作用对我而言是毋庸置疑的,它的足迹也能在那些证明力不强的例子中找到。通常当我们在处理一个难题时,刚开始时什么想法也没有。然后我们坐下来休息一会儿,时间或长或短,再重新开始工作。在开始的半小时里,和之前一样,什么也没有发现,然后突然一个决质性观点自己就进入了大脑中。还有另一种说法来描述无意识的运行状态:它是可能的,而且它当然也是有成效的,如果一方面它在进行着,另一方面一段有意识的运行就会接踵而来(Ghiselin,1952)。

最后这段评论可以描述我们所谓的意识—无意识—意识的三元组。下面这段话引用了诗人洛威尔的语言来进行特别强调:

> 下意识心智的运行是如此的仔细和精确,我就是一个关于我自己的运行状态的证人。没有任何明显的原因,某个观点就进入了我的脑海中,例如,"棕色的马"。因为一首诗的缘故我把马作为一个美好的事物;然后,把它们记录在大脑中,我就不再有意识地去考虑它了;但是我所作的其实是把它放到下意识中,就像我们把信丢到一个邮箱里。六个月后,诗文的字词进入我的脑海中,这首诗用我们的术语讲,就是"存在"(Ghiselin,1952)。

当然,富有创造力的人通常对这个过程中的事物具有意识,这被我们解释为子目标过程(6.2.1节)。而且当然并不是所有的创造性工作都被自发地经历。有些是需要我们付出努力和进行深思熟虑的。这些组合在一起才形成一个完整的工作。听一听莫扎特是怎么说的:

> 当我是绝对的自己时,我完全是独一无二,姑且这样说,而且这个我处于兴奋状态……我的思维极其活跃、处于最佳状态。它们是从哪里来的、如何来的,我不知道;我也不能强迫它们。让我高兴的观点我把它们留在了记忆里……如果我们继续按照这个方法,我就会突然想到如何利用这些或那些零碎的东西,从而做出一盘丰盛的大餐,也就是说,按照对位法的规则,以及各个成分的特点,等等。

> 所有这些都激发了我的灵感,如果我没有被搞得烦躁不安的话,我的问题本身被扩展了,变得有条理和清晰了。就整体而言,虽然很庞大,但是在我的脑海中却是完整的,以至于我可以从总体上来研究它们,就像我们瞬间扫视一幅美丽的画和一座优雅的雕像。我也不会连续地听见我想象中的部分事物,但是我会同时听见它们,姑且这样说,它们同时出现。我还无法用语言表达这种欣喜!……当我写下这些观点时,我就把它们从记忆的口袋中取出来,如果我可以使用这个词语的话,它们是根据我之前提及的方法所收集起来的(Ghiselin,1952)。

很明显,主要工作并不是在一个单一的意识—无意识—意识的跳跃过程中完成的。事实上,彭加勒可能遗忘了某些处于有意识的任务分配与惊叹经验之间的中间事物。大多数问题解决都需要一连串的 CUC 三元组。

创造性问题到此为止。现在我们从极端,但并非荒谬,转向一般,而且我们发现在这些“普通”事件中诸如回答问题、提取记忆、形成图像、在对一个歧义事物的两种解释中改变主意、对类比事物的理解、产生自由联想等,仍然有同样的三元组模型。

2. 白日梦包括自发的问题解决

思维抽样研究表明,大多数人意识活动的最实质性部分并不是自觉的。辛格和他的同事以及克林格的几份研究结果(1971)意味着这些“白日梦”活动有可能是由目标指引的,即使人们不能说出这些目的。辛格的报告认为:

> “当前被关心的事物”,即未完成的意图,它们是根据实施过程或个体价值的紧密程度有等级地组织起来的……它们是思维抽样样本中意识内容的一个组成部分。允许事物进入意识的基本“规则”可能包括一个筛选策略,它似乎对我们当前关心的事物极为敏感,即使是在二重听觉实验或睡眠中……当我们获得更多此类信息,我个人推测我们将会发现大量的调查对象(自发的)或游戏式的空想具有长期规划、作决定和构成自我图式的功能(Singer,1984)。

3. 类比任务

下面由梅德尼克(Mednick,1962)设计的“间接联想”就是这种类比任务中一个极佳的例子。其任务是要找到缺少的单词。就我们的目标而言,答案自己出现,而不需要我们有意识地寻找最有用的。例如,前三个单词就可以暗示出第四个单词:

(1) cookies sixteen heart ________

答案是“sweet”,它可以与 cookies 匹配,并组成短语“sweet sixteen”和单词“sweetheart”。还有一些其他的例子。

(2) poke go molasses ________

(3) surprise line birthday ________

(4) base snow dance ________

(5) elephant lapse vivid ________

(6) lick sprinkle mines ________

(7) stalk trainer king ________

(答案:1. sweet,2. slow,3. party,4. ball,5. memory,6. salt,7. lion.)

这些答案,至少有一个会让读者惊叹这样的经历。注意,有时我们对一个答案非常确定,却并不知道它为什么是正确的。

4. 学习和恢复“不可思议”的特性

在第 5 章中,我们认为大多数学习都具有“不可思议”的特性。出于某种理由,我们可能仅仅注意到某些内容,学习过程发生时似乎并不需要任何具体的自觉性指引。大多数人都无法回忆起他们所使用的一些学习规则。

同样,记忆恢复就是典型的不自觉过程。在记忆实验中,我们通常会请人们有意回忆一些事物。但是在讲话时,在四处走动时,甚至在做如开车等一些熟悉的行为时,我们从记忆中恢复的信息,只有极少部分是被自觉地回忆起来的。大多数“恢复”和学习一样,都是“不可思议”的。

5. 知觉中的双稳定图

我们也可以在双稳定知觉图中找到意识—无意识—意识的三元组。当纳克方块的一种解释被无意识改变时,我们才对它有意识,而且此时我们开始对另一种解释也有了意识。这个中间阶段就是无意识的,这也同样适用于歧义单词与句子(第 4 章),而且这种模型在如公园的达尔马提亚人那样的“隐藏式图”中也能找到(5.1.1 节),它们都是双稳定的但并不是可逆的。在达尔马提亚人图片中,最初我们对黑白斑点有意识,而且在最后阶段我们也是有意识的,此时我们可以感受到狗、树、人行横道。但是我们对中间阶段是无意识的,在这个阶段,输入的视觉信息被加以分析从而形成了一个新的有意识的解释。

6. 行为控制

行为控制也具有 CUC 特征,极端的生物反馈训练例子就能证明这一点。当人们学会了一项生物反馈任务时,例如,控制皮层脑电图的 α 波,他们对于控制脑电图 α 波的方法并不是有意识的。从广义上讲,他们对期望控制的有意识的反馈信号是有意识的,但是中间步骤是绝不可能有意识的。但是,反馈信号本身总是有意识的。这也适用于运动神经,例如,扭动我们的手指。扭动手指的意图是有意识的或者至少是可以表达的,而且我们对扭动手指是有意识的,但是中间阶段却是无意识的。大多数人都没有意识到移动手指的肌肉并不位于手上，而位于前臂上。但是我们并不需要知道这些，它属于自动的、无意识的问题解决阶段的一部分。

6.3 目标语境的经验评估

目标是对某种未来状态的一个表征，这种未来状态是指当有其他不同的方法可以实现这个目标时，它仍然倾向于保持一致。与其他语境一样，目标语境会对过程中选择点的偏向产生影响。知觉语境促使我们对纳克方块或者月球的火山口沿着某个方向而不是其他方向进行解释（4.2.1节）。概念语境会促使我们把"case"解释为"briefcase"而不是"sad case"。最后，目标语境可能会导致我们对歧义信息进行不同的实用主义解释，以及对行为控制进行不同的选择。这些区别使得我们可以对目标语境进行评估，即让被试有机会对与目标有关的歧义信息进行解释或按照该信息采取行动（Baars，1985）。

就舌尖现象所做的实验研究就是一个有力的佐证（Baars，1985；in press c）。现在有很多方法引起可预测的舌尖现象。所有这些方法都通过这样或那样的方法创建了目标语境。例如，可以让被试一遍又一遍地重复单词"poke"。既然这是一个行为，它就可能包括一个目标语境。当被试被问到"你把鸡蛋的蛋白叫什么（What do you call the white of an egg）"时，他们会说"蛋黄"（yolk），即使当时他们知道这是错误的答案。因此通过重复同音单词产生一个启动效应，会为建构后来的肌肉神经和记忆提取产生影响，这可能是因为改变了目标语境。

舌尖现象也可能反映了高层级目标语境。在《日常生活中的神经病理学》（1901/1938，p81）中，弗洛伊德举了这样一个例子，一位年轻医生，他很害羞，用了如下语言向大名鼎鼎的魏尔啸虔诚地介绍自己："我是魏尔啸博士。"教授非常奇怪地问到："你的名字也是魏尔啸？"这类舌尖现象很容易在实验室中设计出来；实验者只需要让被试在两个替换句子间产生困惑，如：①魏尔啸教授，我是××博士；②我是博士××，魏尔啸教授。这种竞争的句子会被粗心地混合在一起，导致"我是魏尔啸博士，××教授"（Baars，1980；1985；in press c）。弗洛伊德认为，舌尖现象揭示了说话者的某种雄心壮志：这个年轻医生希望与著名的魏尔啸一样有名望。按照我们的理论术语，弗洛伊德相信舌尖现象揭示了一个目标语境。

这个假说在某些方面可能是难以检测的，但也不是不可能检测的。例如，有人指出，男性研究生遇到一个漂亮的女性实验者时，产生的舌尖现象更可能与性相关；当他们被告之在实验中他们可能会被电击，他们产生的舌尖信息就更可能是与电击相关的（Motley et al.，1979）。因此，舌尖现象可能反映了重要或当前的目标和使他们全神贯注的事物。很难从相关概念语境中把目标语境分离出来，概念语境同样可能是为目标语境作准备的。当然，当我们遇到我们梦寐以求的事物时，我们对它的了解也会被激活。我们认为不可能找到证据证明目标语境是脱离相关概念语境的。但是我们认为舌尖现象的增加，事实上是在表达一种愿望，此时有一个目标在和单个的、概念的、使其全神贯注的事物对抗。因此当我们饿了，会走向冰箱，我们猜想这会引起与目标相关的舌尖现象，而不是产生当我们不饿时看到别人走向冰箱时的情形。在这两个例子中，概念语境都是在作准备；但是在第一个例子中，更可能还会发生与目标相关的行为。

6.4　目标语境和意识流

意识流可以被视为意识事件与其目标语境之间产生的复杂的相互作用。每个意识事件都会引起一个新的目标语境，这个语境反过来引起后来的意识经验（图6-3）。我们用一种图形符号来表示语境。不相容语境间的竞争会导致奇怪的意识内容的“复位”现象。如前所述（4.4.3节），由于不相容语境间的竞争，惊奇会导致短暂的遗忘和全局工作空间的重新安置（Baars，1987）。舌尖现象状态就会随之发生，它可以被视为一个旨在寻找一系列新意识内容的新的优位语境。

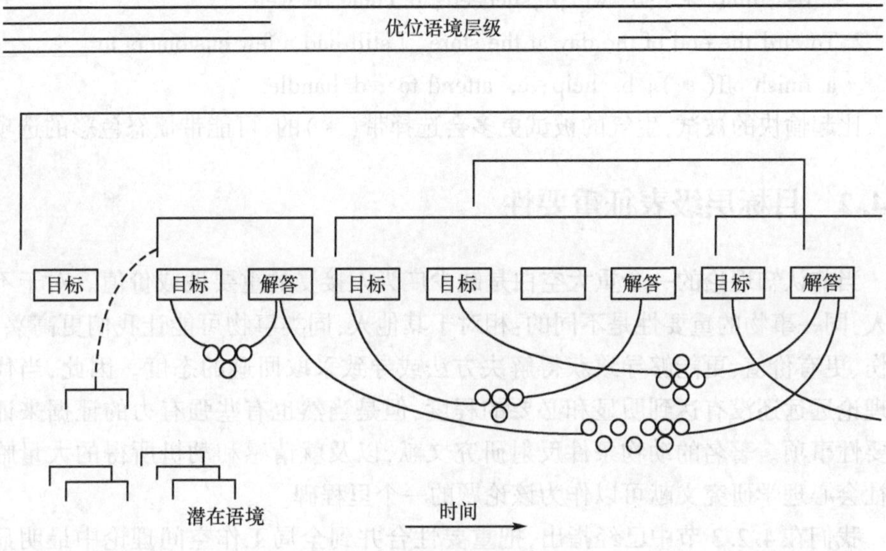

图6-3　目标语境和意识流

将一系列相互牵连的问题解决三元组联系起来会形成意识流。问题的解决会提出另一个目标，因此在图6-3中的目标既是答案也是目标。从另一个角度，可以说在目标实现与下一个目标开始之间，解决方案会变得有意识，即当不确定时，就可能减少不确定性。因此，在处理过程中，我们对信息负载量最多的时刻是有意识的。在图6-3中，没有建立新语境；新问题的语境在下方显示的潜在语境中选择。请注意，自发的问题解决并不必然是自我有意识的，它可能不被报告为问题解决。关于某个意识过程的元认知报告需要增加一个结构层级（见第8章）。同时也要注意局部目标和解决方案是由优位语境层级限制的，它们会排斥不相容的解决方案

6.4.1 合作和竞争的目标语境

一些目标语境为了进入意识会与其他语境竞争,但是许多语境之间是彼此相容的(4.3.5 节)。例如,即使是一个简单句子也受到许多同时发生的目标和标准的限制:发音、语言、语义、实效等。在图 6-3 中,语境的嵌套象征相关的语境是相容的,而且它们是彼此支持的,尽管竞争语境也在同一个水平等级上运行。

从我们对无意识的“一语双关”①的实验研究,我们找到直接证据证明相容目标语境的运行(Motley et al. ,1983)。当然“一语双关”是彼此相容的两个解释语境。因此,如果被试由于催眠后的暗示而产生愤怒的情绪(语境 A),而且如果他们会选择最恰当的词语来描述毫无感情色彩的多选事物(语境 B),他们会倾向于选择代表了愤怒且与显语境一致的选项。因此巴尔斯、科恩和鲍尔(Baars et al. ,1986)设计了这样的实验句子:

1. I always lost at cards with him and wanted to ________ more often.

   a. beat him(*);b. win;c,succeed; d. come off well.

2. Toward the end of the day at the store, I still had a few customers to ________.

   a. finish off(*); b. help; c. attend to ; d. handle.

比起愉快的被试,生气的被试更多会选择带(*)的、可能带愤怒色彩的选项。

6.4.2 目标层级表征重要性

当前认知理论的一个重大空白是缺少广为人接受的重要性或价值。对于不同的人,同一事物的重要性是不同的:相对于其他人,同类事物可能让我们更高兴、更悲伤、更有价值、更能够导致获得解决方法或导致采取回避的态度。因此,当代认知理论远远还没有达到明显和必要的程度,但是当然也有些强有力的证据来证明重要性事项。著名的动物条件反射研究文献,以及就情感和动机所得的大量临床和社会心理学研究文献可以作为该论题的一个里程碑。

我们在 4.2.3 节中已经指出,把重要性合并到全局工作空间理论中最明显的方法是使用目标语境层级(图 6-3)。某个目标比其他目标更重要,某个目标会提出语境性预设,这种语境预设会界定其他目标。因此生存的预设前提是满足吃的需求、避开危险,等等。吃的需求又以寻找食物为预设前提。在目标层级的不同层级中会进行局部调整,它并不是不变的。在吃饱之后食物的优先性就下降了,当食物被剥夺后,它的首要性又会上升,因此目标层级可以重新排序。

重要事物通常会把不重要事物从意识中赶走。在第 8 章和第 10 章中,我们将

①double entendres,法文,意指一语双关。

在意识内容的优先排序题目下讨论这些例子(8.2节,8.3.1节,10.5节)。

6.4.3 多用途的目标语境

一些目标语境在许多情形中都是有效的。例如,所有行为都需要时间控制。学习可能需要在许多不同情形中都有效地组织技巧。似乎存在多用途的目标语境,它们可以被称为在许多不同任务中的子目标。或许,它们可以像任何专门处理器那样被召集起来。当一个相关信息被广播时,它们就会竞相进入全局工作空间,而且当它们进入后,它们就会变成当前目标层级的一部分,像子目标那样(图6-2)。第8章论述过,在注意控制中有一种特殊的目标语境,称为选择语境(8.2.2节)。我们推测它们会根据其当前的重要性来协助选择意识内容。

6.5 进一步的意蕴

6.5.1 目标争相进入全局工作空间有何重要性

有几个理论提到了同样的概念,即行为系统争相进入有限能力这个通道(Norman and Shallice,1980;Shallice,1978)。但是,这些理论并没有解释其具有的优势:为什么行为控制系统会为争相进入这个通道如此费心?全局工作空间理论提供了一种可能性答案:如果某个目标语境需要招集其他处理器和子目标来执行该目标,它就必须主导全局工作空间足够长的时间,以致它可以向合适的专家广播一个"召集性信息"。在全局工作空间理论中,进入全局工作空间是召集新体系结构的一个关键步骤(这个观点在第7章中还会进一步地扩展)。

进而言之,为进入意识而产生的竞争是优位系统驱逐或"镇压"干扰性或错误目标的一种手段。因此很自然地,我们可以用全局工作空间理论将心理动力概念模型化,例如,情感冲突和压抑就可以被解释为进入全局工作空间不同目标系统间的竞争。我们已经提到,惊奇可能涉及对全局工作空间的短暂删除,从而使新信息可以进入意识之中(Baars,in press b;Grossberg,1982;Luborsky,in press;Underwood,1982)。

6.5.2 对非质性意识事件难题的一种解答

长期以来,一个争议性问题是质性事件的意识经验如知觉和意象,与非质性事件的意识经验如当前有意识的概念和信仰之间的关系(1.5.4节,2.4.1节)。一个有意思的可能性就是,所有抽象概念都是通过知觉和意象事物而被有意识获得的。也就是说,即使是最抽象的概念也可能具有某些质性的心灵符号。20世纪初,这种假说在一些意识到不完整和短暂的心理意象通常伴随着抽象概念的心理学家中很盛行(Woodworth,1915)。它也经常被那些极富创造力的人如爱因斯坦和莫扎特在他们进行创造性工作时提及(6.2.4 节;John-Steiner,1985)。当然,我们知道该观点所产生的“无意象思维争议”似乎并没有较大的成效,但这并不意味着它是错误的(Woodworth and Schlossberg,1954)。在第 7 章中我们将提出许多概念可能是由短暂且有意识的意象引起的。念动理论表明,在抽象的、非质性概念和具体的、可意象的意识经验间存在原则性联系。

仅仅提出非质性概念是上述语境系统的一部分这个观点就已经具有吸引力了。概念可以被质性事件如知觉、内部言语和心理意象等引起;而且概念语境反过来可以引起新的质性内容。我们可以设想只有质性事件才可以被全局广播。如果这是正确的,前面提及的有关广播的观点(2.5 节),就仅仅适用于质性事件和非质性概念、信仰、意图和期望在心灵中的质性信号。

这可以解释许多事物。例如,在记忆和情感中意象所具有的巨大能力(Horowitz,1976;Paivio,1971;Singer,1984),或者经常看到的抽象事物的原型(Rosch,1975)。原型的影响力,反过来表明社会模型化的影响力:偏见的产生可能源于对受鄙视人群的固定的、贬损的心理意象,以及没有意识到现实比表征该人群的心理意象更复杂。在思维领域里,几何学对数学有巨大影响,甚至自笛卡儿之后,所有几何图形都可以用代数表示。但是,几何学是可以从视觉上观察到的,代数却不能。所有这些质性意识经验也许有助于我们控制、运用更抽象的非质性事物。

6.6 小　结

本章我们从詹姆斯关于“舌尖现象”的描述开始,指出有一些复杂的表述状态,它们占据我们主要的有限能力,且像目标那样运行。这些目标语境或意图从它们不具有意识的特征来看是无意识的(Natsoulas,1982),我们经历它们的方式不同于知觉、意象等。我们可以把这些状态视为“寻找意识内容的目标语境”。我们讨论了这些观点的几种实证主义方法,而且探究了它们在自发的问题解决、重要性问题和非质性意识事件问题方面的意蕴。

在下一章,我们将讨论从这些观点如何直接推导出自主控制理论,它是詹姆斯的念动理论的现代版本。

第7章 模型5:作为控制思想和行为念动的意志

我们都知道在寒冷的早晨,当我们起床时房间里没有暖气是怎样的情形,我们也能认识到我们在反对摧残蹂躏时所持有的重要原则。可能大多数人清晨都躺在床上,一个小时过去了还无法下定决心起床。我们意识到我们起晚了,很多事情都没有做,"我必须早起,这太丢脸了",等等;但是温暖的沙发是如此舒服,外面却如此寒冷,决心就渐渐消失了,一次又一次的推延就像是站在抗拒和最终决质性行为的边缘。

那么,在此情况下,我们起床又会怎样呢?如果我总结自己的经验,我们通常并不需要任何挣扎就起床了。我们发现我们是突然起床的。意识似乎出现了一个幸运的空白;我们忘记了温暖和寒冷;我们陷入了一些与日常生活有关的遐想之中,在这个过程中一些观点在我们脑海中灵光一闪,"哦,我不能躺得太久了",这个观念在那个幸运的时刻没有唤醒任何反对和使该行为无法执行的意见,因此立刻产生了恰当的行为效果。

在我们挣扎的时候,我们的确意识到温暖和寒冷,这使我们的行为无法执行下去,在希望和缺乏意志力的情况下,继续保持我们想要起床的观点。只有这些阻止观点结束时,原来的观点才会发生效用。

对我而言,这个例子属于所有心理学中关于意志力的一个微型模型。

威廉·詹姆斯(1890/1983, Vol. II, pp. 524-525)

7.0 引 言

关于意志力这一章,我们以詹姆斯描述的意象开始。在冬季寒冷的早晨,我们不情愿地说服自己起床。在詹姆斯看来,这个意象接近于心理学中意志力问题的核心。他认为,一个成功的意志行为通常并不是从过多的内心挣扎中产生的。相反,他推断,我们只是等待行为的意识意象从那些没有竞争的意象和意图中产生。此时,行为就会自动、自发而没有任何挣扎地出现了。

首先我们考虑的是,是否存在意志力这个问题。要回答该问题,我们需要寻找具有对比性的行为,它们之间的区别在于一个行为是有意识的,而另一个是无意识的。这些经验主义的对比可以厘定我们的理论,就像意识和无意识事件的对比一样(1.2.1节)。证据表明意志力问题确实是存在的。也就是说,意识-无意识对比突出了心理学的核心问题,例如,随着实践而产生的自动化、语言、行为错误和精神病理学。进而,我们可以借用詹姆斯对意志力控制问题的解释,按照全局工作空间理论更轻易地解读意志力问题。

詹姆斯用念动理论解释行为的有意识控制,即没有遇到有效竞争对手的有意识目标意象,能够组织和引起自动的受控行为,此时由于没有进一步的意识参与,受控行为就会被表现出来。詹姆斯认为,意识内容本质上是冲动的,其他任何事都是自动的。行为中的意识成分仅仅是:

(1) 一种观点或目标意象(实际上仅仅是行为结果的一种意象);

(2) 可能是一些竞争的目标意象;

(3) "平面布景"(通行信号);

(4) 来自行为的感知反馈。

本章我们会看到全局工作空间理论是如何对詹姆斯的念动理论进行合理解释的。全局工作空间体系的功能之一,就是许多无意识系统会对一个单独的意识目标进行审查,如果该目标是不恰当的,它们就会与之对抗。也就是说,这个体系允许许多无意识的规则体系对任何意识目标或计划进行控制和修正。这意味着能够保持足够长时间意识状态的,且可成功地组建和执行一个行为的目标意象被大量的规则悄悄地修改了,其实在本章中,我们认为自主行为是被悄然修正的行为。相反,无意识行为,例如,舌尖现象,它们可能会被修改和改变,前提是如果无意识修改系统有足够的时间和能力对有意识行为计划产生影响。这些结论对于理解失误、自动行为和精神病理学中的无意识行为有重要意义。它甚至能构建起催眠和其他"专注的"心灵状态的原理,在这些情况下意识事件也被少量地修改了(Baars, in press a,c)。

当然,詹姆斯本身并没有这样讲,因为他排斥无意识心灵过程这个术语(1.1.1节)。但是,按照现代认知科学理论,他的观点是言之有理的。

在我们开始研究这些观点之前,我们有必要清楚了解意志力这个问题。许多行为主义者和其他一些学者认为根本不存在意志力这个问题。我们有什么相反证据来证明"意志"的存在呢?

7.1 存在意志问题吗?相似自主行为和非自主行为的一些比较

20世纪初,随着物理主义心理学的兴起,许多心理学家试图提出有力证据证明并不存在意志力问题,就如同意识不是真正的科学问题一样(Razran,1961;Watson,1925)。行为主义者和其他的物理主义流派最初认为,任何表面的自主行为都可以被还原为一连串由条件制约的、简单的、物质的反射作用。后来,当反射作用被证实太过简单和死板时,行为就被纳入其他的刺激-反应关系之中,但是目标仍然被视为有意识的,目标指引下的行为被简化为简单的、物质的输入-输出关系

(Baars，1986a；Kimble and Perlmutter，1970)。过去这些观点被认为会导致永远地消除任何与意志力有关的科学问题。这些观点正确吗？是否存在意志力这个科学问题？

要找到答案，我们可以将表面看起来相似的行为进行比较，但是它们在意志力上是有区别的，即我们可以就意志力问题进行对比分析，就好像本书中对于具有可比性的意识事件和无意识事件所作的比较那样(1.2.2节)。这不但有助于回答巴甫洛夫和华生提出的意志力问题，它也能界定任何正常的自主控制理论必须满足的重要条件。任何认知理论都要解释为什么两个相似的行为，一个是自主的，而另一个是非自主的。

7.1.1 非随意事件和反自主事件的对比

首先我们看看表7-1左边所列出的两类“非自主”事件：一方面，自动过程是每个自主行为的组成部分，虽然人们不能详细控制它们，但它们被认为与我们的目标是一致的。我们需要它们。一个熟练的打字员并不能详细地控制每一个手指；一个爱读书的人也不会有意识地去识别每一个字母，等等。然而因为自动行为是为我们的自主目标服务的，表7-1就把它们称为非随意的自动行为。另一方面，还存在一些明显的反自主行为，如舌尖现象。当然它们也是自动运行的，但它们被认为是无法控制的、不为我们想要的、与我们的意志相反的非自主行为。

表7-1 自主行为与非自主行为的对比

	非自主	自主
非随意的自动行为：想要的，但细节无法控制	正常行为的自动成分	被自动化前的相同行为
	反射	对反射有目的的模仿
	由运动皮层的脑刺激控制的行为	被自动化前的相同行为
	自主功能(心率、蠕动皮肤传导性，等等)	由短暂的生物反馈控制的自主功能
	自发的面部情感表现	“社交”表现(Ekman，1984)
	自动记忆编码(Hasher and Zacks，1979)	需要努力的记忆编码
反自主的自动行为：不想要的	语言和行为错误	对错误有目的的模仿
	病理症状：“失控”行为意象、内部言语和感觉自主抑制自动行为(如不想要的坏习惯)	对症状有目的的模仿 在练习后症状重新获得自主控制 自主控制自动行为

这两种非自主行为有密切的关联。例如，如果我们抵制行为中的自动成分，它就会变成反自主的。当我们看到本页的某一个单词时，它会引起不受自主控制的

自动阅读过程。这种必要的自动行为,当我们抵制它时,就会变成反自主的。因此我们在看到某一个单词时,能够试着抵制阅读行为,或者在敲打髌骨肌腱后试着抵制膝跳反射。通过这种办法,任何自动行为都可以变成反自主行为。非随意行为和反自主行为之间的紧密关系,有助于我们思考非自主行为。为了避免可能产生理解错误,我们选择诸如"自动性"对比"反自主"或"不想要的"这样的术语。

现在,我们可以开始讨论表 7-1 了。

7.1.2 语言与行为中的失误

假如你重复你的口误,错误本身是作为非自主来经历的,对它的效仿却是自主的。但是就外部观察者而言,这两个分离的行为是一样的。斯普纳列举的一些著名的口误证明了这一点。

(1) 本应该说"Our dear old queen",但却说成"Our queer old dean"。

(2) 本应该说圣歌"Conquering kings their titles take",但却说成"Kinquering congs their titles take"。

(3) 在开除一个学生时,他想说"You have deliberately wasted two terms, and you will leave by the down train",但是事实上却说成"You have deliberately tasted two worms, and you will leave by the town drain"。

我们假设尊敬的斯普纳确实出现了这些失误(有一些质疑;见 Fromkin,1980)。现在假设斯普纳在出现失误时就立即尽可能地重复该失误,以致另一个人以同样的音调,同样的频率也说了这样的话。失误与其自主重复有什么区别呢? 当然,它们在物质上没有根本性区别,也没有任何语言上的区别。主要区别是心理学上的。前者的语言是非自主和不想要的;后者是自主的(Baars,1985;in press c)。

但是,这确实是一个看不见的区别! 前者,说话人没有实现其意图。如果他对他的失误是有意识的,他就会对他的话感到惊奇。现在我们来观察构成定向反应的整个生理反应过程(1.4.1 节)。他可能有些害羞和歉意。他没有实现自己的意图,他又试了一遍。如果,像斯普纳那样,他也是剑桥大学的一位院长,他也会成为学生取笑的对象。如果他经常犯非自主错误以致他不能有效地工作,他就会失去他的职务,被检查是否存在神经方面的问题,等等。如果失误是自主的,就不会因模仿失误而产生上述结果。如果斯普纳自主地出现这些错误以娱乐他的听众,或者如果某人是引用这个失误来讨论自主控制,就不会出现这些后果;讲话者也不会对该失误感到惊奇。

因此,这两个等同的行为在心理学上具有重大区别,但并不是因为在复杂性上的区别,这是早期行为主义者的观点。自主行为并不是简单反应的结合体,非自主成分加在一起并不会产生一个自主行为。意志力控制中还包含其他成分。我们来看看更多关于这两类对比事物的例子。

7.1.3 随着实践会丧失自主控制

我们经常会看到一个自主行为转换成非自主行为:我们只需要不断重复它,直到这个自主行为的绝大部分从意识中消失(5.1.1 节)。我们前面提过这类实验,即超量学习的可预测技能会丧失自主控制性(LaBerge,1980;Langer and Imber,1979;Shiffrin and Schneider,1977;Sternberg,1966;Hasher and Zacks,1979)。

所有行为都有非自主成分。日常行为的大多数细节如阅读或写作都是自动的:如果意识和自主系统属于有限能力,我们就无法控制其中的大量细节。通常只有行为中的新颖成分是有意识的和处于自主控制之下(7.2.2 节)(Reason,1984)。但是非随意的自动行为有时是不想要的或者反自主的。

这一点在我们试图控制多年的"坏习惯"时更为明显:几乎所有人都有一个坏习惯,不论是暴食、抽烟还是焦虑等。从特征上看,这些习惯很难自主控制;当我们有意识地注意其他事物时,它们尤其会规避控制。毫无疑问,不想要的习惯可能是由很多原因导致的,但是最容易证实的是,一旦具备了某个完全自动化行为的条件,该行为就很难停止。如上所述,看到一个单词而不阅读它几乎是不可能的(LaBerge,1980;Shiffrin and Schneider,1977)。盯着打印的单词看这个行为似乎导致了自动行为:要阻止该自动行为,我们必须不再看这个单词,使这个单词从视觉中降级,也可以只盯着这个单词的某部分字母。斯滕伯格就自动记忆搜索所做的著名实验得出了相同的结论(Sternberg,1966)。除非被试找到该目标单词,否则不会停止搜索过程,会继续运行直到记忆集的终点(1.4.2 节)。里森(Reason,1983;1984)对损失惨重的意外事故的分析研究表明:大多数事故可能是由难以控制和极熟悉的自动行为造成的,该行为脱离了在灾难发生前紧要关头的语境。有一些意外事故会导致人死亡。我们认为这是关于自动行为的非自主性质的一个强有力的证据。

7.1.4 非自主自动性包括意识通道的迷失

某个行为的细节无法被自主控制,这似乎是因为对该细节没有意识。兰格和他的同事用一些简洁的实验证明了这个观点(Langer and Imber,1979)。这些研究者想要证明这样一个假说,即我们所感知的能力会影响我们的执行力:我们认为越有技能,如果我们不能直接控制我们的执行力,我们就会表现得更好。有一天,我们会因为自动性而不再感觉到我们的能力;当我们变成一个熟练的阅读者、音乐家或卡车司机时,我们会对自己行为的许多细节失去意识,因此,我们会对我们行为中错误的地方更加敏感。这种推理过程使兰格和英伯设计了一个简单的编码任务,被试在几秒钟就能学会并达到自动的程度。字母表的字母被译为二进位的密码;字母 A ~ I 是一个三角形加上 Anth;字母 J ~ R 是一个圆形加上 Jnth,等等。因此,字母 B 是三角形加 2,L 是圆形加 3,等等。最初的那一组被试报告说,在编码两个句子后,他们仍然对任务的细节有意识;经过六个句子后,他们就对步骤没有意识了。任务已经变得自动化了。

接着,兰格和英伯比较了意识通道和自动行为的效用。比起高强度练习组,适度练习组仅编译两个句子。他们报告说他们仍对细节有意识,且能够详细说明任务中更多的步骤。而高强度练习组编译六个句子后,报告说他们已产生自动性。随后兰格和英伯又设计了一个随意的任务。在这个任务中,一些被试被称为“老板”,其他被试被称为“助理”,还有一组人没有任何名称。其实,这三组人要完成的是相同的任务,他们假设名称会影响被试的自信心。然后,被试被要求再次完成编译任务。老板组和以前完成得一样,与无名称组没有任何不同;但是助理组表现得差一些,如果编译过程是自动的,在编译任务中已经形成自动性的助理产生的错误是以前的四倍,而且完成任务所耗的时间也多了 40%。在适度练习条件下,编译任务不会变得自动,因此它始终处于意识状态,助理组和老板组完成得一样好。

这个研究的简单性和有效性都值得注意,而且它的解释也很清楚:如果我们对自己的行为没有意识,而且如果有可靠信息源表明我们会搞砸,我们就趋向于接受错误的反馈,因为我们无法控制我们的行为。当我们对行为具有意识时,就会大大减少被误导的可能性。这些结论意味着有三个事物联合在了一起:对行为细节丧失了自主控制,丧失了意识,丧失了控制和修改细节的能力。事实上,能够控制和修改一个已计划好的行为的能力,可能是自主控制的本质所在(见 7.3.2 节)。

虽然我们可以说“有意识的”控制和修改,但事实是,我们通常对我们在进行控制时所运用的规则和标准是无意识的。如果我们发现内部言语的一个句法错误,我们不会有意识地说:“哈哈! 在名词和动词间缺乏数的一致性!”甚至语言学家也不会这样做。相反,我们仅仅是立即“知道”这个意识计划存在错误。发现错误的规则系统不会谈及具体细节。因此,控制和修改是无意识的;相反,事物的意识经验有助于修改和控制,即通过使许多无意识规则系统获得一些信息,就如同全局工作空间体系促使许多专门处理器能够审查某个全局信息。

因此,任何完整的自主控制理论必须解释自动性这个特性:为什么随着实践过程的展开,我们对一个行为的细节丧失了意识和自主控制?

7.1.5 从病理学上看自主控制的丧失

精神病学是研究重复的、机能障碍性错误的。这些错误常常能被犯错人认识到是行为或经验错误,它们一次又一次地规避了控制。几乎毫无例外,神经官能症领域的精神病包括无法自主控制内部言语、感觉、心理意象或外部行为等。内部言语的失控是导致固执己见或幻想以及幻听的一个因素;身体感觉的失控对病态焦虑、转换性癔症和压抑都会产生影响;失控的心理意象是恐惧症的关键所在;而且行为失控时,我们就会发现由强迫或冲动控制的病理现象。

我们可以通过患有多重病症的患者来证明这些观点。例如,安娜是布洛伊尔和弗洛伊德早期一位典型的患者,她患有严重的转换性癔症(1884/1950)。埃德尔描述了这样一个案例:

> 安娜在21岁时成为布洛伊尔的患者,她因为照顾她病危的父亲而患有精神崩溃症。她的病症包括不稳定的(变化的)四肢麻痹、压抑和精神萎靡,对蛇产生恐惧的幻觉,觉得它们会变成死者的头颅和骷髅,尤其是听到音乐时会发生疼痛的咳嗽,一段时间有严重的恐水症,她甚至不能正常地喝水,对当前的事件有健忘症[突然晕倒]、斜视、严重的语言错乱(失去了语言能力)、厌食症[不愿意进食],以及其他严重的机能障碍(Erdelyi,1985)。

正是丧失了期望的控制能力,才使得这些症状成为病症。如果某人不想移动他的四肢,那么不移动其四肢就完全是适当的。由于失去而导致的压抑和伤心也是完全正常的;在阳光普照的沙漠中斜视也是个好办法,甚至在歌德体小说中产生蛇和死者头颅的意象也是正常的(毕竟,许多人愿意看恐怖的电影或阅读歌德体的小说);如果人们想要有意地忘记和忽略它,甚至对当前事件的健忘症也是正常的。当人们不需要它们时,它们就会变成病理的。有这些症状的人们试图尽量控制这些非自主的感觉、想法、行为或意象,无论他们多么努力,却一次又一次地失败了(Horowitz,1975a;1975b;1976)。并不是想法、感觉和行为的内容出了错,而是它们的出现脱离了恰当的语境,无法为患者所控制。因此,自主控制问题是人类精神病理学的核心问题,理解精神病理学必须建立在一个适当的意志力理论基础上(见7.8节)。

临床介入有时是非常有效的,它似乎能直接对自主控制机制产生作用。这个矛盾的方法被称为"消退性实践法",或者"针对症状进行实践"(Azrin et al.,1980;Dunlap,1942)。如果某人患有恐惧症,医生就会要求他自主地产生害怕的意象和想法;如果他患有口吃,当他口吃时,医生就要求他试图自主地结巴着说话,等等。虽然这些方法多年前就已经为我们所了解,但是近年来才开始用它来系统地检测许多问题。其中有些结论值得注意。多年口吃的小孩被告知,当他们每次非自主口吃时就用30秒的时间有意地结巴着说话,结果,他们通常在一两天后就不再口吃了,成功率是75%(Levine et al.,1982)。在许多例子中用这个矛盾方法,都成功地阻止了焦虑发作、强迫性行为、控制系统、非自主病态性恐惧意象、脊髓震荡症状,等等。我们还看到一个病理,其中反自主自动行为转换为需要的自动行为,这与上面讨论的"坏"习惯例子相反。当然,对症状进行练习并不是万灵药,但是可靠的研究显示它能较快地制止病理症状,即使该病理症状已出现有了多年。

这里蕴涵的理论意义在于这个矛盾的方法包括了纯粹的自主控制和纯粹的非自主控制的对比。一个习惯性口吃者通常会通过千百次的抗争来抵抗口吃的倾向。但这种反复执行自主控制的意图很少起作用。而矛盾方法要求他有意识地口吃,自主地做通常在非自主状态下发生的事情,而且相当奇妙,在许多案例中,这些问题不再出现了。一个让人吃惊的可能性是对症状反复练习(它其实就是向自主控制方向转化)是通过自主控制系统发生作用的。如果这是真的,那么症状本身可能是自主控制中的错误。许多病理学可能都包括了"意志的错误"。这些推测提出了一些重要问题。我们对表 7-1 中自主与非自主的对比进行模型化时,会讨论这些问题(见 7.5 节)。

7.1.6 自主行为与优位预期一致①

上述案例中的失误、自动行为和病理学表明:反自主自动行为总是使行为者感到惊奇。这也同样适用于我们抵制诸如反射这样的非随意自动行为。因此,任何非随意自动行为遭到抵制时,都会使该行为者感到惊奇。此时,自动行为违反了优位预期(优位语境层级)。相反,自主行为似乎与该行为者的优位预期是一致的。

语言和行为失误的研究推断就是直接证据(Baars,1980,in press c;Reason,1984)。首先,我们当然知道人们在出错时通常会表达他们的惊奇。直接电流法的皮肤电反应(GSR)就是一种已为大家所接受的检测惊奇的方法。当被试产生了一个有关性爱方面的明显错误时,直接电流法的皮肤电反应就会很大,当被试出现一个神经控制方面的错误时,直接电流法的皮肤电反应就小一些,当被试作出了正确的反应时,就不会出现皮肤电反应(Motley et al.,1983b)。因此,失误越让人觉得惊奇(违反了优位语境),直接电流法产生的皮肤电反应就越大。同时,许多失误在出现时,可以被立即自发地自我纠正,这也表明它们使说话者感到了惊奇(Baars and Mattson,1981)。这些证据支持了这样一个观点:反自主行为违反了行为者的预期,即使外人并没有察觉到有任何异样(Baars, in press c)。

7.1.7 一些神经生理学上的观察结论

神经科学家从来没有停止使用诸如"自主"和"非自主"这样的词语来描述一些明显现象。反射是非自主行为的明显例子,一些自动功能如肠壁蠕动、心率、汗腺活动等,也是非自主行为,它们与骨骼肌肉的控制是相反的,从一般意义上看,这是自主行为。我们现在知道当人们的自动功能激活了人们的意识反馈时,自动功能至少在短时期内可以受到自主控制(2.5 节)。生物反馈训练似乎使自动反应置身于意识-自主系统的控制之下。所有这些例子都明显地体现了相同物理功能的

①在自主控制的操作性定义中,惊奇对于支持前面讨论的预期与意图是相同的这个观点起到了关键性作用。惊奇是对预期的违反,它的存在或许可以推断出预期的存在。对自己的行为感到惊奇同样可以证明意图(目标语境),即使这些意图,我们自己以前并没有明确地报告出来。如果意图仅仅是对某人自身的行为的预期,上述观点就是言之有理的。

自主控制和非自主控制间的对比。

另一个值得注意的关于自主控制和非自主控制的神经生物学比较,来自彭菲尔德和罗伯茨(Penfield and Roberts,1959)的论述。这些神经外科医生为了识别和避开脑皮层的关键部位,如果在该区域进行外科手术会导致严重伤害,就用低电压的电极去研究处于意识状态下的患者的大脑皮层。在一个病理中,当外科医生探测到了皮层的肌肉神经时,患者的手移动了,当患者被问"你在移动你的手"时,她非常肯定地回答:"没有,医生,是你在移动我的手。"患者如何辨别处于她自己控制下的大脑机能和处于医生控制下的大脑机能间的区别呢?我们不得而知,但是她能区分的这种能力表明在自主控制和非自主控制之间存在重大差异。

简而言之,意志力是否真是心理学中的一个重要问题?我们的讨论表明,对于物质上相同的事件,自主控制使得自动行为与意识行为产生了差异;在反射、失误和不想要的习惯与故意模仿的相同行为间产生了比较;在"交际的"和自发的面部表情间产生了差异;而且,最后在对大脑进行直接刺激所产生的行为和行为者以常规方式产生的行为间产生了差异。因此,意志力是许多重大心理学问题的症结所在。在这里,我们推测常识是证明意志力在心理学上具有基础性功能的一个有力证据。

7.2 自主行为类似于自发的问题解决

在第6章中我们发现,在许多类型的问题解决中存在意识—无意识—意识的三元组的处理方式。因此在回答一个问题时,我们对问题的细节是有意识的,但是对寻找答案是无意识的,尽管答案本身是有意识的(6.2节)。在创造性问题解决中,我们对需要的答案类型是有意识的,但是对答案孕育的过程是无意识的,虽然最终我们对答案有意识,等等。进而,我们还通过思考"舌尖现象"状态,讨论了意图是什么,并推导出即使当我们寻找正确答案时,也存在一个指引搜索过程的优位心灵状态,它为有限能力而竞争,且不具有质性的意识内容,如颜色、质地或味道。我们把它称为一个"意图说某某的"优位目标语境(6.1节)。

自主控制在许多方面类似于自发的问题解决。就像詹姆斯推测的那样,在自主行为中一个有意识的目标意象可能被无意识地执行着,而且行为的结果常常又再次成为有意识的。为了举例说明这一点,我们请一位读者把本书上下颠倒(这个小实验适合于用自我观察的方式来进行)。很明显,读者对把书上下颠倒这个要求是有意识的,而且或许对如何做有一些视觉意象。但是,这个要求是含糊不清的:书是在水平位置还是垂直位置转动?有些读者对这个模糊性是有意识的,有些读者却是无意识的。控制手和手臂肌肉的机制当然是无意识,虽然选择点(如何在不把咖啡洒出来的情况下让这本书上下颠倒)可能是有意识的。当然,行为的结果肯定是有意识的。

进而,就行为而言也存在一系列的限制条件,在全局工作空间理论中用优位目标语境来表述,它在行为的任何时刻都不可能有意识(图 6-3)。我们可以用最经济的方式来翻转书,而不是使它在空中优雅、精巧地划过。而且想要维持对该书的控制这一点也是一个限制条件;我们不可能仅仅把书抛到空中,任其散乱地落到地上。甚至更进一步,还有便利方面的限制,例如,在参与这个小实验时,继续保持我们所站的位置。当书被拿走后,我们肯定无法再继续阅读,我们会自动进行位置判断以平衡身体变化的力度。最后,还有一些社交方面的考虑:如果我们在公共场合,有人注意我们这一怪异的行为吗?虽然有些限制可能在瞬间是有意识的,但它们大多数是无意识的,它们共同限制了这个行为。

在真正意义上,受这一系列复杂的瞬时意识和无意识的限制的行为是意识目标所引起的问题的解决方法,它受到许多物质的、动力学的、社交的和其他语境因素的限制。因此,把自主控制作为一种问题解决是有道理的。

7.2.1 合作的自动系统控制正常的"自主"行为的绝大部分

许多自发的问题解决过程是无意识的(6.2 节),这一点当然对于自主行为也是适用的。许多执行某个特定行为的意图也是在无意识下被表示出来的,执行该目标所需的肌肉组织和子目标也几乎是无意识的。因此,一个自主行为是由于许多系统的合作而产生的。在下面的讨论中,我们要记住此类合作过程,因为我们讨论的焦点放在自主控制所具有的竞争特性上。

注意,顺便说一句,多数情况下一些系统可能是相互合作的,仅仅在行为遇到了麻烦时才发生竞争。如果许多系统联合起来组织了一句正常的语言,"舌尖现象"可能会违反其中一些而不是全部系统。当斯普纳犯下"Our queer old dean"错误时,他并没有违反英语句法、词汇、发音或语音方面的规则。出现错误的唯一系统是语义和实用功能方面,即控制意义和交流目的。它们才是被失误所违反的控制层级。似乎可以这样推断,或许当这些系统开始与错误竞争时,其他系统还在继续合作。因此,控制正常语言细节的自动处理器的联合体在面临一个违反了一些而不是全部控制层级的错误时可能会解体。

7.2.2 我们对行为流中证据不充分的选择点有意识

如果我们对这些常规的合作系统是无意识的,那么我们对什么有意识呢?我们前面的讨论表明,行为中最负载信息的方面必定是有意识的,即那些不可预知和重要的方面。通常我们对行为流中证据不充分的选择点肯定有意识。在说话时,我们知道在极其不确定时会产生犹豫、中断(Goldman-Eisler,1972)。当然,人们对他们所说的话有意识时,会导致减慢或中断演讲的流畅性,因为前面并列的自动行为现在被有限能力这个限制环节控制了,因此,犹豫、中断可能反映了高度的意识介入。还有独立的证据证明在说话过程的连接点中存在负载有限能力的事件,例如,在从句和句子的分界线处(Abrams and Bever,1969),这些连接点很可能就是说话人极不确定的地方。但是这些证据并没有证明在这些地方有更多意识介入,而这一点会使该假说更具合理性。

综合上述考量,现在我们来研究自主控制的念动方法。

7.3　模型5:现代版本中的念动理论

詹姆斯的念动理论与全局工作空间结构完全吻合。根据该观点,单个意识目标意象,如果没有遇到竞争,就足以引起一个复杂的、高度协调的无意识行为。在詹姆斯看来,念动概念来自我们对将要开始某个行为经验的困惑:我们是否意识到任何命令?对行为命令的内省报告是模糊而矛盾的,而且这个问题变成冯特、詹姆斯和乌兹堡学派主要的争议点(James,1890/1983)。詹姆斯认为,事实上,我们并没有意识到行为的任何命令;相反,当某个目标意象没有遇到有效竞争而变得有意识时,行为会被无意识的组织引起。

我们可以把念动理论分为五个相互关联的假说:

(1) 意识目标意象假说(如上所述)认为,所有行为都是由相对简单、短暂的目标意象引起的。对于许多行为而言,这些意象是可视的,因为视觉系统很善于表现行为的视觉特征。但是也不能排除听觉、触觉、味觉和嗅觉意象的可能性。走到厨房准备午餐的行为可能是由对一个诱人的花生黄油果酱三明治的味觉和嗅觉意象引起的。

(2) 竞争成分假说是指,竞争事件可能会把目标意象从意识中驱赶出来。竞争事件包括意识目标意象和我们前面讨论过的非质性意图(6.0节)。这个观点具有很重要的意蕴。它意味着新意识想法和意象会中断某个行为的计划,而且它也意味着许多不同的意图目标系统会对某个目标进行修改。

(3) 执行忽视假说推测,大多数具体的信息处理过程是无意识的,而且执行过程对于受动器的控制并没有固定模型(Baars,1980;Greene,1972)。执行行为所需的肌肉控制是无意识的。

(4) 行为命令假说认为,愿意执行某行为的瞬间是有意识的,尤其当执行时是非常规的(詹姆斯把这称为"命令",即开始这个行为的心灵许可)。

(5) 执行预设假说是指,"因为未到场"而缺乏有效竞争时执行目标意象的趋势。这是竞争成分假说的另一方面,但是用一个专门的术语来强调它是有必要的。

除了上述五点之外,我们还应该注意如果目标不能被自动执行,那么完成该目标的子目标就可能变得有意识(7.3.1节)。但是我们现在假定所有子目标都是自动和畅通无阻的,因此无须更多意识介入,目标就能够运行。

为了使这个抽象概念更容易想象,以回忆某单词为例,意图把它说出来,然后再把它说出来。前面我们提到诸如单词提取和说话这种复杂的行为可能包括许多独立部分。因为意识的有限能力,我们不可能有意识地思考说话行为中的许多细节;我们希望同时获得说话行为的所有组成部分,以至“说话系统”就像一个单一处理器在运行。但是,当我们从说话行为转换到倾听行为,或从说话转换到吃时,我们可能希望解散这个整体性语言系统,将这些组成部分重新组建以形成倾听、咀嚼食物、内部言语等新的结构体。

念动理论推断整体的“语言处理器”由一个单一的意识目标意象召集、组织和引起。这个意象本身由一个更高层级的目标结构控制,例如,读者对本书论证所持的总体赞成的态度。下面的例子将详细研究念动控制。

7.3.1 与GW理论吻合

1. 意识目标意象假说:意识目标意象可以激发无意识目标系统

如果我们问读者:“说出两种生活在几百万年以前能飞行的恐龙的名字?”我们对这个问题显然有意识。现在,根据念动理论的解释,该意识经验引起了试图找出目标单词的意图,这个单词必须与此意图相吻合。进而,该意识问题引起了无意识搜索过程,这个过程会产生可能吻合或不吻合该意图的候选单词(6.1节)。因为这种单词极少见,所以这个短暂的意图就可能被延长为“舌尖现象”。

在全局工作空间理论中,一个有意识目标意象当然是为许多专门处理器提供信息的一个全局的、一致的表述(2.2节)。一个意识目标可能引起控制肌肉的局部处理器来执行该目标也并不奇怪。事实上,在本书前面部分我们已论证过(1.4.5节),专门处理器通常具有目标寻址性:它们是由目标激发的。GW系统的一个有力特性就是目标意象可以是随意的或不完整的,因此专门处理器才是系统真正的“智囊”,它们会用自己的方式来理解该目标意象的意蕴(Greene,1972)。注意目标意象既可以引起执行该行为的下级处理器,也可以引起限制计划和执行的意图性目标语境,而该目标语境本身无须成为有意识的(图7-1)。

其实,目标意象本身来源于高层级的目标语境。说话通常都是为其他一些目标服务的,即交流某种思想、使别人注意自己、获得信息,反过来这些又为更高层级目标服务。

2. 竞争成分假说:意识内容会被多重的无意识目标系统修改

假定读者首先搜索到的是“tyrannosaurus”,而不是“pterosaurus”,当然我们不想执行这个错误的目标意象。各种知识源必定会干扰其执行;一些知识源会提醒我们“tyrannosaurus”太长了,或者它的含义不对。这些冲突的知识会进入全局工作空间,因此它会与错误的意识目标意象竞争。故而,全局工作空间理论推断对错误意识计划的修改并不是某种“叠加”的能力,而是认知系统架构所必需的特征。

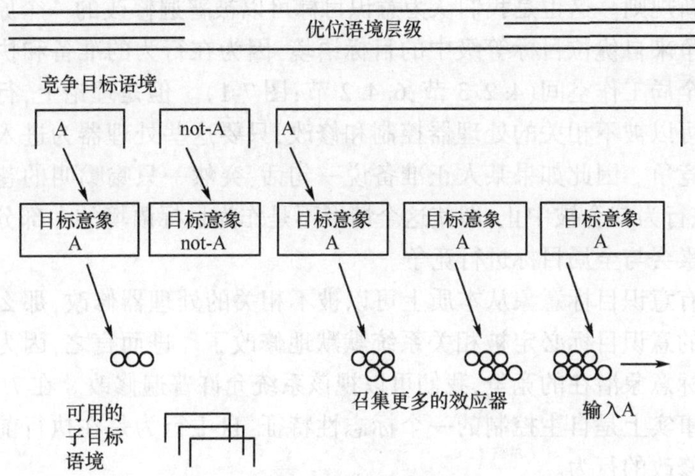

图 7-1　模型 5：自主控制的当代念动理论

詹姆斯的念动理论认为意识观念本质上是冲动的。如果一个意识目标意象无法被执行，可能是因为相反的意象或意图阻止了它。这与全局工作空间理论的观点，即意识事物会被全局性传递，是一致的，因此，意识事物可以召集和引起执行该行为的无意识目标系统和受动器。在此图中，目标意象 A 会与抵消的意象 not-A 进行短暂的竞争，但是，它会战胜这个对手并执行输出信息 A。全局工作空间理论的一个有趣特征是，原则上任何专门处理器都可能会阻止任何意识目标意象的执行。本书叙述了关于这种"普遍修改"的证据

按照全局工作空间理论，目标意象也可能激发会产生竞争性目标意象的处理器。或许这些目标意象与第一个目标意象矛盾，或者为第一个目标意象提供替换物(图 7-1)。如果一些无意识系统发现了目标意象中存在错误，它就会引起竞争的意象来破坏这个错误的意识目标——进行编辑和修改。但是，一旦某个目标意象赢得足够长的时间，它就会被执行。显然，它的具体细节不在全局工作空间中，因此是无意识的。图 7-1 详细地展示了这一系列事件。

全局工作空间系统认为，任何潜在的规则系统都会对一个全局计划进行修改。以某说话者所说的某句子为例，如果该句子是有意识的，处于任何控制层级的错误都可以被发现(MacKay,1981)。句子错误有许多类型，而且一个正确的句子被相当多无意识规则系统限制。出错有多种可能性，但是正确却必须满足所有规则。因此，我们可以很快发现在发音、音质、感知音位、声学、词汇、音节、重音、音调、音韵、构词、句法、语义、语体、语言关系、对话规则、交流效果，或者说话者实际意图等方面的错误或异常。上述每个方面都对应着非常复杂和极成熟的规则体系，我们作为熟练的说话者，对它们非常熟悉(Clark H H and Clark E V,1977)。然而，只要我们对所说句子有意识，我们就会将上述所有规则适用于该句子。我们可以自动地发现任何违反上述规则的错误，这意味着所有规则都以某些方式适用于该句子(2.5 节)。

原则上，这一系列"修改系统"是一个开放系列。为了确保行动正确，我们总

会添加一些新规则。这也是我们认为意识目标可以被普遍修改的一个原因。显然最有效的竞争来自优位目标等级中的目标语境,因为在行为的准备和执行阶段它们已经进入全局工作空间(4.2.3 节;6.4.2 节;图 7-1)。但是理论上,行为中完全新颖的特性可以被不相关的处理器控制和修改,只要这些处理器为进入全局工作空间而发生竞争。因此如果某人正准备说一句话,突然一只嗡嗡叫的苍蝇飞入了他的嘴里,该行为就会被中止,即使这个情形不是作为目标语境的一部分而被预期的。新颖因素会与全局目标进行竞争。

如果所有意识目标意象从本质上可以被不相关的处理器修改,那么可以推断被真正执行的意识目标必定被相关系统默默地修改了。进而言之,因为任何系统都存在与目标意象潜在的竞争,我们可以视该系统允许普遍修改。在 7.3.2 节中,我们认为这事实上是自主控制的一个标志性特征:自主行为是在执行前其意识成分就被默默修改的行为。

3. 执行忽视假说:意识目标意象可以召集一系列一致的行为图式和行为效应器,尽管我们对这些处理器的细节没有意识

我们假设读者想起了"pterosaurus"这个名字(或者"pterodactyl")是前面问题的答案。这是对该单词的意识表征。现在,我们如何召集能控制这个复杂单词发音方面的无意识系统呢?召集这些复杂而又易逝的语言处理器是有用的,而且在任何时候它们进入意识的可能性都非常小(执行忽视)。很可能,这个与目标语境结合在一起的意识单词可以召集和组织其发音所需的复杂的效应器系统。

对行为细节的执行忽视是包括在全局工作空间理论中的。只要行为的细节是无意识的,全局工作空间理论推断在全局工作空间运行的执行目标系统并不会直接获得具体细节。

4. 行为命令假说:执行时可能处于意识和自主控制之下

除非我们获得一个意识信号,否则我们会一直等待直到说出"pterosaurus",相反,在说一串串单词时,我们似乎很难有意识地控制每个单词的开始时刻。但是只要有足够的引导时间,通过一个单独的单词和行为,我们就可以在一些特定时刻准确报告我们执行该行为的意图。关键问题是行为开始的时刻是否是自动的、可预测的;如果是,它就是无意识的。但是如果开始的时刻是不可预测的,肯定就存在意识控制。

我们如何用全局工作空间理论来表述行为命令假说?如果目标意象趋向于自动地执行,我们就有理由推断行为的时间控制,包括约束一个已准备好的行为的执行,直到适当的时机,且随后解除该约束。可能专门处理器对于行为的时间点很敏感,它会阻止目标意象的执行直到恰当的时机(图 7-3)。

5. 执行预设：在一个相容的优位目标语境中，该意识目标趋向于自动执行

当出现说出相匹配单词的意图时，一旦“pterosaurus”变得有意识，就会发生一些奇妙的事情：我们会突然注意到我们的嘴已经开始发出了这个有意识单词的读音。干扰的肌肉神经控制系统是无意识的。用詹姆斯的话说，“意识是冲动的”——当然，除非其他目标系统开始竞相进入意识。

若无相反的意识信息，专门处理器会自动运行这一观点已经包含在全局工作空间理论的基本预设中。没有什么能够阻止一个无意识处理器执行某个行为，除非有相反的意识意象和意图。如果没有它们，我们就可以推断行为是自行运行的。

6. 不匹配、惊奇和纠正式反馈

由一个行为而产生的意识反馈可以揭示许多无意识目标系统的运行是成功的还是失败的，学界已经发展出了一些可能是正确的测量方法。

假设想要说“pterosaurus”，但实际上却说成“ptero... ptero... pterosaurus”，这种暂时性口吃在正常说话中很常见。虽然我们对这些复杂的发音器和控制说话的时间系统无意识，但似乎这些专门系统确实进入了意识事件。一般来说，当我们对错误有意识时，我们就有了在未来学会避免它们的可能性。在 GW 理论中，由错误行为而产生的意识反馈使试图纠正这种不流利的无意识专门处理器运行起来。

当我们有意识地注意到某个说话中的错误时，我们常常会快速地“纠正”它（Clark H H and Clark E V，1977；MacKay，1981），但是我们对纠正的具体细节是无意识的。对明显的错误作出反应与对不明显的错误有预期的纠正是类似的，除非纠正发生在行为被执行之前（7.3.2 节）。纠正明显错误有利于为下一次更加正确的行为作准备。

前面我们推断惊奇事件可能涉及对某个语境层级的破坏，而更高层级的语境并没有遭到破坏（4.4.3 节）。因此，对语境违反的纠正可能是在比被破坏的层级更高级的层级中进行的。这一点可能也适用于行为错误。如果我们口吃，错误是出现在发音层级中，但是更高的控制层级——音位、词汇和句法等，是不受影响的。因此，更高层级的目标系统可能会寻求另一种方法来达到它们的目标。幸运的是，整个优位目标等级很少被破坏（9.3.4 节）。

总之，詹姆斯的念动理论可以直接被合并到全局工作空间理论中。事实上，我们无法想象如果没有智力处理器分布系统这个概念，一个意识目标意象可以被无意识地执行，这是智力处理器解释和执行了最初的①意识目标。

“pterosaurus”单词的“舌尖现象”经验有助于论证念动理论在直觉上的似真

①还未被修改的。——译者注

性,以及念动理论和全局工作空间理论之间的吻合。但是它并没有提供证据。在7.4节中我们将讨论赞成或反对上述假说的证据和广义自主控制理论的意蕴。但是,我们必须就自主行为的本质提出一个根本的理论观点。

7.3.2 自主行为与对意识目标进行默默地修改有关

如果真的存在对意识目标的普遍修改,在行为被执行之前,行为的意识方面必定会被悄然地修改以保持与行为者的目标层级一致。以预谋杀人为例,如果一个正常的、理性的人对谋杀某人已策划了好几周,并且计划这样做,我们立即可以推测行为者肯定考虑了相反的观点,并拒绝了它:谋杀者肯定预测了被抓的可能性,其他人对该行为的反对,以及可能还包括被害者和他家人对此遭受的精神打击,即我们立即可以推断在行为人对谋杀行为有任何意识冲动时,其他与谋杀相反的观点将被反复衡量,尤其是如果行为的潜在代价很大。如果不顾这些修改性观点而执行行为,我们就可以对谋杀者的价值体系,或者减罪情节作出适当的判定。对我们而言,行为之前意识冲动可能已经被修改了,如果有足够的时间这样做,这一点是重要的。

行为的什么部分可能是有意识的,且因此被默默地修改?理论推导的答案与我们之前的推测是吻合的(7.2.2节):我们趋向于对行为计划中新颖的、负载信息的、重要的或矛盾的方面有意识(见第4、5、6章)。这些以全局工作空间系统的整合能力为前提条件的方面可能会变得有意识,当然它们也可能是需要修改的方面。

本章的主要观点是,自主行为本质上是在执行前其意识部分被修改的行为。相反,反自主行为如失误是修改失败了,即在执行前它是有机会被修改和改变的行为。当然一个正常行为中的大部分成分都是无意识的;这些成分在执行前不会被全局性修改。但是,甚至是行为中的自动成分在过去的某些时候也是有意识的。因此,它们在那时肯定被默默修改以保持与优位目标层级一致,而且,事实上,意识成分的修改和自主控制之间的紧密联系也可以从我们之前的观点推导出来,即自主行为在本质上与当前的优位目标层级一致(7.1节)。

还有一些直接证据证明这种修改能力,而且当我们转向自主-非自主对比时(7.5节),我们发现,在极其匹配的自主和反自主行为中最大的区别就是修改能力。

念动假说的五个主要部分看来与全局工作空间结构完全吻合。这种解释并不牵强与笨拙。因而,当按照这个结论来看待问题时,我们对许多难题都开始有了头绪(7.6节,7.7节,7.8节)。因此将念动概念运用到我们的模型中是有吸引力的,而且理论为之修正的代价也很小。但这是否有经验上的支持观点?事实会证明念动理论吗?我们拭目以待。

7.4　念动理论相关的证据

有许多证据与念动理论一致，尽管这些例子并非完全严丝合缝。看看下面的观点。

7.4.1　意识目标意象冲动性的证据

雪佛氏钟摆是证明意识目标冲动性的典型例证，自19世纪起它就开始被用于证实被催眠的人也有自己独立的想法(James,1890/1983)。实验者在一根绳子的末端系上一个有一定重量的钟摆，并使其稳定地摆动。现在，当钟摆稳定摆动时，被试看到这个钟摆正以南北轴方向在他面前来回晃动。不要施加任何可感知的力度，钟摆还是沿着南北方向摆动。注意，不要施加任何力量来移动钟摆，被试开始认为它在左右摆动，沿着东西方向。钟摆很快就会按照被试的想法，即使手没有对它施加任何力量或移动它！看起来似乎意识意象比有意的意图的作用力更大。

要把这个传统例证运用到现代的严谨研究分析中不是一件易事，念动理论必须比上述论证提供更多经验证据。但是，可以肯定的是意识事件与目标相关：人们可以报告他们自己的已计划好的行为的意识想法和意象，而且通常在短期内可以准确地预测他们的行为。但是行为是由这些意识事件引起的吗？对于这一点还不能确定，尤其从一些难以报告的、易逝的意识目标可能不会引起行为这一点来看(1.5.5节)。

我们知道，在行为开始之前心理负荷会立即暂时性增加(Keele,1973)。这与行为执行前至少存在一个短暂的意识目标这个观点一致。利贝特(Libet,1985)提出一些论据证明我们可能是在脑事件之后才对该行为有意识，该脑事件在瞬间引起了该行为，但是这并非普遍适用。当然，在一些例子中，人们在做出行为的前几秒或几小时，才会对该行为有意识，这一点可以通过他们能准确地提前预测他们的行为来证实。读者现在可能会做出翻书这个有意识和可报告的决定，而且真的这样做了：无须惊讶，但是任何不能解释这个基本事实的理论都是不完整的。

意象练习的实验研究文献显示，存在许多关于意识目标影响力的证据，表明有意识地想象一个行为有时可以如真正的物理实践那样提高绩效(Drowatsky,1975; MacKay,1981b)。目标的意识意象被广泛运用于临床实践中，以提高运动绩效(Singer,1984)。毫无疑问，目标的意识意象对执行的行为有较大影响力。

而且，我们也有些相反的例证：对一个行为毫无意识会导致行为的失控。兰格和英伯(Langer and Imber,1979)证明：编码任务的自动化会导致评价自己绩效的能力的丧失，而且里森对错误和意外事故的分析也表明，在自动行为与失控之间可能存在关联(Reason,1984)。自动化可能意味着越来越无法获得目标意象，因此行为本身变得越来越无法修改。

意识事件对行为的影响作用最为直接的证据来自实验中产生的语言和行为错误的意识启动效应。现在已经有几种实验方法来产生这种失误(Baars,1980;1985;in press c;Motley et al.,1983b)。其中一种方法是使用语音启动效应,即对错误单词的意识会引起首音误置。我们前面已经讨论了读者可以让某人重复说"poke"这个单词大约六次,然后问他:"你把鸡蛋的蛋白叫什么?"大多数会回答"蛋黄"(yolk),即使是他们知道答案(6.3节)。显然他们是被意识单词"poke"所激发,导致从记忆中提取了一个读音相同的单词(Kimble and Perlmuter,1970)。这个方法可能是有用的,因为它重复了意识目标意象的正常效果,最终引起行为的发生。

一般而言,首音误置可以通过一对对可能出错的单词来有意识地启动说话者而出现(Baars,1980;in press c)。因此,可以通过向被试出示一系列词组如 dart board/dark bowl, dot bone 等来产生 barn door-darn bore 的错误。因为被试不知道他们被要求说出哪一个词组,他们肯定对每个都作了准备。当目标单词 barn door 被出示时,这种准备状态可能就激发了出错系统。

还有些方法可以产生错误。所有这些方法似乎都创立了一个竞争的语言计划,它们促使被试快速地在两个选项中作出选择(Baars,1980)。下面的错误是由于对目标句子中两个单词的顺序产生了不确定才引起的。例如,人们对说"She touched her nose and picked a flower",还是说"She picked a flower and touched her nose..."不确定。有几种方法会形成这种不确定。最简单的是展示刺激句子,然后再展示每一个单独信号,被试要么按给定的顺序重复之前的句子,要么颠倒句子单词的顺序。这个方法产生了许多预期的单词转化错误。设计的实验应该导致被试产生非自主状态(Baars,1980;in press)。

目前,所有这些错误都为语言系统的下一步运行设立了一个预备状态,即它们创立了一个目标语境。如果这是对的,我们就可以问是否增加一个与目标错误有关的意识意象会增加犯错的可能性。例如,如果我们给人们一个意识词组"terrible error",它是否会增加犯"bad goof"错误的可能性?莫特利、卡姆登和巴尔斯(Motley et al.,1979)证明会增加这个可能性。进而言之,如果人们在一些社交场合,如在一位有吸引力的异性面前,与该情况相关的错误会犯得更多(Baars,in press c),所有这些例子中,在相关的潜在错误出现前,一个有意识的启动事项会快速增加犯错的可能性。这表明意识事件可以协助召集行为。尽管这个证据不足以完全肯定意识目标意象的冲动性,但它确实证明了念动理论的这一部分内容。

7.4.2 通过全局竞争进行修改的证据

如果一个瞬间的意识目标意象是开始和引起一个行为的必要条件,竞争的意识事件必定可以推迟和抑制它。日常生活中的经历就与此模型十分吻合。如果我们请某人回忆一个极少见的单词,然后用其他要求的意识任务干扰他,那么这个所需要的单词经过足够长的时间仍然不会进入大脑,他仍然说不出这个单词。我们不应该忽视这个极明显的事实。它表明只有当进入全局工作空间发生竞争时,才可能发生修改,这种竞争可能是在意识目标意象中能发现错误的处理器之间产生的。竞争会使错误在全局工作空间中占据优势,以足够召集和引起行为。从理论上讲,这一点是让人高兴的,我们不需增加新的成分,修改就可以发生:这是全局工作空间体系结构允许局部专门处理器就全局信息发生竞争这一事实的另一种运用。

其他观察结论也与这个观点一致。梅琴鲍姆和古德曼(Meichenbaum and Goodman,1971)证明冲动的小孩可以使用内部言语来提高自我控制。如果冲动是由强有力的意识目标意象组成的,该意识目标没有即刻引起竞争,那么训练小孩使用有意识的内部言语可能会帮助他们抵制不想要的目标意象。冲动的目标意象可能会变得无意识,因此可能就没有时间去组织和执行不想要的行为。关于修改的另一方面,兰格和英伯的发现(Langer and Imber,1979,前面已讨论过)表明把某项任务练习到自动的程度会导致对该行为控制能力的丧失。显然,当一个行为变得越来越自动化时,意识目标意象就越来越难以控制(Pani,1982;见 11.2.4 节)。

预期修改的另一个证据源来自实验中产生的失误(Baars, in press c)。我们可以使被试产生一种违反一般语言或用法规则的失误;然后将这个失误与符合该规则的失误进行比较。因此,在实验室,人们会产生如下错误:

(1) darn bore—barn door(有意义的词组)

(*)(2) dart board—bart doard(失误没有任何意义)

(3) nery vice—very nice(句法正确)

(*)(4) vice nery—nice very(句法错误)

(5) lice negs—nice legs(社交上不恰当的性别评论)

(6) reel fejekted—feel rejected(沮丧的话)

同样,我们可以产生单词转化的失误,如:

(*)(7) She touched her nose and picked a flower. —She picked her nose ...(令人尴尬的社交场合)

(*)(8) She hit the ball and saw her husband. —She hit her husband ...(进攻的行为)

(*)(9) The teacher told the myths and dismissed the stories. — The teacher dismissed the myths...(无法发音)

(*)(10) She looked at the boy and talked softly. —She talked at the boy and looked softly.(反常的语义)

(*)(11) Is the gray sea below the blue—No, the blue sky is below the gray sea.(失误)

设计这些违反某些控制层级的失误,然后把它们与相同的未违反规则的失误比较,我们发现许多例子中违反规则的失误率出乎意料地下降了,有时甚至降为零(Baars,1980;Baars and Motley,1980;Baars et al. ,1975; Motley et al. ,1983)。上面加星号的失误违反了通用规则,而且这些失误的频率低于遵守规则的类似失误。如果违反规则错误率的下降是由于一些修改程序,那么修改的发生要遵守许多规则系统——发音、语音、词汇、句法和社交,等等,这个事实支持了普遍修改这个观点。

通常我们把"修改"视为一个检查过程,就像报纸编辑检查记者的成果是否违反了某些标准,如语言的恰当性,是否符合编辑原则,等等。一般而言,编辑会包括两个独立部分,其中一个就是要发现另一个部分是否存在错误。

为了证明在正常的语言产生过程中修改是如此发生的,我们需要证实人们在说话时具有发现他们的语言计划和其标准不匹配的能力。莫特利、卡姆登和巴尔斯(Motley et al. ,1983b)的报告指出,在一项诱发被试表达性失误的任务中(lake muv-make luv,bice noddy-nice body),当出现该失误时,被试皮肤的导电性会增大、快速上升,甚至在该失误没有真正出现时也会出现这种情况。在中枢神经控制方面却没有这种效应。由于电极-皮肤反应是检测定向反应的标准方法之一,是检测惊奇的一种可靠的生理学参数,这些结论表明,即使当失误被成功避开时也会检测到不匹配。因此,在人们公然发生严重错误之前,错误是可以被发现的。这正是上述修改概念的意义所在。

在这些实验中,我们并不能确定被修改的语言计划是有意识的,但是我们知道通过许多无意识规则可以检测到有意识的语言错误。并不是自发语言中的所有错误都可以被发现,也并非可以发现所有明显的错误(MacKay,1981a)。但是一旦说话者对某个错误有意识,他们就可能纠正它。事实上,正常语言中有许多明显的自我改正或"修改"的痕迹(Clark H H and Clark E V,1977)。无论如何,发现错误和修改的过程是有意识和可报告的。当然,错误本身通常也是有意识和可报告的,但是发现和修改的具体机制却是无意识的。因此,即使我们不确定上述实验中被修改的失误是否是有意识的,我们却可以坚信,对有意识的错误进行无意识修改是经常发生的。

7.4.3 执行被忽视的证据

试着扭动一个手指:控制手指的肌肉在哪里?大多数人相信它们位于手上,但事实上它们位于前臂,当移动手指时我们可以感觉到前臂肌肉的运动。发/ba/和/pa/音节时它们的区别在哪里?大多数人都不知道。事实上,区别就在于张开嘴唇和开始振动声带之间短暂的间隔。这些例子数不胜数。我们对这些行为的细节毫无意识,无法报告。

7.4.4　行为命令的证据

我们准备做某个行为,暂停执行,直到出现“go”这个信号。信号出现的时刻我们是有意识的:这证明了当人们将要执行某个行为时是可以做出报告的这个事实。从这个意义上说,人们显然对“行为命令”有意识,且可以控制它们。

在准备与行为之间存在分离,即使在执行没有被延误时也是如此。所有行为似乎都有两部分。例如,对于猫科动物,行为控制的神经生理学的研究已到了一个相当高的程度,它在准备和执行之间有一个自然分野。就如格瑞恩所描写的:

> 当猫调转头,看着老鼠时,它的头弯曲的角度和它的脖子弯曲与扭转的角度将会按照大脑的命令“跳”,并沿着正确的方向来调整脊椎的运动中枢。……脖子弯曲结合起来会决定前腿和后腿伸展的角度,以使每一个行为可以适当地爬上爬下、跳到平台上,在斜坡上站立,或者注视一个老鼠洞;当准备跳到一边时,脖子的扭曲规定了左腿和右腿相对的伸展度。这些姿势在行为开始前就肯定被安排好了;因为如果它们完全依靠纠正反馈,在反馈回来之前,猫就可能被绊倒或没有到达平台上。前馈的这些反射模型几乎都不适用于猫在通常环境下做猫科的姿势和运动(Greene,1972,p. 308)。

我们是什么时候对行为命令有意识的?我们推测或许依赖于对行为时间的预测,就如同意识或自动行为通常依赖于对任何行为的子系统的预测。当执行时间不是常态时,我们对行为命令肯定是有意识的。

7.4.5　执行预设的证据

我们如何知道在没有相反的意识或意向性事件时意识目标就会被执行?部分理由来自于我们前面对自动行为的论证:试着看一个单词但却不阅读它,或者在快速的记忆扫描中,在列表结束之前试着停止自动的记忆搜索(Sternberg,1966;1.4.2 节)

再如,里森与其同事收集的分心时出现的错误这类例子。里森指出,当行为者心不在焉或分心时,在他平时的习惯行为中就会出现强大的习惯干扰,因此不会对与行为相关的特征有意识。这个例子证明了执行预设的存在。看起来似乎是如果相反的意识事件没有干扰这个有缺陷的行为,这个已准备好的行为就会被执行,即使它不应该被执行。没有中断这个有缺陷的目标意象,就会导致灾难性后果。里森(Reason,1983)分析了许多意外事故,例如,飞机失事和交通意外,最后得出的结论是:许多这样的事故是由于自动过程的入侵,再加上低层级的意识监控。

一个 6 岁的小孩就知道如何不让这些错误发生:专心致志地做你正在做的事,即要意识到新的情况和目标。当我们注意时,错误的执行预设就不会发生。但是似乎多数时候执行预设这一规则也可以适用于执行正确的行为。我们似乎是自动地执行有意识的目标,除非相反的意象和意图干扰了这个意识目标。

7.5 对自主-非自主对比的解释

在本书前面章节中,我们推断任何一个完整的关于意志力控制的理论都必须能解释自主-非自主对比之间的差异:这些类似行为的对比,其区别就仅仅在于一个是自主经历的,另一个是非自主经历的(表7-1)。我们已经详细研究了三类对比事实:失误的例子、自动行为以及神经病理学。现在我们将要证明,我们发展的理论是可以解释这些事实的。

一个非自主行为总是趋向于避开检查、修改和控制。在它被执行的那一刻,我们通常会感觉到不对劲了。我们打网球时,当觉得有些不对劲的虚脱感时,我们自己的心理律动可能并没有停止,或者如果当我们没有多余时间去思考时,我们会出现本不可能犯的口误(Chen and Baars, in press; Dell, 1986)。当我们因为无知或不胜任而出错时,我们就不会说它是非自主错误,非自主错误是我们已经意识到的错误,要不是因为某种原因本应该被避免的错误。一个合理的解释就是非自主错误包括对错误的预期修改,这在上面已经讨论过了。当发现意识目标中错误的系统为阻止目标执行而争相进入全局工作空间时,修改才会发生;但是在失误的例子中,在不想要的自动行为中以及在精神病理学顽固的错误中,修改功能没有运行。这是怎么回事呢?

让我们思考在口误、不想要的自动行为和精神病理学这三个主要事例中,修改功能为什么会失败呢?

7.5.1 口误:错误和修改之间的赛马[①]

当没有竞争事件时,错误的意识目标意象就是趋向于被执行,而且如果修改系统需要时间有效地与错误的目标意象竞争,那么在执行时间和修改时间之间必定有"一个竞争"("执行时间"可以被定义为从意识目标意象的开始到行为开始的时间;"修改时间"是目标意象开始到停止该行为执行的有效竞争开始的时间。见图7-2)。在口误例子中,修改系统在竞争中落败了,因为执行时间比修改时间更快。在修改系统与该目标意象竞争之前,错误的行为已经被执行了。

还有一个明显的例子:我们知道反复练习的意象会从意识中消失或者转瞬即逝,而且经过高强度练习,可预测的行为就变得更加有效,更少意识了。潘尼(Pani, 1982)对意象的自动性研究表明,随着实践的发展,在解决问题时对视觉意象的有意

①作者将目标意象之间的竞争关系隐喻为赛马比赛,执行时间、修改时间就好比比赛中的马匹。——译者注

识提取会减少。按照我们的模型，我们可以推断意象成为全局可用性所需的时间越来越短，直到最后它们的全局可用性如此短暂，以致它们不再被报告，即使它们仍然会引起已准备就绪的效应器系统。可能已准备就绪的处理器，反应十分灵敏，虽然报告目标意象的行为可能会花费更长的时间。或者，也有可能目标意象消失在全局工作空间中了；即使是暂时的全局可用性，它们也无法形成。在后面的讨论中，我们会推断第一种情形是真实的——随着实践的发展，目标意象仍然被全局传播，但是变得越发的转瞬即逝。当然，这个假说需要进一步的检测（见 7.9.1 节）。

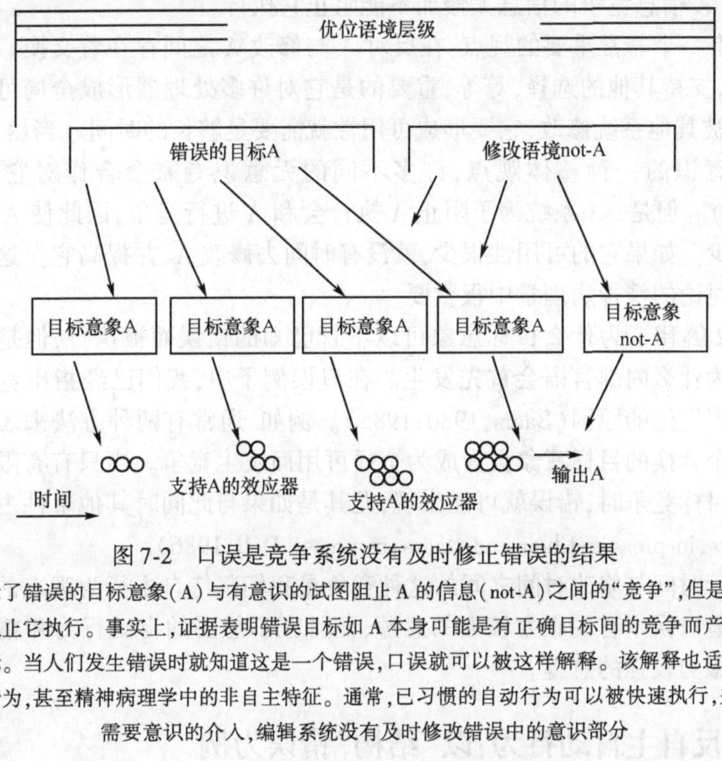

图 7-2 口误是竞争系统没有及时修正错误的结果

图表显示了错误的目标意象（A）与有意识的试图阻止 A 的信息（not-A）之间的“竞争”，但是因太晚了而无法阻止它执行。事实上，证据表明错误目标如 A 本身可能是有正确目标间的竞争而产生的一种错误目标。当人们发生错误时就知道这是一个错误，口误就可以被这样解释。该解释也适用于反自主自动行为，甚至精神病理学中的非自主特征。通常，已习惯的自动行为可以被快速执行，并几乎不需要意识的介入，编辑系统没有及时修改错误中的意识部分

如果随着实践的发展，目标意象成为越来越短暂的可用性，前面讨论过的兰格和英伯（Langer and Imber，1979）所作的研究就是有道理的。他们发现在编码任务中，练得越多的被试比练得少的被试更容易接受对他们行为的评价错误。他们认为超量学习某项任务会减少被试对该任务细节的关注度，在这种情况下，被试必定对其行为中的否定评价更敏感，因为他们本身已不能对他们的行为进行评价了。在目标意象随着练习越来越无法获得的前提条件下，这正是我们的预期结果。自动的、已准备就绪的效应器系统可以继续执行该任务（因为随着练习的发展，它们准备得更充分和有效，因此被引起的目标意象越来越少）。但是要求某人做一些新鲜事，例如，评价他们的表现，将变得更加困难，因为被评价的全局目标意象转瞬即逝。

因此，控制反自主行为的目标意象，它的可得性可能有足够时间引起一个准备

好的行为,但是其时间不足以抵制修改系统的干扰。

在图7-1中展示的是我们的通常模型,目标意象A能激发处理器以执行目标A,且阻止不支持A的其他系统产生的竞争信息,我们把它们称为-A("not-A")信息。如果A仅仅是短暂的全局可用,就不足以引起准备就绪的处理器,因为效应器可能比修改系统更快速,无法修改。在图7-2中,-A系统很难中断和修改目标意象A。因此,行为可能以一种无法控制的方式被执行,"无意中说出",是因为竞争处理器不能及时抓住它。目标意象A来去的速度非常快,因为有一个自动系统可以执行它,与A信息竞争的信息太慢而不能阻止它执行。

注意有一个非常重要的观点:在反对A与修改A之间存在着交换。为了纠正A,修改它,支持其他的选择,等等,重要的是它对许多处理器形成全局可用性。如果A需要被其他系统修改,它要形成可用性就需要足够长的时间。当然,这是对某个事物有意识的一种整体观点,许多不同的无意识专家会合作对它产生影响(2.3.2节)。但是,-A系统为了阻止A执行会和A进行竞争,因此使A意识可用性越来越少。如果它的可用性很少,就没有时间去修改A,并提高它。这种交换在我们下面讨论的精神病理学中很重要。

图7-2解释了为什么目标意象可以不管已知的错误而被执行,但是它没有向我们解释为什么内部言语会首先发生。在口误例子中,我们已经指出竞争目标通常就是错误发生的原因(Baars,1980;1985)。例如,通常有两种方法来表述一个观点。这两个替换的目标意象会为成为全局可用而发生竞争。当只有有限的时间来解决这个目标竞争时,错误就可能出现,尤其是如果与此同时其他事件占据了有限能力(Baars,in press c;Chen and Baars,in press; Dell,1986)。

在执行时间与修改时间之间的这种竞争是我们坚持自主行为观点的关键。它不仅在理解口误中有说服力较强的意蕴,而且在不想要的自动行为和精神病理学中也有说服力较强的意蕴。

7.5.2 反自主自动行为:以"结构"错误为例

一旦满足了引起自动过程的条件,就很难自主地停止该自动行为。习惯性吸烟就具有非自主特性,其他例子还有强迫性暴食、神经运动,等等。一旦我们盯着一个单词,从根本上讲,就不可能阻止阅读它的行为。对此类现象所作的大量实验结论也得出了相同的观点(LaBerge,1980;Shiffrin and Schneider,1977)。习惯其实就是"社会的一个巨大惯性轮",詹姆斯曾有过著名的论述,有时惯性轮失控时,就会导致致命的意外事故(Reason,1984)。当我们试图抵制一个自动习惯时,针对我们的目的,习惯就表现为"错误"。这类错误与我们上面讨论的失误是一致的。如同在失误例子中,自动执行时间可能比自主修改时间快。因此在不想要的例子中,我们同样可以适用"失败的竞争"这个模型。它们似乎反映了相同的机制。

当然,自动行为不是不能被改变的,改变它们通常需要不断的努力。阻止或放慢该行为可能有助于使该行为变得更有意识,或更容易被修改和变更。进而言之,我们可能需要不断努力才能增强意识和重新建立自主控制。

7.5.3 神经病理学:以反复修改错误为例,该错误可能是由于过多的控制尝试

如果我们讨论的方向是正确的,我们如何看待已经知道是错误,但还不断地重复这种错误的现象,例如,神经病理学中的例子。到目前为止,我们上面讨论的自主系统都是旨在实现目标和减少错误。但是在神经病理学中,我们发现有许多行为违反了自主目标,并相当顽固地重复相同的错误。神经病理学似乎涉及整个自主控制系统出现的一个重复错误。这种顽固的错误是如何产生的?

我们推测可能是由于缺乏意识的可用性才导致了修改能力的丧失。我们可以通过使错误变成足够长时间的意识可用性这个方法来阻止和纠正错误。如果在病理学症状中存在一个重复的修改错误,那么在正常的修改过程中又会怎样呢?

一种可能性是在错误修改过程中存在想要阻止错误目标意象的企图。我们已经提到在修改目标 A 和阻止其执行之间的交换,即如果我们阻止一个目标意象,我们会停止对它的执行,但是我们也会丧失修改和改进它的可能性。修改一个错误的目标意象,我们必须在一段时间内对它产生意识。但是在病理学错误的例子中,修改系统可能是试图尽可能快地把目标意象从意识中消除。在精神病理学中,我们可能试图尽快且完全地阻止错误的目标意象,以至于我们没有时间去修改它。

以飞机失事这个可怕的意象为例。每次我们想到坐飞机旅行时,我们就会有一个清晰的、可怕的关于飞机燃烧着坠落的意象。如果我们让自己多思考一下这个意象,我们可能注意到我们可以在心灵上把飞机失事颠倒过来,即烧断的碎片可以在意象中变成一架完整的新飞机,再飞回空中继续它的旅行。只要继续保持对这些意象的意识,许多无意识处理器就可以获得该意象。这些无意识处理器可能会通过许多方式修改这个意识意象,因此产生更强的控制(Singer,1984)。当我们无法使自己随意思考这个可怕意象时,问题就出现了。更确切地说,我们快速修改它以至不能应付这种可怕的情况(Beck,1976;Ellis,1962)。在该例子中,我们无法提供改变该意象所需的时间、产生其他替代物所需的时间,等等。那么这个可怕的心理意象可能就会成为一个快速、可怕和无法控制的病态性恐惧的想法。正是"通过竞争产生的修改"和"通过变得有意识而进行修改"之间的交换,才导致了病态性恐惧意象对患者的生活产生巨大的影响。

如果这是正确的,那么使病态性恐惧意象变得完全有意识,再把它改变为一个较安全的意象,对它进行更多自主控制,应该可以有效控制病态的恐惧症。而且事实上,这些方法正是控制病态恐惧症的根本方法:系统脱敏疗法、意象方法、涌进疗法、对症状进行练习。这些方法就是通过使病态的恐惧意象保持足够长时间的意识状态,使患者意识到现实并不是像预期那么可怕并发生作用的。

这个"矛盾"的方法有时非常有效,从这个意义上讲,它很重要。在许多案例

中,让孩子自主口吃会解决口吃这个问题;让恐惧症患者练习这个恐惧的意象也会有助于解决恐惧症,等等。从我们的观点来看,这个结论是有道理的:自主口吃可能会导致目标意象在一段时间内保持意识状态,且没有破坏性竞争减少它的持续时间。而且如果它的可用性保持得越长久,其他系统就越会对该目标意象产生影响,并去修改它,因此它就会处于以前无法控制它的系统的控制之下了。对应该避免的行为进行矛盾练习会增加我们避免它的能力。

宣称神经病理学只有一种机理是莽撞的。但是抵制不想要的症状的自主性努力可能是维持和加重许多重复的功能失调行为的一个核心因素。这个假说非常简洁,有许多证据佐证它,它也易于检测,而且从本章的整个讨论中也很容易得出这个观点。

简而言之,我们用念动理论的现代版本解释了表 7-1 中列出的对比性事实。自主控制极可能是由短暂的目标意象所指引的,即使这些意象无法直接获得。念动理论的五个主要观点还有些经验性证据支持,当然还需要更多的此类证据。在念动理论和我们本书中所探索的意识的理论方法之间极其吻合。下面我们会看到,念动理论针对许多其他问题形成了一些富有成效的假说,包括作决定的本质、被感知的努力和控制、非质性意识事件的本质以及对专注状态和催眠状态的理解。

7.6 宽 意 蕴

7.6.1 作决定意味着什么

我们许多行为受过去的决定的约束,这些决定在当前是无意识的。在孩提时代,我们学会发一些复杂的音位簇/ask/,是“ask”而不是“aks”,对许多不同的发音会有意识地关注。一旦学会了,这项事情的复杂性就减弱了,我们不需要再次作相同的决定。所有行为都包括了以前在意识选择点所作决定的一些残余,这些决定此时也不再有意识。如果目标等级已经向某个选择作出了承诺,就不会对其他被排除的选择有意识了。现在对于这些潜在的选择,我们已有确立好的原则了。

但是,可能几乎任何行为中都有些特性是在行为执行时被有意识地决定的。它的时间,在特定情况下所具有的特性,等等。很多时候人们都可以对各项有意识选择作出自主决定。我们可以决定阅读本书中的某一章,在成年时接受某种生活主张,而且有时我们还可以作出明确的停止或开始某些长期习惯的决定。这些都是在意识选项中作出的选择,如果意识就是这些彼此替代的目标间竞争的对象,我们的模型肯定可以说明我们所作的决定是如何产生的,以及有些决定为何无法继续。

最简单的方法就是推断人们可以广播彼此替代的目标,例如:“我应该做 A?”紧接着是:“我不应该做 A?”然后系统联合起来支持某个目标,就好像它们把票投给这个或那个候选者(图 7-3)。也许越强大的联合所支持的目标意象越可以排除有效竞争,因此它们获得了对该行为的念动控制(7.0 节),因此自主行为可能是按照一个长系列问题解决的三元组来运行的，就像第6章所论述的那样。

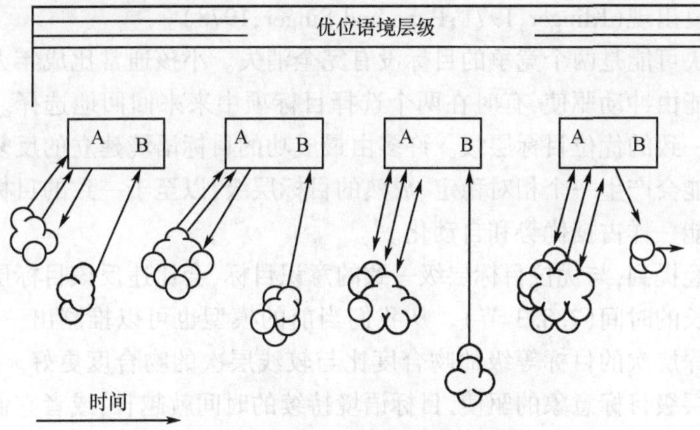

图7-3　隐决定作为处理器竞争组之间的表决

意识事件的隐决定可能会作为支持A或B的联合体间的一个表决过程。语境A或B可能会同时或轮换地传播，如果它们轮换得足够快就能够组建支持每个语境的联合体。双箭头表明在自我支持反馈循环中支持会回流到处理器的表决联合体中，在自我反馈循环中"受支持的将获得更多支持，不受支持的将越发不受支持"(McClelland and Rumelhart，1981)。最终A被传播的时间足够久，并排除了B，被组建的效应器就会执行A。本图并没有表现有意识的、显决定表示，在此决定表示过程中我们体验了关于行为过程或显代数问题、显化学问题的有意识思维流(Newell and Simon，1972)。这可能包括元认知、其他意识事件的意识成分和将来的意识内容的自主控制，尽管本图描述的是关于有意识的替代物的直觉的、自发的隐决定

但是该意识目标意象最初是从哪里产生的？如果优位目标层级没有被严重违反，它就不可能产生意识目标(4.0节)，倘若如此，它仍然可能包括意识意象而其本身并不成为有意识的。那么意识目标意象来自何方呢？有几种明显的可能性。有时优位目标层级受到内部或外部事物的挑战，这种竞争会使原来是语境性的事物成为有意识的(4.4.3节)。进而言之，一些意识选择是由外部世界展示的，就如同某人给我们一个诱人的点心、廉价出售的一件心仪物品，或者一个职位。当然，有时意识选择是由内部变化建立的，例如，开始觉得饥饿，或青春期的开始。有些可能是由深层次目标结构间长期无法解决的冲突而产生的，例如，想要控制他人与希望为他人所喜欢的冲突。还有一些意识选择可能由长期以来没有办法解决的，且现在仍继续存在的窘迫处境所导致(Luborsky，1977)。

所有这些可能都是来自于犹豫不决。就如詹姆斯所论述的，在寒冷的早上是否起床这个问题就包含着意识选择项之间的斗争。或许我们多数日常生活中的决定都具有这个特性，但是一些持续的斗争可能是因为不断的练习而获得了胜利而不是强迫。就如本章序言中詹姆斯所说的，我们只能等待直到寒冷的早上这个意识意象从意识中消失；如果此时偶然出现一个起床的想法，它也可能不经过任何竞争就占据了优势。因此，持续的反复出现的想法获得了最后的胜利。由于坚持不懈，不断一次又一次地返回到意识中，重要的目标系统最终可能会胜利，这个观点

与从思维控制中获得的证据是一致的,该证据表明未解决的个别重要的问题趋向于自发地重复出现(Klinger,1971;Pope and Singer,1978)。

犹豫不决可能是两个竞争的目标没有完全消失。小孩通常比成年人更犹豫不决。他们可能由冲动驱使,有时在两个选择目标项中来来回回地选择。小孩可能还没有一个一致的优位目标层级。许多由最成功的目标语境建立的反复有效运行的联合体可能会产生一个相对稳定、成熟的目标层级,以至于一致的目标语境能够像其他的技能一样占据优势和自动化。

我们已经提到,与优位目标层级一致的意识目标,会比违反该目标层级的意识目标持续更长的时间(7.8.3 节)。从我们当前的模型也可以推测出,一些意识目标语境与较深层次的目标等级的吻合度比与较浅层次的吻合度更好。倘若如此,越是受更深层级目标意象的驱使,目标语境持续的时间就越长,或者它们可能更经常地反复出现,直到它们产生了有效的行为。一个使新目标产生实效的方法就是使它们与现存的深层次目标联系在一起。因此,我们可能会产生一个这样的有意识内部言语:"为了生存,我必须每天跑 4 英里吗？为了社交的成功,我必须待在这个无聊的聚会上吗？"在这些例子中,瞬时目标和深层次存在的目标建立了有意识联系;正是通过这种方法,政治家会引用深层次存在的、获得一致认可的目标如"国家安全""战胜贫困""重建繁荣",来提出征收新的赋税。通过有意识的鼓动深层次目标等级,我们浅表层次的不愿意就会被克服。这个在局部目标和深层次目标间的修辞性联系可能徒有其表,但是,只要它们使意识目标保持被全局可用的时间足够充裕,并被执行,它们就是有效的。

在 7.8.3 节中,我们推断,相对而言,多数正常的行为没有冲突,即它出现在许多深层次目标间的重叠区域(9.3 节)。但是,目标间的冲突是普遍存在的。当然,任何新的重要目标都必须与现存的优位目标相一致。

因此,很多时候人们可能会执行一个与其目标相关的内部论据。并不是所有的这类内部论据都可能是完全有意识的;有些可能由短暂的意象组成,这些意象只起到类似提醒者的功能。注意内部论据有一个有趣的特征:如果念动理论是正确的,在争论中拥有最终决定权是至关重要的;最终的决定必定将是被执行的决定,因为它不是由竞争的思维所推导出来的。这个简单概念产生了许多有趣的结论(例如,7.7 ~7.9 节)。

与目标有关的内部论据有许多意蕴。例如,我们可以把信仰定义为一个在观念中没有争议的抽象概念,虽然它是有争议的。我们可以就某个政治或宗教信仰或某个科学立场发生争议,但是值得注意的是,很少人改变他们自己的信仰。事实上,稳定的信仰会变得语境化,并提供深层次的目标和概念语境,这通常会持续存在于人的一生中。按照这种思路,信仰系统可能被界定为由无争议的概念组成的一致的系统,它们可以变得语境化,并为稳定和指引人们的意识观点、感觉和行为服务。可能信仰系统控制了内部论据的最终决定权,由于按照念动理论,最终决定是真正的权力,正是它毫无异议地控制了行为。最后,封闭的信仰系统可以被界定为是所有貌似的相反观点的答案,因此改变的可能性被降至最小(Rokeach,1960)。或许所有意识形态、政治、哲学甚至是科学方面的信仰系统,在某种程度上都是封闭的。最明显的证据就是大多数人就许多争议问题有自我生效的、封闭的信仰系统,尤其是那些从直接证据上难以断定的问题。

7.6.2　抵制想要的行为、已被感知的付出和已被感知的自主控制

我们已经提到自主控制与自发的问题解决不同(6.0 节),因为我们知道我们的自主行为是由目标指引的。我们可以"元认知"地提取许多自主目标,以及阻止自主目标的心灵事件(Flavell and Wellman,1977)。我们推断这类元认知提取有两种原因。第一,很明显,根据假说,念动理论认为自主控制包括了意识意象,如果它们能够被用足够长的时间,它们就能够被元认知处理器感知。第二,元认知处理器可能包括表征、回忆以及描述一件我们已对其有某种意识的目标事件。因此,读者知道他们在自主阅读这本书,部分原因是他们能够回忆行为中的意识目标。

但是很多时候,我们自主经历一个行为,甚至我们并不记得控制行为的目标意象。毕竟,目标意象是易逝的,对它们的记忆会被最近的事件所遮盖,等等。按照我们上面的讨论,行为越自动化,我们就越难报告我们的意图。相反,行为遇到的抵制越多,它就越不可能自动地运行,被报告的行为决定就可能越多。

这表明抵制执行某个行为,感知努力的和已被感知的自主控制是一致的。例如,我们可以检测已被感知的努力这个问题,它看起来很像是预期控制与实际控制之间的冲突。笔者打印本书手稿的经历就可以证明这一点。作为一个熟练的(虽然这需要努力)打字员,笔者通常对打字的细节是无意识的。屏幕上显示单词的计算机程序运行得如此快,以至于根本就无法注意它。但是有时打字时,计算机会同时出现一些其他的内容,然后屏幕出现单词的频率就会大大降低。手指的敲击和单词在屏幕上出现的间隔时间比预期的要长,然后笔者意识到这两者之间的关系让人恼火。这种主观体验是需要付出心力的一种情况,就像必须强制自己把字母打印到屏幕上一样。笔者的确意识到每次按键都具有自主的特征。

这个例子可能提供了一种检测已被感知的自主控制来自感受到的努力这个假说的方法。它推断目标语境包括了一个行为所需的时间信息。当该时间被推迟时,我们总是趋向于对目标意象和反馈再次有意识,以致许多处理器就可以对行为的意识部分起作用。当有意识的目标意象具有更多的可用性时,元认知处理器也能够对它产生影响,以便于回忆和自我描述。简而言之,我们意识到我们具有某个目标可能建立在违反了试图完成该目标的"看不见的"预期的基础上。

注意,增加对这种被推迟目标的有意识提取会给我们带来四个好处:第一,我们有更多的时间去修改和改变意识目标;第二,在这个过程中,我们可以提高对该行为的自主控制;第三,从元认知上,我们可以评价该争议目标,我们可以回忆它,

谈论它,或者还会找到其他方法来实现同一个终极目标;第四,提取有意识目标也会指引后来的意识内容,例如,当我们就下一步注意什么作出有意识的决定时。这将在第8章中讨论。

7.6.3 概念思维的念动控制:这是对非质性意识这个难题的解决方法吗

我们面临的其中一个极为棘手的问题是清楚的,即质性的意识内容(如感知、感觉和意象)与非质性意识内容(如概念、信仰、期望和意图)之间的关系问题。非质性意识内容肯定会为了有限能力而发生竞争,但是它们被有意识体验时却不会具有像温度、颜色、味道和气味这样的属性(1.5.4节)。

我们前面已经评论过人类具有使抽象概念形象化的趋向:用形象化的隐喻来思考,或者将一个抽象的事物还原为一个具体的原型。数学和物理是两个分离的符号系统,这绝不是偶然的:一个是代数符号,另一个是几何符号。在数学上,这两种符号是相同的,但是在物理上却是不相同的,因为人们能够把几何符号运用到视觉图像中,代数符号却不能。

我们不必诉诸科学中的例子。我们所有人都可以用一种抽象形式来表述某个句子的含义。为了证明这一点,请读者以逐个单词的方式回忆前面的句子(不要看)。多数读者无法做到,但是他们可以回忆起句子的含义。也就是说,用不同的单词、不同的句法甚至与原句子不同的感受质可以产生相同的语义。但是回忆起来的含义会维持原句的抽象含义。有一个极好的例证就是受过教育的成年人会快速地把单词与句子转换为一个抽象且不能质性感知的语义符号(Bransford and Franks,1976)。当然,这里我们必须面临的一个问题是:我们是如何通过意识控制这些抽象的语义符号的?

一个可能性是我们可以对抽象事物进行念动控制。以本书所提到的复杂的概念结构为例。现在我们已经定义了一系列术语,如"语境"、"全局工作空间",它们本质上是可以感知的,尽管它们指称的是抽象的非质性概念。使用我们能听到和看到的单词处理的抽象概念越准确,我们就越容易理解这个理论。同样,本书中使用了大量笔墨来论述对该理论有用的隐喻,例如,专家会议的意象,每一个专家都争相进入中心地带的黑板的意象。但是任何一个具体隐喻事实上都是不准确的。例如,会议意象并没有表明全局工作空间理论中的专家处理器是可分解的,但是人作为专家是不可分解的(1.4.2节)(当人作为专家可分解时,就会停止运行)。这一点很普遍:隐喻是有益的,但是在表示更加抽象和复杂的实体时,最终是不恰当的(Lakoff and Johnson,1980)。在科学领域,使用它们时必须谨慎。

一般而言,一个可想象的隐喻起到了引起和召集概念处理器的作用。比起意象本身,概念处理器会更加抽象和更加准确。这个抽象事物可能无法被质性地感知。因此,需要视觉图像、听觉词汇和形象的隐喻。当要用它们表述抽象的非质性事物时，它们就需要成为质性的、有意识的。

所有这些都表明：我们的确对抽象概念施加了念动控制，因此，我们通常会使一个抽象事物形象化，而且反过来，我们可以从具体符号中提炼出抽象性。当我们理解一个句子时，仅仅将感觉的单词转化为抽象事物是不够的。反过来，我们还必须能够从感知形式中提炼出抽象性，解决这两者之间的矛盾，对它们进行预测，并将它们作用于世界。在所有这些转换中，把抽象事物编码为一些质性的、可想象的形式是有益的。念动理论似乎为我们理解质性经验和抽象表征之间的关系澄清了一些难点问题。

7.6.4　短暂的目标意象使我们准确的查找信息源变得更困难

如果目标意象需要花费一定的时间去引起行为，那么不仅能引起一个行为，且要求我们报告它们的目标意象又是怎样的呢？如果我们想要人们报告他们的目标意象，他们必须获得该目标意象足够长的时间，不但能引起原来的行为，还可以帮助召集能描述该意象的语言系统。当然这是我们在前面就遇到过的问题，我们最先提出了可能存在太快而无法描述的短暂性意识经验（1.5.5 节）。最恰当的例证就是“舌尖现象”，即人们意识到该转瞬即逝的单词，试图控制它出现的时间长一点以便说出它，是有障碍的。

元认知的一个根本问题可能有助于解释与人类自省有关的许多发现。大量社会心理学文献表明：通常的错误归因于个体的原因以及人们没有意识到他们做某事的理由这个普遍的原因（Nisbett and Wilson，1977；Weiner，1986；见 6.0 节）。这个普遍原因可能反映了这样的事实：行为是由短暂的目标意象控制的，该目标意象持续的时间足以引起该行为，但是不足以准确地回忆和寻找原因。对于元认知理解和自控而言，准确的归因是很重要的。这是我们无法详细研究的另一个问题，但我们可以推测它们与全局工作空间理论是有关联的。

7.6.5　目标意象与行为之间的关系，行为可以以多种方法被引起

走进厨房的行为可能是由许多不同的目标意象引起的。我们可以想象一个诱人的花生黄油果酱三明治或者昨晚的剩饭；我们可以回忆起火炉需要清洗或者想象做饭时煤气的气味。我们无须十分详细地想象这些事物。相关意象的一个片段就可以引起一个习惯性行为。这与语言中的同义词和释义问题很相似：用许多不同的方式来述说同一件事。在行为控制中，一个意识信号可能会被许多不同的灵敏且低层次的语境系统来解释。我们无须一个详细的意识计划或命令，因为行为是由专家来执行的，这些专家所知道的局部细节比起我们在有意识地做某个行为时我们所知道的细节更多。不同的无意识专家与我们的姿势、平衡和重力、分泌唾液、吃东西所需要的消化酶、记住去厨房的路线等始终保持联系。格瑞恩（Greene，

1972)就指出,在分散的控制系统中,高层级命令的简单性是一个极为普遍和有益的特征。

这一点对于研究工作有很重要的意蕴,它使我们不会掉进寻找如走路、交谈或在不同的情况中看起来相同的任何行为的目标意象的陷阱。在1900年,这曾误导了内省者,他们震惊于发现了在不同的观察者之间心理意象存在广泛的变量(1.5.5节)。现代念动理论指出许多不同的目标意象是为召集和引起任何特定的行为而服务的。意识意象可能是无关的,虽然它会导致适当的行为。想象一个掉在沙漠中的三明治,它可能不会引起走进厨房这个行为,但是它能引起寻找食物和水源的新尝试。因此,目标意象可能在不同的环境和观察者之间是极不相同的,但是在控制恰当的语境敏感的自主行为时是很有效的。

7.7 作为念动事件的吸收和催眠

7.7.1 吸收是指为进入GW而进行的竞争的停止状态

念动理论有许多有趣的意蕴。例如,它推断对催眠的一个合理解释就是在没有有效竞争的情况下,念动控制发生作用的一种状态(7.6.7节)。在我们讨论之前,我们可以对专注状态作个定义。像看电影、读小说等,这些事情只有一种一致的事物占据意识的状态(Spegel,1984;Tellegen and Atkinson,1974),即在低层级存在不同问题的有效竞争(优位目标语境),而且不存在改变这些问题的自主努力(见第8章)。

原则上,似乎有两种方式来达到这种专注状态。一个是竞争语境的数量减少了。当我们放松时不去想我们当前关心的问题,专心地解决某一个重要问题时,或者当我们进入相信无须自主努力事情会自行解决的心灵状态时,它才可能发生(Klinger,1971)。另一个是使某个语境变得极为优位,因此排除了其他语境。遮盖实验强迫被试立即重复一连串单词中的每一个单词(Broad,1985;Cherry,1953)。这项实验要求苛刻,把竞争的观点排除在意识经验之外。然而,竞争的观点可能并没有消失(MacKey,1973;Moray,1969)。因此,如果意识被一个强大的语境占据,或者如果其他语境间的竞争终止了,我们就可以进入专注状态。事实上,大多数专注状态都具有这两种特征。在观看一部精彩的电影时,我们的意识经验是由电影的故事情节形成的,这会不断地产生关于情节如何发展的预测,这个预测需要得到进一步证实。同时,我们可能是放松的,推迟了一些紧迫的事情,因而降低了竞争事件的紧急性。

一个意蕴就是我们总是处在与我们自己的优位语境相关的专注状态中。如果我们考虑目标等级(4.3.2节),就可以发现较低层级比高层级更容易被改变,高层级随着时间的流逝已经变得稳定了。多数人不会中断生存的想法、想要被社会接受和尊敬的想法,以及追逐人生其他的目标。如果确实需要改变,成年人在改变他们重大的信仰和目标时也是很缓慢的。即使是知觉和意象语境也不会轻易改变。这表明我们绝不可能是真正的“心不在焉”“无心智”,或者对事物“全神贯注”(Reason and Mycielska,1982)。我们“当前关注”的是我们自己最优先考虑的事物。现在,如果我们开着车,并同时考虑与爱有关的观点,我们就可能开到人行道上。对于与开车相关的行为,我们已考虑过了,是心不在焉的。但是相对于思考与爱相关的观点,却是现在的、当下的。以鸟的视觉为例,它不可能完全的心不在焉。“吸收”仅仅是一个相对的术语。

当我们专注于某个心灵问题而排斥其他问题时,其他问题必定是自动运行的。因此,如果我们请某人在做某项日常行为时,比如,沿着熟悉的路开车时说话,我们就会发现开车的自动成分中只要少量的意识和自主特征。那么,我们肯定期望找到开车行为中大量自动“干扰性的习惯”(Reason,1983)。不专心地开车可能相当于自杀,但是在不危险的情况下,这个实验是可以做的。

7.7.2　催眠是没有竞争的念动控制

吸收,长期以来被视为催眠的一个核心要件。当我们把吸收的观点融入念动控制时,我们就会获得关于催眠的一个可行性理论(James,1890/1983,27 章)。催眠最主要的特征似乎来自于这个事实,即在这个状态中,我们在一段时间内仅仅有一个意识目标意象,因为其他目标意象与之竞争的可能性减少了,所以它总是会被执行。虽然我们不能详细探究催眠,这个可能性还是值得作简要分析的。

什么是催眠的主要特征?下面是达成的一些共识:

(1) 吸收。有时被称为“单一观念”,或者“想象沉迷”(Ellerberger,1970;Hilgard,1977;1979;Spiegel H and Spiegel D,1978;Tellegen and Atkinson,1974)。催眠似乎建立了一个新的、想象的语境,这个语境在一段时间内,在经验中占据优势并排除了其他事物(Singer,1984)。

(2) 分离。有效被催眠的被试表现出几种自发的分离。首先,有两种暂时分离。有效的被试通常会自发地遗忘经历,这是一种催眠后的暂时分离。也有一种催眠前的分离,因为从之前优位的思维中分离很常见(J. Singer,个别评论)。除了暂时分离,还会出现两种并存分离。它们可以被称为“与效应器的分离”和“与正常自我的分离”。借助暗示,被试常常报告说他们感觉与四肢疏远了,四肢正被暗示所控制,就好像胳膊和大腿“它们自己有意志一样”(Spiegel H and Spiegel D,1978)。进而言之,人本身对其允许发生的催眠行为和经验通常会感到吃惊,因此在“正常的自我”和“催眠中的自我”之间有一种分离(8.5.2 节)。总之,在前后催眠的状态中会感受到暂时分离,在催眠过程中,会同时存在与自我正常的意识经验和与在催眠中自己受控的行为的分离。

(3) 暗示性。这是催眠的定义性特征,可以被视为念动控制的一种结果,再加上对平时压抑的一种解脱。但是脱离习惯的观点是吸收的特征,这是一种低竞争的意识状态。如果念动理论是正确的,而且如果我们正常的修改系统没有与新颖的意识内容发生竞争,就可以推断人们在遵守意识观点时可以有许多灵活性。因此,暗示性似乎是来自“吸收加念动控制”。

(4) 强烈和稳定的个体差异。10% ~25% 的人可以被深度催眠。通过一个简单、标准的引导,这些人很容易进入到这种状态中(Hilgard,1977;Spiegel H and Spiegel D,1978)。

(5) 催眠引导具有随意性。任何被试相信会产生催眠的事物都可以引起催眠(James,1890/1983)。但是,放松和对催眠的合理信任是一般的特征。

有些催眠的肯定性事实,已经获得了共识。但同时催眠还有一些令人困惑的否定性特征;有些我们预测的特征,尽管研究人员不断地尝试却还是没有找到。

(1) 催眠与神经系统间让人信服的联系至今未找到。从生理学上看,催眠看起来就像一个正常的清醒状态。

(2) 催眠与鲜明且可信赖的人格似乎没有关联,这是让人困惑的,尽管为寻找这个关联作出了许多尝试(Hilgard,1979)。

(3) 很难证明催眠和虚构之间决质性的差异(Barber et al. ,1974),但是部分原因可能是好的“虚构者”能够深层次和真实地经历他们所虚构的状态。换句话说,有效的伪装者可能进入到一个专注状态,在这个状态里只有一个意识内容支配着他们的行为。

因此,在好的表演与催眠之间没有真正的区分。在表演中揭示的事实与催眠中所揭示的事实一样多。许多职业演员都经历过与他们所演的角色较深层次的融合和等同。三心二意的表演和按斯坦尼斯拉夫斯基方法表演的区别是对某个角色浅层次的参与和深层次的融入(Moore,1960)。按斯坦尼斯拉夫斯基方法表演的演员可能在表演时相信他们就是他们所演的人物。吸收可能既是有效催眠又是有效虚构的关键。

吸收、分离和与好的表演之间的紧密联系来自于斯皮格的临床观察结果。

通常,许多可被深度催眠的演员,如女演员和音乐家,当他们在表演时他们与他们的日常意识是分离的,而且表演结束后,他们会奇怪地感到自己与其表演的结果是不相关的。一个进入深度催眠状态的钢琴家报告说她对她毕业的独奏会唯一的记忆就是人们拥挤在钢琴周围称赞钢琴木质的纹理。她不得不询问舞台管理,她是否完成了她的乐章,事实上她完成得非常好(Spiegel,1984)。

7.7.3 催眠是一种被吸收的念动控制

几个观察者坚持认为,吸收可能是催眠的基本特征,是所有事件中唯一重要的事件(Spiegel H and Spiegel D,1978)。在我们看来,这是一个非常有趣的观点。我们可以用詹姆斯的念动理论,按照我们现代的版本,来解释上述所有特征:

(1) 吸收或单一观念是在几个语境之间为进入意识而发生的低层次的竞争,可能有时它会持续几个小时。在这种"低层级修改"的条件下,优位的意识流,它可能与我们正常的状态是不同的,必然会被控制。

(2) 我们也可以解释暂时和同时存在的分离。催眠后自发的健忘症导致难以自主地重建催眠状态,但是这种方法却易于使我们回忆起一些信息。毫不奇怪,因为催眠、被吸收的语境和我们多数常见的语境间在内容上是不同的,我们把常见的语境称为正常。因此,自发的健忘就很容易产生。这个观点也可以适用于催眠前与优位语境的暂时分离。我们肯定觉得与之有疏离感,因为在内容上它们是有区别的。如果催眠是一种被吸收的状态,那么在它与我们正常状态之间必然鲜有共享的特征,这使得回忆变得困难了。

两种同时存在的分离也可以被合理解释。与我们自己催眠中被控制的四肢的分离可能源于我们对念动控制真相的注意行为。在正常的清醒状态中,我们趋向于忘记我们对执行有意识目标的行为细节总是无意识的这个事实。这是念动控制理论的主要内容。同样,我们通常对控制我们自己行为的语境也是无意识的。在催眠中,我们可能对意识到它而感到惊奇。但是本章我们采用整体性方法,推断对目标语境和自动行为的无意识是正常行为的根本性预设。从这一点看,不分离才是不正常的。在催眠中新颖的事实使我们意识到在意识事件、它们所引发的行为和它们先前的目标语境之间存在念动的分离。或许我们在催眠中意识到这一点是因为催眠中被控制的行为通常是无法预测的;它们违反了我们通常的语境预设(9.0节)。

(3) 暗示性和灵活性可能是在只含有少量的竞争和内省的专注状态中念动控制的结果。

(4) 在催眠能力中强烈和稳定的个体差异这个因素是不明显的。如果把催眠定义为"被吸收的念动控制"是可行的,这个问题就值得从理论的角度来研究。

(5) 催眠引导方法的随意性是容易理解的,因为我们知道任何意识经验可能都是由某个语境引起的(4.4.1节)。催眠包括了一个语境,这个语境在进入全局工作空间中只遇到了最少量的竞争对手。放松和对催眠的相信可能是描述这种专注状态的不同方式。

我们也可以解释一些否质性结论,它们缺少我们所预期的催眠特征。催眠似乎是一个奇特的、不同的心理状态,许多研究者期望发现一些重大的生理学和个性上的差异。但是如果我们假设催眠不是一个不正常的状态,而是一个在进入意识的过程中只有极少量竞争的状态,我们就会发现在催眠和放松之间几乎没有任何生理学上的差异。缺少与个性的关联也不是奇怪的,因为我们都专注于我们自己最高层级的目标语境,这在7.7.1节中已经讨论过了。从这种意义上说,所有的个性种类都包括了吸收。最后,我们发现催眠和极好的虚构之间的差异,因为成功的虚构在任何要求高且复杂的任务中就像是完美的表演。它需要吸收。

简而言之,催眠可能仅仅是吸收状态中的念动控制。但是被吸收的状态从一般意义上讲也是正常的,我们都专注于我们自己最高层级的语境。主要区别在于被深度催眠的被试在他们专注的事件中非常灵活,而大多数人是不灵活的。或许我们应该把这个常见的问题反过来思考。不是问催眠具有什么不同,而是问:为什么灵活的吸收对于3/4的人来说如此困难?在"基态"的吸收中又增加了什么?所谓基态的吸收是我们都享有的能抵制灵活的念动控制的状态。我们在下一章中将研究这个问题。

7.8 目标冲突

我们已经讨论过竞争目标和语境的可能性(4.3.5节),这里我们将讨论情感冲突的意蕴。目标会受到干扰,要么来自其他目标,要么来自现实。所有的情感都涉及与现实事件有关的目标:快乐可能来自实现了所希望的目标,悲伤与无法实现想要的目标有关,压抑是由于对重要的生活目标感到无助和无望,当我们在实现理想目标时遇到障碍就会产生焦虑和挫败感,害怕是由于我们强烈希望发生的事情不会发生,爱涉及与某人在一起的目标,等等。所有这些目标都可以用全局工作空间理论来表述。但是,所有这些情感涉及的清晰的优位目标都可能被有意识地实现、推迟、无法达成,等等。

自主控制真正麻烦的例子是当自主控制不是真实的。不同的目标为了进入意识产生竞争,以致没有某个单独的目标会获得优势。我们前面讨论过由于目标冲突导致的犹豫不决,以及"内心争辩"的可能性,即最终的语言战胜了念动控制。这与詹姆斯所讨论的"意志的弱点"和"冲动的意志"也是相关的,它们可以被视为竞争目标的不同模型。或许最有趣的是,迄今为止,该讨论很自然地导致了无意识的竞争目标这个观点,它们可以产生一个短暂的全局信息与优位目标层级竞争,该短暂的全局信息将会由一个已准备就绪的系统来执行,但是只能最低限度地被元认知回忆起来。现在我们来讨论这些无法报告的目标冲突。

7.8.1 心理动力学的现代版本:无意识目标冲突的模型化

在心理动力学观点中,把无意识冲突作为一个关键的推断是传统做法。这始于19世纪的弗洛伊德和珍妮特,并沿用至今(Ellenberger,1970)。但是,很难找到临床医学之外的有力证据证明心理动力学的许多观点。现在越来越多的科学心理学家认为,这些观点可以在一个合理的认知结构体系中被检验和模型化(Baars,1985;Erdelyi,1985;Luborsky,1977;Meichenbaum and Bowers,1984)。我们也认同这样的观点。

7.8.2 矛盾的目标可以被视为对同一目标自主(被修改)和非自主(未被修改)表述之间的冲突

假如某人对他的一个朋友很生气,但是很难表达这个感受,目标层级可能会完全排除这一企图表达愤怒的目标——毕竟存在其他争相进入意识的语境——从而建立一个暂时的全局目标意象。因此，即使存在通向目标意象的元认知通道，那也是很少的。假如这个朋友问这个生气的人是否下周碰个面，一起吃午饭，很可能得到这样的答案，“我想狠狠地揍你一顿”，而不是“我很想和你聚聚”。这是一个弗洛伊德式的失误(Freud,1901/1938)，而且我们有实验证据证明深层次目标间的冲突有时会导致这种意味深长的失误(见下面)。此处的关键是我们可以发现这个非自主失误表达了一种情绪，但是他在被问及此事时，却会自主否认。一般而言，这个情形可能是真实的：在目标间存在深层次冲突，而且其中一个目标系统控制行为和语言的情况下，如果短暂的全局目标激发了准备表达情绪的行为时，它就可能排除非自主表达情绪的目标。自主行为，即能够自主的元认知报告，可能具有更加持久的目标意象。因为持久的目标意象会被许多标准加以修改，所以部分目标等级就会对自主表达愤怒进行投票，但是如果恰当的运动神经系统已准备好表达短暂的愤怒意象，它就可能会获得被报告的机会。它本应在修改过程中被删除，但是却没有被删除，因为缺乏足够的修改时间。所有这些都表明：我们可以把观察到的对同一种感受自主和非自主的表达冲突作为存在一个根本性目标冲突的标志。

通常，我们可以推断这种情感冲突标志着对一种情感自主和非自主表达间的矛盾(Baars,1985)。生气的人会不小心泄露他的情绪，但是却会排斥任何表达愤怒的有意识目标，因为进入瞬间生气目标意象的元认知通道消失了。对情感冲突的自主和非自主表达的自我矛盾模型，事实上可以在性罪恶感测试中获得高分的男性所做的性失误中找到(Motley et al.,1979)，以及被催眠暗示其生气的被试对生气的双重理解中发现(Baars et al.,1986)。这种解释也可以适用于性罪恶感高的女性，她们在观看色情录影带时在心理学中产生的性兴奋比性罪恶感低的女性多，即使她们的语言报告会否定这一点(Morokoff,1981)。进而言之，温伯格、施瓦兹和戴维森(Weinberger et al.,1979)发现有一组“压抑者”，他们对情感刺激物有很强烈的自动反应，但是他们却宣称他们没有受任何情绪影响。所有这些例子都表明在这种否定过程中，人们受到了非自主表达的影响。

可能冲突的被试，例如，在性犯罪感测试中得分高的男性，会在靠近或远离对他们有性吸引力的人之间挣扎(A 和-A)。这种冲突可以用远离和靠近性目标的目标意象间为进入全局工作空间而发生的竞争来模型化。可能远离的目标意象遇到的竞争较小，所以它们进入的时间更长，因而可以被相对缓慢的语言处理器所报告。但是，接近的目标意象会与远离目标意象竞争，因此受到了限定，只能短暂地进入全局工作空间。但是，即使是短暂进入，可能也足以激发自动和准备好的反应，以表达这个被禁止的目标意象。或许失误为这个早已准备好的反应提供了机会，使靠近心仪之人的短暂愿望得到了表达。

这两种意图的竞争越激烈，被试就越无法控制对被禁止目标的无意识表达，以致短暂的目标意象进入的时间太短而无法被修改(7.6.4 节)。因此某人想回避对其有性吸引力的人这种努力可能反而会激发禁止的想法(7.5.3节)。这种思维方法使我们可以解释许多精神动力学现象,在这个意义上,它们与矛盾意图间的竞争有关。

这些并非弗洛伊德的观点,因为我们并没有推断这个深层次的基础性冲突导致了这些现象。相反,它们是由于通过意识目标控制自主行为的系统的正常功能所导致的。但是,我们也不能排除下面这个更有说服力的弗洛伊德式假说,即持续未解决的目标冲突可能会引起和偏向这一系列事件(Luborsky,1977)。事实上,瞬间有意识回避目标的概念相当于弗洛伊德"信号性焦虑"的概念,它是一种暂时的焦虑体验,意味着需要回避某个事物,但是不知道具体是什么事物以及为什么。

注意,在这个体系结构中,"抑制"和"压抑"仅仅具有程度上的区别。如果处于目标意象层级的偏激的愤怒情绪被全局可用了足够长的时间,即使它可能因为竞争而被压抑,但是元认知也会获取该不适当的想法。但是随着这个过程越来越自动化,或者有更多的努力去抵制这个禁止性想法,元认知通道可能就没有了,而且我们可能会坚决否定这个想法,因为它不再被全局可用了。但是,它可能仍然会影响熟练的行为系统。因此,抑制可能仅仅是自动的压抑。

7.8.3 没有冲突的意识通道和意识控制领域

如果目标会发生冲突,那么我们就可以假设我们正常的、成功的行为大部分是在竞争较小的领域中发生的。否则,即使是在被接受和极熟练的行为中,我们也会表现出犹豫不决。当然有许多行为处于我们的控制之下,但我们却不能执行它,因为它们与其他目标冲突了。生活中,我们当然可以掮某个朋友的耳光,把婴儿扔掉,打破商店的玻璃或者辱骂某个同事,我们可以故意摔断腿或绝食一个月。这些可能性很难变得有意识,即使是短暂的有意识;它们通常不会被我们考虑。大多数被有意识考虑的目标并不是其他目标激烈竞争的对象。自我心理学家如哈特曼(Hartmann,1958)把竞争少的领域称为"自我中无冲突的领域"。

在第9章中,我们将研究无冲突的自主行为和自我归因行为之间的关系。此时无冲突领域将被作为自我概念的一个特征(9.3.1节)。

7.9 小　结

本章伊始,我们就对类似的自主和非自主行为进行了对比分析。接下来,我们对詹姆斯的念动理论进行了研究,并将其纳入全局工作空间理论;反过来,我们发现它可以解释自主-非自主的对比。自主控制可以被视为在执行与优位目标等级一致的意识目标意象过程中产生的后果;目标语境间的冲突总是趋向于变得有意识,而且会被许多无意识标准所修改。意识目标意象是冲动的,除非有竞争的目标意象和意图,它们总是趋向于被执行。自主控制的观点涉及许多现象,包括失误、自动行为、精神病理学中的失控、作决定、进入抽象概念的意识通道问题,还有瞬间的有意识事件和来源、吸收、催眠甚至精神动力学。

7.9.1　一些可验证的模型5推断

在本章中,我们已经提出了一些有说服力的推断,但并非所有的推断都有直接和有说服力的实验证据证明。念动理论尤其需要更多的验证。

也许检测念动理论的一个方法是将通过念动目标意象激发的行为作为实验中的明显失误。例如,如果在失误发生前向被试快速地展示一张农场的图片,darn bore-barn door 这样的失误的发生频率可能会增加。我们知道这也同样适用于长时间接触错误单词的情形(Motley et al.,1979),但是,如果接触的时间很短以致无法准确报告时,它也可能发生,例如,斯普灵图像(1.1.2 节),通过进一步提炼可能会在行为之前的瞬间引起一个有意识心理意象。在这个意义上,我们可以研究意象自动化的后果(1.2.4 节)。如谢夫林和斯奈德(Shiffrin and Schneider,1977)所研究的高度自动化的行为肯定会被执行,即使只有短暂的目标意象。最后,通过催眠后的暗示再遗忘该暗示,被试可以产生一个线索性的心理意象。因此,当实验者清理他的喉咙时,可以被深度催眠的被试可能会告诉实验者他们觉得前额痒;我们可以想象被试会挠这个幻想中的痒处,即使被试被告之不要挠它。当然,我们可以从痒和挠进行归纳。如果被试坐着,他被告之想象此时在房间里站着的人是如何观察这个房间的。如果念动理论是对的,被试就必定趋向于自发地站起来。但是因为没有站起来的暗示,这种趋势不能被直接视为催眠。事实上,站起来的趋势可能是被压抑的,以致我们只能看到这种趋势的极微小的运动,或许出现肌肉神经运动姿势的电流。

同样,我们可以引起某些目标意象的竞争,并研究被压抑行为的运动方式。在社交场合,针对不适当行为有一系列的禁止,在实验中通过失误激发技巧可以使它们发生。如果我们对实验者犯了一个冒犯性失误,例如,yam doo-damn you,而且在失误产生后立即产生了一个抽离,那么抑制性的限制还会产生吗?如果让被试感觉痒,但是挠痒却会显得尴尬的催眠暗示,通过抽离抑制性还会产生吗?就念动假说而言,所有这些技巧可能都是信息负载的。

7.9.2　模型5无法解决的问题

本章仅仅解释了自主控制问题,但是我们还无法知道它是如何控制注意、控制意识通道的(第8章)。进而言之,我们还不明白元认知确切的功能,当然这是报告某些自主或意识事件的必要条件。最后,我们不知道为什么自主行为总是把自我视为一个代理机构,而且为什么非自主行为不被视为自我(第9章)。这是下面章节要讨论的重要问题。

第五部分 注意、自我和有意识自我控制

常识使我们把意识经验(作为一种主观的被动状态)和注意区分开来。注意这个单词意味着控制意识通道,这里我们使用这个意思。在第8章我们将看到,注意很容易被我们的理论模型化。在这个意义上,注意包括了进入的优先权,它必定受到当前优位目标的影响。注意本身可以是自主的,或是自发的。这又提出了元认知进入和控制这个核心问题,比如我们就未来的意识内容作出自主选择时,必然会意识到选择之前的意识决定。

在第9章,我们通过与前面章节的比较,对自我的概念有了一个更清晰和更精确的经验主义定义。自发的自我归因和自我异化经验的比较性分析表明:自我可以被解释为一个更持久的、高层级的优位语境等级,是它在一系列变化的事物中建立了连续性。因此,自我可以在不同的环境下起到组织和稳定经验的作用。

因为语境在全局工作空间理论中被界定为无意识的,从这个意义上,自我的本质也被视为无意识的。这个观点与许多客观的证据是一致的。但是,自我的内容可以通过有意识的自我控制变得有意识,自我控制过程有助于自我评价和自制。有意识自我控制的结果是由自我评价标准,可能还包括一些社会原因结合在一起产生的,它们会导致一个稳定的自我概念,这个自我概念在更大的自组织中就像是一个监督系统。

第 8 章　模型 6:注意作为控制意识通道

8.0　引言:注意 VS 意识

常识使我们把注意和意识区分开来。几乎每一天,我们都可能对某些人说“请注意”某件事物,但不是“请对某个事物有意识”。尽管我们知道当我们注意某个事物时,就对某个事物有意识了。同样,我们可以通过呼喊、招手或戳一戳的方式引起、获得,或提醒某人非自主的注意。一旦我们成功了,我们的对象就会对我们有意识。但是,我们仍然不会说“获得”或“引起”了某人的意识。

常识心理学似乎把注意作为比意识更主动的事物,而意识本身被作为一种“状态”。它们之间的区别类似于 looking 与 seeing、listening 与 hearing、touching 与 feeling 之间的区别。在这些例子中第一个动词都更加主动,更有目的性和注意力,而第二个动词是指意识经验本身。这种区别并不局限于知觉,它同样适用于记忆,如 recalling 和 remembering;甚至在想象力的例子中,动词 imagining 就比 daydreaming 更加主动和具有目的性。

当然,本质上意识也是主动的,即使在我们还没有意识经验时,前面我们推断过表面上无目的的观点事实上可能是为特定目标服务的(6.0 节)。但是,区分注意和意识的常识仍然是重要的。它体现了这样一个观点,即有一个控制意识通道的注意机制——自主或自动的,它决定了什么变得有意识,什么不会变得有意识。它暗示了注意包括了支配意识流的元认知运行。

这个观点有充分的证据。显然我们可以通过许多自主方式来控制我们会对什么事物有意识:我们可以决定是否继续阅读这本书,是否打开电视,是否停止想一些不开心的事,等等。从原型上讲,我们可以把注意视为类似于眼球运动控制。我们可以自主地决定看着一个物体或把视线从该物体上移开;在这些例子中,在注意行为之前存在一个有意识的、自主的且可报告的决定(表 8-1)。但是,大多数的眼球运动当然不是被意识控制的,它们是被一些精密系统自动控制的,且通常无法报告。当然,眼球运动控制仅仅是一个便利的注意原型。对于所有的知觉,所有的记忆提取、意象、知识以及所有的意识内容源都必定存在着类似的通道控制系统。甚至在眼球没有运动时就存在对视觉的注意控制(Posner and Cohen,1982)。因此,注意作为通道控制不是一个系统而是许多系统。然而,我们应当试图找出所有通道控制系统的一般性特征。

表 8-1　注意的自主和自动控制间的对比

意识的	无意识的
自主决定会使事物变得有意识(例如,被要求注意某物,尤其是我们付出努力才能做到时)	进入意识的自动机制(例如,某人自己的名字会中断未被注意的讲话)

自主控制和自动控制之间的区分至关重要。缺乏灵活、自主的通道控制,人类就无法处理意外的紧急情况或机遇。当意外的情形变得过时,或者当我们把注意投向新机会时,我们又无法抵制它们自动化的趋势了。另外,缺乏自动的通道控制,快速转换到我们已知的重要事务就不可能办到。我们既需要自主控制,也需要自动控制。

因此,我们在此采用了注意的常识性观点,即它控制意识经验的通道。本章旨在充实全局工作空间理论在这方面的能力。

8.0.1　注意包括元认知

控制意识通道本质上属于元认知。也就是说,它要求我们了解关于我们自己心灵运行的知识,和了解什么事物将被选择或拒绝。自主控制可能需要有意识的元认知,或者有意识的获得,或者控制能变得有意识的不同事物的能力。

元认知本身就是一个重要问题,这里我们只能粗略地提及。众所周知,我们对行为的理解是我们学习获得成功的前提(Flavell and Wellman,1977)。在校的学生,好学生能持续地控制自己的进步;而差学生似乎无法做到这一点,他们似乎害怕结果可能不好而不敢去思考(Bransford,1979)。但是,由于回避对结果的有意识认知,他们失去了以更有效方式进行学习的能力。我们在前面就坚持认为意识尤其包括了对新事物的学习,这需要更多的适应性(第 5 章)。如果是这样,那么注意(作为意识的元认知控制)似乎就是自主、有目的学习的必要条件。

我们已经讨论过一个事实,即我们只能通过一个元认知行为知道某人对某事是有意识的:"我看到一个香蕉。"这也是为什么我们的可操作性定义(1.2.1 节)不可避免是元认知的。但是这不是元认知和意识之间唯一重要的联系。许多最重要的意识功能都是元认知的。短时记忆的正常通道就包括了对提取、复述和报告的元认知控制(图 8-2)。长时记忆的提取也是元认知的。没有元认知通道我们就无法有意识地理解我们过去为什么要做某事以及是怎么做该事的。没有元认知我们就无法有意地重复某个目标控制下的行为,没有广义的元认知运行,也无法建立一个相对准确和合格的自我概念(9.0.2 节)。所有这些功能都需要复杂的,而且部分是有意识的元认知通道和控制,从现在开始,它将不可避免地成为本书的一个重要问题。

本章关注的主要问题之一是自主注意中有意识元认知的功能。在对两个选项没有任何期望时,我们是不能有意识地在两个选择项中进行选择的。也就是说,我们必须告诉自己要做的是看电视转播的足球比赛而不是阅读一本有趣的书。进而言之,我们必须启动我们的自身系统以实现这个自主选择。这些都是元认知的运行。在本章的后面我们推断人类能够使用某种类似于计算机程序的"目录"或者"功能选择单"的事物,我们把它称为选择语境。选择语境会使感知、记忆、运动控制和意象等过程中的瞬间选择变得有意识地可用,使我们注意这些瞬间选择(图8.2)。此时对注意的自主控制实际上意味着就当前的选择作出一个有意识的决定(7.6.1节)。既然选择语境与全局工作空间接通了,控制全局工作空间也就决定了控制自主注意的能力。

8.0.2 目标支配注意

本章中,我们认为注意总是被目标控制,无论是自主还是非自主的注意。在自主注意中,这是很明显的:当我们有一个关注天气而不是一本好小说这样的有意识、可报告的目标时,我们通常就可以这样做。但是对于自动注意机制就不太明显了,可它也同样适用这一点。例如,我们自己的名字从一些未被注意的事物中脱颖而出进入意识,而陌生人的名字却不会,这表明重要的刺激物具有某些优先权;但重要事物当然是那些与当前目标相关的事物(Moray,1959)。既然在这个例子中并没有有意识地去注意的决定,就必定存在一个无意识机制来决定哪些重要事物会变得有意识。我们自己的名字肯定会被目标层级中高层级的目标识别。事实上,前面我们曾提到一个观点,重要的输入信息可以被界定为能够减少目标语境中的不确质性的信息,因此在重要性和目标之间存在内在的关联(5.2.3节)。因此,自动注意似乎也是被目标等级控制的,其控制的方式就是较重要的事物会排斥不太重要的事物。

自发注意机制已经开始被广泛加以研究了,通常采用的方法是训练被试发现或回忆一些信息,当然,此时在实验中通过教会被试识别一些以前不重要的事物是一个重要的目标,这样的训练是有效的。也就是说,在实验训练中,我们经常会把被试的社交和个人目标也变成实验中的重要目标。被试参加实验可能是为了合作、表现得更聪明、满足他的好奇心或者赚钱;在实验中,这些都会转换成努力地试图发现听觉噪声中的音调,或者识别出人群中的某张面孔(Neisser,1967)。在这个从前与被试毫不相干的任务中,成功的表现现在会被被试视为满足个人目标的一种手段。任何激发被试参与实验的事物现在也都变成了实验任务的直接目标。从这一点来说,重要性是我们通过实验的社会情况建立的。因此,任何训练自动注意的实验都包括了注意的一个重要客体。

因此,注意与潜在意识事物间通道优先权的分配有关。练习自主注意直到成为自动行为,可以提高一个事物变得有意识的机会(Neisser,1967;8.3.1节)。但是,在现实世界,我们经常自主决定去注意的并因此被频繁练习的事物,就是重要事物。我们练习得更多的是去自主注意交通灯的颜色而不是交通灯下电线杆的颜色。在现实世界中,重要性和注意的练习次数是成正比的。

8.1 意识通道的自主和自动控制

本章中我们坚持认为,相对于自发注意,注意的自主控制可能是非常灵活的,自发注意相对死板,因为无意识的自发程序对语境不敏感(2.1 节)。尽管自发注意机制似乎由持续的优位目标层级控制,我们仍然有理由认为,自主注意在某种程度上可以独立于习惯性目标而运行。甚至大多数强迫暴食者可以至少一会儿自主忽略美味诱人的食物的存在。但是这样做需要自主的努力,可能在习惯性目标控制下的自发注意与被当前有意识内部言语和意象控制的自主注意之间存在冲突。我们现在来详细研究这些观点。

8.1.1 自主注意:意识通道的有意识控制

根据上一章,意志力受念动控制,即它包含一个短暂的意识目标意象。这个意象有助于召集执行该目标所需的无意识处理器。因此,自主控制需要意识,至少短暂时间内需要。但是按照上面的论述,注意控制着意识通道。因此,可以推导出自主注意就是有意识地控制意识通道。

这似乎有些矛盾,但事实上并不矛盾。我们想要对下一个事物有意识,我们就可以对它有意识,并且显示出一个体现该意图的目标意象。这个目标意象反过来可以激发能实现该意图的无意识处理器。日常生活中一个明显的例证就是想看电视中新闻节目的意图。一旦看新闻的目标变得有意识,走到电视机前并打开这个通道的细节可能基本上是自动的。例如,它可以在一个全神贯注的状态下进行。这个有意识注意的目标意象可能会在许多处理器中传递,例如,向脑干中的眼球运动控制神经元。在电视节目这个例子中,一旦看电视的目标没有遇到其他竞争的目标意象或意图,它就会变得有意识,我们的头和眼睛会自动地转向正确的方向。因此,注意专门处理器可能会与其他无意识专家联合在一起,并可能导致行为的产生,就像第 7 章讨论的行为控制系统。

8.1.2 自动注意:意识通道的无意识控制

我们已经提出了一种简单的机制,通过这个机制不同的无意识事物可以进入意识,即由接收处理器(5.3 节)的反馈引导的输入处理器(2.2 节)之间的竞争。但是,这个竞争并不是由系统目标引导的。当不是紧急情况且有足够时间让不同的部分进入意识以评估其相关性时,对目标不敏感的通道可能不是有害的。但是,当为了生存或取得优势而需要作出快速决定时,随意、冲动地进入意识就会产生不良适应。当我们在悬崖边上行走时或当我们作出一个紧迫决定以避免一个交通事故时,我们可能并不希望一连串的想法进入意识。在全局工作空间模型中,我们需要一些方法使自动通道控制与目标等级连接;但是,我们不会使存在的目标自动控制所有的输入信息,因为一些信息的重要性当前还无法判断,可能它在将来会变得非常重要。通常,我们会在快速、常规的通道和灵活但缓慢的通道之间进行转换。

重要性的作用不是唯一需要解释的事情,另一个主要因素是练习。在知觉研究中,随着练习而导致注意自动化的问题已经有相当多的研究文献(LaBerge,1974; Neisser,1967; Shiffrin and Schneider,1977)。例如,我们知道在一个列表中扫描一个极熟悉的单词将导致该目标单词从视野中“突然弹出”。显然存在一些发现系统,一旦它们找到该单词,它们就会把该单词自动提交给意识。同样,在自动记忆搜索中,进入意识的单词具有不可抗拒、无法避免的特征,这也表明,意识通道的控制已经变得自动化了(Sternberg,1966;见 1.4.2 节)。这也适用于著名的斯特鲁普效应①,被打印出的描述颜色的单词如“棕”和“红”的名字趋向于驱除说出颜色这个单词的行为。在所有这些例子中,意识通道本身会变得自动和非自主,至少部分原因是由于练习。我们前面已经发展了这样的观点,即自动行为是非常死板僵硬和不灵活的(2.1 节),这表明注意的自动控制在新条件下也可能变得死板僵硬和机能失调。

在做结论前,我们引用一个最简单的单词游戏。我们可以请某人重复“poke”10 次,然后问:“你把鸡蛋的蛋白叫什么?”即使是知道答案的人也可能回答“蛋黄(yolk)”,这可能是进入大脑中的第一个单词。或者我们可以请某人重复“flop,flop, flop,...”,然后问他:“What do you do at a green traffic light? (遇绿灯时你怎么办?)”大多数人会回答“stop(停)”这个错误的答案。注意,这是一个检索错误,错误地从记忆中把一个单词放到了意识中。仅仅练习这个启动单词四五次,启动系统会把押韵的单词带进意识之中,好像意识通道至少暂时被死板的自动行为控制(Reason, in Baars, in press c)。我们现在已经知道,依赖自动的意识可用性也会导致推理中的错误(Tversky and Kahneman,1973)。

在实验之外,自动注意也运行得很好。相对于大量有关自主回忆的研究文献,只有较少的关于自发记忆的研究文献,虽然在现实世界,自发的想法和记忆显然比有意的回忆行为更加频繁。关于想法控制的研究表明:一连串自发的想法对当前个别的重要性极为敏感,这一点可以从上面的证据中推导出来(Horowitz,1975a; 1975b;Klinger,1971;Pope and Singer,1978)。

8.2 自主和自动通道控制的模型化

8.2.1 模型 6A:目标控制的自动注意

图 8-1 阐释了在全局工作空间框架中自动注意是如何运行的。假定存在“注

①“斯特鲁普(Stroop)效应”,是指字义对字体颜色的干扰效应。一般认为,念字和说出字体颜色是两个不同的认知过程。斯特鲁普于 1935 年做了一个实验,他利用刺激材料使字在颜色和意义上相矛盾,例如,用蓝颜色写“红”这个字,要求被试说出字的颜色,而不是念字的读音,即回答“蓝”。结果发现,说字的颜色时会受到字义的干扰。——译者注

意语境",其主要目的是使某些事物进入大脑的目标语境:移动眼睛和头,在记忆中搜寻单词并使其进入意识中,等等。在图 8-1 中它们由语境方框"get A"或"get B"来表示。我们已经讨论过回忆某个单词是如何运行的(6.1 节)。因此,现在我们可以归纳出这个概念。在图 8-1 中,两个注意语境相互竞争支配着体系,把不同的事物放入意识中。开始时,语境 A 在意识流中占优势,例如,收听收音机中的足球比赛,刺激物 B 可以凭借其个别的重要性中断原意识流:它可能是收听者自己的名字。这个刺激物如何中断语境 A? 一个关键观点是名字是被无意识发现的(MacKay,1973),而且它以与当前低层级目标不一致的方式激活了优位目标等级中的高层级目标。在图 8-1 中,听者自己的名字可能被高层级目标认为是重要的,它会干扰控制观看足球比赛意识经验的优位语境等级。语境等级此时就会被重建,以便考虑新的输入信息 B,重建方式与当出现某个惊奇事物时目标等级被重建的方式一样(4.4.1 节)。语境的改变会快速发生以致干扰名字可以被识别并变得有意识。

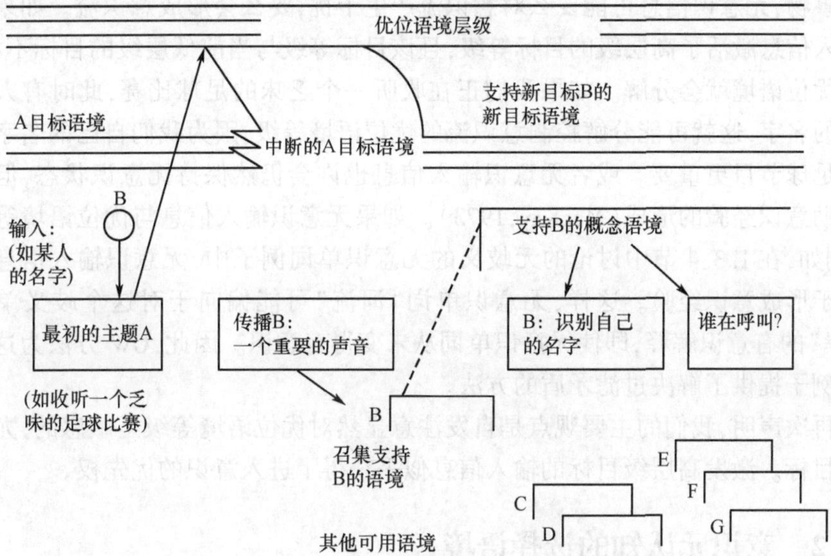

图 8-1　模型 6A:目标控制的自动注意

在自动注意控制中,某些刺激物会根据其对个人意义的不同而具有进入意识的优先权。例如,某人自己的名字总是会从一连串未被注意的信息中突围而进入意识,甚至在当它被说的音量很小时。对身体有强烈或疼痛刺激的事物也会进入意识。有一个假说认为重要的刺激物 B(如某人的名字)获得了优位目标层级中高层级目标的支持,同时当前被中断的低层级目标支持前面一个意识内容 A。由于它被中断了,从而使 B 得以被传递,并召集一个能够解释和支持论题 B 的一系列新语境。借用这个假说,我们可以解释具有重要意义但是对身体不具有强烈刺激的事物如何自动地中断一连串优位意识内容

通过重要刺激物来解释干扰的能力在理论上是很重要的。在第 1 章我们提到各种注意的"过滤"模型,既没有成功地解释个人名字的干扰,也没有成功地解释无意识事物有助于对歧义的有意识单词的偏向(1.3.4 节)。这些模型产生了如下

“过滤矛盾”:我们假设,在常规的模型中,注意包括一个选择性过滤器,它把某些输入信息从意识中删除。为了使其从意识中删除,过滤器必定要处理和表征干扰刺激物的意义。但是如果这是真的,那么拥有这样一个过滤器并不会节省知觉处理能力,因为为了删除它,就必定使用发现事物的能力,就好像为了对其有意识就要发现它一样。[①] 但是,建立在过滤基础之上的选择性注意的整个基本原理,是以它会节省处理过程为前提的(Broadbent,1958),因此存在过滤矛盾。

我们前面推断所有输入信息,无论是意识还是无意识的,都可能会被自动识别,但是只有意识事物在整个系统内会被广泛传播。如果这是真的,那么注意的确节省了处理过程,但是不是输入信息方面的处理过程。如果所有输入信息,意识和无意识的,都足以被识别,那么只有在无意识事物不能在系统内广泛被传播的情况下才会出现处理过程的节省,因为它不会占用许多处理能力。

现在我们假设,如果无意识输入信息被当前控制注意事物的优位语境识别为相关事物,无意识信息可能要么对意识流产生干扰,要么会形成意识流。如果无意识输入信息激活了高层级的目标等级,且该目标等级与当前低层级的目标不相容,那么优位语境就会分解。如果我们正在收听一个乏味的足球比赛,此时有人叫了我们的名字,这就可能分解控制意识流的优位语境等级,因为我们自己的名字比乏味的足球节目更重要。或者无意识输入信息也许会仍然保持无意识状态,但是却会帮助意识经验的形成(MacKay,1973)。如果无意识输入信息与优位语境等级相容,例如,在 1.3.4 节中讨论的无歧义的无意识单词例子中,无意识输入信息可能有助于形成意识经验。这样,无意识单词“河流”可能偏向于对这个歧义单词如“河岸”的有意识解释,即使无意识单词从未变得有意识。因此,GW 方法为这两个实验例子提供了解决过滤矛盾的方法。

再次声明,我们的主要观点是自发注意显然对优位语境等级是敏感的,尤其是优位目标。激发高层级目标的输入信息似乎获得了进入意识的优先权。

8.2.2 意识元认知的选择语境

到目前为止,我们似乎可以无须增加新的观点就可以理解自发注意。而自主注意需要我们付出更多的努力。

在计算机中,我们可以查看“文件目录”发现存储内容,文件目录是可以进行选择的文件列表。有了文件目录,我们可以选择一个或另一个信息文件,思考不同的文件:某个文件可能会缺乏想要的信息;另一文件可能具有该信息,但是其文件形式却难以处理;第三个文件信息量可能太大以致难以找到我们想要的信息,等等。查看“文件目录”可以使我们对这些不同的文件进行有意识推理。但是一旦

①非常感谢韦普纳给我详细阐述“过滤矛盾”(巴尔斯)。

选择了某个文件,它的内容就会占据屏幕。事实上,在神经系统中有类似的需求和解决方法,能够快速有意识地获得我们注意的选择项是一件好事。

甚至如短时记忆这个众所周知的现象也表明准备就绪的、可用的、关于选项的"文件目录"或"菜单"是存在的。我们可以从短时记忆中提取记忆;我们可以通过自主的内部言语复述它;或者我们可以报告它的内容。人们可以完成所要求的任何或所有这些独立的功能。显然,所有这些记忆内容必定是已准备就绪且可用的。但是,我们如何用全局工作空间术语来表述这个事实?我们可以说某些专门处理器或语境是非常活跃的,它们会为进入意识而进行竞争。但是,用目标语境中的选择项表述似乎更加方便,就如模型 3 表示的选择项的语境(图 5-5)。然后,注意的自主控制就会进入意识,并有能力选择此选择语境内的选择项。专门处理器可以向各种选择"投票"(图 7-3),获胜的选择就会通过念动控制激发适当的效应器和子目标(6.2.1 节和 7.3.2 节)。因此,我们可能拥有随时可用的心理目录,如图 8-2 所示。

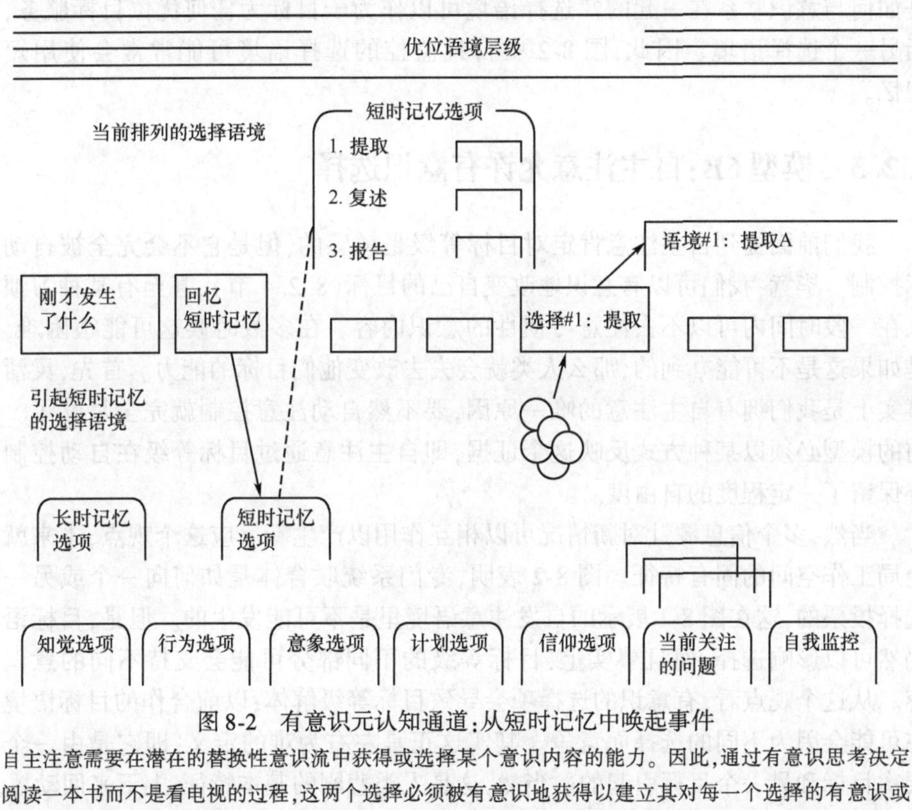

图 8-2　有意识元认知通道:从短时记忆中唤起事件

自主注意需要在潜在的替换性意识流中获得或选择某个意识内容的能力。因此,通过有意识思考决定阅读一本书而不是看电视的过程,这两个选择必须被有意识地获得以建立其对每一个选择的有意识或无意识的支持。我们假定了一个新的实体,称之为选择语境,它能使选择项有意识且可获得。它就像计算机的文件目录或者菜单,显示了下一步将会获得什么。许多常规性功能都与意识有关,例如,短时记忆,自主的肌肉神经控制,使用视觉以及长时记忆,可能都包括了快速可使用的选择语境,在图中用圆形的方框表示。选择语境可能是有意识元认知的必要条件,我们有意识地使用我们自己处理过程的能力,反过来,这对许多常规的心理过程是极其重要的。我们此处的核心观点是优位目标等级现在通过全局工作空间控制所有选择语境,以及专门处理器和潜在优位语境的通道一个选择语境为未来的意识内容展示了有意识且可用的选项。在图 8-2 中，它们用圆形方框表示，方框中标明了选择项。选择语境可能是某个意识事件在全局工作空间系统中的接收处理器中形成的，例如，“下面我该做什么”这个问题。一旦选择语境在全局工作空间中占据优势，它就会展示由可能的意识内容构成的一个菜单或目录；决定过程会选择一个最相关的选项，这可能包括专门处理器和目标等级的投票；获胜选项会通过观念控制激发一个工作语境。这似乎很复杂，但是也许很难用一个简单方法来解释我们所理解的自主注意过程。

图 8-2 解释了一个选择语境是如何在短时记忆中运行的。能激发短时记忆的最简单的事件可能是一个有意识的问题，关于一些可以被记起的最近的事件，“发生了什么事”，但是，短时记忆显然还有许多其他用途。例如，如果我们计划熟悉某个心理学理论，短时记忆就可以把从前没有任何关联的两个近来发生的事物联系起来。在这个例子中能激发短时记忆选择语境的有意识问题可以是：“注意的观点是如何与意识联系在一起的？”选择语境可以作为子目标为任何优位目标服务，包括另一个选择语境。因此，图 8-2 中自我监控的选择语境可能常常会使用短时记忆。

8.2.3 模型 6B：自主注意允许有意识选择

我们前面提到自主注意肯定对目标等级是敏感的，但是它不会完全被自动目标控制。毕竟，我们可以有意识地改变自己的目标（8.2.4 节），甚至有某种习惯的人在一段时间内可以不去注意习惯性的意识内容。在多数时候这可能很困难，但是如果这是不可能办到的，那么人类就会失去改变他们目标的能力。首先，灵活性事实上是我们拥有自主注意的唯一原因，要不然自动注意控制就完全足够了。当前的模型必须以某种方式反映这个证据，即自主注意通过目标等级在自动控制之外保留了一定程度的自由度。

当然，多个信息源针对新情况可以相互作用以产生新反应这个观点，本来就是全局工作空间的固有特征。图 8-2 表明，专门系统联合体是如何向一个或另一个选择投票的，这在图 8-1 展示的自发注意语境里是不可能发生的。但是，目标语境仍然可以影响选择，而且事实上，目标等级的不同部分可能会支持不同的意识内容。从这个观点看，有意识的选择项会导致目标等级解体；以前合作的目标语境现在可能会因为不同的选择而竞争。其实这正是左右为难的定义，即它是由一个深层次目标和另一个目标引起的。当然，这是人类悲剧的基本特征，上下来回动摇。

当自主注意有被自动化的趋势时，有意识的内部言语可能对于保持自主注意控制是很重要的。我们已经引用过临床实验中有冲动控制问题的孩子的例子。

它们表明：教他们和自己说话对保持控制是有帮助的（Meichenbaum and Goodman，1971）。短期来看，自主的内部言语和自主回忆心理意象也有助于抵制自动的注意趋势（图 8-3）。在模型中，当前想法的有意识可用性，例如，“做作业，不要

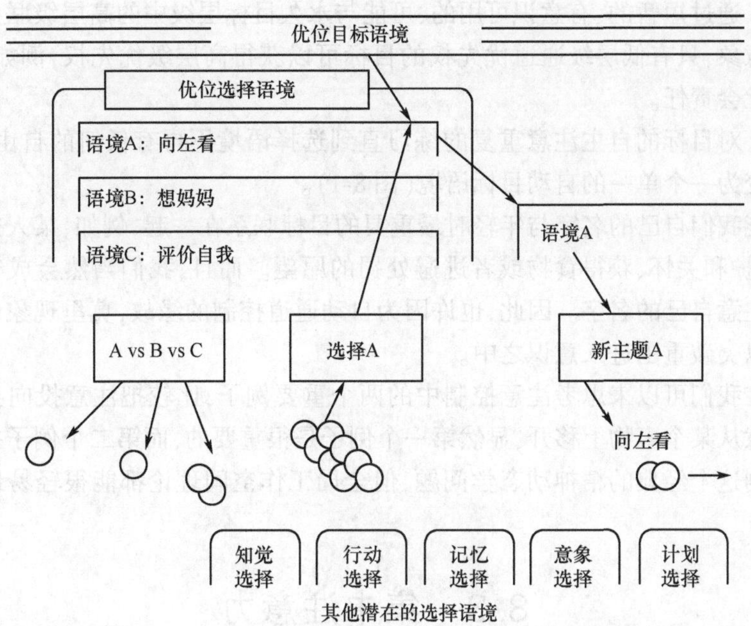

图 8-3　模型 6B：注意的自主控制：选择语境就像是准备好的、可获得的有意识主题的文件目录

本图表明了选择语境具有对意识内容的选择进行自主控制的功能。选择语境显示了潜在的有意识主题；一些专门处理器和/或目标等级可能会支持某个选项。由此我们可以想象，优位目标层级中不同的目标可以支持不同的选项，从而产生目标冲突。注意选择语境中的选项可能是由其他选择语境组成的。与一般语境一样，选择语境可能也是循环的。在图中，语境 A 胜出，变为优位语境，从而使主题 A 变得有意识。这与图 8-1 中自动注意控制形成了对比，因此选择语境并不是一个必要条件

想着出去玩！”可能有助于控制自动趋势，至少在短时间内如此。因此，此时它可以用于抵制自动行为。但是自主控制努力要获得永久性胜利需要建立一个新的、一致的语境，在这个语境中自动选择有不同的定义（4.3.5 节）。

8.2.4　自主注意的自动化

训练知觉通道的实验研究可能模拟了正常注意机制变得自动化的方式。在一个典型实验中，被试被要求自主注意一些他们平常可能会忽视的事物（Neisser，1967）。被试参加实验都有他们自己的目标，从赚钱到想要给实验者留下好印象，等等，各不相同。为了实现这些目标，他们被要求做一些在此以前与他们毫不相干的事情。寻找一个有意识的刺激物，例如，在一张照片的一群人中寻找一张熟悉的面孔，在实验操作中是优先考虑的实验。事实上，被试要有令人满意的表现，他必须注意人群中的脸。这个任务会一遍又一遍重复，直到它变得自动化，即直到任务中自主选择语境中的选项减少到一个（5.3.1 节）。

如果我们对这种情形加以归纳，似乎建立意识的自动通道需要两个必要条件：

(1) 通过短暂的、有意识可用的、可能与永久目标层级中的高层级联系在一起的目标意象,只有低层级通道优先权的目标可以获得高层级优先权,例如,一个实验中的社会责任。

(2) 对目标的自主注意重复的练习直到选择语境不再有任何的自由度,以至于它转变为一个单一的自动目标语境(图 8-1)。

可能我们自己的名字与年轻时最重要的目标联系在一起,例如,某人想要被注意、被保护和关怀、获得食物或者逃避处罚的愿望。而且,我们当然会成千上万次地自主注意自己的名字。因此,也许因为自动通道控制的缘故,莫里现象中被试的名字可以突破重围进入意识之中。

现在我们可以来思考注意控制中的两个重要例子,比较把注意投向某个事物与把注意从某个事物上移开,显然第一个例子是很重要的,而第二个例子提出了压抑和抑制这个经典的精神动态学问题,但全局工作空间理论都能很轻易地将其模型化。

8.3 集中注意力

假如我们觉得饥饿,头脑中就产生了美食的有意识意象。本质上,我们已经讨论过,这个意象会召集有助于实现目标的处理器,这些处理器必然包括注意处理器。如果我们可以自动地找到食物,可能就不需要注意控制。但是如果我们一心想着要如何找到理想的食物,如何解决困难,或者在同样有吸引力的几项选择中作出选择,目标意象就必定能够召集这个事项进入意识之中。基于这个有趣的有意识目标意象,在召集其他子目标过程中,注意力的集中必然会自动发生。集中注意力最简单的例子包括某个引起自动的眼球运动、记忆搜索的目标意象等,它们旨在产生一个意识内容。

8.3.1 通过自主注意建立新的通道优先权

使一个不重要的刺激物变得重要的一个方法是使它与我们的主要目标联系在一起。事实上,这就是我们在条件作用中使用的方法。巴甫洛夫通常会不让狗进食一天左右,因此吃就成为目标等级中非常重要的事情。通过配对重复,铃声成为食物的信号,因此它在吃这个目标中成为一个意识事件。同样,在操作性条件反射中,当食物出现在“斯金纳箱”①中时,很奇妙的是扭动尾巴可能会变成一个子目标。但是在动物经验的人格化中我们必须小心,虽然动物在这个情形下的经验是

①“斯金纳箱”,是新行为主义心理学的创始人之一斯金纳为研究操作性条件反射而设计的实验设备。——译者注

容易推测的。通常我们会把条件反射事件与已经存在的重要目标明确地、有意识地联系在一起:“啊! 按这个按钮总是正确的。”(Dawson and Furedy,1976)

新事物与已存的高层级目标间有意识地联系并不局限于实验室。政客和广告商最常用的一个策略就是把以前毫不相干的事物与受众的某个重要生活目标联系在一起。当人们被有意识地提醒使用腋用止汗除味霜是获得社交认可的必要条件前,腋用止汗除味霜只是一个毫不重要的东西。就我们的目的而言,这意味着两个关键点:第一,与重要目标相联系的事件必须是有意识的;第二,该事件可以控制注意力机制,这个机制能控制以前不相关事物进入意识。

8.3.2　心力是因自主和自动注意间的竞争而产生

我们把“心力”界定为对意外抵制的自主控制(7.6.2 节)。一个明显的例子就是我们试图自主控制注意力,以抵制相反的自动化趋势。

任何小孩都明白当他们很想出去玩却不得不做作业时的感受。这个过程可能就涉及作决定(7.6.1 节),这个决定首先不是做什么事,而是注意什么事,即这是一种斗争,这种斗争的第一个结果纯粹是心力的。比起思考玩这个常规的和让人高兴的行为,注意家庭作业的行为更新颖,需要付出更多的努力且让人不太高兴,因此需要更多的意识介入。但是一旦决定了,我们就会投入到被选中的事件,该事件本身当然是由无意识语境控制的。此时斗争和努力的经验可能会消失,即使该事件在之前看来是费力和无趣的。吸收总是被积极地体验的,或许因为当自己真正专注时,我们没有控制自己的体验(8.5.1 节)。抑或吸收本身是让人愉快的(Czikzsentmihalyi M and Czikzsentmihalyi I S,1988)。

这种心力是自主注意和自动注意之间的一种斗争。可能必须做家庭作业的意识目标意象会有助于召集另外的处理器和语境,可能它们能以多票数胜过为了快乐而出去玩的自动注意系统。在任务的选择点中,这个自主决定可能不得不被重复许多次。即使在做作业的休息时间,可能同样的斗争还会重复。在每个决定点上,想要玩的意图将趋向于自动出现,而继续做作业的意图将不得不自主产生,或许还需要强劲的激励性目标意象或者内部言语的提醒。每个决定点都可以作为在 7.6.1 节中讨论的投票过程的例子,而且它也是元认知的,即它与什么内容将在后面变得有意识有关。

显然,有些召集式投票系统可能会比其他系统更重要。如果一些高层级目标语境被召集来支持家庭作业,例如,希望立刻得到敬爱的父母的赞许,或者可能受到兄弟姐妹的嘲笑,相关的高层级语境会把票投向一个或另一个目标意象(图 8-2)。在决定斗争过程中,与这些高层级目标相关的意识想法可能会帮助一方或另一方目标意象。

尤其是在警觉性实验中我们会发现这种控制斗争,在这些实验中人们被要求控制雷达显示屏上的一个标记,或者在一个单调环境下控制一些不重要的知觉事物。在这些环境下注意力控制会快速下降(Mackworth,1970),但是即使在有趣的实验中,注意焦点的变化也是很有规律的(Warm,1984)。在所有这些例子中,人们可能都进入了一个冲突阶段,即由继续高效率的自主注意的趋势和自发或自主注意控制趋势产生的冲突。

8.3.3 准确信息源的重要性

为了进行有效的元认知控制,我们必须能够准确地谈论以前或将来的事件。如果我们重复刚学习的东西,按照第7章的推断我们就应当能够回忆起相关的目标意象和指引性目标语境。同样,如果我们可以回答关于自己思维的问题,我们肯定可以找到它们的来源。准确信息源,即知道我们为什么和怎么做我们要做的事,对于任务而言至关重要。但是,我们知道在许多重要例子中信息源被遗忘了(Ericsson and Simon,1984;Langer and Imber,1979;Nisbett and Wilson,1977;Weiner,1986)。也就是说,很多时候我们没有追查我们做事情的原因和方式,以致我们很难准确报告这些事件。

我们已经讨论过兰格和英伯(Langer and Imber,1979)的研究,任务的自动性会削弱人们报告任务特征的能力,使他们更容易受到他们自己行为中的错误属性的影响。就模型而言,我们可以看到随着练习,一个自主的选择语境是如何减少到一个单一选择的(即仅仅有一个目标语境)。进而言之,目标意象如果是可预测的,那么随着时间的流逝它们会变得越来越短暂。在另一些例子中,人们越来越难以回想起执行任务的方式。

8.4 转移注意力:压抑、抑制和情感冲突

虽然在科学文献中,就抑制是否存在还存在无法解决的争议,但毫无疑问存在某种回避意识内容的趋向性。甚至最为怀疑的观察者也承认人们趋向于犯一些自私的错误和进行自私的解释,当存在足够的歧义而允许他们这样做时。科学界的观点似乎总是围绕着抑制问题,抑制被定义为对麻烦的意识内容无意识地禁止(Erdelyi,1985;Holmes,1972;1974)。当然这是一个有争议的问题,因为我们当前没有优良的科学手段来评估这个零点问题(1.1.2节)。很难确定地说某人是否真的知道,即使是短暂的,某个想法也足够危险需要回避。但是回避的事实,以及一些回避机制,却是毋庸置疑的。

如果回避决定本身是有意识的,我们如何可能做到回避想该问题呢?小孩们玩一个游戏:参与者要尽力不去想粉红色大象,当然他们并不能做到。在指引性目标意象"粉红色大象"和同时试图不去想它的目标意象之间是矛盾的。同样,在临床催眠中,普遍认为不应该给被试一些消极的暗示。为了帮助某人不要抽烟,这个说法是毫无帮助的:"你不要想着烟了。"因为暗示本身包含了关于烟的想法。因

此,从某个事物转移注意力似乎与对某物集中注意力是完全不同的。

8.4.1　回避意图可以以多种方式发生

上述“粉红色大象”的游戏并不意味着人们无法有目的地回避意识想法。在对正常人和病患所作的实验中,有许多证据可以证明回避意图的有效性(Meichenbaum and Bowers,1984)。有几个机制有利于从意识中驱除信息,包括从改变感受器定向反应,例如,回避眼球运动,到为了忘记而故意不再复述短时记忆中的事项,或者对经验和记忆有趋向性的重新解释(Bjork,1972;Holmes,1972;Loftus and Palmer,1974)。

“指示遗忘”就是一个例子(Bjork,1972)。在短时记忆实验中仅仅告诉被试忘记某个事物,他们会完成得很好。他们可能仅仅复述我们需要记住的事物,而将需要遗忘的事物丢到一边,即为了回避一个事物,我们会使用短时记忆的有限能力去负载另一个事物。这其实就是分散注意力的原则:每个人都会分心,有时是为了回避疼痛,无聊或者困难。在这些例子中,肯定存在有意识的想法回避。

一般而言,我们可以将结构性回避和暂时回避区分开来。某个宗教信仰系统会帮助信仰者逃避对死亡和疾病的焦虑。毕竟几乎所有的宗教都是就这些事物为人们提供安慰。一旦提供安慰的某个信仰体系被接受和没有被质疑,它就会为信仰者的经验建立一个概念语境(4.2.2 节),因此焦虑的想法可能就不会太过频繁地出现在大脑中。日常的观察结果和第 7 章所作的推断,即从不同意识观点间较低层次的竞争角度看,念动理论是对信任、信赖的解释(7.7.2 节)。假如想法 A 是对疾病的焦虑,而-A(not-A)宣称疾病仅仅是通往天堂的一个考验;一旦想起观点-A,它就不再是矛盾的,而是一个解决焦虑的决质性方法。可能世界上大多数人都会使用这种利己的信仰系统。它们的盛行意味着这种安慰性信仰系统通常在几年内都会非常有效。

显然也存在一些短暂回避,例如,不看街上的乞讨者,避免看某个重要或让人害怕的人,回避关于不想回忆的线索。原则上,任何这些机制都处于有目的的控制之下,无论是自主的还是非自主的。

8.4.2　当我们无法自主提取被回避的观点时,就会出现抑制

事实上,临床证据证明:抑制表面上是有目的性的,但是患者却否认无法自主提取正常的意识事件。我们无法回忆起昨天发生的一些让人痛苦的事情,即使我们记得昨天发生的其他任何事情;或者我们无法回忆起与我们根本性信仰冲突的某个观点;或者我们对于明显的但思考它却让人痛苦的事情作出判断。上述任何一个例子在临床上都可能被解释为抑制。一个典型的例子是歇斯底里症的转换症状,泰然淡漠,此种患者可能患有心因性盲、局部麻醉或者中风,但是患者会否认这

些就是有问题的(Spitzer,1979)。因此,关键是无法进入自主的元认知通道[记忆的非自主方法可能没有任何减退:我们仍然知道识别、技巧学习、记忆存储在无法自主回忆后仍然存在(Bower,1986)]。但是,我们当然可以将这些无效的通道纳入模型6中(8.2.3节)。图8-4显示的是抑制的表面证据是如何纳入全局工作空间理论的。

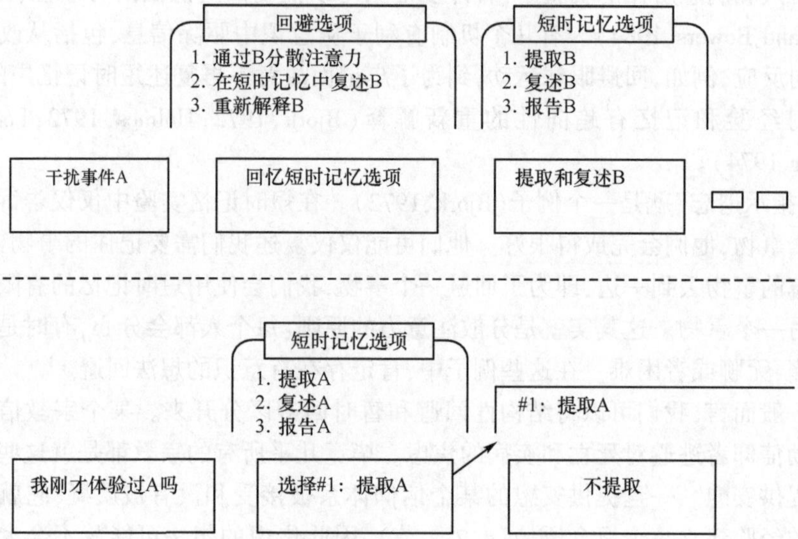

图8-4 压抑作为遗忘源规避意识内容

虽然规避会以多种方式发生,例如,分散对将被规避的意识事件A的注意力、重新解释A,或者A不存在于其中的一个概念语境。在这个例子中,A被规避仅仅是因为提取和复述了B:意识经验的有限能力使得A不再可用。随后当被询问关于A的记忆时,A无法被提取,或者因为它太短暂,或许因为在语境B中它难以被自主地提取(Bower,1986)。这一序列事件可能预示着对局外观察者而言有目的的压抑,事实上,是处于某个目标语境有目的的控制下。注意其他的、非自主的记忆记录可能表明A仍然存在。但是准确的自主提取是正常的心理功能如自发的自传体记忆的必要条件,知道某人如何与为什么做某事,通过提取控制某行为的目标意象重复该行为的能力,对责任准确的自我归因,维持冲动控制,以及建立一个准确的和可接受的自我概念。简而言之,成功的压抑并不是仅仅有趋向性的中断自主回忆,它会以多种方式发生(Erdelyi,1985)

8.4.3 信号性焦虑作为想法回避的念动控制

这些观点与精神动力学中把焦虑视为一个信号有非常有趣的关联。GW理论表明人们有一些短暂的准意识目标意象,它有助于动员注意机制回避某个意识内容,这就是信号性焦虑的作用。虽然信号性焦虑的概念有时可能会适用于明显的意识感受,但一些证据却表明人们拥有一些非常短暂的意象,这些意象会充当一个警告,告诉人们回避某些让人苦恼的想法。因此,这里可以引用弗洛伊德的话,思考必须瞄准限制思维活动中情绪反应的发展,把它降至行为作为信号所需的最低限度(Freud,1926/1936)。在讨论恐惧症中提到的"替代性观点",即这个观点比起原来让人恐惧的物体可能不会使人感到恐惧,弗洛伊德写道:“激发……导致轻微焦虑;现在它被作为一个阻止的信号……焦虑的进一步发展。”这是另一个理论联结点。注意该观点同样适用恐惧症的行为修改理论。例如,某人可能对火会产生越来越多痛苦的心理意象。恐火患者可能在想到书时,会减少对火的恐惧,而想到篝火就可能加剧恐惧。书的意向此时可能就类似一个安全的目标意象,它可以引起回避机制,帮助患者脱离真实的、让人痛苦的心理意象。

8.5　进一步的意蕴

8.5.1　专注和对怀疑的中止

有意识的元认知当然会与其他有限能力事件竞争,包括被注意控制的意识内容。我们不能在读这本书的同时有意识地做其他事情。由此推测全身心的投入一连串事件,例如,电影或一段音乐,必定减少元认知选择通道。常见的情况是,当我们完全投入一部电影或一本小说时,我们能轻易地识别其中的主角。按照剧场的说法,我们“中止了怀疑”。如果怀疑是对前面意识内容有意识的干扰(7.8.1 节),我们就可以轻易地把它纳入全局工作空间理论中。我们只需假设怀疑需要一个选择语境这样的形式:“我刚刚经验的事件是真实的或者可接受的?”在深度吸收状态中,提取的这些意识选择可能会在缺乏意识之下进行竞争。对怀疑的中止此时可能释放了我们认同吸引人的虚构模型的趋向,使我们摆脱抑制和矛盾。我们可以使我们自己在满怀希望的幻想中待上一会儿。

8.5.2　催眠可能减少了选择语境的通道

第 7 章认为,催眠可还原为被吸收的念动控制。如果这是正确的,而且如果吸收意味着减少注意选择项的通道,那么我们或许就可以解释被催眠者的高度服从。我们可以假设本人与他人的区别常常需要一个短暂的意识决定:“我真的想要那个东西吗,或者我是被广告说服而去买它?”“是催眠师告诉我们举起手臂,还是我告诉自己举起手臂?”极易被催眠者的服从因此可能是由于他们能被深深地吸收到催眠状态中,并达到没有可用的意识能力从外部去反映这种状态的程度。前面我们解释了催眠的几个特征(7.7.2 节),但是没有提到对暗示的遵守这一显著特征,以及对异常暗示缺乏抵制。现在我们来补充这个空白。

8.5.3　注意在促进和维持心的淡定方面的功能

有许多实验研究“知觉防护”,即人们趋向于回避报告快速浮现的淫秽或矛盾的单词(Erdelyi,1974)。但是,这些实验似乎呈现出两种相反趋势。相较于能被控制的单词("知觉敏感"),人们有时会低估忌讳的单词("知觉防护"),有时又会高估它们。这似乎是一个矛盾,引起了大量的批判和理想的破灭。但是,防护和敏感的同时存在并不仅仅是一个实验中的难题,也是与人类注意力分配相关的基本事实。毕竟,当我们面临一些痛苦、害怕或者自我胁迫时,我们必须做两件事情:第一,我们必须知道它存在,因此我们可以处理它;第二,如果可能的话,我们会尽力回避它。如果面临的是新情况,我们可能需要意识介入以识别它和学习回避它。因此基于先验,我们可以预测敏感和回避的存在。

这意味着注意可能有两个主要功能:

> 按照事件和问题的动因上的重要性,通过使重要的事件和问题变得有意识而向这些重要的事件和问题分配意识,它们包括痛苦、害怕或者自我胁迫的事件。一些例子还包括抵制重要的刺激物变得习惯化。我们自己的名字能够中断持续的一连串意识事件,而且我们趋向于更多地注意那些需要用更新颖方法去解决的问题。

注意功能可能会被另一个功能抵消,即控制新信息,因此我们不会遇到太多新信息,或者错误的新信息。我们可以把这视为保护语境层级不接受太快的改变。威胁信仰稳质性的想法可以被多数人回避。

这里提醒大家,在痛苦的信息源例子中,这两种趋势将背道而驰:一方面,痛苦或威胁是很重要的,因此值得注意;另一方面,它可能需要语境等级中某种根本性改变,以致它可以被回避。

可能精神动力学的回避想法是由于注意的第二种功能。过多的新颖性,尤其是情感上的新颖性,可能会威胁目标等级的基本排序。这个等级与第9章中的自我概念是相关的。

8.5.4 关于意识经验操作性定义的进一步思考

第1章提出了一个关于意识经验的操作性定义,这个定义我们一直尽量忠实地坚持,即如果某个事件可以被准确报告,且被主体宣称为有意识的,我们就把该事件作为一个意识经验。在理论发展的初期,我们无法使准确的回忆报告现象模型化,因为实际上它非常复杂。它包括:

(1) 对一个事物的意识(如5.3节);

(2) 自主的、有意识地回忆某个事物的回忆能力(如8.3节);

(3) 把某个事物重新编码为语言或姿势(如7.6.4节,7.6.5节);

(4) 执行这些语言和姿势的自主能力(如7.3节)。

简而言之,为了使操作性定义模型化,我们首先需要对意识、意志和注意通道有一个可用的概念。我们必须从操作性定义向上"拔鞋带",直到最后我们可能得到一个正确的理论解释。当然,最终,每一个理论必须解释它自己的操作性定义。现在我们为之作好准备了吗?

注意,最初仅仅是一个香蕉的意识经验。许多系统会适应这个意识事件,包括在预定的时间,在通过实验指示示例的目标系统提供的语境中,能够自主重现意识事件后来意象的系统。这个目标系统是由问题“你刚刚经验了什么”引起的,旨在寻找一个合理答案。米亚克和诺曼(Miyake and Norman,1978)指出寻找任何问题的一个合理答案,如“乔治·华盛顿的电话号码是多少”都需要进行复杂和深奥的寻找,我们可能会在目标语境中找到。同样,被试被指示报告在看电视屏幕时看到了什么,在看到屏幕上的香蕉时,他必定知道正确答案是香蕉而不是电视屏幕。因此,即使在回答相当明显的问题时,也有许多解释成分在其中。

一旦被正确解释,我们就可以合理地认为解释者可以试图自主回忆当前事件,决定哪个是提问者的意思,把它作为一个意象回忆,有意识地重新展示,允许无意识的语言系统搜寻匹配的词汇——“香蕉”。再次注意,会有一个自主行为去执行这个语言报告,根据第 7 章的论述,包括行为的独特特征的一个短暂的意识目标意象(或许是内部言语中的单词“香蕉”),这个目标意象会快速地被能检测其特征的许多系统检测,排斥相反的意象或意图,然后被执行。这复杂吗?当然复杂。但是心理的实际变化可能更复杂。

经过了第 7、8 章艰辛的工作,很高兴可以就操作性定义给出一个合理的描述性解释。这意味着我们的方向是正确的。

8.6　小　结

本章研究了注意这个论题,我们把注意定义为意识的通道控制。我们充分利用了自主和非自主注意的传统区分。自动注意显然包括无意识机制,该机制在目标等级的控制之下把事件引入意识之中,因此重要事件具有优先权。自主注意需要一个新观点:选择语境这个概念,它展示了许多可选择的事物,每一个都旨在成为下一个意识事件。和前面一样,这个相对简单的观点对于其他心理学问题具有广泛的意义。在对某些论题集中注意力和把注意力从一些痛苦或恐惧的事物中转移两者之间是有区别的,但是这两种现象都可以纳入全局工作空间框架中。最后,在本章中我们研究了关于吸收、催眠和第 1 章中提到的意识经验的操作性定义的一些意蕴。

第9章　模型7:自我是经验和行为最主要的语境

整个自我,一部分是认知对象,一部分是认知者,一部分是客观,一部分是主观……我们可以称一个为客体的我,另一个为主体的我……因此我将把自我视为认知对象或者客体的我……也可以把自我视为认识者,或者主体的我。

威廉·詹姆斯(1892,p. 189)

一个身份不明的人,
他不再具有人格,
更确切地说,你和这个人失去了联系。
假如你设想你就是这个人。你不再感觉自己是个人,
你突然被降到一个物体的状态……
一个有生命的物体,但不再是一个人。
这是经常发生的情形,因为人既是一个物体,
也是一个人。但是我们会尽可能快地忘记它。
当你为了聚会打扮好了之后,
正在楼梯上往下走,你身上的任何饰物都在为你选择的角色而服务,
有时,当你走到最低的台阶,
这一步台阶比你想象的要高,
当你走下来时,身体晃动了一下。此时,
在楼梯恶意的摆布下,你感觉自己就像一个物体一样。

埃利奥特(Eliot,1950,pp. 29-30)

9.0　引　　言

讨论“自我”并不是本书的初衷。但是,有许多理由使我们相信在没有介绍一些合理的自我概念的条件下,我们无法准确地讨论意识(Dennett,1978;Nagel,1974;Tulving,1985)。因此,我们有必要研究这个问题,虽然“自我”问题实际上值得另写另一本书。当然,从科学、临床和哲学角度,关于自我和他我心理学上有一些研究深刻的文献(Freud,1938;Freud,1923/1962; Hartmann,1958; Horowitz and Zilberg,1983; Kihlstrom and Cantor,1984; Kohut,1971; Markus and Sentis,1982)。这里我们不可能详尽地评述这些重要文献,但是我们可以尝试略述其中与当前理

论有关联的一些方法。

这里,我们认为心理学理论中一些关于“自我”的概念并不是一个奢侈品,不是一个形而上学或假的命题,而是任何完整的心理学框架体系的必要条件。在这一点上,“自我”就像意识一样,是一个核心的心理学问题,它顽强地战胜了所有回避和忽视它的企图。在知觉-运动系统中、母亲-孩子交流中,在自主的发展中,甚至近来有证据表明在免疫系统的运行中,自我与他我的区别都是一个核心的问题。

一些评论家认为,意识本质上是一个关于自我通道的问题。因此,丹尼特写道:

> 我对其有意识的事物就是我进入的事物,或者(是为了强调所属),就是我提取的事物(Dennet,1978)。

这个观点在直觉上具有较多合理性。它显然与我们的日常语言是吻合的:所有关于意识经验的表述都使用人称代词,例如,“我看见了一只猫”,“你只是想象你肚子疼”,“她闻到了老鼠的味道”,等等。当然,当我们无法有意识地提取一些生动的近事记忆、周遭环境的情境、气味和味道,或者关于我们自己生活中一些已知的事实时,我们会觉得吃惊。意识通道中的“自我”有时被称为作为观察者的自我。同样,所有自主控制的常识表述都把自我作为掌控的发起者或者演员,例如,“我叫他走”,“他决定要查明更多的事”,以及“我对我自己的行为负责”。另外,如果我们不能挥动我们的手臂,停止计划好的演讲,或者控制通常可以被控制的意识愿望,我们就会觉得吃惊和难过。监控自主控制预期领域的机构有时把自我作为一个代理机构(James,1890/1983)。

许多行为主义心理学家坚持认为,自我是常识中的错觉;或许我们可以推断并不存在一个掌控我们行为和经验的机构,我们只是建立了一个并不存在的想象体。当然人们有时会作出错误的推断。显然,科学的问题是:是否有事实证明这个推断?如果有,那么自我就不是错觉,它是我们必须理解的事物。

本章我们要详细阐述的观点是:自我可以从可操作性上定义为自我系统的改变或违反,可以很自然地被解释为自我感的丧失。詹姆斯理论中的“我”(I),换句话说,仅仅能通过在挑战和改变发生时产生的经验直接感知。从理论上看,这是有道理的,因为我们可以把自我解释为一个持续的优位语境,它处于优位目标等级中的最高层级。前面我们引用过的证据表明,主要是由于不匹配才会对语境产生意识——通过改变和违反语境预期(4.4.3 节)。同样,我们对自我有意识也可能是由不匹配导致的。

“与自我不匹配”这个观点很自然地会导致对自我和非我报告进行对比分析。在许多情况下,人们报告的自我异化经验从表面上看与我们多数时候正常的、自相一致的经验相似。自发的自我异化经验在机能失调的情况下是可以被报告的,例如,去人性化、心因性神游和多重人格(9.1.1 节)。这些情况我们有可靠的证据,而且它们就是我们的研究对象。我们将对这些证据进行对比分析。

我们推断,在理论上,自我可以被视为优位语境等级中持续存在的较高层级,既包括概念语境,又包括目标语境。因此,自我系统不仅仅是另一种知识表述,即为所有的意识经验提供框架体系的知识。从这个意义上,自我是一个思维方法,是一个观点,就一连串意识事件而言,是一个支配一切的语境。它包括知觉-运动、评估、概念、动机和社交等方面。显然,自我系统促成并建立了许多局部语境间的连续性。

单词"自我"可以被作为"自我系统"的省略形式,与自我概念相对,自我概念是一系列关于自己的观点。自我概念相当于詹姆斯的"我"(me)。像任何语境一样,自我可以被去语境化和作为意识客体而被意识化(5.3.4 节)。自我这个被物化的特征可以用于建立自我模型;但是,与一些推测相反,我们认为自我模型并不是自我本身。本章题词中埃利奥特的身份不明的人这一段落描述了去参加聚会时被楼梯绊倒的经验,他指出当自我作为语境被意识体验时就成为意识内容或者意识客体。当然,而且是突然的,他从掌控者且确信会受到某人的欢迎,变成了"楼梯恶意支配之下"的一个客体。人类通常会因为对新环境作出的反应感到吃惊,这再次表明自我(作为优位语境)和自我概念(作为关于自己的观点)是不同的。但是,我们通常会持续地、平缓地在作为语境的自我和作为经验客体的自我之间来回转换。

因此,我们自我的观点相当于詹姆斯所称的"我"(I),而自我概念,由于它也可以有意识地提取,相当于詹姆斯所称的"我"(me)。作为一系列关于自己的观点,自我概念是建立在自己的经验之上的,就好像是从外部来观察它。当人们被问及自己时,他们会用一些自我概念来表达,但是自我本身是无法立即用言语表达出来的。因为这个原因最好避免使用人们谈论自己时的观点作为自我的证据,当然它们是关于自我概念的证据。

在更大的自我系统中,自我概念在功能上就像一个监控系统。某个关于自己的观点,包括人何以为人的观点,可以作为一个评价和控制思维与行为的工具。在成年人中,多数自主行为可以对照自我概念被很快地检测出来,即多数时候成年人可以回答:"我现在做的事是我真正应该做的事吗?"按照精神动力学的语言,自我概念包括了自我理想(Freud,1923/1962)。严重违反自我概念会让人感到羞耻、内疚、愤怒或者沮丧,尤其是当我们没有达到我们理想的自我时。与自我概念匹配会让人感到骄傲、自我接纳和满意。

总之,本章中我们既会研究理论上的可能性,也会研究其必要性。其必要性是因为不借助一些合理的自我系统,任何对意识的讨论都是不完整的;可能性是因为我们可以直接从我们已知的知识中衍生出这样的概念。事实上,进入自我系统可能是意识经验的一个必要条件。这个观点在许多方面都有重要意蕴,如动机冲突、低落情绪的破坏性特征、冲动控制和归因混淆等(Mandler,1975a;Weiner,1986;9.6 节)。现在我们详细研究这些观点。

9.0.1 自我系统难以解释直接内省

我们如何才能到达自我组织？我们可以试图找出能准确反映自我组织运行的经验性证据。有许多理由使我们相信，自我的证据可能不同于我们通常使用的自己概念的证据。下面是这种区别的理由。

1. 对自我知识的抵制

或许自我系统与自我概念间存在区别的最明显理由是，从精神动力学上看对自我知识存在阻碍，甚至在某种程度上我们会从自我欺骗中受益（Goleman，1985；Holmes，1972；1974）。不接受精神动力学理论的学者也承认痴心妄想（和某些灾难性的想法）会阻碍精确的自我概念的形成，即使是科学怀疑论者也不会质疑普遍存在的自私自利的扭曲现象。日常生活中，我们常常会为突然的感受、行为和意象而吃惊。如果我们完全了解自己，就不可能发生这种情形。从文化和演进角度看，准确的自我知识是复杂而罕见的，它通常都是不完整的。

2. 不正确自我知识的其他来源

但是，我们不必诉诸愿望和害怕、压抑，或者情感冲突来解释在许多自描述中缺乏精确性。许多社会心理学研究表明，当人们做某事时如果没有动机反馈思考如何做，通常会对自己作出错误的判断。在社会心理学中，这个研究主要来自两种研究调查，一个集中在归因错误上，另一个集中在认知失调的诱因上。在典型的归因研究中，被试可能被引导着去相信某个心跳加速的声音是他自己的心跳声。这种错误的反馈被证实影响着被试对他们自己的激动情绪的认知，当然是在危险刺激物的语境中（Valins，1967；另见 Schachter and Singer，1962）。进而言之，大量的认知失调表明：如果被试对他们与某个令人讨厌的事物间的关系给予了错误的判断，他们就会高度评价这个令人讨厌的事物。也有可能是误用因果，他们建立了一个更高的评价体系来证明他们与事物间关系的正当性（Festinger，1957）。一般而言，这些研究表明：人们在描述他们自己的动机时，通常都是不准确的。

尼斯比特和威尔逊（Nisbett and Wilson，1977）在这些研究的基础上认为，其实人类在他们自己的处理程序上是没有通道特权的。这个结论受到了广泛的批评，批评者认为他们言过其实了（Ericsson and Simon，1984；White，1982）。他们还举出了许多有说服力的准确内省的例子，而且我们确实需要了解在什么情况下我们可以对自己作出准确的判断。但是，仍然有强有力的证据证明，在多数时候人们不会对我们谈论他们自己，甚至常识表明他们可以这样做时也不会。例如，当人们要在一堆相同的长袜中作选择时，他们总是趋向于选择最右边的，或者装饰得最好看的袜子。在被问及为何如此选择时，他们会以肯定的神情说出许多种假说，但是他们并不知道他们行为的原因。有许多类似情形都表明人们通常并不知道他们的动机。兰格和英伯(Langer and Imber,1979)对自动行为的错误解释研究,就证明了这一点。一般而言,人类会大大地高估他们自我知识的准确性,而且会随意为他们的意图虚构答案,尤其当进行判断所需的信息不充足时。

3. 自我概念被过分简单化

另一个怀疑自我概念和自我相同性的理由是,自我概念似乎被极度简单化了。自我概念是价值负载的,它把复杂的人生减少到单一的"应该"和"想要"。这些自主使用的关于自己的观点似乎常常是不受语境限制和绝对的。"我是一个讨人喜欢的人"。"我很有效率"。"我有很多朋友。"相反,在自我体系的组织中,如下所述,似乎更加复杂、多层次和富有适应性。在整个自我系统中,自我概念发挥着控制或监管的作用(见 9.2.2 节)。

辛格和他的同事就思维控制所作的研究为自我概念的过于简单化提供了一种解释(Pope and Singer,1978)。如果我们跟踪某个人内部言语的每一个部分,日复一日,很快我们就会填满我们的报告书。甚至不管其他的意识事件——心理意象、短暂的感受、知觉,等等。意识流是很长的,受许多偶然和局部因素的限制,常常是自相矛盾和复杂的。当我们被要求用一个或两个短语来描述我们自己时,我们就会被迫对庞大的信息进行概括。而且事实是人们常常不能对这些众多的信息进行准确概括(Ericsson and Simon, 1980; Newell and Simon, 1972; Tversky and Kahneman,1973)。尽管我们有最大的决心,甚至没有动机使自我概念失真,我们仍然不能很好地描述自己。

这并不意味着当人们被问及自己时就没有可能得到准确答案。相反,在某种最佳环境下,这样做是必要的,而且也不需要人们进入他们自身组织的更深层级。进而言之,我们前面的讨论表明人们只有通过其语境表征的错误才能意识到语境表征;我们可以客观地审视这些违反语境的报告以验证这个结论是否与自主的自我报告相一致。基于一些令人吃惊的事件而对我们自己所做的推断可能会导致对自我不同的理解,这与正常的自我概念所指的自我不同。

9.0.2 有意识的自我控制可能是由自我概念支配的

在不同的语言中,我们可以认为作为意识思维和意识经验客体的自我概念,可能是被视为一个客体,类似于自我体系。自我概念把自我表征为知识客体。但是,首先自我并非知识客体,它是语境性的。当然我们可以随意控制自我的许多方面:我们在空间中的位置、我们语言的音量、他人对我们的接受程度。这些事物都是意识的客体,它们通常都是相对于标准而言的:相对于我们想去的地方我们现在是在哪?我们说话的声音应该大一点吗?我们应该奉承他人吗?这些标准可能属于某人的自我概念的组成部分。自我概念中的某些部分总是从现实或想象的外部观点来看待我们自己。从社交角度看,好像我们总是在有意识或自动地问:"邻居们说什么了?”如果不是邻居,就可能是父母、同辈、兄弟姐妹、工作上的同事、老师或者过去的经历。

另外,自我可能被视为经验和行为的跨情境语境。我们对世界所固有的期望是无意识的;它们越是可预测,它们就越不可能成为有意识的。我们的所有经历都是由这些无意识语境预期来形成和定义的:知觉、概念、社交、交流和科学等经历(4.2.1 节)。甚至我们做出某行为时,引起和解释该行为的目标语境大多数都是无意识的。一种思考自我的方法就是把它视为一个鲜有矛盾的语境组织,因为它保留了我们常常遇到的情境预期。但是一旦我们生活的情境预期改变了,以前为我们的经历提供适当语境的自我的某些方面就会被违反且需要改变;这个稳定的预设此时就会被作为客体,即使以前它们是自我中看不见的部分。

9.1　自我经验和非自我经验的比较

正如在本章开头詹姆斯所指出的,“我”(I)是很难直接意识到的。当然,要求人们这样做是很困难的,因为从定义上看,我们无法直接有意识地进入它:按照詹姆斯的话,它是认知者而不是认知对象。但是从经验上,我们可以通过对比分析进入“作为认知者的自我”,就如我们对意识经验和意志力所作的研究那样(2.0 节,7.0 节)。在知觉和运动神经控制中,在社交环境、自我评价、精神病理学等情况中,我们都会发现大量自我和非自我比较的证据。一旦我们知道如何着手研究,我们就会发现关于自我的经验证据事实上也很多,而且已经被仔细研究过了。

9.1.1　大量自我和非自我比较

当眼球随着手指慢慢地移动时,周围的世界似乎在跳跃;但是早在 19 世纪 60 年代赫尔姆霍茨就指出,在眼球正常移动时,并不会发生这样的事(Helmholtz, 1962)。显然,视觉系统可以区分自我产生的移动和外界诱发的移动。自我产生的运动以某种方式得到了补偿,因此尽管我们在移动,但对世界的经验仍保持稳定。自我-他我的区分不仅在视觉系统,在任何自然或人造的知觉系统,都是绝对必要的。如果一个雷达抛物面天线反射镜以一个有规律的频率旋转,并发现了一个运动的物体,那么它必须区分这个运动是由雷达本身的运动造成的,还是物体本身在运动。否则,在空间中,月球就会被解释为一个快速移动的物体,而飞过的一群鸟就会被作为静止的物体。因此,甚至在知觉-运动系统中,自我-他我的区分也是根本性的。

在社交领域,或者在自我评价和人格领域,我们也能很轻易地指出同样有必要进行自我与他我区分。重点是我们需要把自我理解为包括知觉-运动、社交、人格和其他方面的多层次实体。此处我们重点关注的是人格领域,与自我归因和自我异化经验相反,但是我们必须清楚地认识到自我体系的层次在根本上不会被分割。

肢体的切除将会直接损坏知觉-运动处理过程,但是同时它可能会导致人格以及社交层面界定的自我产生巨大的改变。

9.1.2 自我异化经验是自我作为语境的证据

我们通篇对具有可比性的意识和无意识过程进行了比较,同样,我们也可以比较自我被作为"非自我"或者"他我"的情形。最为激进且为大家接受的例子包括心因性神游、多重人格和自我感丧失症。被誉为标准的精神病诊断手册的《精神病诊断与统计手册》(DSM-Ⅲ)就是研究这些症状的一部权威著作(Spitzer,1979)。我们简要回顾一下这三种病症。

注意,如果自我可以被视为一个优位语境,我们就可以对违反它的后果进行一些推断。我们知道语境会因为那些违反该语境的预期和意图而解体(4.4.3 节)。这些违反事件可能要么起源于内部,要么起源于外部,但是显然我们应当审视那些容易观察的、导致稳定的优位语境中断的"令人震惊的"的外在事件。进而言之,既然语境有助于形成、控制和引起意识经验,在这种条件下,意识内容的一些改变也可能是可预期的。有时生活中根本的变化必然会引起观点、意象、内部言语、感觉或者甚至是知觉中令人吃惊的改变。个人价值可能会改变,因为,毕竟价值与优位目标语境联系在一起,所有价值都假定某件事(因此类似于目标)比其他事更值得。最后,该观点预测在该根本性改变之后,人们也可能会丧失对现实的假定,毕竟它们在全局工作空间理论中被视为概念语境的组成部分。所有这些预测性特征都可以在下述自我异化病症中找到。

在 DSM-III 中是这样描述自我感丧失症的:

> 它是在自我知觉和经验中的一种改变,以至于某人通常具有的自我真实感短暂地消失或被改变了。这可以通过自我疏离和不真实感证实,它可能包括某人感觉自己的手足在大小上改变了,或者从远处来感知自己的经验……个人可能会觉得"机械化"或者像在梦中。各种各样的感觉缺失以及觉得无法完全控制自己的行为,包括通常会说的语言。所有这些感觉都是自我矛盾的(自我异化)(Spitzer,1979)。

中度的人格解体很常见,估计其比例在年轻人中是30%~70%。

人格解体有许多可预见的特征。第一,它通常是由过重的压力引起的。例如,军事格斗或者车祸,身体上的伤痛、焦虑和压抑。在洗脑之后、改革过程中以及当恐怖分子或异教徒被捕后对其进行教育的过程中,同样的病症也会出现。在所有这些例子中,习惯的优位目标和观点被深刻改变了。这些事实与自我失真包括违反深层次语境的观点是一致的。事实上,压力可以被界定为深层次的违反预期和意图(目标和概念语境)(Horowitz,1976)。因此,人格解体的发病很快,即当它被发现时病情会迅速发展,而恢复却很慢,因为需要花费时间去重建被破坏的根本性语境。人格解体在年轻人中的高发病率同样也是值得注意的,因为人们通常会在这个时期建立他们根本的目标和预期,但也是这一时期,他们会经历生活巨大的改变,这些改变会对这个新的尝试性的综合体形成挑战。第二,当人们成为人格解体的受害者时,显然这会改变他们的自我观和世界观,这与语境限定意识经验的事实是一致的(4.3.2 节)。按照这些思路,DSM-III 认为:

> 人格解体会频繁出现。在某人对周遭认知发生异常变化时就会表现出来,以至于对外部世界的真实感丧失了。外界物体在尺寸和外形方面出现预期变化是正常的。人们可以被视为死亡了或者呆傻了……其他相关的特征包括……主观上时间感的紊乱(p. 259)。

显然,当自我受到挑战时,所感知的世界也可能会疏离。

心因性神游为自我异化病症提供了另一个例子。它包括"假定是另外一个人因无法回忆起自己以前的身份而突然、意外地离开家或者经常工作的地点,会出现混乱和方向迷失感。恢复之后,患者并不会记得在神游症发病期发生过什么事"。如果没有官能失常的证据就不会作出心因性神游的诊断。

同样,失调可以被视为正常的优位语境被深层次违反的结果,然后试图建立一个新的优位语境,以此脱离原来身份所在的、无法忍受的、麻烦的环境。典型的神游症是由于"严重的社会心理压力,例如,夫妻间的争执、人际排斥、军事格斗或者自然灾害"(Spitzer,1979)。它可能与心因性遗忘联系在一起,在严重的社会心理压力之下人会出现记忆力丧失。遗忘有时包括忘记了个人身份,以及没有目标的旅行和对新身份没有任何假定。注意,顺便说一句,我们以前遇见过自发性遗忘,在我们讨论极易被催眠的人时,他们通常对催眠状态会自发性遗忘(7.7.2 节)。这与下述观点是一致的,即极易催眠的人会进入一个深度的专注状态,他们被一个与他们催眠结束后的语境完全不同的语境引导,因此,即使催眠结束后给他们一些回忆暗示,他们也很难回忆起什么。自发遗忘和自传体记忆丧失的问题,事实上是我们这里讨论的自我问题的关键。

自我异化病理最著名的例子包括多重人格(Hilgard,1977; James,1890/1983; Prince,1957; Spiegel,1984)。有一个重叠式人格在经历了遗忘症和神游病症之后报告了它们之间的差异,DSM-III 认为"根本的特征是":

> 一个人存在两个或多个人格,在特定时期某一个人格会占据优势。每一个人格都是一个完整和复杂的实体,有着独特的记忆、行为模型和社会关系,正是这些决定了当某个人格占优势时这个人行为的特点……研究显示不同的人格可能会对不同的生理和心理条件作出不同的反应。报告显示存在一个或多个不同于原来身份的相反的性别、不同种族或年龄或者来自不同家庭的子人格……原来的人格和所有的子人格都会意识到他们遗忘了某段时间(Spitzer,1979)。

子人格可能会彼此倾听或彼此交流,但通常他们会感觉听到的声音是自我异化的,即它与当前主要人格的自我相异。

我们可以再次为意图和预期的正常的优位语境受到的巨大挑战作出原因上的推断,因此可以说“从一个人格到另一个人格的转变是*突然的而且常常与社会心理压力有关*”(Spitzer,1979)。斯皮格(Spiegel,1984)提出了一个有说服力的观点,即多重人格病症总是与童年时期受到严重虐待有关。他推断当受到虐待时,小孩会进入一个极端分离的状态,随着时间的流逝这会演变成一个完整的、不同的自我。用我们当前的框架体系,这些观点很容易被解释。

近来对多重人格的研究表明,通常有一个“监管性人格”,他会跟踪其他的子人格,并在其中进行调解(Spiegel, 个人交流,1986)。斯皮格在此基础上推断,正常自我也可能具有类似监管者的功能,能整合不同情况下的经验(个人交流,1986)。这再次与自我作为优位语境时能为子语境间建立连贯性的观点相吻合。

注意,在自我异化病症中自传体记忆里的差异是个被反复提及的问题。自传体记忆当然属于自我归因经验领域,而且在全局工作空间框架中,如果自我被定义为深层级语境,我们认为它必然会形成和选择典型经验。

日常生活中深度专注状态的例子,如阅读一本小说或观看一部电影,就表现出同样的现象:自传体记忆里的差异、时间感丧失和改变的自我感。通常,我们在随后很难记起这段专注的时期,而且在内省时,时间似乎过得很快,这可能是因为我们可以回忆起的专注状态中的细节太少了(Ornstein,1969)。最后,专注是与电影、戏剧和小说中的虚构人物紧密联系的,即自我感的改变。

在自我异化病症中另一个常见问题是自我迷失与丧失生活价值或预设条件间的关系。似乎我们在认识世界时越依赖于某个事物、某种假设、个人能力、某项技能或某个目标,它的迷失就越容易导致自我异化经验。这尤其适用于迷失事物是预设事物时,因此我们甚至无法意识到它仍然作为意识客体而存在。如果我们在生活中假设我们可以完全相信人,这个假定就会变成我们为人处世的一部分,严重违反这个信仰,其结果就是它会广泛波及我们自身及我们的经验。或许,如果我们没有如此倚重于这些隐假设,违反信仰就不会具有如此的破坏力。

9.2 自我和自我概念的模型化

现在我们将这些观察结果纳入我们的模型。事实证明,这让人觉得意想不到的容易,因为我们的理论已经把上面提及的观点全部同化了。图9-1表明深层级目标和概念语境是如何被视为自我的不同方面的。当然这是詹姆斯自我中的“我”(I),作为观察者和作用者,而不是作为经验客体的自我。一般来说,层级越高,越可预测,更根本的层级——是低层级的基础,可能越类似于自我,从这个意义上说,违反它们就会波及整个目标层级,而且会导致破坏性的、让人吃惊的自我异化的经验和行为。

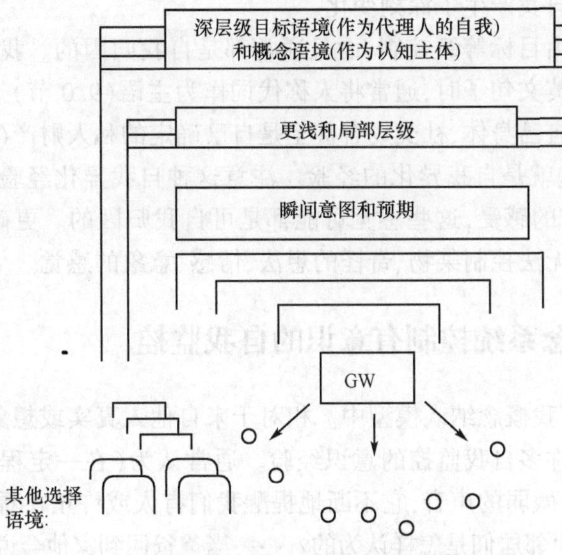

图 9-1　自我作为经验和行为的持存语境

自我归因和自我异化经验的对比性研究表明,“自我”可以被视为语境等级中的较深层级。自我异化病症通常都与一些严重违反性事件联系在一起,而且常常导致自传体记忆的丧失。因为自主回忆受优位目标等级影响,所以在目标等级的较深层级中发生的某种根本性改变会导致难以提取存在于不同自我组织中的经验。从另一个角度说,在一个深层级目标以及被视为自我异化的经验可能是自我归因的,例如,在多重人格或心因性神游病症中。因此,自我系统要进入全局工作空间需要可报告的意识经验

9.2.1　作为深层级语境的自我

因为在第 8 章已讨论过语境层级可以控制选择语境,自我系统通常可以进入所有的知觉模型,即瞬时记忆、当前的自传体记忆、常规事件,长期的个人“标志式”记忆,以及未来或者想象的意象。另外,我们可以直接自主使用专门技能(例如,英语句法和运动神经控制)的受体,对这些专门技能我们不能从质性角度去认知,我们不能直接意识到我们所用的句法规则,但是这些意外的缺失会让我们觉得惊奇。当然这是我们在本章开头所引用的丹尼特(Dennett,1978)的文章所要表达的观点,即自我就是通向意识的通道。上述所有领域的进入条件出现任何重大、快速的改变,可能都会被视为某人的意识经验中产生了自我排斥的变化。因此失忆必定影响某人的自我感,例如,可能出现突然失明,或者是突然提高某人的想象力。任何快速变化都会违反语境预期,但是与某人目标一致的改变,相对而言更容易被接受。

这对于输出系统可能也同样适用。我们期望能自主控制我们的骨骼肌肉,控制许多心智功能,例如,回忆今天早餐的能力或者表达自己想法的能力,控制我们所处环境的许多物体;在某种程度上控制他人,以及在一定限度内控制一些社会机构。甚至我们可以通过心理意象自动控制身体功能。在任何领域预期控制能力的

丧失都可能被视为自我产生了深刻变化。

这些功能都是由目标等级控制,而且通常都是自我归因的。我们回忆某个描述自主控制行为的英文句子时,通常将人称代词作为主语(9.0 节)。因此,人们肯定体验过无法控制自己身体、社交场合甚至是自己确定的私人财产(如一辆车或一处房产)的情况。这就是自我异化的经验。注意这种自我异化经验并不仅仅是一种失去、伤心或痛苦的感受,这些感觉可能都是可自我归因的。更确切地说,自我归因经验的特点是无法控制某物、奇怪的想法、情感、意象的感觉。

9.2.2 自我概念系统控制有意识的自我监控

下面,我们将自我概念纳入模型中。相对于来自他人真实或想象的评估结果,自我概念可能来自许多自我监控的意识经验。通常认为(在一定程度上有些嘲讽的意味)良心是一个微弱的声音,它不断地提醒我们有人或许正在看我们。短暂的念动意象可能会说:"邻居们是怎样认为的?……当爸爸回到家他会说什么……任何异性肯定都会喜欢我的外表、力量、机智和智慧。"这类看法极为常见,且必定会影响某人的自我概念。事实上,治疗压抑的一个有效疗法就建立在这样的假设之上,即这种快速、完全自动的想法是治疗压抑的自我贬抑的关键(Beck,1976;Ellis,1962)。

图 9-2 表明这种有意识的自我控制是许多子语境中的选择语境,包括跟踪自己的行为表现、对自我概念进行比较,根据结果,在价值观上不断调整自我概念。

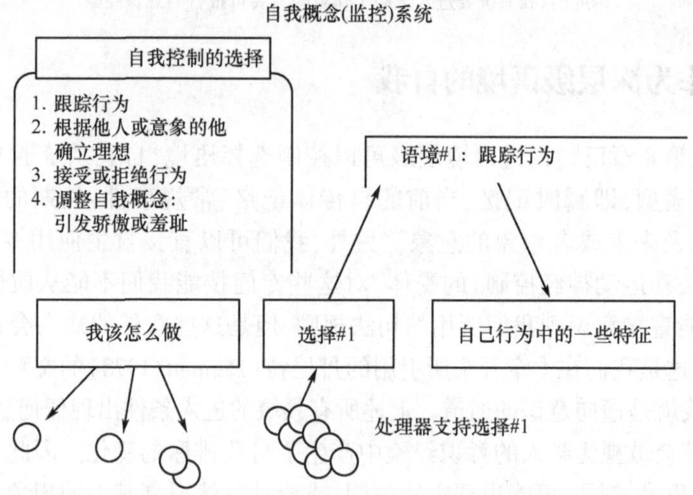

图 9-2 自我概念会激发有意识的自我监控

有大量证据证明:大多数人可能会根据一些社会根源的标准来持续地监控自己的行为。本图显示了自我概念作为一个监控系统是如何通过有意识的自我监控来影响行为的。因为作为有意识的监控要求控制注意力,需要一个选择语境来展示自我监控的不同部分,在这个菜单中我们可以选择所需的行为。该图中选择了"跟踪自己的行为",这激发了有意识显示行为信息的系统。自我跟踪的结果就会与行为的一些理想标准进行比较那么,自我概念系统就可以被视为一个高层级语境,它在自我系统中运行,并利用图9-2展示的各种有意识的自我监控来控制和评估自己的表现。随着时间的流逝,有意识的自我监控经验,像其他任何可预测的经验一样,必然会被语境化。因此,自我概念可能是作为更大的自我系统中的组成部分在运行。被语境化的自我概念当然是无法被自主回忆起来的,就像其他任何语境很难被自主回忆一样。进而言之,自我概念中没有被意识到的自我特征因为影响人类的行为和经验而变得引人注目。上个世纪整个心理学传统就专注于这些现象的研究。

也许人类在面对这些与自我概念匹配或不匹配的自我特征时会产生潜在冲突。但是,甚至那些与自我不匹配的部分也很难有意识地被控制,因为它们随着实践已经变得自动化了(Langer and Imber,1979)。

基于自我、有意识自我监控和自我概念的合理性定义,现在我们可以将这些观点整合到模型7中(图9-3)。

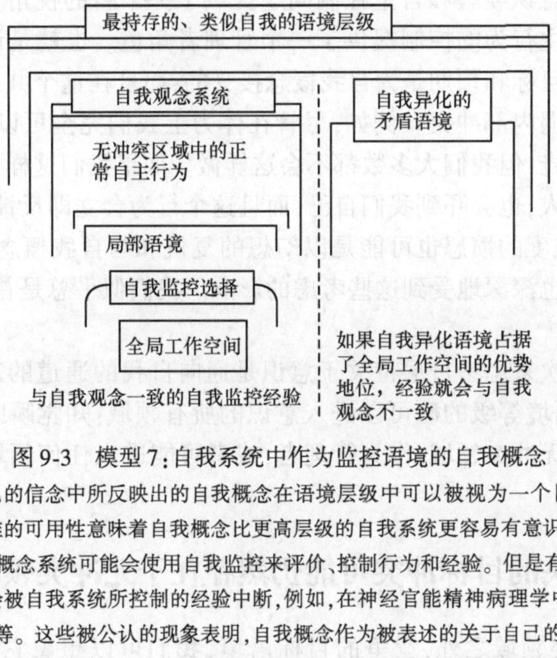

图9-3　模型7:自我系统中作为监控语境的自我概念

在人们表述自己的信念中所反映出的自我概念在语境层级中可以被视为一个目标语境。自我评价判断和标准的可用性意味着自我概念比更高层级的自我系统更容易有意识地进入(全局工作空间)。自我概念系统可能会使用自我监控来评价、控制行为和经验。但是有时,正常的自我归因经验可能会被自我系统所控制的经验中断,例如,在神经官能精神病理学中自我异化的意象、行为和感觉等。这些被公认的现象表明,自我概念作为被表述的关于自己的信念,是由一个名为"自我组织"或"自我"组织体的更高层级控制的。自我和自我概念重叠的领域可能对应着Hartmann(1958)提出的"自我的无冲突区域"。系统的其他部分可能充满了冲突。原则上,每个人都可能做一些违反他们自己自我概念的事情,这在图中是通过冲突语境来标识的

9.2.3　模型7

如上所述,自我概念体系可以被视为一个目标语境,它会利用自我监控和自我评估使我们的表现更接近于理想状态,如图9-3所示。注意,这个目标会遇到来自其他目标的竞争;或许有些目标会抵制自我体系为了达到其目标所作的努力;或许

有些目标旨在获得更直接的回报,而不是获得自我概念的允许;或许有些代表冲动的目标与自我概念不一致。所有这些目标体系都可能会与自我概念体系竞争。与自我概念一致的目标等级非常接近于“自我的无冲突区域”这个概念,这个概念是由自我心理学家哈特曼(Hartmann,1958)提出的。也就是说,在这个领域里,体系总是试图控制我们的行为、自我概念体系,它们的目的和其他重要目标是一致的。因此,在不同目标体系间没有破坏性竞争。可能我们大多数正常的自主行为都是由这个目标等级中无冲突的领域支配的。

9.3 需要进一步探讨的问题

9.3.1 正常的自主行为大部分是无冲突的

上述思考为意识经验和自主控制问题提供了一个新的视角。尤其是,无冲突领域为大多数自主行为的控制提供了一个管理者角色。也就是说,在更大的自我体系中有一系列目标和预期是为自我概念接受的,而且在这个共享领域,行为的计划和执行没有遭遇内部冲突。例如,尽管在体力上我们完全可以打我们最亲密的朋友和同事的耳光,但我们大多数都不会这样做。如果我们这样做了,极有可能我们不仅会吓到他人,也会吓到我们自己,而且这个行为会立即反馈给我们的自我概念。因此,甚至极度的愤怒也可能是以幻想的复仇和与自我概念折中的方式来表达的。自主控制也深深地受到这些考虑的影响。我们似乎总是首先试图赢回我们自己的自尊。

现在我们再次来思考丹尼特关于意识是通向自我的通道的观点。毕竟,通过选择语境,优位语境等级的确可以进入意识的所有领域:知觉瞬时记忆、自主效应器、意象,等等。无冲突领域,作为管理者,或者可能进入任何领域,且不会遇到内部抵制。

9.3.2 未解决的目标冲突可能仍然存在于无冲突领域之外

但是,无冲突领域之外,竞争的目标语境,我们可以想象它们仍然会存在数年。这就要求全局工作空间理论必须要阐述典型的冲动-控制问题,例如,人们可能在几年间会成功地抵制想要表述愤怒的企图,而且或许当优位目标等级不再占据主导地位时,被压抑的愤怒就会公开地表达出来。这类现象的研究证据可能是矛盾的,但是自然主义证据似乎是有说服力的。无论如何,这类连绵不断的竞争的存在意味着这样一个事实:目标语境为进入意识会进行竞争。从理论上看,存在这种持续的却没有表达出来的目标的可能性并不会使我们耗费任何精力去添加任何理论概念,而且它为理论将来扩展到人类动机这一重要领域作好了铺垫。

多重人格展示了一个最让人吃惊的例子，其中不同的自我在进行永不停止的竞争，或者按照我们前面的专用术语，在不同的语境等级间不断进行竞争。当一个目标层级支配意识时，它就可能进入知觉、瞬时记忆、自主的肌肉组织，就像选择语境使人进入短时记忆、控制和评估自我等一样。这个模型也使我们能够解释第7章所引用的说明矛盾状态的证据，在这种状态中人们会否认他们所持有的观点（7.8.2节）。否认是一个无法自主进入信息源的自主行为，但是它仍会继续引起非自主现象，如舌尖现象或外部归因性投射。如果这个分析是合理的，那么多重人格病症就更像是一个正常冲突的极端例子。

9.3.3　解释观点和意象的自我排斥性干扰

在第7章中，我们把常见的现象如自我排斥、不想要的观点和意象作为一个典型的精神病理学事件。多重人格患者通常会抱怨这些来自优位自我的自我排斥的干扰想法。也有一些非病理学例子，例如，在心理上不断地对商业广告词进行重复，即使我们努力停止它，它仍会继续。在模型7中，我们就可以解释这种来自于内因的自我排斥性干扰，它是由不同目标体系间的竞争造成的，可能也包括上面谈论的被否定的目标（9.3.2节）。一个竞争的目标意象可以暂时进入全局工作空间，尤其当占优势的层级被其他事物所占用时。

既然自我排斥干扰显然不受自主控制，它们就可能受同样的控制非自主干扰的自动注意机制控制。如我们在8.2.1节中提到的目标层级（自我体系的一部分）会控制自动注意。因此，本章提出的关于自我的假说与第8章提出的关于注意的推断是一致的。

9.3.4　如果最高层级的语境被破坏了，将会怎样

在前面章节（4.4.3节）我们推测惊奇会使语境层级瓦解，而且这种瓦解会向下延伸到以被破坏语境为基础的层级中的其他部分。现在我们可以问另一个问题：如果惊奇足以瓦解一个语境，导致在更高层级语境下重新组织，那么最高层级的语境被瓦解了会怎么样呢？一般而言，似乎重新恢复一个被瓦解的最高层级语境会更加困难，因为没有未被违反的“庇护”语境，在该语境下人们可以重新恢复行为和经验（图9-4）。如果某人的车被损坏了，他可以乘公共汽车。但是如果某人关于生活的根本设想被破坏了，所有基于这些设想的行为、观点和经验必须在一个新的、更高层级的目标下被重新恢复。因此，如果破坏发生在一个较高层级中，重新恢复需要更多的时间。事实上，这是一个关于严重压力和补偿机能失调、人格“解体”的模型。

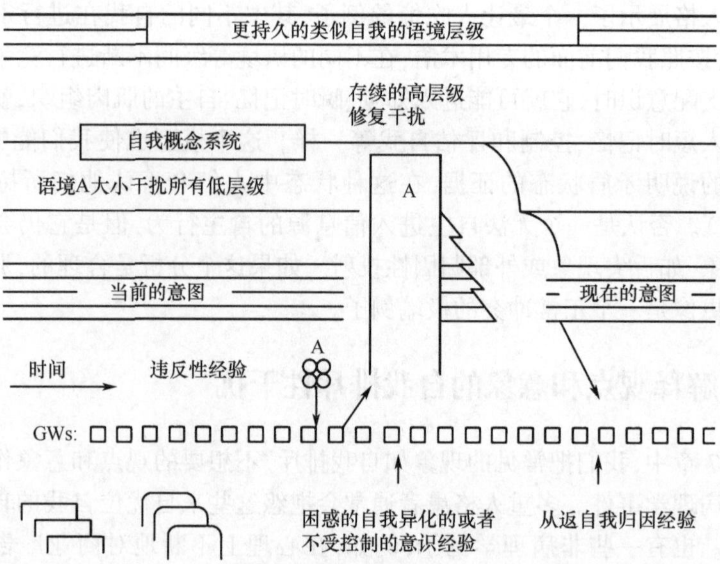

图 9-4 因竞争语境导致的扰乱会从自我系统到局部意图下行传播

本图展示了系统如何处理一个严重违反的体验（例如，被好友攻击、遭受改变现实知觉的中风、失去一份好工作或者社会地位，或者听到好友的死讯等）。它们都是典型的压力型事件，通常会导致短暂的自我异化经历。许多极端例子，例如，多重人格、神游症和去人格化症状也可以被这样解释。它们都与重大的有压力的事件相关，且违反了深层级的语境预设和目标。例如，大量证据表明，多重人格与童年时期遭受持续虐待的历史有关。多重人格症状可能包括一个深层的语境，如图 9-4 语境 A 所示，它持续了很长时间，因此能够与它发生联系，自我异化经历变成了自我归因。语境 A 可能有它自己独特的元认知通道，可能因为元认知选择语境肯定与全局工作空间相通。如果语境 A 在全局工作空间中占据优势，它就能控制自我监控、自主行为、感觉的自主通道、短时记忆等

9.4 小　结

自我排斥病症的论述支持了我们对自我的观点：很显然，自我的改变会导致意识经验的改变。这不仅包括经验的性质，当然，它包括自传体经验（自我归因）的连续性和被自我体系影响的回忆。在多重人格、神游症和对身份失忆的遗忘症情形下，自传体记忆通常会存在空隙，即患者有段时间是无法回忆起自我的。由此我们可以认为，自我是一个能够进行自主回忆的语境性组织体（在许多其他功能中）。相反，自我概念被定义为人们所持有的关于自我的信仰，似乎不具有根本性意义。许多人经常通过比较一些揭示事物本质的信仰和价值观来控制他们的行为和经验；自我概念显然是更大范围的自我体系中的一种监控系统。自我概念似乎在引导有意识的自我控制，反过来它又会形成自我概念。如果我们为一些成就感到骄傲或羞耻，自我概念就会进行适当调整。

现在我们似乎可以为意识增加另一个必要条件(见 11.3 节)。意识本质上需要与自我体系相互作用,至少在如果有意识信息要成为可被报告和可用时。丹尼特的论述已经给出了最好的表述:“我对其有意识的事物就是我进入的事物,或者(是为了强调所属),就是我提取的事物。”

如果自我是一个语境,那么在自我和意识客体间就存在一个根本性差异。詹姆斯的“我”(me)是一个从外部视角观察的自我;但是“我”(I)可能是被感知的“我”(me)所必需的。当然,我们的正常经验会在自我的语境特征与客体特征间连续而流畅地移动,就像本章序言中埃利奥特所说的身份不明的客人,从被语境化的自我连续的移动到楼梯底层震动的声音,在这一刻,“表明他成为楼梯戏谑的对象”。

第六部分 意识是功能性的

与一些观点相反，我们认为意识经验在神经系统中具有许多重要功能。

第10章 意识的功能

关于意识分布的详细情况,就目前我们所了解的,是指它的有效性……它像一个器官,优越于其他器官,能够在生存斗争中保护动物。当然,这一推定意指在斗争中,在某些方面,意识会使其获利。

威廉·詹姆斯(1890/1983,pp. 141-142)

意识看起来和身体的机制联系在一起……仅仅是身体运作的一个(副)产品,也没有任何能力去改变身体的运作,就像伴随火车头运行的一串串汽笛声……对火车机械本身没有任何影响。

赫胥黎[引自威廉·詹姆斯(1890/1983,第一卷,p. 130)]

10.0 引 言

读到这里,读者可能对赫胥黎的观点有些怀疑,意识经验在神经系统的运行中没有任何功能,但是意识所发挥的许多有用功能对我们而言仍然是一个惊喜。本章提及的大约8个功能仅仅提供了一个归纳和标示这些有用功能的方法,有些可能重复了,当然很可能有些缺漏之处。但是我并不确保这个短短的清单就能完全适当地列出意识经验的许多不断变化的功能。

表10-1列出的功能都属于整个全局工作空间系统,包括意识部分和无意识部分。在这个结构体系中,意识经验就像皇冠上的钻石,使整个系统运行起来。

表10-1 意识的主要功能

功能	内容
1. 界定和语境设置功能	通过使全局输入信息与它的语境相联系,意识系统可以界定输入信息和消除歧义。有意识的全局信息也可以引起语境,然后该语境会限制后来的意识经验
2. 适应性和学习功能	意识经验有助于表征和适应新的和重要的事件
3. 编辑、标示和调试功能	无意识处理器可以监控任何意识内容,编辑该意识内容,并可以在它被有意识地标示为错误时试图改变它
4. 组建和控制功能功能	意识目标可以组建子目标和运动系统以组织和执行心灵与身体的行为
5. 优先化和存取控制功能	注意机制会有意识和无意识地控制将要变得有意识的事物。通过使某些重要的意识内容与深层级目标相连,我们可以提高它进入的优先权,使它更频繁地变得有意识并增加成功适应它的机会

续表

功能	内容
6. 标识决定或执行功能	当自动系统不能按常规处理一些选择点时，使它变得有意识有助于组建无意识知识源从而得出适当决定。在犹豫不决的例子中，我们可以使某个目标变得有意识，从而广泛征集支持或反对它的有意识和无意识"选票"
7. 类比形成功能	无意识系统可以将它们的内容与某个全局信息（有意识的）进行局部匹配。表征新信息时，当没有与输入信息相近的模型可用时，这个功能就显得尤其重要
8. 元认知和自我监控功能	通过有意识的意象和内部言语，我们可以考虑和控制我们自己有意识和无意识的功能
9. 自我编程和自我维持功能	较深层级的语境可以被视为"自我系统"，当面对变化的内部和外部条件时，它会最大限度地保持稳质性。在维持稳质性方面，意识经验为自我系统提供信息。通过"重放"期望的目标，它能组建提供解决方案的处理器，因此系统本身会被重新编程

10.0.1　意识作为一种生物适应性

本书的一个基本前提是，如其他生物适应性一样，意识是功能性的。许多生物机制都有多种功能，如眼睛从光线中获取信息，但是人类眼睛的接触也会交流社会信息，如统治、服从、爱、好奇心等。意识，在其进化历史中也聚集了多种功能。我们在本章中会研究其中一些功能（Rozin，1976；Baars，in press a）。但是最基本的功能是我们在第1章提到的，即使组织体和适应性间的关系最优化的能力。组织体在面临熟悉条件时，反应是非常有效的，但面对新条件，适应性就显得非常可贵。当然，全局工作空间结构体系的设计就是使我们可以在可预测的条件下自动获得已"录制"好的解决方法，在不可预测的条件下又能够融合许多不同的知识。

按照另一种方法，意识和相关机制给功能性解释带来了极大的挑战，因为意识能力的限制性是自相矛盾的（1.3.4节）。为什么我们不能同时经历两种不同的"事物"？为什么短时记忆局限于六个不相干的条目？这种有限性是如何具有适应性的？比较天真的推理是，如果我们可以同时有意识地阅读一本书，写另一本书，和一个朋友交谈，并且享受一顿丰富的大餐，那将多么美好啊。当然，神经系统似乎也足够庞大，可以同时做这些事。限制是生理上的，或我们仅仅有两只手和一个嘴巴来工作这类通常的答案，是非常让人不满意的，因为它们仅仅是把问题向后移了一步：为什么在动物王国有幸拥有最让人称奇的大脑的生物体没有进化出同时用手和嘴来处理一些并列事项？为什么我们处理并列信息的能力会随着自动性的提高、随着意识的加入而下降？

当我们遇到一个也许是非功能性生物现象时，有两种可能性解释。第一，我们提出了一个错误的问题：或许文化演进的速度超过生物进化的速度，现在我们期望生物体做的事是不适合它来做的。可以肯定地说，人类的神经系统并没有因为学术研究而进化,因为几乎在所有文化中普及型教育才仅仅开始了几个世纪而已。可能这就是我们在学校学习总是很困难,但是相比而言,学习感知世界、学习移动或学习某人的母语却似乎毫不费力的原因。如果我们问为什么孩子觉得学习算术或拼写很困难,那么我们就提出了一个在文化上具有偏向的问题,一个现在看来可能是正常的、自然的问题,但这个问题在生物学上是一句废话。

第二,可能是两个不同因素间看不见的"设计初衷"(Gould,1982)。当哺乳动物鲸鱼的祖先回到海洋时,它们必须面临在行走和游泳间的平衡问题,事实上经过一段时间它们失去了腿。

这对于陆地动物,似乎是无功能性的,但是腿的失去是以游泳能力的巨大收获为补偿的。意识限制能力可能就涉及这样的平衡。全局传播能力是一个强有力的优势,它可以进入神经系统的任何神经元以及其他所有器官。一个真正的全局信息,如果它能够被神经系统的任何神经元所获悉,那么在一段时间内只能有一个,因此任何时候都只存在一个"整体系统"来接受这个信息。因此,脊椎动物进化后的神经系统或许有两种运行模型:并行的(无意识的)模型和顺次的(意识和有限能力)模型。全局工作空间理论对这两种运行模型间的互动给出了一种解释。

生物适应性往往是增生的(Gould,1982;Rozin,1976)。例如,语言系统,重叠在最初的灵长类用来呼吸、吃饭和单一发声的一系列器官上。同样,意识系统全局传播的特征也重叠在最初的感觉器官的早期功能上。这就是为什么,相较于抽象或非质性事物,人类的意识偏爱感觉的、知觉的和意象的事物的原因。

基于前面的章节,我们在表 10-1 中比较合理地列出了我们关于意识功能的推测。

10.1 界定和语境设置功能

在房间较远的一个角落仔细观察一节空管子(2.1.1 节),在放摇滚歌曲时听它的歌词,或者学习理解一幅抽象画,我们都是在进行有意识的观察,这个有意识的观察会导致我们经验上的转变。仅仅通过专注于这个刺激物直到它发生变化,我们就可能直接经历经验上的这种转变。但是甚至当我们试图理解一个简单句子时,快速的转变却正在无意识地发生:许多无意识信息会组合起来,对一个主要且具有歧义的事物构建一个单一性解释(2.3.2 节)。

如果我们一定要在意识功能中选择一个首要的,那就应该是意识系统能够合并不同信息,以便界定一个单一的、一致的经验。换句话说,意识系统具有使一个事物与三种语境发生关联的能力:质性语境,它能使我们经历的事物成为我们意识的客体;概念解释;整体语境,它能够产生一个有效的行为(第 4、6、7 章)。我们经历的一个单词可以是一个没有任何概念语境的刺激物,但是这样的语境对含义是必要的,而且我们知道单词的含义通常和一些语境性目标联系在一起,当这些目标指引我们时，它们并非全部是意识可用的。即便使非常“简单的”事情发生也需要语境工具，例如，读者决定阅读下一段。注意，意识的界定功能相当于曼德勒和马赛尔对意识提出的构成主义观点，都是强调它产生意识的能力，而绝非对成分进行简单合并（Mandler，1983；1984；Marcel，1983a；见 1.3.5 节，2.3.2 节）。

另一个与意识相关的重要功能是设置语境，即首先能够引起相关语境的能力。这在概念和目标语境中最明显。例如，在“舌尖现象”例子中，目标语境的功能就很明显（6.1 节）。“舌尖现象”状态可能是由一个意识问题或一个不完整的意识句子引起的（6.0 节）。在“舌尖现象”状态下，我们开始搜寻（无意识）正确的单词，搜寻过程以及提取该单词的目标语境，都会限制进入大脑中的意识答案。设置语境在一些复杂例子中可能不是那么明显，例如，遇到一个陌生人，或者接触到一个新观点，但是这些意识经验似乎确实引起和建立了新语境。

10.2　适应性和学习功能

意识是否是学习的必要条件，这个问题已被争论了很多年（Eriksen，1960；Holender，1986），但是毫无疑问的是，要学习的内容越新颖，在我们学会处理它之前，我们就越需要花更多时间去有意识地思考它（5.5.3 节）。这就是意识经验的学习功能。GW 理论认为，意识事件会被全局性传递到无意识处理器和语境中，此时它们就能够适应这个信息。如果它们不能立即适应，它们就会在随后使我们想起该信息，有时是多次让我们想起该信息。几个研究者发现个别重要信息总是会一次又一次地被我们想起，直到它被吸收和适应（Singer，1984；Horowitz，1975a；1976；Klinger，1971）。显然，我们也可以通过行为适应世界：我们可以避开危险的动物，获得一种新食物，进行刺激的探险。行为也需要意识目标意象，而且同样地，行为越新颖，就越需要更多的意识可用性（7.2.2 节）。

10.3　编辑、标示和调试功能

有几位心理学家认为意识经验具有调试错误程序的功能（Mandler，1975a；1975b）。尤其是，意识经验似乎受许多无意识规则系统的控制和编辑，无意识规则系统如果发现一些严重错误，就会争相进入全局工作空间，而且可以通过合作修改错误。事实上，我们在第 7 章已经讨论过自主行为就是一种被默默修改的行为（7.3.2 节）。编辑是 GW 体系结构的一种必然结果，在这个结构中有许多规则系统可以同时检查、中断和帮助补救一个单一的意识事件。另外，意识经验也可以用于“标示”一些重要事件。最引人注目的例子就是生物反馈训练，在该例子中，当无意识事件引起一个意识反馈信号时，无意识事件就会处于自主控制之下。按照这个方法我们可以至少在短时期内学习控制任何数目的神经元（2.5

节)。生物反馈训练揭示了神经系统一种非凡的能力,它本身就推断了全局性传递的存在。

10.4 组建和控制功能

组建与标示功能紧密相关。事实上,一旦我们把一些新颖的心理事物标示为有意识的,我们就能够为了自主目的而组建它。念动理论(7.3 节)认为意识目标意象是组建能实现目标的新的子目标和运动神经系统的必要条件。但是意识目标意象本身,当然受无意识目标语境控制,目标语境的首要任务就是要产生一个目标意象。

控制功能与组建无意识系统以帮助实现目标的概念类似。但是首先在设置目标时,以及在控制显示成功或失败的行为反馈时,意识都是有用的。要设置一个与现存目标语境一致的目标,我们需要对该目标有意识。因此"美国第一任总统是谁"这个已变得有意识的问题,可能会产生无意识的答案搜寻过程,而且候选答案也会变得有意识,当然它们会受到许多无意识知识源的检测。基本上,反馈检测在所有任务中都会发生,从打网球到调整某人的音量、字词提取、心算,等等。在所有这些例子中,为了组建检测和纠正错误的无意识处理器,错误本身变得有意识是很有用的。

10.5 优先化和存取控制功能

注意与意识的通道控制有关,而优先权分配是通道控制的一个核心问题。不完整的意识想法总是会引起有意识的完成过程。显然我们可以运用意识功能控制一些信息更加频繁地变得有意识的可能性。在自主使用某些信息的行为中,我们可能会用到提取这个技能,使该信息再次变得有意识(8.0 节)。在词汇学习中,我们可能会不断练习一个词汇以确保当我们需要它时它会被提取。提取是一项把事物带进意识之中的技能,自艾宾浩斯以来就已经开始被研究了,但是当代的许多研究忽视了"提取"意味着"把事物带进意识之中"的这个事实。

我们可以通过几个方式来改变信息的通道优先权。一个方法是使用联想学习法,例如,配对联想学习。如果一个中性的意识事件被作为标记着一个可怕的心理意象,那么这个中性事件就会有较高的优先权(可能它具有更多的激活作用,或者它与一个较高层级的目标语境联系在一起),它可能更容易进入意识之中。

10.6 标识决定或执行功能

虽然全局传播系统不是一个执行机制,它却可以通过目标体系控制想法和行为。第 6 ~9 章就研究了该问题的不同特征。意识可以被作为不同目标争相竞争的领域,例如,在犹豫不决和在有意识的、审慎的决定中。在这个意义上,我们可以传播一个目标“我应该……”,紧接着“或者我不应该……”,然后系统会联合起来支持其中一个选择,就好像它们把票投向一方或另一方。可能成功的联合体支持的目标意象在传递时没有遇到有效竞争,因此可以对行为施加念动控制(7. 0 节)。这就是意识经验的标识决定功能。

为了不影响行为,目标意象无须被有意识地回忆起来。有许多理由使我们认为短暂的、难以回忆的目标意象可以引起已准备就绪的自动行为(1. 5. 1 节;7. 6. 4 节)。此时,这个意象无须使用有意识的标识决定功能就可以行使执行功能;当然,这些执行的目标意象本身就是由复杂的无意识目标结构产生的。

10. 7　类比形成功能

人类对类比和隐喻具有强烈的嗜好,我们尤其会使用这个能力来处理新的或难以理解的情形。拉考夫和强生(Lakoff and Johnson,1980)曾指出大多数的日常习语都包括从已知的具体情况到抽象或难以理解的情形的隐喻式延伸。因此,我们发现“心灵是一个容器”,“爱是一段旅程”,以及“意识是神经系统的一个传播机构”。隐喻既有用又危险。在科学中我们经常用到它,但当它们使我们迷失时,我们必须要做好放弃它的准备。在 19 世纪的物理学中,卢瑟福在论述原子时,把行星围绕太阳旋转和电子围绕一个重核旋转作了类比。现在想来它们之间的区别和相似性都很明显,但是在那时,人们不知道隐喻发生的作用会到什么程度,到什么点上我们必须抛弃该隐喻。但是它设置了一个开始的位置。同样,当我们遇到一个新事物时,我们现有的知识是不够的,我们会在新情况和现存知识之间寻找能匹配的那一部分。这种部分匹配就会导致隐喻的产生。我们使用的最好的隐喻是那些我们熟悉和容易形象化的隐喻。因此,我们总是使抽象事物和抽象关系具体化,把一个语境中的知识转变到另一个语境中。

沿着这个思路,全局工作空间体系在以下方面是有用的。它有助于发现局部匹配。它使许多系统尽量与某个全局性信息匹配,并全局性展示它们间的局部性匹配。它支持不同系统间的竞争以编辑被理解事物的心灵模型。而且,它可能对可想象的、质性经验产生偏爱,能够解释我们在人类所运用的隐喻中发现的对具体性和想象力的偏爱。

事实上,即使当我们对某些信息有了准确的抽象表征时,我们还是会喜欢不太准确的原型和隐喻。我们知道常用的椅子原型并不是方形、棕色、木制、涂漆的餐椅,但是我们仍然会使用错误的原型,显然是因为比起更明智的抽象物,它更容易进入我们的意识之中。

10.8 元认知和自我监控功能

意识元认知建立在我们将一个经验与其他经验联系的能力基础上。通常,当我们讨论意识时,我们把描述和执行我们自己的意识内容的能力也包括在其中了。事实上,第1章提出的关于意识经验的可操作性定义就是以这种能力为依据的(1.2.1节)。但是,意识元认知本身需要全局工作空间和意识(8.2.3节)。这种自我联系系统的另一个特征是我们能够标示我们自己的意图、预期和信仰,以及所有不能像质性知觉和意象那样被直接体验的抽象表征。然而,如果它们是毫不相干的事物,人们总是会把它们与自己的意图联系在一起。

有意识的自我监控可能是元认知最重要的一个特征。有许多证据证明,许多成年人总是会按照一系列标准来控制他们自己的行为,这些标准可以集中归到“自我概念”这个标签下。我们可能希望自我控制在控制冲动的心理学中占有一席之地。如果某人有想做某件不正当事情的冲动,而且如果他可以动员内部竞争去阻止这个冲动,并暂时阻止这个行为,那么控制的可能性就得到了改善。有直接证据证明通过这种自我监控方式,可以教导冲动的孩子使用内部言语,而且这确实有助于抑制不恰当行为(Meichenbaum and Goodman,1971)。

10.9 自我编程和自我维持功能

我们请读者注意某句子句尾的句号。我们也可以请某人提取某段记忆,解决某个难题,或者扭动一个手指。我们能够学会新的习惯。所有这些都意味着意识系统具有自我编程的能力。在自我编程过程中,目标系统使用了意识经验去控制意识和无意识事件。自我编程会遇到障碍,例如,在试图控制抽烟、暴食或者其他不想要的习惯时,但是它通常都是有效的。它可能融合了上述讨论的几个功能:语境设置、标识决定、自我监控等。

整个系统的功能能良好运行是建立在一个稳定的优位目标等级基础之上的,显然更高层级的目标相当于常识心理学中的“自我”。这些高层级目标可能会被外部环境破坏,就好像任何语境限制都会被破坏一样。除此之外,还有许多临床经验证明自我还会遇到内因破坏。维持自我系统对心灵和身体的存续都至关重要,可能注意系统控制意识通道的能力就是自我维持的一个手段。关于压抑的传统观点似乎与此相吻合。压抑证据作为无意识过程的观点已经受到了质疑(Holmes,1972;1974),但是,大量的利己思维过程和意识经验通道控制的思维过程却没有争议。问题主要是围绕这种控制是否是有意识的。GW理论认为这是一个次要问题,因为可预测的自主控制随着练习趋向于变得自动化。无论如何,控制信息进入意识的自我维持功能似乎是意识系统的一个核心功能。

10.10 小　　结

意识过程是功能性的,就如同无意识过程也是功能性的一样。普通心理学研究意识和无意识事件之间微妙快速的相互作用。我们列出的八项功能并没有穷尽所有可能性,例如,我们并没有谈及睡眠和做梦的功能,它们当然肯定具有一些功能性作用,甚至是多重功能,它们很可能与本书所提出的系统具有密切关系。但是,这个问题还是留待以后和其他问题一并作进一步研究。

当然,仍然有一些人会继续拥护副现象论这种古怪的理论,该理论认为意识经验不具有任何功能。我们所要做的就是提出证据,进一步论证丧失意识,通过习惯、自动行为、分散注意力、掩蔽和麻醉等,会抑制和破坏上述功能。

一些副现象论者似乎想通过这个方法来维护意识经验独特和唯一的地位。在这一点上他们是对的,意识是独特的,但是它这种让人惊叹的特征不是孤立于其他特征的;生物学上的无用性也不是一个独特的功能。意识是我们个体性的手段,对于我们每一个人而言,它的价值都是难以估算的。但是从外部看,作为一个更庞大的系统的一分子,意识这个令人惊奇的事物在令人叹为观止的神经系统中更是一个让人惊讶的事物,而神经系统所依存的身体虽然在复杂和微妙的生物圈中不断进化和延续,却显得不那么奇妙。正如爱因斯坦所言,在宇宙中,最神奇的事物就是我们的认知能力。

第七部分 结论

在最后一章中，我们将回顾本书的观点并从中归纳出意识经验的必要条件。仍然有许多观点需要进一步研究。我们简要地概述了全局工作空间理论与某些无须解释的现象相吻合的方面，并为未来的研究提出了一些建议。

第 11 章　概要和一些未来趋向

11.0　引　　言

本书漫长的旅程将要结束了。对于作者来说，可能仍然对在理解某个论题的几个基本观点时所得到的收获感到惊奇，虽然该论题长期以来被一些值得尊敬的心理学家认为是无须考虑的。当然，我们所获得的进展并不是绝对的，也并不是最终性结论或者无须再进行合理性讨论的结论。我们的理论仍然有漏洞和谬误，尽管它具有一致性、简洁性的特征。仅仅通过一个基本观点，许多被公认的观察现象可以轻易地被解释。

本书的假说仍然需要大量的实验和理论研究去检测和阐述。这也是这种"框架性"理论的本质。它允许通过多种方式作进一步研究，而不是一座不可置疑的事实的纪念碑。

我们并不认为全局工作空间方法是一种必然的事物，关于必然性可以在根深蒂固的科学理论中找到，但是理论，首先就不具有永久的真实性，它首先应当是一种思考的工具。好的理论不会永远正确。它应当在我们有限的证据和想象的条件下，在当时达到最大限度的经验适当性和有效性。如果它能使用现有的方法帮助事物朝正确的方向发展，用弗洛伊德的话说，就是作为未来研究的一个"辅助材料"，那么它就是成功的。

11.1　综　　述

我们的理论框架事实上只有三个组成部分：许多特定的无意识处理器、一个全局工作空间和许多语境。其实，语境可以被视为由特定处理器组成的一个稳定的联合体，随着时间的流逝它们获得了进入全局工作空间的优先权（4.3.1 节）。因此，语境可以被还原为一系列特定的处理器。进而言之，只有两个处理原则：为进入全局工作空间发生的竞争原则，它被视为降低了全局性信息的激活层级；合作原则，它会提高全局性信息的激活层级。"当然降低和提高激活层级类似于神经元中的刺激和抑制。在无意识专门处理器中也会发生局部的处理过程，它不需要全局工作空间；但是它也需要借助分散的激活（合作）和抑制（竞争）才能运行。"（Rumelhart et al.，1986）总之，这三个实体和两个处理原则结合在一起，可以解释许多关于意识、意志力和自我机制的证据。

11.2 模型简述

发展一个理论类似于在许多理论选择的迷宫中坚持走一条始终一致的路线。迷宫可能相当复杂,而且潜在的道路也非常多,但是根据当前的知识,最合理的道路可能是相对简洁和轻松的那一条。现在我们来简述我们走的这条简单的、基础的道路。

第一,我们找到一种方法来陈述任何恰当的意识理论都必须满足的经验性限制条件(1.2.2 节)。

第二,有证据证明系统结构中的意识内容被全局性传递到特定的无意识处理器的联合体中(第 2 章)。这是模型 1。

第三,我们研究了神经生理学证据,并且发现这些证据与我们的框架具有广泛的一致性。而且,这些证据不仅证明了全局性传递,也证明了全局信息接收器会进行反馈,并再次回到信息源中。

第四,我们注意到存在一些稳定的处理器联合体,我们称之为语境,享有进入全局工作空间的优先权。与其他无意识专门处理器一样,语境为了获得全局性通道,彼此会进行竞争和合作(模型 2)。

从这个意义上说,全局工作空间理论推断意识经验有两个必要条件,即全局传递性和内在一致性。就后者而言,因为不一致的全局信息必然会引起竞争,而竞争会快速破坏全局信息。

第五,为了解释一个基础的普遍事实,即意识经验会随着实践而消失,我们不得不假定意识需要的另一个重要条件,即信息负载;在模型中它被解释为在选择语境中的一个选择,它必须被其他处理器适应。这为从接收器到全局工作空间的反馈设置了一个功能性作用,这已经被神经生物学证实了(第 3 章)。现在整个系统的运行就需要在新颖性与冗余性之间寻找一条中间道路:有过多的冗余,意识就会消失;与已存语境存在过多的不匹配,信息就无法被解释(第 5 章,模型 3)。

第六,无须再在理论实体上花费任何力气,我们迄今建立的框架很自然地就会推导出目标语境或者意图这样的概念,它们对意识信息处理过程起到了限制作用。它能够解释“潜伏”和无意识问题解决的现象,这些都是极普遍的现象——涉及从字词提取和对模棱两可刺激物的解释到高层级的艺术和科学成就等。事实上,意识流可以被视为意识事件和目标语境间一连串的相互作用(第 6 章,模型 4)。

第七,这些观点同样会导致对詹姆斯自主控制的念动理论进行现代版解释,它推测意识目标意象本身可以引起行为,阻止竞争性目标意象和意图。这反过来又表明自主行为中的意识成分会被许多无意识标准悄然地修改(第 7 章,模型 5)。

现在我们就可以解释这个当前棘手的问题,即具体的质性意识事件(例如,我们在知觉和意向中发现的意识事件)与存在的非质性"意识"内容(例如,概念和想要行动的直接意图)之间的关系问题。我们推断非质性概念可能也处于念动控制之下。也就是说,事实上存在包括抽象概念和意图的短暂性意识意象,但是这些意象难以被回忆起来。因此,最终,所有意识事件都包括质性现象,即使有些意识事件难以被回忆起来。当然,这个假说需要进一步检测。

第八,在全局工作空间框架中,在上述意识经验和作为控制意识通道的注意之间进行区分是有道理的。那么传统的自主和非自主注意的观点就可以被解释为,由于以前的意识事件而产生的通道与无意识控制之下的通道之间的比较(第 8 章,模型 6)。

第九,按照这个思路,让作者非常吃惊的是,"自我"和"自我概念"也可以自然而然地被解释为目标等级中较深层级的目标(第 9 章,模型 7)。关于相反的自我归因和自我排斥现象的许多经验性限定条件似乎与这个方法是一致的。

第十,根据目前的进展,我们可以推断意识具有 8 个适应性功能(第 10 章)。最基础的功能是能够支持众多知识源之间的合作,从而解决新问题。

沿着这个思路,我们可以作许多经验性推断,也可以很自然地解释一些意料之外的问题,例如,专心致志的心灵状态、心神不定的状态、催眠、在临床中出现的自我排斥病症、非自主的失误、心力、作决定和犹豫不决、情绪悲伤,都可以被视为语境被较深层次地干扰了,而惊奇可以被视为全局工作空间被暂时"删除"了。因为新出现的证据似乎很自然地就可以从笔者的理论中推导出来,所以笔者始终觉得很是欣慰和惊喜。不断地觉得惊奇这种感觉经验,它表面的复杂性是建立在简单性基础上的,对于作者而言,它最能证明我们当前所使用的方法是正确的。

11.3 什么是意识经验的必要条件

我们现在可以总结出五个必要条件,没有它们,我们就不会对一个事件产生意识经验。它们是:

(1) 意识事件包括了全局性传递信息。这一点至关重要,而且有许多证据支持(2.5 节)。进而言之,本书的许多理论观点都以此为基础。例如,如果意识信息没有被所有潜在的受动器和行为图式获悉,对行为的念动控制就不会有效运行(第 7 章)。如果任何修改标准都没有与全局性传递的信息进行竞争,意识目标意象被广泛修改这一观点(7.3.2 节)也不会有效运行,等等。

(2) 意识事件具有内在一致性。证明此观点的知觉和认知证据都有足够的证明力(2.1 节)。第 2 章提出的观点是,其他特征,例如,有限能力和连续性,都建立在内在一致性这个条件之上。

(3) 意识事件是信息负载的,即系统的其他部分需要适应该意识事件。第 5 章是围绕这个观点而展开的,并提出一个补充性假说,它推断变得可预测的意识事件会从意识中消失,当然它们并不是完全不存在了——事实上,消失的意识事件可能为后来的意识事件建立了语境。这些事实意味着意识需要一个能被许多局部处理器获悉并适应的全局性信息,以减少与意识信息相关的不确质性。也就是说,这个条件意味着意识事件必须具有某种最低程度的持续性,正如 2.4.2 节中推断的那样。

(4) 意识事件通过一个自我系统获得进入通道。较深层级的语境可能"类似于自我"(第 9 章),因为严重违反这个深层级语境就会经历自我排斥。这些深层级语境会适应性地对意识事件作出反应,要么是产生一个自主性反应,即对该事件有所行为,要么仅仅是记录下该事件发生了,与常见的长时记忆很像。因此,通过一个自我系统,进入全局工作空间领域可能是可报告的意识经验的必要条件。

(5) 意识经验可能需要知觉或意象事物具有某种最低程度的持续性。知觉、意象、身体感觉和内部言语可能被包括在想法和行为的意识部分中,并不仅仅存在于输入处理器中(1.2.5 节)。甚至抽象的意识概念也可能包括快速的准知觉事物。这意味着比起其他编码,知觉可能与心灵的通用语言最接近。一个恰当的证据是意象随着实践变得自动化,并因此从意识中消失,虽然它们仍然会作为一个处理程序编码(1.2.4 节)。进而言之,许多证据都表明知觉编码会以至少 50~250 毫秒的速度传递(Blumenthal,1977;2.4.2 节)。

什么是无意识?如果存在意识经验的必要条件,我们就可以推断任何违反上述任一必要条件的,就是无意识,即全局性传递但不具有内在一致性的事物可能就是无意识;或者全局性信息持续的时间太短,其他竞争的部分就足以破坏该信息,因此该信息无法满足适应性的信息负载要求。同样,我们也可以想象语境信息可能会全局性传递,尽管它不再负载信息,因为整个系统已经适应了语境性限定。信息成为无意识的还有许多情况:习惯和自动性,具有高度优先权的且与语境不相容事物产生的注意不集中,缺乏解释某个事物所需的语境,不一致的事物,等等。可能动机机制或许会采用这几种方法使事物变得无意识,以回避可能引起强烈的害羞、害怕或罪恶的意识想法(8.4 节)。

总之,我们再次发现,让人吃惊的简单正是来自表面上的复杂。本书的证据似乎都集中在意识事件的五个必要条件上:全局性传递、内在一致性、信息负载、通过自我进入和知觉或准知觉编码。

11.4 全局工作空间理论的一些实践性意蕴

任何好的理论都应当是切实可行的。如果我们的理论是正确的,如果当前的理论是合理的,它就应当有实践性用处。以自我控制为例。自我控制在精神病理学中是很重要的,在孩子学会控制社交场合一些讨厌的冲动或在成年人想要控制一些不想要的习惯时也非常重要。念动理论推断,如果我们能只对一个期待的行为有意识,且没有遇到有效竞争足够长的时间(可能大约是几秒),那么这个期待的行为就会发生,而不想要的行为就会被避免。当然,问题的复杂在于如何避免竞争的目标意象——暴食、抽烟、表达不恰当的敌意等的意象,比如,变成进入意识的有效竞争对手。全局工作空间理论推断,使用一个牢固的语境可能是一个方法:它已经毫不费力地构建了一连串意识内容。例如,辅助记忆的方法和情节可能被用于建立一连串建设性的意识意向,且持续足够长的时间以消除不想要的意识目标,或者一个占优势的信念系统可能会为行为建立一个恰当的语境。不管是什么方法,对意识短暂的控制,且足以排除不想要的目标意象,是结构改变的关键。

当然,这些推断仅仅是例证性的。我们在这里就不详细讨论它们了。毫无疑问,目前,我们的理论还无法解决这个实践性难题,但是或者可以为讨论它提供一个有用的框架。

11.5 本书未涉及的主题

从全局工作空间理论的角度看,本书忽略了某些主题。虽然我们没有花费笔墨去解释,但它们却值得一提。例如,我们没有讨论时间感知,即使知道它与一连串意识想法有明显关系(Blumenthal,1977;Fraisse,1963;Ornstein,1969)。在这一点上,我们没有就短时记忆“7+/-2”对这个数目限制作出满意的解释。我们也没有讨论反省性思考这个问题,这在许多心理学研究中是一个重要问题(Newell and Simon,1972)。我们除了讨论催眠和专注状态之外(7.7 节,8.5 节),完全没有论及意识的变体。在全世界所有有记载的历史中,神秘的经验似乎都存在一个普遍共性(Huxley,1970;Naranjo and Ornstein,1971)。原则上,我们也应当能够就这个主题提出一些有益观点。最后,我们没有讨论与睡眠和做梦有关的重要问题。如果当前的框架被证实是可行的,那么就值得去探讨 GW 理论对于上述重要问题的意蕴。

11.6 哲学意蕴:重返心-身问题

有些哲学问题是极为根本的,所以并不能被完全解决。有几位科学家认为心-身问题可能就是这样的问题,而且事实上“心”在现代科学中被装扮成“信息”,它在物理学、生物学和信息科学中具有核心作用(Baars,1986a; Bakan,1980; Shannon and Weaver,1949; Szilard,1929/1964; Wiener,1961)。信息不能被还原为物理量。正如威纳所写的,“信息就是信息,它既不是物质也不是能量”(1961,p. 8)。如果意识必定是信息负载的这个观点是成熟的,那么我们就可以把心理学列入视信息概念为核心的科学之中。进而言之,信息和控制是同一枚硬币的两面(Wiener,1961),就好像意识和意志力是心理学这同一枚硬币上的两面一样(7.0 节)。我们只是顺便提及这些让人感兴趣的暗示,但是它们是值得进一步探讨的。

11.7 研究和理论的未来趋向

我们有必要使本书发展的观点被明确地模型化。这并不困难;事实上,从20世纪70年代起,已有几个"黑板系统"的模拟学说(见第2章)。通过"联结主义"模型方法,我们开始研究一个简单的模拟,试图收集全局工作空间理论的一些核心特征(Cohen et al.,1986),但是还需要更多努力。

概言之,我们需要更多关键性实验。从全局工作空间理论推导出的一个基本预测,甚至在本书出版前就已经被证实了(Greenwald and Liu,1985;5.6节)。但是,这种框架性理论显然需要不止一个关键性实验。我们可以很容易地想象出一个广泛的研究计划,以严格地检测本书提出的经验性预测,并且提高理论观点的准确性和一致性。

当然,这些工作还没有展开。但是,再回到本书的开头,我们是有收获的,一些复杂和令人困惑的问题现在变得清晰了,而且许多事实似乎与我们这个简单的框架是吻合的。这种清晰感和完整感是否会持续,或者当面临新证据和新理论时它是否注定会消亡,只有时间才能告诉我们。

词汇汇编和理论观点指南(英汉对照)

所有术语和相关术语都是黑体①,括号内是涉及该术语的相关段落。

分心(absent-mindedness)——见**专注状态**。

专注状态(absorbed state)(7.7 节)——从经验上讲,诸如幻想、选择性注意、心不在焉地做白日梦,或许还包括催眠,在这种状态中,意识经验能异乎寻常地抵制分心。从理论上讲,进入全局工作空间的某个事物被一个一致的目标层级控制,导致外部信息很难有机会去争取意识通道(4.3.2 节)。见**念动理论**、**通道/存取**和**选择语境**。

通道/存取(access),注意控制意识通道(attentional control of access to consciousness)——沿用最常见的用法,将意识和注意进行区分,注意被视为控制意识存取的一系列机制(8.0 节)。见**自主注意**、**自动注意**。

全局工作空间系统的通道控制功能(access-control function of the GW system)——重复地、有意识地提取某个事物会增加将来提取该事物的可能性。它是本认知构架中可辨认的大约 18 个功能之一。见**优先功能**(10.5 节)。

适应性(accommodation)——按照皮亚杰的理论,指一个适应过程,该过程需要新的心灵组织体。以目前观点而言,新语境在处理输入信息时需要适应度(5.1 节)。见**适应性的同化-适应程度**。

非语境化(acontextual)(4.1.2 节)——按照马库斯和森蒂斯的"非图式化的"思路杜撰的一个术语,意指没有恰当的优位语境来解释某些潜在的有意识输入信息。选择性注意可能就是通过使未被注意的信息非语境化运行的,知觉和认知中的固质性可能就具有这种效应,而且知觉学习可以被视为获得了一个解释知觉输入信息的语境,因此它经历了从非语境化到语境化状态。

行为命令(action fiat)——在威廉·詹姆斯的念动理论中,指为了执行某个已准备就绪的行为的瞬间的意识决定,全局工作空间理论可以轻而易举解释该概念。

行为图式(action schema)——它是行为的结构性组成部分之一,例如,行为错误通常会导致行为结构的解体(1.4.1 节)。见**目标语境**。

激活(activation)——它是广泛使用的一个理论机制,机制中的许多组成部分都会被指派为某个图式网络的节点。通常每一个节点代表一个知识点,例如,一个音素,一个字母特征,或者一个概念。与每一个节点吻合的激活成分通常会向临近的节点传递,启动现象和联想学习就是该过程的模型。在全局工作空间理论中,激活成分可以用于表征一些事物变得有意识的可能性。但是,因为冗余效应激活并不是意识唯一的必要条件,冗余效应表明重复的意识内容会快速从意识中消失,即使按照其他标准,它们仍然极其活跃(1.3.1 节,2.3.3 节)。

传递(2.3.3 节)。见**激活**。

---

①原书为斜体,为了突出醒目,译本改为黑体。——译者注

激活假说(activation hypotheses)——关于意识经验的一系列假说,可以追溯到19世纪早期的赫尔巴特,该假说推断当观点越过激活阈时,就会变得有意识(1.3.1节)。

适应性(adaptation)——第5章我们采用了狭义解释,意指匹配和预测输入信息的能力。从广义上说,适应性也包括解决问题的能力(6.0节)和按照输入信息行动的能力(7.0节)。在第一种意义上,适应性可以被视为信息的获取,即在一个稳定的语境中减少了输入信息的不确质性。显然,所有神经结构都会选择性地适应刺激物。这可以称为局部适应性。重复的、可预测的意识事件会从意识中消失,这一事实也预示着存在某种全局适应性(5.0节)。见**冗余效应**。

适应系统(adaptive system)——任何能够与信息负载的输入信息匹配的系统。信息处理过程可以用表征和信息转换的术语来解释,或者也可以按照适应系统来解释。作为理论性基元,"表征"和"适应性"非常相似。

意识的适应功能(adaptation function of consciusness)——有人推断意识的首要功能是有助于适应新颖和信息负载的输入信息(10.2节)。

适应水平理论(adaptation level theory)——该理论由赫尔森和其他学者逐步发展形成,迄今为止,它主要研究以前同等量的经验如何形成当前的经验。在全局工作空间理论中,我们推断适应水平理论要借助修改相关语境的意识经验才能产生效果(4.0节,5.0节)。

歧义(ambiguity)——对同一事物至少存在两种不同的解释。局部性歧义是神经系统能够处理的基本环境条件之一,在语言、视觉、概念思维、社交场合、对身体感觉的解释以及在理论化新事物时是普遍的现象。歧义的普遍性必然需要能够融合许多知识源,从而对输入信息产生一个单一解释的神经机制。全局工作空间理论阐述的就是这种机制(2.3节,4.1.3节)。

意识的类比形成功能(analogy-forming function of consciousness)——人类在创造类比和隐喻,关注不同经验或概念间的相似性方面有很强的能力。这需要不同事件的心灵表征相互作用。全局工作空间也许能为此相互作用提供构架。当然新颖的类比和隐喻需要意识才能被理解(10.0节)。

"任何"论据("any" arguments)(2.5节)——支持全局工作空间存在的一系列论据,原因是事实证明一类事物中的"任何"一个都可以和另一类事物中的"任何"一个相互作用。这些事实包括跨通道匹配、生物反馈训练、条件反射(限制在生物体范畴内)、意识经验的语境敏感性等。

适应性的同化-适应程度(assimolation-accommodation dimension)(5.1节)——皮亚杰指出,适应性过程可能或不可能为某些事件作结构性准备。如果适应性过程准备充分,就不需要适应性去发现或学习该事物,例如,同化。如果它们对输入信息准备不充分,可能现存的机构就需要深层次的适应改变。全局工作空间理论推断适应性改变需要对意识经验的相对稳定的语境进行改变。

注意(attention)——在全局工作空间理论中,意识通道由长期或当前的目标控制(8.0节)。注意既可能是自主的,也可能是自动的。见**优先功能**。

信息处理源的注意通道(attentional access)——有些心理学家推断注意的功能是控制知识和技能的通道(Navon and Gopher,1979)。这是研究本书理论的动机。

注意语境(attentional context)(8.2.1节)——目标语境旨在使事物进入意识之中,例如,通过组建感受器的定向反应(如眼球运动)。见**语境**、**选择语境**、**注意的自动控制**、**自主注意**。

归因歧义(attributional ambiguity)——既然他人的想法、情感和意图是看不见的,而且我们有时也不知道自己的意图,那么就为归因错误和变异性提供了空间。一个尤其有趣的例子就是自我-他我歧义问题,在不同的环境下同一个事物可以是自我归因或他我归因的(9.0节)。

自动注意(automatic attention)——自动机制可以控制意识的通道(8.1节)。随着练习,自主注意机制趋向变得自动和非自主。见**注意**、**自主注意**、**优先功能**。

自动性(automaticity)、**自动化**(automatization)——反复练习的、可预测的技能、概念、心理意象和知觉趋向于从意识中消失。自动过程趋向于彼此解体(见解体),它们几乎不会占用有限能力,且会抵制自主控制(1.4.4节,2.1节,5.1.3节,5.3节)。见**去语境化**、**习惯**、**冗余效应**。

意识的自我编程功能(autoprogramming function of consciousness)——全局工作空间理论推断,意识是神经系统拓展某项新能力的必要条件(10.9节)。见**自我维持功能**。

宽度问题(bandwidth question)(2.7.3节)——为求简洁,我们假设全局工作空间的任何一个100毫秒的整合期间,只有一个内在一致的信息能获准进入。但是证明该观点的证据存在争议,因此我们把它标示为一个理论选择点。见**最短的整合时间**。

行为主义(behaviorism)——心理学中影响巨大的物理主义学派,他们一般都否认意识的存在或功能性。

信仰(belief)(7.6.1节)——观念中没有争议的抽象概念,它可能似真。信仰系统可以被定义为一系列一致的无争议的观点,它可以作为许多意识想法、感觉和行为的优位语境。一个封闭的信仰系统能为所有表面貌似的反论据作出充分解答,因此改变它的可能性非常小(Rokeach,1960)。见**作决定功能**、**念动理论**。

生物反馈训练(biofeedback training)——证据显示,任何神经系统都可以被自主控制,至少短暂的,当目标系统活跃时,通过设置一个有意识的反馈信号的方法。这个显著的能力为意识信息确实可以全局性传播提供了论据(2.5节)。见**"任何"论据**。

双稳定知觉事件(bi-stable perceptual events)——许多刺激物都有多种解释方法。有些事物是可逆的双稳定刺激物,例如,纳克方块或者图形-背景错觉。多数事物是不可逆的。知觉学习就是典型的不可逆的双稳定。5.1.1节的达尔马提亚人的例子就是这类例子。见**歧义**。

盲视(blind sight)——损害主要的视觉皮层有时会导致受害者出现能辨认视觉物体但是却对它们不会产生意识的情形。这是一个有趣又重要的现象,但是我们这种复杂的例子不适合建构一个充分的理论(1.1.2节)。相反,它们是以更平常现象为基础的理论的挑战。

脑的二元性(brain duality)——众所周知,大脑沿着中线可以被划分为两个脑半球,它们之间仅仅由胼胝体连接。事实上,中脑和脑干中也有中线。从全局工作空间理论的观点看,这是一个让人费解的特征,因为全局工作空间理论强调整体性而不是二元性。可能大脑二元性主要起着进化的作用(3.3节)。

传播(broadcasting)——见**全局分布性**。

中枢有限能力(central limited capacity)——意识与信息处理中枢"瓶颈"有关,选择注意、双重任务检测,以及瞬间记忆的局限性都可以证明这一点(1.3.4节)。反之,无意识的专门处理器,连接起来拥有巨大的处理能力。见**自动性**。

雪佛氏钟摆(Chevreul pendulum)——念动控制的一个经典性论证(7.4.1节)。

联合体形式(coalition formation)——见**合作处理**。

认知构架(cognitive architectures)——关注人类整体性信息处理系统的认知理论,而不是特定的子系统如短时记忆、语言或者视觉。

昏迷(coma)——大脑中扩散性网状丘脑激活系统(ERTAS)的损伤会导致昏迷,它可以被视为损害了全局工作空间系统的神经等同物(3.1.2节)。

常识(common sense)(1.3.1节)——起初,泛知觉的模型化被假定能为特殊知觉如视觉和听觉提供共同点。这种传统的观点与全局工作空间有许多相似之处。常识解释了特殊知觉与它们在某件事件中的某种特征如方位、因果性、时间方面的能力之间的关系。亚里士多德就常识提出了一系列如今听起来仍时髦的认知观点,但是东方哲学中也有这个概念。

因意识通道而发生的竞争(competition for access to consciousness)——存在两种竞争,要么在潜在的意识刺激物之间(例如,在双重任务范例),要么在当输入信息相同时不同的控制语境之间(例如,在双眼竞争或语言歧义中在对某个刺激物的两种不同解释中转换)。大多数竞争的例子都同时包括这两种竞争(2.3节,4.3.5节,6.5.1节,7.8节)。

意识过程在计算上的低效率(computational inefficiency of conscious processes)(2.1节)——与可比较的无意识处理过程相比,意识处理过程的效率很低。比起同样的技能变得自动化之后,有意识控制的该技能速度更慢、有更多的相互干扰,且更容易出错。见**自动性**。

概念语境(conceptual context)——在有意识提起抽象概念时,存在无意识的限制条件。确切地说,概念性预设知识必然会作用于意识概念,但它们本身却难以被提取。

概念性冗余效应(conceptual redundancy effects)——重复的概念很难被有意识地提取。见**语义饱和**、**冗余效应**。

概念性 vs. 知觉性意识内容(conceptual versus perceptual conscious contents)——见**质性意识经验**、**非质性意识经验**。

意识存取和控制的无冲突领域(conflict-free sphere of conscious access and control)(7.8.3节)——该术语借用自我心理学的概念,意指在深层级目标语境中没有冲突的领域,因此仅需花费最少的心力就可以存取许多意识内容。

意识通道 vs. 意识经验(conscious access versus conscious experience)——我们讨论的质性意识经验,存在于知觉、心理意象、内部言语和感觉之中。所有这些事件可以从多个方面来体验:颜色、味道、质地、时空中的明显界限,等等。我们讨论的意识通道,例如,在准确的、可报告的、当前的"有意识"概念、信仰和意图的例子中,它们一般都没有可以报告的意识特征(1.5.4节,4.0节,6.5.2节,7.6.3节)。见**意识经验的知觉偏向**。

意识内容(conscious contents)——能被有意识地报告的质性意识经验或者可提取的非质性意识事件。

意识经验(conscious experience)——见**质性意识经验**、**意识通道**、**意识时刻**(2.4.2节)。见**最短整合时间**。

意识(consciousness)——为了便于操作,可以将其定义为能验证其准确性的可报告的事件,以及在理想的报告条件下,被宣称是有意识的事件(1.2.1节)。它包括质性内容(见质性意识经验),例如,知觉、心理意象、内部言语以及快乐、悲伤和爱的感觉;也包括非质性内容(见非质性意识经验),例如,当前可提取的概念、信仰、意图和期望(1.2.5节)。这个操作性定义提供了一个可行的起点,我们可以在此基础上收集其他的特征,例如,意识内容会嵌入中枢有限能力。在全局工作空间理论中,意识事件被界定为可以全局性传播的心理表征(见全局分布性),它是内在一致的、信息负载的,且趋向于用知觉编码表述(见知觉偏向)(11.4节)。见**意识经验的必要条件和通道**、**意识通道 vs. 意识经验**。

一致性(consistency)——见**意识的必要条件**。

内容(content)——见**意识内容**。

语境(context)——全局工作空间理论的三大组成部分之一,从操作上可界定为限制意识经验,但其本身并不成为有意识的系统(1.5.3 节,4.2 节)。事实上,在所有心理学领域中语境的作用都是非常显著的,包括知觉、意象、行为控制、学习和概念知识。理论上,语境是专门处理器的组合体,有些语境长期存在,它有助于引起和形成全局性信息,但它并不传递任何信息(4.3.2 节,5.1.1 节)。语境间通过竞争或合作从而共同限定意识内容。见**语境层级**、**注意语境**、**选择语境**。

语境层级(context hierarchy)(4.3.2 节)———一系列镶嵌的语境,它们共同限定意识内容。意识事件总是由多重语境层级限制的。由于语境被认为是递归的实体[见递归性组织体(recursive organization)],一系列镶嵌的语境可以被视为一个语境。见**优位语境层级**。

交流语境(context of communication)——为了有效交流,听者和说者必须共享许多知识,当他们交谈时,这些知识不是有意识的(4.2.4 节)。

语境敏感性(context sensitivity)(2.1 节)——意识经验的一个重要特征,由无意识的系统形成和引起。见**语境**。

结构主义(constructivism)(1.3.5 节,2.3.2 节,10.1 节)——该观点认为意识经验除了其输入成分外,还有一个构成体(Mandler,1983;1984;Marcel,1983a)。

意识的语境设置功能(context-setting function of consciousness)——意识经验的一个主要作用在于建立或引起能解释后来经验的语境(10.1 节)。

语境化(contextualization)(5.3.4)——使意识内容变得无意识的过程(由于练习和适应性),因此成为新语境的组成部分——它起到限制将来的意识经验的作用。见**语境**、**客体化**、**去语境化**。

对比分析(contrastive analysis)——全局工作空间理论的经验主义证据是从一系列可比较的相同的有意识和无意识事件的对比中归纳出来的(见列表和图表索引)。例如,我们对刚开始的新任务比起该任务随着练习变得不再新颖时,总是有更多的意识,尽管它们在生理和心理上的作用是相同的。这些对比类似于意识是相关变量的实验(1.2.2 ~ 1.2.4 节,2.1 节)。

意识的控制功能(control function of consciousness)——在全局工作空间理论中,有意识的目标意象有助于行为(10.4 节)。见**念动理论**。

合作(cooperation),合作处理过程(cooperative processing),联合体形式(coalition formation)——为了支持一些有意识的、被传播的目标,专门处理器会联合起来。久而久之,合作系统会形成新的专门处理(2.3.2 节)。当语境系统以此方式合作时,它们可以被称为一个语境层级(4.3.2 节)。

皮层激发(cortical arousal)——通常大脑皮质的电流运动速度很快,振幅低,不同步。它与清醒的意识和心灵活动相关。刺激扩散性网状丘脑激活系统会导致广泛的皮质激活(3.1 节)。

反自主行为(counter-voluntary actions)——见**非自主行为**。

反自主错误(counter-voluntary errors),作为一个失控状态(7.3.2 节)——在语言和行为错误、精神病理学和自主抵制自动化现象中,会出现错误(7.5 节)。在这些例子中,推测目标意象趋向于被预设性执行,除非它被其他编辑系统中断。这一观点是诱人的。如果编辑所花时间太长,错误目标就会被执行。因此,我们可以假定在编辑时间与执行时间之间存在竞争。

去自动化(deautomatization)——自动技能被干扰时,趋向于解体为有意识的、可提取的成分,例如,试着阅读上下颠倒打印的资料(1.4.4节)。

意识的调试功能(debugging function of consciousness)——人类总是对违反预期的事物有意识。有意识的错误检测是修补(调试)错误的必要条件,尽管修改的具体细节是无意识的(10.3节)。

意识的标识决定功能(decision-making function of consciousness)——全局工作空间理论推断自主决定可以包括一个"投票程序",即一系列专门处理器会激活替换性的全局信息。获得票数越多的信息,其维持有意识状态的时间越长,因此成为"最后的一个"。念动理论推断在一系列意识经验中最后的一个将会组建有效行为,因此在心灵对话中成为最后一个极为重要(7.6.1节,10.6节)。

去语境化(decontextualization)(4.1.4节)——见**客体化**。

目标意象的预设执行(default execution of goal-images)——念动理论推测意识目标意象趋向于"冲动地"或预设地执行,除非竞争的目标意象或意图阻止其执行(7.3节)。

意识的界定功能(definitional function of consciousness)——在全局工作空间理论中,意识内容由无意识语境形成和引起,无意识语境间通过全局工作空间相互作用。因此多个知识源都参与界定意识内容,它们会影响适当的语境,并解决解释中的歧义(2.3.2节,4.2节,10.1节)。见**语境设置功能**。

去人格化(depersonalization)——自我异化经验的一种,患此症的患者会觉得与他自己疏离了。这种现象在青少年的晚期和成年的早期很常见,它会限定自我概念(9.1节)。

去现实化(derealization)——在能准确感知世界的条件下,患者却觉得周围的世界不是真实的(9.1节)。见**去人格化**。

分布式丘脑激活系统(diffuse thalamic projection system)——见**扩散性网状丘脑激活系统**。

消除歧义(disambiguation)(2.3.2节,4.1.3节)——在全局工作空间框架中,意识的一个主要功能是允许多重的知识源相互作用从而消除重要内容的歧义。见**意识的界定功能**。

被否认的目标或情感(disavowed goals or emotions)(7.8.2节)——许多时候,人们会否认他们的目标或情感,这些目标或情感从其他经验性标准看是确实存在的。这表明在对目标的自主和非自主表征间存在冲突,以及元认知通道断裂了。从念动理论可以预测这种冲突现象。

解体(dissociation)——通常,整体性功能有时会被分解;这些功能的意识通道就可能丧失,至少在一段时间内。分解是证明专门处理器的证据之一。在记忆提取、知识表征、肌肉神经控制、知觉和自我状态中可以观察到解体现象(1.4节,9.1节)。

分布系统(distributed system)——分散的信息处理系统,其中许多专门处理器共同处理同一个问题。全局工作空间理论阐述的就是这种系统(1.3.6节,2.2节)。

优位语境(dominant context)——见**优位语境层级**。

优位语境层级(dominant context hierarchy)——控制进入全局工作空间当下通道的一系列一致的语境。概念和目标语境似乎都是等级性组织体,虽然竞争语境可以中断优位语境层级中的任何一级(4.3.2节,6.4.2节)。

优位目标语境(dominant goal context)——在全局工作空间中占优势的目标语境,因此它控制着进入有限能力系统的通道。一系列镶嵌的优位目标语境构成了一个优位目标层级。

优位目标层级(dominant goal hierarchy)——一种优位目标层级,由相互镶嵌的目标语境构成,它们共同限制了全局工作空间的通道。在问题解决、自主控制和自我系统中,它尤为重要(4.3.2节,6.4.2节,9.2.2节)。

中枢有限能力的双重任务检测(dual-task measures of central limited capacity)——与意识或心力有关的两个同时的任务会彼此干扰,即使它们彼此相差很大。这是中枢有限能力的证据之一(1.3.4 节)。

编辑(editing)——优位目标层级形成常规的自主行为(7.0 节)。目标组织体中的意识部分会被全局传播,因此无意识专门处理器会与它们认为是错误的目标意象竞争(编辑)。因为负载最多信息的部分通常会变得有意识(例如,新颖的、重要的或者矛盾的),我们就可以推断自主行为中的这些成分必定在执行前被悄悄编辑了,如果有足够时间这样做的话(7.3.2 节)。

意识的编辑功能(editing function of consciousness)(10.3 节)——意识事件被传播到许多无意识系统中,这些无意识系统可能会反对该意识事件,如果它违反了无意识系统的标准。见**标示功能**、**调试功能**。

编辑时间(editing time)(7.5.1 节)——在自主控制的念动理论的全局工作空间版本中,在开始一个目标意象到它被无意识接收处理器中断之间的时间内可以发现错误。见**竞争模型**、**执行时间**。

努力(effort),**心灵的**(mental)——见**心力**。

自我矛盾(ego-dystonic)——见**自我异化经验**。

自我协调(ego-syntonic)——见**自我归因经验**。

情感冲突(emotional conflict)——见**目标冲突**。

长期倾向(enduring disposition)——卡纳曼(1973)使用的一个术语,对应于全局工作空间理论中的长期语境(例如,9.2 节)。

情节记忆(episodic memory)——有意识的自传体记忆的仓库,它由感觉记忆方法衡量,例如,再认任务,它的记忆量非常大(Tulving,1972;1985;Bransford,1979)。见**语义记忆**。

通过学习后事件的同一性问题(event identity after learning, the problem of)——如果意识事件建立了新语境,而且该语境又随后会对同一事件形成意识经验,我们就可以推断事件在后来被我们以不同方式体验了。因此随着学习,我们所体验的事件的同一性发生了改变。这似乎自相矛盾,但是它可能是知识成长的一个典型特征,正如库恩在科学例子中提到的那样(5.7 节)。

执行时间(execution time)(7.5.1 节)——从目标意象开始的时间到意象组建的行为被执行的时间。如果执行时间比编辑时间短,就可能出现语义或行为错误(7.3.2 节,7.5 节)。见**竞争模型**、**念动理论**。

意识的执行功能(executive function of consciousness)——在全局工作空间理论中,意识与由许多专门处理器组成的分布系统中的全局工作空间有关。首先该构架并不包括执行系统,正如电视广播站并不必然包括一个政府。但是,执行的目标语境可能会利用全局工作空间控制神经系统的许多活动。见**生物反馈训练**、**自主控制**(2.7.2 节,第 6~10 章)。

自主控制的执行忽视(executive ignorance in voluntary control)——念动理论推断执行系统并不跟踪效应器控制的具体细节(所有正常的人都能扭动手指,但是很少有人知道扭动手指所需的肌肉不是位于手里,而是前臂)(7.3 节)。

预期(expectation)——对占据中枢有效能力优势的外部事件的非质性的、指向未来的心灵表征。

扩散性网站丘脑激活系统(extended reticular-thalamic activating system, ERTAS)——对从脑干网状结构延伸至丘脑的外层以及通向皮质的分散性丘脑激活系统的一系列神经元和路线的简称。ERTAS与睡眠、清醒、昏迷和皮层觉醒紧密相关——涉及有意识处理过程的各个方面。这个系统具有全局工作空间的许多特征(3.1.2节)。

随着冗余意识经验的消失(fading of conscious experience with redundancy)——见**冗余效应**。

语境知识的错误提取(failure-driven retrieval of contextual knowledge)——无意识的预设性知识,从概念上讲,当它遇到非常严重的矛盾时可以变得可用(4.1.4节)。见**去自动化**、**去语境化**。

注意的特征整合观点(feature-integration view of attention)——最近有理论推断意识就好像"胶",会整合知觉各个不同的特征(1.3.2节)。

反馈(feedback)——全局工作空间系统中存在两种反馈。第一,全局信息可能直接反馈回它的输入处理器。第二,接收处理器会反馈它们对全局信息中感兴趣的部分,以支持该信息的继续传播。这两种反馈可能都存在(3.2节)。

注意的过滤理论(filter theory of attention)——与现代心理学中布罗德本特的理论有关,该假说推断注意的作用是选择刺激物的某些特征为信息处理过程所用,并排除其他的特征。因此,注意的作用是为最重要的事件保留处理能力。

过滤悖论(filter paradox)——选择注意实验中有极好的证据证明未被注意的(无意识的)刺激物在某些条件下会被深层次地分析。这表明未被注意的输入信息与被注意的输入信息一样被纳入了许多输入信息处理过程,因此可以推断注意节省了处理能力。全局工作空间理论解释了这个问题,认为所有的输入信息都被深层次地分析,但是只有有意识的输入信息被广泛地分布到众多的专门的无意识处理器(2.2节,1.4节)。

固质性(fixedness)——在知觉、问题解决和行为中,局内人没有看到在局外人看来是非常明显的事物。全局工作空间理论认为这是出于优位目标语境的原因(4.1节)。

意识的标示功能(flagging function of consciousness)——信息的有意识(全局)展示可以动员许多专门处理器去处理某个常见问题。例如,在生物反馈训练中就会出现这种现象。见**编辑功能**、**调试功能**。

短暂的意识事件(fleeting conscious events)——快速的、潜在意识的负载有限能力的事件,或许它们对于控制自主行为非常重要,但是在通常情况下却难以报告。然而,在舌尖现象中,它们常常是可被报告的(1.5.5节)。虽然这类短暂事件存在证据方面的困难,但是全局工作空间理论能够证明它们的存在(1.5.5节,6.5.2节,7.6.4节)。

焦点意识(focal consciousness)——与边缘意识相对,通常它指意识经验中能够被最明显区分的那一部分。

心因性神游(fugue psychogenic)——从字面意义上,患者脱离现实的一种"异想天开",患者离开家旅行、换了新的身份,且有可能突然记起他/她以前的身份,是自我问题(自我系统)中与意识经验相关的症状(9.1节)。见**去人格化**、**自我异化经验**。

意识经验的功能(functions of conscious experience)——与其他重要的生物现象一样,意识具有的并不仅仅是重要的适应性功能。本书阐述了18个不同的功能(10.0节)。

全局工作空间系统的功能等同物(functional equivalents of a global workspace system)(2.6.1节)——全局工作空间理论认为意识与类似于全局工作空间的事物联系在一起,但是也有许多系统构架就运行方法而言也是功能等同物。例如,可以把系统视为"聚光灯"而不是"黑板",或者即使是一系列的心理感觉,在同一时间也仅仅有一种心灵感觉运行。所有这些系统的运行方式是相同的。

专门处理器的功能统一(functional unity of specialized processors)——在骑自行车的行为中,掌握方向、刹车、平衡和视觉知觉都被融合成一个单一的处理联合体。这个联合体可能会解体或重新组织,当脚离开踏板开始行进时。同样,在给定的任务中或许任何专门处理器在功能上都能形成一致性,同时在其他任务中,它们又可以解体和重新组织起来(1.4.5 节)。见**解体**、**合作的处理过程**。

全局通道(global access)——许多专门处理器能够在全局工作空间中放置或支持某个信息。即分布全局性的输入方面。

意识信息的全局分布(**全局传播**)[global distribution of conscious information(global broadcasting)]——意识信号能够广泛地为许多专门处理器可用。见**全局通道的输出方面**(2.5 节)。

全局输入处理器(global input processors)(2.6.4 节)——或许只用某些处理器能为全局工作空间提供输入信息,而其他的仅仅作为全局输出处理器。意识内容的知觉偏向证据表明:知觉和意象系统事实上可能是专门的,而且全局输入信息可能仅局限于知觉或准知觉事件。例如,效应器控制系统可能只能接受全局信息,但是不能直接进入全局工作空间。我们当前就这个问题的证据并不具有决定意义,因此我们只能界定一个理论选择点去定义不同的选择项,暂且把答案留待以后解决。

全局接收处理器(global receiving processors)(2.6.4 节)——见**全局输入处理器**。

全局变量(global variable)——在计算机科学中,变量被界定为一个更大系统中的多个子系统。

全局工作空间(global workspace)——许多专门处理器能够进入的一个记忆,原则上,该记忆内容可以被广泛地传播或分布到神经系统中所有的专门处理器。它是全局工作空间理论的三大组成部分之一(2.2 节)。

全局工作空间系统(global workspace system)(2.3 节)——全局工作空间理论假定的整个理论实体,包括专门处理器、全局工作空间和语境系统。

全局工作空间理论[global workspace(GW) theory]——本书提出的理论,认为意识经验与一个相当简单的心理体系构架有关。全局工作空间理论有三个组成部分:一个全局工作空间、一系列专门的无意识处理器和一系列形成、引起和界定意识内容的无意识语境(2.2 节)。

全局性信息负载(globally informative)(5.3.1 节)。见**信息负载**。

目标(goal)——对未来状态的表征,它起到组建和指引实现该状态所需的子目标和肌肉运动系统的作用。通常,在面临困难时,动作会朝着目的状态运行,这已经被视为目标存在的一个操作性证据。

目标可寻址性(goal addressability)——一些专门处理器可能会对目标作出反应,尤其是有意识目标(1.4.5 节,7.2 节,7.3 节)。见**生物反馈训练**、**念动理论**。

目标冲突(goal conflict)——两个或多个目标语境争相占据全局工作空间的一种状态。见**优位语境层级**、**优位目标层级**。

目标语境(goal context)——关于某人自己行为的以未来为指向、非质性的心理表征,它能占据中枢有限能力的优势。限制有意识的目标意象的一种语境,它本身并不是有意识的,也可以称为意图(4.2.3 节,6.4 节,7.3 节)。见**优位目标层级**、**预期**。

目标意象(goal-image)——在詹姆斯的念动理论的全局工作空间版本中,未来状态的心理意象有助于组建处理器和子目标以实现该未来状态。如果目标意象是有意识的,且足以组建一个行为,它们通常是与优位目标层级一致的。念动理论推断有意识的目标意象本质上是冲动的,即它们趋向于产生一个行为,除非它们即刻遭到其他意识事件的反对,或者某个目标语境的反对(见执行预设)。但是我们可以想象极短暂的目标意象在它们被优位目标层级编辑或控制前可能会通过准备就绪的系统导致非自主行为的发生。丧失控制可能解释了语言和行为中的失误,甚至是精神病理学症状。

目标结构(goal structure)——见**目标层级**。

目标层级(goal hierarchy)——由目标和子目标构成的多层级目标结构。每一个层级都可以被视为一个目标语境。可能在任何优位目标层次中人们可以对未决的选择点有意识(6.1.3节,7.3节,9.2节)。

习惯(habituation)——通常对于重复输入信息,大多数信息处理活动会减少(1.2.4节,5.1.3节)。所有神经结构都会选择性适应重复的刺激物。也就是说,对重复的输入信息,它们将减少它们的活动,但是对新信息不会减少。Sokolov(1963)认为定向反应的习惯(与有意识的惊奇有密切联系)并不是疲劳效应,以内疲劳不能选择性地运行。相反,他推断习惯反映了一个学习的过程,其中神经系统会维持刺激物的模型,即使当刺激物已经被习惯时(因此变得有意识)。全局工作空间理论认为习惯是一种冗余效应。

意识习惯(habituation of awareness)——一种有选择的反应减少,与意识经验相关的功能减少,包括定向反应、知觉意识等(1.2.4节,5.1.3节)。见**冗余效应**。

较高层级语境(higher-level context)——语境层级中的较高层级,比较低层级的语境更稳定,且以低层级为先决条件(4.3.2节)。因此与较低层级的改变相比,语境层级中较高层级的改变会更广泛地蔓延至所有低层级中(4.4.3节,9.4.4节)。

催眠(hypnosis)——真正的催眠状态,是在能够被深度催眠的人中出现的那种状态,在全局工作空间理论中可以被解释为一种专注状态,其中优位语境层级不允许外部竞争者进入意识。因此,有意识的目标意象可以就想法和行为进行良好的念动控制(7.7节)。

念动理论(ideomotor theory)——在詹姆斯和其他学者看来,意识目标本质上是冲动的,趋向于预设性执行,除非它们被其他意识想法或意图抑制了。这个理论可以直接被合并到全局工作空间理论中,并有助于解释自主行为的特征、非质性的意识事件问题和其他许多难题(7.3节)。

意象经验(imaginal experience)(1.2节)——有意识的、内部产生的、准知觉表征,包括视觉和听觉意象,或许还包括体感体验的情感(Mandler,1975a)。

无意象思维争议(imageless-thought controversy)——大约在20世纪初期,就准知觉事件的地位发生了激烈的争议,它似乎通常会伴随解决问题和抽象思维而出现。这场争议被许多行为主义者视为败坏了19世纪整个心理学的名声;事实上,它是一个非常重大的问题,并提出了意识功能这个核心问题(1.2.5节,7.6.4节)。

隐比较(implicit comparison)——在全局工作空间理论中所有的意识事件都是信息负载的,这意味着它们减少了意识事件的一系列隐替代物中的不确质性。

信息负载(informativeness)——在全局工作空间理论中,它是意识事件的必要条件之一(5.0节,5.4节,11.4节)。有意识的输入信息总是在替代物的隐语境中被解释的,进而减少这些替代物中的不确定。如果刺激物是冗余的,我们对输入信息就不会再具有意识,因为它的信息内容已经为零(见冗余效应)。意识事件的重要性,会明显地影响该意识事件是否仍然有机会保持意识状态,可以被优位目标语境中的事件解释为信息负载。

信息(information)——正规意义上,在发送器、接收器和信息通道中,发送到接收器中的信号有助于减少接收器先在的选项中的不确质性(Shannon and Weaver,1949)。以此定义为基础的信息的数学测量方法已经深深地影响了计算机科学、通信工程技术和理论物理及生物学,在心理学中就它的有用性存在争议,虽然它已经被成功地运用到许多例子中。我们认为某种广泛意义的信息定义是理解意识的核心(5.0节)。见**信息负载**、**冗余效应**。

抑制(inhibition)——见**激活**。

内部对话(inner dialogue)——见**内部言语**。

内部言语(inner speech),**内部对话**(inner dialogue)(1.1.2节,1.3.4节,1.5.4节,8.1.6节)——很显然,它是意识经验最重要的模型之一。普遍认为内部言语通常被简略了,目前来看我们推断,每个个体之间都共享着大量的交流语境,只有能区分该语境中的选项的事物才有必要在内部言语中变得有意识(4.2.4节)。

输入(进入全局工作空间的)(input)——进入全局工作空间的输入信息通过不同的合作和竞争处理器进入全局通道(2.4节,1.4节)。有大量证据表明,不同输入信息间最短的整合时间是100毫秒。全局工作空间的输出信息是全局分布的(2.5节)。

意图(intention)——见**目标语境**。

内在一致性(internal consistency)——见**意识的必要条件**。

非自主行为(involuntary actions)——自主行为在其具体细节方面主要是自动的(见自动性),除了在新颖性和信息负载方面(7.2节)。然而,即使正常行为的自动方面也可以被视为自主的,如果它们与优位目标层级一致。其他自动行为是不想要的或反自主的,例如,舌尖现象、自主抵制自动行为和精神病理学症状(7.1节,7.5节)。因此,谨慎地使用"非自主"术语非常重要,既然它要么意味着"自动和想要的",要么是"不想要的"(反自主的)。见**自我归因经验和自我异化经验**。

学习(learning)——全局工作空间理论认为意识本身包括适应和学习。但是很难证明意识是学习的一个必要条件,该理论认为在所需学习的信息量和学习该信息所需的意识的存续时间之间是一个单调上升函数。见**信息负载**、**原点问题**。

无意识学习(learning without awareness)——见**原点问题**。

意识的学习功能(learning function of consciousness)——见**学习**(10.2节)。

专门处理器的有限能力(limited adaptability of specialized processors)——因为它们是专门的,每一个系统仅仅能处理有限范围内的输入信息(1.4.5节,2.1节)。

有限能力(limited capacity)——见**中枢有限能力**。

通用语言(lingua france)——一种交换语言,例如,世界上许多地方的斯瓦希里文或英文。扩展到我们的研究领域,指不同神经结构的通用语言,而不同的神经结构可能会按照它们的编码来处理它们的分内之事(1.5.4节)。由于意识内容的知觉偏向,通用语言很可能是一个时空编码(3.2节)。事实上,许多神经结构都对时空信息很敏感。

语言层级(linguistic hierarchy)——标准的语言从结构上可以被表征为一系列层级,从声音分析或肌肉运动控制到更抽象的层级如音位、词素、单词、句法、语义和语用(2.3.2节)。每一个层级都可以被视为一个专门处理器,或者处理器的联合体。

逻辑实证主义(logical positivism)——在20世纪上半叶它或许是最有影响力的哲学,它排斥心理学中自由的理论建构模型,尤其是意识研究(1.1.1节)。见**行为主义**。

长时记忆(long term memory,LTM)——永久性记忆的仓库,通常包括情节记忆、意识经验的自传体记忆、语义记忆、抽象规则和知识的存储(Tulving 1972;1985)。长时记忆可能也包括永久性技能、词汇、长存的气质和个人特质。见**短时记忆**。

沉思(meditation)——沉思通常包括用很长时间思考简短单词、短语或视觉输入信息。因此它们可能引起了冗余效应,这直接影响了意识经验(5.7.2 节)。

心力(mental effort)(7.6.2 节,8.1.5 节,9.2.2 节)——抵制当前目标的主观体验。心力占据了中枢有限能力,这表明它与全局工作空间有关。需要努力的行为可以包括目标预期时间与实际时间之间的隐比较(见执行时间)。对努力的感知可能是自主控制经验的核心(7.6.2 节)。

心灵工作负荷(mental workload)——双重任务方法可以用于评估任务占据中枢有限能力的程度。做某件事情在某种程度上会使另一个事物降级,效率的降低可以用于检测第一个任务占据的工作负载(1.3.4 节)。

元认知(metacognition)——对自己的心力过程的了解。有一种元认知是自我监控,将自己的表现与某些标准进行比较(9.3 节,见自我概念)。元认知自我监控可能在专注状态如催眠中会被降级,此时专注状态占据有限能力的优势地位,从而排除自我监控中的有意识部分(7.7 节)。意识的操作性定义在此时毫无疑问是元认知的(1.2 节)。

元认知存取(metacognitive access)——提取自己的意识内容的能力。有许多明显的例子,其中意识经验难以提取,例如,Sperling 现象(1.1.2 节)。但是元认知通道对于通常使用的意识的操作性定义而言是必不可少的。见**元认知**、**源归因**、**源遗忘**。

最少对比方法(minimal contrasts, method of)——见**对比性分析**。

意识经验的最短整合时间(minimum integration tome of consciousness experience)——不同的输入现象整合为一个单一意识经验所需的时间(2.4 节)。布卢门撒尔(Blumenthal, 1977)提出了许多证据证明最短整合时间为 50 ~ 250 毫秒,以 100 毫秒为核心。

心之眼(mind's eye)——视觉意象领域,与视觉知觉有许多相似之处(2.6.2 节)。

瞬间通道假说(momentary access hypothesis)(2.4.3 节,5.3.2 节)——认为争相进入全局工作空间的处理器可能获得瞬间、无意识地存取发送简洁的全局信息以组建更多的支持系统。见**阈矛盾**、**等候室假说**。

瞬间意图(momentary intentions)——卡纳曼的术语,相当于全局工作空间理论中的短期目标语境。

意识内容的必要条件(necessary conditions for conscious contents)——全局工作空间理论推断意识与具有全局分布性、内在一致性和信息负载的心灵表征有关。除此之外,意识可能与自我系统相互作用,并具有知觉偏向(11.4 节)。

非质性意识事件(nonqualitative conscious events)(1.2.5 节,6.5.2 节,7.6.3 节,7.6.4 节)——可瞬间提取的概念、信仰、意图和预期,它们可以有意识地报告,但是不具有明显的知觉特征如颜色、味道、质地和在时空方面明显的图形——背景分界线,见**质性意识经验**。

非特定干扰(nonspecific interference)——同时发生的事件会互相干扰,如果它们是有意识的和自主的,尤其当它们涉及不同系统——视觉意象会干扰行为控制、心算会干扰触觉反应时间时。当竞争任务随着练习变得自动化时,非特定干扰会降低(1.3.4 节)。

客体化(objectification)——意识内容趋向于变得客体化,即使抽象的、有意识的、可提取的概念也趋向于被具体化和客体化(1.5.3 节,4.1.4 节,5.3.4 节)。但是,同一个事物成习惯后就不是类客体的,而是变得去语境化了。当语境化表征被中断,它就又会变为类客体,这个过程被称为去语境化。

意识内容的类客特征(objectlike nature of conscious contents)——见**客体化**。

意识的操作性定义(operational definition of consciousness)——见**意识**。

选择语境(options context)——一种特殊的目标语境,它允许两个或多个潜在的意识内容相互比较,因此我们可以自主选择(8.2节)。选择语境相当于计算机的菜单或文件目录。见**自主注意**、**作决定功能**。

组织 vs. 灵活性(organization versus flexibility)——神经系统会以组织有序的方法处理预期输入信息(快速又高效)与以灵活方式处理新信息间进行转换(慢速、适应性)。全局工作空间构架旨在优化这个转换(2.7.2节,10.0.1节)。

定向反应(orienting response, OR)——对新刺激物的身体反应,首先由巴甫洛夫提出。定向反应包括接收器定向、脑电图中的失调、瞳孔放大、心率的自动功能、皮肤传导性和血管的扩张和收缩等。最近的研究表明,定向反应包括300个诱发皮层电位。

平行处理过程(1.4.4节,2.1节)(parallel processing)——原则上,不同的专门处理器可以同时互相作用(平行的),除了当它们必须使用全局工作空间外。见**连续性**。

意识经验的知觉偏向(perceptual bias of conscious experience)(2.4.1节)——本质上,知觉、意象和身体感觉中的质性经验是知觉或准知觉的。甚至与抽象思维相关的意识经验,例如,原型和隐喻,也趋向于准知觉(7.2.2节)。我们用意识通道而不是意识经验讨论的知觉事件和自主控制可能会通过短暂的、准知觉意象运行(7.6.3节)。见**意识经验的必要条件**、**质性意识经验**、**非质性意识经验**和**念动理论**。

知觉语境(perceptual context)——形成有意识的知觉经验的无意识系统,例如,前庭系统。见**语境**。

边缘意识(peripheral consciousness)——与视觉领域和其他感知领域的边缘,以及与即将消失的焦点意识的短暂范围有关的意识经验的准意识"外围";在概括意义上,是指意识经验的分界线。边缘意识通常与焦点意识相对应(1.1.2节)。

潜在语境(potential contexts)(4.3.5节)——在专门处理器中可得的语境,且能被许多任务引起。例如,既然所有行为都需要详细的、短暂的控制,因为不同的行为可能会使用一个共同的先在语境。它并非一个专门处理器,因为潜在语境,当它们被激发并开始在全局工作空间中占据优势时,可以影响意识内容而其本身并不变得有意识。见**语境**(4.3.1节,6.4节,7.3.2节)、**选择语境**。

前注意过程(preattentive processing)——奈瑟和其他一些学者采用的术语,指在知觉输入信息变得有意识之前快速的假说检测(1.2.4节,2.3.2节)。

预设知识(presupposed knowledge)——形成概念思维的语境,但此时该语境并不能有意识地提取(4.2.2节)。

启动(priming)(4.1节)——意识事件增加了相关事件变得有意识的机会;它们减少了对相关事项的反应时间,能改变对相关的歧义或喧闹刺激物的解释。见**意识的语境设置功能**。

意识的优先化功能(prioritizing function of consciousness)——控制意识存取的注意系统,对重要事物非常敏感。某个刺激物,例如,某人自己的名字,通过与该层级目标相连就能变得重要。自主注意控制可以被用来复述这个联系,除非该联系变得习惯和自动化,因此确保刺激物享有自动存取优先权(8.0.2节,8.2节,10.5节)。

问题解决,自发的(problem solving, spontaneous)——不完整或未解决的意识事件趋向于引起无意识的问题解决,即使该事件没有被报告为与解决问题的故意意图相关(6.2节)。

处理(process)——表征的一种转换(1.4节)。

处理器(processer)——由处理器组成的一个相对一致的联合体,它们为实现某个特定功能而共同工作(1.4节)。

精神病理学(psychopathology)——以对心理意象、内部言语、行为、情感或知觉严重失控为特征的一种心理状态。全局工作空间理论推断通过念动理论可以解决这种失控。见**非自主**。

精神力学(psychodymanics)——此处使用一般意义,目标冲突研究,尤其当某个目标不能有意识或元认知提取时(7.8.1节,9.4节)。完整的精神力学以意志力和元认知的合理理论为基础。见**念动理论**。

传播隐喻(publicity metaphor)——全局工作空间理论的主要隐喻,由专门处理器的需要为诱因,与其他处理器全局性交流以共同解决新问题(2.2节,2.5节)。

质性意识经验(qualitative conscious experiences)——诸如心理意象、知觉和情感感受等经验,具有知觉性特征,如颜色、质地和味道与非质性概念、信仰相反。见**意识事件的知觉偏向**和**意识存取 vs. 意识经验**(1.5.4节,2.4.1节,7.6.3节)。

质性语境(qualitative context)——形成质性意识经验的无意识语境。例如,在视觉和知觉中会无意识假定光来自上方,形成视觉深度经验的语境性预期,而其本身是无意识的(4.1节)。

意识内容的范围(range of conscious contents)(2.1.2节)——广范围的可能性意识内容与某个专门的无意识处理器的狭小范围形成鲜明对比。可能一个句法处理器不能处理肌肉运动控制或视觉输入信息,但是意识有时却包括所有这些功能。

接收系统(receiving systems)——接受某个全局信息的专门处理器,第5章推断接受系统会反馈它们对全局信息中感兴趣的内容,因此会加入到支持该信息全局通道的系统联合体中(5.3节)。

处理器和语境的递归组织(recursive organization of processors and contexts)——专门处理器可能由其他处理器组成,并会加入其他联合体中(见合作处理过程)以建立一个上位处理器,视当前所需功能而定。因此一系列处理器的紧密联合体也是一个处理器(1.4.5节)。同样,一系列一致的语境会组成一个语境(4.3.1节)。当前数学和计算机科学已经在研究递归界定实体的特征(4.3.1节)。

意识的组建功能(recruiting function of consciousness)——全局信息为了实现它们的目的,能够获得许多接受系统的合作(7.3节,10.4节)。

冗余效应(redundancy effects)——某件事物被学会之后,重复它就会导致它从意识中消失(1.2.3节)。这个现象可以在所有意识领域中被发现:所有的知觉系统、肌肉运动控制、概念表征等(5.1.3节)。冗余效应为信息负载是意识内容的必要条件这一观点提供了最强有力的论据。该框架也能解释一些貌似的例外现象(5.4节)。见**意识的习惯化**。

意识的关联能力(relational capacity of consciousness)——神经系统让人印象深刻的一种能力,能使两个意识事件以新方法联系起来(2.1节,5.1.1节,6.2节)。见**语境敏感性**。

提醒者(reminder)——为了维持限定意识经验的无意识语境,我们可能需要有意识的提醒者。这可能尤其适用遇到竞争的语境,它们需要付出努力去维持,或者在某些不确质性中有几个选择点(4.4.2节)。需要提醒着解释社交信号的作用,如会员标记、仪式、定期的节日和奏乐典礼,很显然,有些是为建立印象深刻的意识经验以深化无意识语境为目的而设计的。

表征(representation)——描述某个事物的抽象类似物的理论客体,它最初是由具体类似物形成的(1.4.1节)。在操作意义上,如果有一个机制能准确识别当前和过去经验间的匹配与不匹配,就可以推断出相关的表征。表征目前在认知科学中是公理性概念,它具有适应系统概念的许多特征。

抑制(repression)——被有意地从意识中驱除,尤其当驱除过程本身是无意识时。全局工作空间理论中的一些模型与弗洛伊德的“压抑仪式”类似,有时它被称为后驱除。在瞬间意识目标意象被竞争的处理器编辑前,它就能引起行为。进入这些事件的元认知存取可能很少,因为目标意象太短暂。但是它们可能引起非自主行为,例如,失误(7.5.1 节,7.8 节,8.5 节)。见**精神力学**。

剩余主观性(residual subjectivity)——一些学者认为(Natsoulas,1978b)我们无法充分解释意识经验中的主观性成分(1.2.7 节)。

网状结构(reticular formation,RF)——延伸到丘脑的紧密连接的脑干柱。切除网状结构通常会导致昏迷,刺激它会导致清醒和提高知觉辨别力。这里所说的网状结构部分包括在扩散性网状丘脑激活系统中,该系统指称与清醒意识、睡眠与昏迷相关的一系列神经结构(3.1 节)自我(self)。见**自我系统**。

自我异化经验(self-alien experiences),又称自我分裂(ego-dystomic)——人们报告的一系列丧失自我的正常和精神病理学经验(9.1 节),可能包括严重的去人格化、否认或者非自主舌尖现象。自我异化经验能与可比的自我归因经验比较,这种比较分析对自我概念起到经验主义的限定。见**自我系统**。

自我归因经验(self-attributed experiences),又称自我融洽(ego-syntonic)——大多数经验都可以被归因为作为观察者的“自我”,对自主行为的控制可以被归因为作为代理者的“自我”(9.1 节)。但是在有些重要的例子中,经验和控制会被视为自我异化。对相同的自我异化和自我归因经验的对比性分析明确地表明自我概念(见自我系统),在科学中是必需的,且会为该概念提供经验性限定。

自我概念(self-concept)——对自我的抽象表征,它可能是由许多自我监控经验积累起来的。自我概念可能包括自我的对象化或对自我的外部审视,而且可能主要用于控制和评价行为(9.3 节)。与自我系统的极为复杂和微妙相比,人们通常意义上使用的自我概念是简单且有趋向性的。

自我意识(self-consciousness)——见**自我监控功能**。

意识的自我维持功能(self-maintenance function of consciousness)(9.4.4 节,10.9 节)——意识经验有助于更新自我系统,而且有时可能会严重违反深层级语境。那么意识的注意控制(见注意)就是维持自我系统稳质性的一个重要工具。

意识的自我监控功能(self-monitoring function of consciousness)(10.8 节)——意识的一个重要功能,能跟踪行为的各个部分,以检查是否与某人的自我概念匹配。

自我监控,有意识的(self-monitoring, conscious)——按照某些规则检查某人的行为(8.0.1 节,9.0.2 节,9.3.1 节)。见**自我概念**、**自我系统**、**客体化**。

自我系统(self-system),自我(self)——自我归因和自我异化经验的比较分析表明:自我可以被视为经验的总体性语境(9.2 节)。按照詹姆斯的术语,它是指作为“I”的自我,而不是作为“me”的自我——后者是指作为经验客体的自我概念。见**自我概念**、**意识内容的必要条件**。

语义记忆(semantic memory)——对抽象的、非质性和可能是无意识的规则和事实的记忆。见**情节记忆**。

语义饱和(semantic satiation)(5.1.3 节)——一个单词或短语被重复 12 次左右,就会丧失该单词的意义。见**冗余效应**、**词汇转换效应**。

短时记忆(short term memory,STM)——瞬间的、可复述的记忆,它局限在7+/-2个不相干事项内(1.3.4节)。短时记忆的内容或“单元块”可以是字母、数字、单词或判断种类,它们本身很复杂。这表明短时记忆的单元块是来自长时记忆的知识,因此短时记忆和长时记忆并不能真正分离。

重要性(significance)——所有刺激物并非平等:在生物上、社交中、个人意义上,一些刺激物比另一些重要。全局工作空间理论把重要性刺激物视为有助于减少目标语境中不确质性的信息(5.2.3节,9.2.2节)。

滚雪球式的意识存取(snowballing access to consciousness)(3.2.1节)——经验证据和理论推断都表明有些进入意识的输入信息并不是瞬间的,而是在潜在的意识内容和诸多接收器间存在循环式反馈流,这是支持潜在内容的全局存取的必要条件(5.3节)。

源遗忘(source amnesia)——在元认知中,我们可能无法把意识经验归因于过去正确的事件上。经过催眠后遗忘催眠过程就是一个极好的例子。源遗忘发生在正常的心灵状态中,例如,人们忘记了他们作某个重要决定时的原因,部分是因为决定通常会改变经验的语境,因此作决定前的语境消失了。这就使得回忆变得很困难。源遗忘在人类发展历史中其实是常态,而不是例外情况,它是自我监控中的一个重要的错误源。见**源归因**(7.6.4节,8.5.2节,9.5.2节)。

源归因(source attribution)——在元认知中,关于将事件分配给它们适当来源的问题(7.6.4节,8.5.2节),尤其是将某人自己的行为归因于以前的意识目标或情况。某个自己的目标可能难以变得有意识;如果控制某人行为中的新颖特征的目标意象太短暂,它们就难以被提取,从而导致系统无法解释该人自己的目标和动机。这种失败的源归因有很多例子,即使丢失的信息并不是特别让人痛苦或尴尬。见**源遗忘**、**自我监控功能**。

专家(specialists)——见**专门处理器**。

专门处理器(specialized processors)(1.4.5节)——全局工作空间理论三大组成部分之一。专门处理器可以被视为一个相对自主的、无意识系统,它们局限于某个特定领域如视觉系统中垂直线的察觉、句法中对名词短语的识别,或者对某个特定肌肉群的肌肉运动控制。专门处理器在组织上是递归的,因此它们本身由其他专门处理器组成,同时它们又组成更大的处理器。这意味着如果某些其他功能占据优势,它们可以被分解并重新组成其他的专门处理器(1.4.5节,4.4.3节,9.4.4节)。当一系列专门处理器开始例行公事地控制全局工作空间内容而它们并不有意识时,它们就成为一个语境(4.3.1节)。

专门的无意识处理器(specialized unconscious processors)——见**专门处理器**。

刺激物 vs. **信息**(stimulation versus information)(5.1节,5.2节)——许多证据表明:神经系统并不是对物质的刺激物敏感,而是对信息具有高度敏感性。例如,预期刺激物没有出现就是信息负载的。见**冗余效应**。

停止的视觉意象(stopped retinal images)(5.1.3节)——通常眼球运动会阻挡眼睛接受重复的输入信息,尤其是快速自动的震动,这被称为生理性眼球震颤。通过同时移动某个视觉刺激物和眼睛,可以克服眼球震颤;在这种情况下,视觉输入信息会很快消失并被转换为其他编码。见**冗余效应**。

意识流(stream of consciousness)——詹姆斯所使用的用于描述意识构思过程中无系统的“突发奇想”和“停顿”的词。按照全局工作空间理论,是意识内容和无意识语境系统间正在发生的相互作用,尤其指在自发的问题解决过程中的目标语境(6.4节)。

子目标(subgoals)——为了解决问题或执行某个行为,有意识目标意象可以组建专门处理器,例如,肌肉运动效应器。但是,多数情况下目标并不能被直接实现,必须组建子目标。这可以被视为能成为优位目标层级一部分的目标语境(6.4 节,7.2.2 节)。这些子目标语境中的新成分可能会被传播以组建能实现子目标的新知识源(7.2.2 节)。

潜意识知觉(subliminal perception)——见**原点问题**。

暗示感受性(suggestibility)(7.7.2 节,8.2.4 节,9.3.1 节)——可被深度催眠的被试会极其信任和信赖催眠者的暗示,就像我们信赖我们自己的内容言语一样。念动理论推断:催眠是一种被同化的状态,其中的目标意象几乎没有遇到竞争对手。另外,元认知自我监控可能是有限的,或许因为它需要中枢有限能力,而这在同化中是不可得的。在此情况下,独特的意识内容可能不会被编辑。轻信和信赖可以是由于编辑功能缺失了。

惊奇(surprise)——有几位学者已经提出惊奇可以删除意识内容。在全局工作空间理论中,惊奇被视为由于竞争的内容和语境而短暂地删除全局工作空间。因此优位目标层级被干扰了,并将损害限定在最低层级的语境中(4.4.3 节)。惊奇干扰高层级目标语境会给人带来过多压力,并导致病变(9.4.4 节)。

丘脑(thalamus)(3.1.2 节)——通常将其作为皮层的一个"小站",一部分丘脑类似于全局工作空间,来自不同领域的输入信息相互竞争,并通过分散的丘脑激活系统广泛地传播到输出系统中。丘脑的外层(丘脑网状核)似乎尤其适合执行这项功能。见**扩散性网状丘脑激活系统**。

意识经验的剧场假说(theater hypothesis of conscious experience)——这个观点既可以在现代理论中找到也可以在传统理论中找到,意识经验就像剧场的一个舞台,观众并不能看到对舞台上演员的指导工作。它相当于现代的"聚光灯"隐喻,是亚里士多德和东方思想中常识的现代版本(1.3.1 节)。

理论选择点(theoretical choice-points)(例如,前言,1.5.4 节,1.5.5 节,2.6.1 节,2.6.3 节,2.6.4 节,6.5.2 节,7.6.4 节)——全局工作空间理论导致了许多强假说,它们在经验上都可能被检测。即使我们不能证明假说的似真性,我们至少也尽可能地提出替代性假说,而无须给出一个不明确的答案。

阈悖论(threshold paradox)——事物什么时候变得有意识?如果任何全局信息都是有意识的,那么全局性传播就无法组建处理器联合体,这个联合体是全局信息获得全局存取的首要条件。但是如果全局信息并不必然是有意识的,那么意识的必要条件是什么?有两个理论上的选择,称为等候室假说和瞬间通道假说(2.4.3 节),前者推断存在一个逐渐增多的全局工作空间的等级,某个潜在的意识内容随着支持它的联合体增多,必然会变成全局的和有意识的。后者推断所有系统可能都有一个简洁的全局存取以组建支持它的联合体,但是这种简洁的全局信息并不被我们体验或能被有意识地回忆。见**短暂的意识事件**、**滚雪球式的意识存取**。

意识经验的冰山一角(tip-of-the-iceberg of conscious experience)——认为意识仅仅是巨大的、看不见的、无意识处理过程这个冰山的一个可见的一角(1.3.1 节)。

舌尖现象[tip-of the tongue(TOT) phenomenon]——搜索已知却未被记住的词语的心灵过程,包括关于该遗忘词语的一系列标准,虽然这些标准无法被质性地感知。有学者认为这些标准建立了一个意图或目标语境。而且,人们通常能报告遗忘词语的短暂而又无法提取的心理意象,这表明它们可能事实上是短暂的意识事件(6.1 节,7.6.4 节,8.5.2 节)。

自上而下的语境影响(top-down contextual influences)(4.1 节)——知觉输入信息的意识经验总是由无意识语境形成的。

三元模型(triadic pattern)——许多自发的问题解决包括有意识的分配问题阶段,接下来是对常规问题部分进行无意识地处理,最后是有意识地展示答案(6.2 节,6.4 节)。

无意识的、可操作的和理论的定义(unconscious,operational and theoretical definitions of)——在最理想的条件下,当人们被要求提取已经为神经系统表征的一些信息,但他们却无法做到时,我们就可以推断存在无意识事件(1.2.1 节,1.4.1 节),例如,句法结构的规则和高度自动化任务的特征。全局工作空间理论推断,我们对没有完全满足意识经验必要条件的事物是无意识的。这意味着有多种途径使事物变得无意识(11.4 节)。

处理过程中的无意识选择点(unconscious choice-points in the flow of processing)——复杂的处理过程是在相互替代的表征间有许多选择点。例如,在言语感受中,语言系统必须在某个词语的两个不同意义间选择。选择哪一种意义通常是受以前的意识经验影响(4.1.3 节,7.7.2 节)。见**启动**。

在行为控制中欠定的选择点(underdetermined choice-points in the control of action)(7.7.2 节)——行为控制中的选择点可能极不确定;意识可能是解决这种不确质性的必要条件。因为欠定选择点极不确定,所以它们很可能变得有意识。见**歧义**。

普遍编辑(universal editing)(7.3.2 节)——我们认为有意识的目标意象会被全局性传播到系统中所有的专门处理器中。这表明或许所有的处理器都可以和有意识的目标意象竞争,并因此中断某个已计划好的行为的执行。见**编辑**。

更新(updating)——许多无意识的专门处理器为了根据目前情况更新它们各自的专属领域,可能会同时跟踪意识经验(5.1.4 节)。

专门处理器的可变的组成(variable composition of specialized processors)——见**递归组织**。

词汇转换效应(verbal transformation effect)——传递给被动的听者的被感知语音在 30~60 秒内会反复进行转换。这里它被视为感知语境的转换(5.4.1 节)。

失眠症(vigilance)——在控制有意识信号的任务中,信号通常都是重复的。困难的任务就时间而言,是准确性下降的任务。见**冗余效应**。

语境违反(violations of context)——语境可以被视为与意识经验有关的一系列预期,当然预期可以被违反。通常违反语境预期会导致它们可以被有意识地提取(4.1.4 节)。在语境层级中,深层级被违反其扩散的范围更广,要求更广泛的适应性以重建一个功能性的语境层级(4.4.3 节,9.4.4 节)。见**惊奇**、**语境知识的错误提取**。

自主行为(voluntary acton)(7.00 节)——与某人优位目标层级一致的行为,因此它通常是可自我归因的。因为目标层级的意识部分可以全局性传播,所以许多系统都可以获得它;因此,意识部分会被许多标准悄悄地编辑。从发展的角度看,我们可以推断在某个角度上,自主行为中所有负载信息和重要的成分必定会被编辑。见**念动理论**。

自主注意(voluntary attention)——本书认为注意控制了意识的存取。因为全局工作空间理论推断自主控制包括有意识的目标意象(通常是短暂的),那么就可以推导自主注意是有意识的控制意识(8.1.2 节)。通过使用选择语境就可以实现,它类似于计算机中的菜单和文件目录,它允许不同的有意识选择将变得可用,因此我们可以自主地选择它。

自主控制(voluntary control)——见**自主行为**。

等候室假说(waiting room hypothesis)(2.4.3 节,5.3.2 节)——能够逐步广泛传播的等候室层级

可能是事物变得有意识之前,处理器获得全局工作空间存取的必要条件。见**阈悖论**、**瞬间通道假说**。

觉醒(wakefulness)——在全局工作空间理论中,是一种全局工作空间正在工作运行的状态。科学家已经发现扩散性网状丘脑激活系统的某些组成部分与维持觉醒和睡眠有关(3.1 节)。见**皮质觉醒**。

工作记忆(working memory)——见**短时记忆**。

原点问题(zero-point problem)——很难找到毫无争议的证据证明临近意识经验阈的事件,例如,潜意识知觉、无意识的学习,以及盲视问题。由于原点问题的证据具有很大的争议,所以目前的方法是对没有争议的明显事实进行对比分析。许多事实都可以通过这个方法来分析。只有在公认的证据上建立一个合理的框架,我们才能对原点问题的假说作出推测(前言,1.1.2 节,7.6.4 节)。见**瞬间意识事件**。

参考文献

Abelson, R. P. , Aronson, E. , McGuire, W. J. , Newcomb, T. M. , Rosenberg, M. J. , &Tannenbaum, P. H. (1968). *Theoriesof cognitive consistency: A sourcebook.* Chicago: Rand McNally.

Abrams, K. , &Bever, T. G. (1969). Syntactic structure modifies attention during speech perception. *Quarterly Journal of Experimental Psychology*, 21, 280-290.

Ach, N. (1905/1951). Determining tendencies: Awareness. Eng. trans. in David Rapaport (Ed. and Trans.), *Organization and pathology of thought* (pp. 15-38). New York: Columbia University Press.

Allport, F. H. (1954). *Theories of perception and the concept of structure.* New York: Wiley.

Ames, A. , Jr. (1953). *Reconsideration of the origin and nature of perception*. New Brunswick, NJ: Rutgers University Press.

Amster, H. (1964). Semantic satiation and generation: Learning? adaptation? *Psychological Bulletin*, 62, 273-286.

Anderson, J. R. (1983). *The architecture of cognition.* Cambridge, MA: Harvard University Press.

Arbib, M. A. (1980). Perceptual structures and distributed motor control. In V. B. Brooks (Ed.), *Handbook of physiology* (Vol. III). Bethesda, MD: American Physiological Association.

Atkinson, R. C. , & Juola, J. F. (1974). Search and decision processes in recognition memory. In R. C. Atkinson, D. H. Krantz, & P. Suppes (Eds.), *Contemporary developments in mathematical psychology*. San Francisco: Freeman.

Atkinson, R. C. , & Shiffrin, R. M. (1968). Human memory: A proposed system and its control processes. In K. W. Spence & J. T. Spence (Eds.), *Advances in the psychology of learning and motivation: Research and theory* (Vol. 2). New York: Academic Press.

Azrin, N. H. , Nunn, R. G. , &Fantz, S. E. (1980). Habit reversal vs. negative practice treatment of nervous tics. *Behavior Therapy*, 11, 169-178.

Baars, B. J. (1980). The competing plans hypothesis: An heuristic viewpoint on the causes of errors in speech. In H. W. Dechert & M. Raupach (Eds.), *Temporal variables in speech. Studies in honour of Frieda Goldman-Eisler* (pp. 39-50). The Hague: Mouton.

(1983). Conscious contents provide the nervous system with coherent, global information. In R. Davidson, G. Schwartz, & D. Shapiro (Eds.), *Consciousness and self-regulation* (Vol. 111, pp. 45-76). New York: Plenum.

(1985). Can involuntary slips reveal a state of mind? With an addendum on the conscious control of speech. In M. Toglia & T. M. Shlechter (Eds.), *New directions in cognitive science* (pp. 242-261). Norwood, NJ: Ablex.

(1986a). *The cognitive revolution in psychology.* New York: Guiford Press.

(1986b). What is a theory of consciousness a theory of ? The search for criteria constraints on theory. *Imagination, Cognition, and Personality*, 1, 3-24.

(1987). Biological implications of a global workspace theory of consciousness: Evidence, theory, and some phylogenetic speculations. In G. Greenberg & E. Tobach (Eds.), *Cognition, language, and consciousness: Integrative Levels* (pp. 209-236). Hillsdale, NJ: Erlbaum.

(in press a). What is conscious in the control of action ? A modern ideomotor theory of voluntary control. In D. Gorfein & R. R. Hoffman (Eds), *Learning and memory: The Ebbinghaus Centennial Symposium.* Hillsdale, NJ: Erlbaum.

(in press b). Momentary forgetting as an erasure of a conscious global workspace due to competition between incompatible contexts. In M. J. Horowitz (Ed.), *Psychodynamics and cognition* (pp. 263-287). Chicago: University of Chicago Press.

(in press c). *The experimental psychology of error: A window on the mind.* New York: Plenum, Cognition and Language Series.

Baars, B. J., Motley, M. T. & MacKay, D. G. (1975). Output editing for lexical status in artificially elicited slips of the tongue. *Journal of Verbal Learning and Verbal Behavior*, 14, 382-391.

Baars, B. J., Cohen, J., & Bower, G. H. (1986). Non-accessed emotional meanings of ambiguous phrases are chosen more often by subjects hypnot-ically induced to experience matching emotions. Unpublished Paper, Stanford University.

Baddeley, A. D. (1976). *The psychology of memory.* New York: Basic Bokks.

Bakan, D. (1980). On the effect of mind on matter. In R. W. Rieber (Ed.), *Body and mind: Past, present, and future* (pp. 117-129). New York: Academic Press.

Banks, W. P., & White, H. (1982). Single ordering as a processing limitation. *Journal of Verbal Learning and Verbal Behavior*, 21, 39-54.

Barber, T. X., Spanos, N. P., & Chaves, J. F. (1974). *Hypnosis, imagination, and human potentialities*. New York: Pergamon.

Barsalou, L. W. (1983). Ad hoc categories. *Memory and Cognition*, 11, 211-227.

Basmajian, J. V. (1979). *Biofeedback: Principles and the practice for the clinician.* Baltimore, MD: Williams & Williams.

Beck, A. T. (1976). *Cognitive therapy and the emotional disorders.* New York: New American Library.

Berlyne, D. (1960). *Conflict, arousal and curiosity.* New York: McGraw-Hill.

Bernstein, L. (1976). *The unanswered question: Six talks at Harvard.* Cambridge, MA: Harvard University Press.

Bjork, R. (1972). Theoretical implications of directed forgetting. In A. W. Melton & E. Martin (Eds.), *Coding processes in human memory.* Washington, DC: Winston.

Blumenthal, A. L. (1977). *The process of cognition.* Englewood Cliffs, NJ: Prentice-Hall.

(1979). Wilhelm Wundt, the founding father we never knew. *Contemporary Psychology*, 24 (7), 547-550.

Boring, E. G. (1953). A history of intorspectionism. *Psychological Buiietin*, 50, 169-189.

Bower, G. H. (1986). Temporary emotional states act like multiple personalities. Paper delivered at the Conference on Multiple Personality and Dissociative Disorders, Chicago, Sept.

Bower, G. H., & Cohen, P. R. (1982). Emotional influences in memory and thinking: Data and theory. In M. S. Clark & S. T. Fiske (Eds.), *Affect and cognition* (pp. 291-331). Hlillsdale, NJ: Erlbaum.

Bransford, J. D. (1979). *Human cognition.* Belmont, CA: Wadsworth.

Bransford, J. D., & Franks, J. J. (1976). Toward a framework for understanding learning. In G. H. Bower (Ed.), *The psychology of learning and motivation: Advances in research and theory* (Vol. 10). New York: Academic Press.

Broadbent, D. E. (1958). *Perception and communication.* New York: Pergamon Press.

Brodal, A. (1956). *The reticular formation of the brain stem: Anatomical aspects and functional correlates.* Springfield, IL: Thomas.

Brown, R., & McNeill, D. (1966). The "tip of the tongue" phenomenon. *Journal of Verbal Learning and Verbal Behavior*, 5, 325-337.

Bruner, J. S. (1957). On perceptual readiness. *Psychological Review*, 64, 123-152.

Bruner, J. S., & Potter, M. (1964). Interference in visual recognition. *Science*, 144, 424-425.

Buchwald, J. S. (1974). Operant conditionging of brain activity - an overview. In M. M. Chase (Ed.), *Operant conditioning of brain activity.* Los Angeles: University of California Press.

Carterette, E. C., & Friedman, M. (1973-1978). *Handbook of perception* (Vols. 1-20). New York: Academic Press.

Case, R. (1985). *Intellectual development: Birth to adulthood.* New York: Academic Press.

Chafe, M. L. (1970). New and old information. In W. L. Chafe, *Meaning and the Structure of language* (pp. 210-233). Chicago: University of Chicago Press.

(1980) The development of consciousness in the production of narrative. In W. L. Chafe (Ed.), *The pear stories: Cognitive, Cultural, and linguistic Aspects of narrative production* (pp. 9-50). New York: Ablex.

Chase, M. H. (Ed.). (1974). *Operant control of brain activity*. Lose Angeles: University of California Press.

Cheesman, J., & Merikle, P. M. (1984). Priming with and without awareness. *Perception and Psychophysics*, 36(4), 387-395.

Chen, J.-Y., & Baars, B. J. (in press). General and specific factors in "Transformational Errors." An experimental study. In B. J. Baars (Ed.), *The psychoogy of human error: A window on the mind.* New York: Plenum.

Cherry, E. C. (1953). Some experiments on the recognition of speech, with one and with tow ears. *Journal of the Acoustical Society of America*, 25, 975-979.

Chomsky, E. C. (1957). Syntactic structures. The Hague: Mouton.

(1965). *Aspects of the theory of syntax.* Cambridge, MA: MIT Press.

Clark, H. H., & Carlson, T. B. (1981). Context for comprehension. In J. Long & A. Baddeley (Eds.), *Attention and performance IX* (pp. 313-330). Hillsdale, NJ: Erlbaum.

Clark, H. H., & Clark, E. V. (1977). *Psychology of language: An introduction to psycholinguistics.* New York: Harcourt, Brace, Jovanovich.

Clark, H. H., & Haviland, S. E. (1977). Comprehension and the given-new contract. In R. O.

Freedle(Ed.),*Discourse production and comprehension*. Norwood, NJ: Ablex.

Cohen, J., Galin, D., & Baars, B. J. (1986). A connectionist blackboard model. Unpublished paper, Langley Porter Psychiatric Institute, UCSF.

Cooper, L. A., & Shepard, R. N. (1973). Chronometric studies of the rotation of mental images. In W. G. Chase(Ed.),*Visual information processing.* New York: Academic Press.

Crick, F. (1984). Function of the Thalamic Reticular Complex: The searchlight hypothesis. *Proceedings of the National Academy of Sciences USA*, 81,4586-4593,July.

Czikzsentmihalyi, M., & Czikzsentmihalyi, I. S. (1988). *Optimal experience: Psychological studies of flow in consciousness.* New York: Cambridge University Press.

Danziger, K. (1979). The positivist repudiation of Wundt. *Journal of the History of the Behavioral Sciences*, 15, 205-226.

Dawson, M. E., and Furedy, J. J. (1976). The role of awareness in human differential autonomic classical conditioning: The necessary -gate hypothesis. *Psychophrsiology*, 13(1), 50-53.

Dell, G. S. (1986). A spreading -activation theory of retrieval in sentence production. *Psychological Review*, 93, 283-291.

Dennett, D. C. (1978). Toward a cognition theory of consciousness. In D. C. Dennett(Ed.),*Brainstorms*(pp. 149-173). New York: Bradford Books.

Dixon, N. F. (1971). *Subliminal perception: The nature of a controversy.* London: McGraw-Hill. (1981). *Preconscious processes.* New York: Wiley.

Donchin, E., McCarthy, G., Kutas, M., & Ritter, W. (1978). Event-related potentials in the study of consciousness. In R. Davidson, G. Schwartz, & D. Shapiro(Eds.),*Consciousness and self-regulation*(Vol. 111, pp. 81-121). New York: Plenum.

Drowatsky, J. N. (1975). *Motor learning: Principles and practice*. Minneapolis, MN: Burgess.

Duncker, K. (1945). On problem solving. *Psychological Monographs*, No. 270.

Dunlap, K. (1942). The technique of negative practice. *American Journal of Psychlolgy*, 55(2), 270-273.

Edelman, G. M. & Mountcastle, V. B. (1978). *The mindful brain: Cortical organization and the group-selective theory of higher brain function.* Cambridge, MA: MIT Press.

Eimas, P. D., & Corbitt, J. (1973). Selective adaptation of speech feature detectors. *Cognitive Psychology*, 171, 303-306.

Einstein, A. (1949). Autobiographical Notes. In P. A. Schilpp(Ed.),*Albert Einstein—Philosopher-Scientist*(*Vol.* 1). New York: Harper & Row.

Ekman, P. (1984). Expresion and the nature of emotion. In K. R. Scherer & P. Ekman(Eds.),*Approaches to emotion*. Hillsdale, NJ: Erlbaum.

Eliot, T. S. (1950). *The cocktail party*. New York: Harcourt, Brace.

Ellenberger, H. F. (1970). *The discovery of the unconscious: The history and evolution of dynamic psychiatry.* New York: Basic Books.

Ellis, A. (1962). *Reason and emotion in psychotherapy.* New York: Lyle Stuart.

Encyclopedia Britannica. (1957). Common sense, London: Encyclopedia Britannica.

Erdelyi, M. H. (1974). A new look at the New Look: Perceptual defense and vigilance. *Psychological*

Review, 81, 1-25.

(1985). Psychoanalysis: Freud's cognitive psychology. San Francisco: Freeman.

Ericsson, K. A., & Simon, H. A. (1980). Verbal reports as data. *Psychological Review*, 87, 215-251.

(1984). *Protocol analysis: Verbal reports as data*. Cambridge, MA: MIT Press.

Eriksen, C. W. (1960). Discrimination and learning without awareness: A methodological survey and evaluation. *Psychological Review*, 67, 279-300.

Eriksen, T. D., & Mattson, M. E. (1981). From words to meaning: A semantic illusion. *Journal of Verbal Learning and Verbal Behavior*, 20, 540-551.

Erman, L. D., & Lesser, V. R. (1975). A multi-level organization for problem solving using many, diverse, cooper ating sources of knowledge. Proceedings of the 4th Annual Joint Computer Conference(pp. 483-490). Georgia, USSR.

Esposito, N. J., & Pelton, L. H. (1971). Review of the measurement of semantic satiation. *Psychological Review*, 75(5): 330-346.

Festinger, L. (1957). *A theory of cognitive dissonance*. Evanston, IL: Row, Peterson.

Finke, R. (1980). Levels of equivalence in imagery and perception. *Psychological Review*, 87(2), 113-132.

Flavell, J. H., & Wellman, H. M. (1977). Metamemory. In R. V. Kail, Jr., and J. W. Hagen (Eds.), *Perspectives on the development of memory and Cognition*. Hillsdale, NJ: Erlbaum.

Fodor, J. A. (1980). *The language of thought*. Cambridge, MA: Harvard University Press.

Foss, D. J. (1982). A discourse on semantic priming. *Cognition Psychology*, 14, 590-607.

Fraisse, P. (1963). *The psychology of time*. New York: Harper & Row.

Franks, J. J., & Bransford, J. D. (1971). Abstraction of visual images. *Journal of Experimental Psychology*, 90(1), 65-74.

Freud, Anna. (1938). *The ego and the mechanisms of defense*. English Translation, New York: International University Press, 1946.

Freud, S. (1895/1966). Project for a scientific psychology. In J. Strachey(Ed.), *The standard edition of the complete psychological works of Sigmund* Freud(Vol. 1, pp. 45-61). London: Hogarth Press.

(1900). *The interpretation of dreams*. (A. A. Brill trans, 1913). New York: Macmillan.

(1901/1938). The psychopathology of everyday life. In A. A. Brill(Ed.), The *basic writings of Sigmund Freud*(pp. 35-178). New York: Modern Library.

(1923/1962). The ego and the id. In J. Strachey(Ed.), *The standard edition of the complete psychological works of Sigmund Freud*(A. Strachey, Trans.). London: Hogarth Press.

(1926/1936). Inhibition, symptoms and anxiety. In J. Strachey(Ed.), *The standard edition of the complete psychological works of Sigmund Freud*(A. Strachey, Trans.). Hogarth Press.

Fromkin, V. A. (Ed.). (1973). *Speech errors as linguistic evidence*. The Hague: Mouton.

(1980). *Errors in linguistic performance: Slips of the tongue, ear, pen, and hand*. New York: Academic Press.

Galin, D. (1977). Lateral specialization and psychiatric issues: Speculations on development and the evolution of consciousness. *Annals of the New York academy of Sciences*, 299, 397-411.

Garcia, J. , and Koelling, R. A. (1966). Relation of cue to consequence in avoidance learning. *Psychonomic Science*, 4, 123-124.

Garner, W. R. (1974). *The processing of information and structure.* Potomac, MD: Erlbaum.

Gastaut, H. (1958). The role of the reticular system in establishing conditioned reactions. In H. M. Jasper, L. D. Proctor, R. S. Knighton, W. C. Noshay, & R. T. Costello(Eds.), *The reticular formation of the brain.* Boston: Little, Brown.

Gazzaniga, M. (1985). *The social brain: Discovering the network of the mind*. New York: Basic.

Gelb, A. (1932). Die Erscheinungen des simultanen Kontrastes undder Eindrück der Feldbeleuchtung. *Zeitschrift für Psychologie*, 127, 42-59.

Gelfand, I. M. , Gurfinkel, V. S. , Fomin, S. V. , & Tsetlin, M. L. (1971). *Models of the structural-functional organization of certain biological systems*, trans. C. R. Beard. Cambridge, MA: MIT Press.

Geschwind, N. (1979). Specializations of the human brain. *Scientific American*, 241(3), 180-201.

Ghiselin, B. (1952). *The creative process*. New York: Mentor.

Gilchrist, A. (1977). Perceived lightness depends upon perceived spatial arrangement. *Science*, 195, 185-187.

Gluck, M. A. , & Bower, G. H. (1986). From conditioning to category learning: An adaptive network model. Proceedings of the 8th Cognition Science Conference.

Gluck, M. A. , & Corter, J. E. (1985). Information and category utility. In Proceedings of the 7th Cognition Science Conference(pp. 283-287).

Goffman, E. (1974). Frame analysis: An essay on the organization of experience. New York: Harper & Row.

Goldman-Eisler, F. (1972). Pauses, clauses, and sentences. *Language and Speech*, 15, 103-113.

Goldstein, L. M. , & Lackner, J. R. (1975). Alterations of the phonetic coding of speech sounds during repetition. *Cognition*, 2, 279-297.

Goleman, D. (1985). *Vital lies, simple truths: The psychology of self-deception.* New York: Simon & Schuster.

Gould, S. J. (1982). *The Panda's thumb: More reflections on natural history.* New York: Norton.

Greene, P. H. (1972). Problems of organization of motor systems. *Journal of Theoretical Biology*, 303-338.

Greenwald, A. G. , & Liu, T. J. (1985). Limited unconscious processing of meaning. Twenty-seventh annual meeting of the Psychonomics Society, Boston, MA.

Gregory, R. L. (1966). *Eye and brain: The psychology of seeing.* New York: McGraw-Hill.

Grossberg, S. (1982). *Studies of mind and brain.* Boston: Reidel.

Hadamard, J. (1945). *The psychology of invention on the mathematical field.* Princeton, NJ: Princeton University Press.

Harlow, H. F. (1953). Motivation as a factor in the acquisition of new responses. *In Current theory and research in motivation: A symposium.* Lincoln: University of Nebraska Press.

Hartmann, H. (1958). *Ego psychology and the problem of adaptation*. New York: International Universities Press.

Hasher, L. & Zacks, R. T. (1979). Automatic and effortful processes in memory. *Journal of Experimental Psychology: General*, 108(3), 356-388.

Haviland, S. E. ,& Clark, H. H. (1974). What's new ? Acquiring new informationas a process in comprehension. *Journal of Verbal Learning and Verbal behavior*, 13, 512-521.

Hayes-Roth, B. (1984). A blackboard model of control. *Artificial Intelligence*, 16, 1-84.

Helmholtz, H. von(1962). *Treatise on physiological optics* (3 vols.). J. P. C. Southall, trans. New York: Dover.

Helson, H. (1947). Adaptation-level as a frame of reference for prediction of psychophysical data. *American Journal of Psychology*, 60, 1-29.

(1964). *Adaptation-level theory: An experimental and systematic approach to behavior* . New York: Harper.

Herbart, J. F. (1824/1961). Psychology as a science, newly founded upon experience, metaphysics and mathematics. Reprinted in T. Shipley (Ed.), *Classics in psychology* (pp. 22-50). New York: Philosophical Library.

Hick, W. E. (1952). On the rate of gain of information. *Quarterly Journal of Experimental Psychology*, 4, 11-26.

Hilgard, E. R. (1977). *Divided consciousness: Multiple controls in human thought and action* . New York: Wiley.

Hilgard, J. R. (1979). *Personality and hypnosis: A study of imaginative involvement.* Chicago: University of Chicago Press.

Hinton, G. E. ,& Anderson, J. A. (1981). *Parallel models of associative memory.* Hillsdale, H. J. : Erlbaum.

Hobson, J. B. , & Brazier, M. A. (Eds.) (1982). *The reticular formation revisited.* New York: Raven.

Hochberg, J. (1964). *Perception.* Englewood Cliffs, NJ: Prentice-Hall.

Holender, D. (1986). Semantic activation without conscious identification in dichotic listening, parafoveal vision, and visual masking: A survey and appraisal. *Behavioral and Brain Sciences*, 9, 1-66.

Holmes, D. (1967). Closure in a gapped circle figure. *American Journal of Psychology*, 80, 614-618.

(1968). The search for closure in a visually perceived pattern. *Psychological Bulletin*, 70, 296-312.

(1972). Repression and interference: A further investigation. *Journal of Personality and Social Psychology*, 22, 163-170.

(1974). Investigations of repression: Differential recall of material experimentally or naturally associated with ego threat. *Psychological Bulletin*, 81(10), 632-653.

(1978). Projection as a defense mechanism. *Psychological Bulletin*, 85, 677-688.

Horowitz, M. (1975a). Intrusive and repetitive thoughts after experimental stress. *Archives of General Psychiatry*, 32, 1457-1463.

(1975b). Disasters and psychological responses to stress. *Psychiatric Annals*, 15(3), 161-167.

(1976). *Stress response syndromes.* New York: Aronson.

Horowitz, M. J. , & Zilberg, N. (1983). Regressive alterations of the self-concept. *American Journal of Psychiatry* , 140, 284-289.

Hubel, D. H. , & Wiesel, T. N. (1959). Receptive fields of single neurons in the cat's striate cont-ex. *Journal of Physiology*,148, 574-591.

Hull, C. L. (1937). Mind, mechanism, and adaptive behavior. *Psychological Review*, 44, 1-32.

Hutchins, E. (1980). *Culture and inference: A Trobriand case study* . Cambridge, MA: Harvard University Press.

Huxley, A. (1970). *The perennial philosophy* . New York: Harper & Row.

Hyman, R. (1953). Stimulus information as a determinant of reaction time. *Journal of Experimental Psychology*, 45, 188-196.

Izard, C. E. (1980). The emergence of emotion and the development of consciousness in infancy. In J. M. Davidson & R. J. Davidson(Eds.), *The psychobiology of consciousness* (pp. 192-216). New York: Plenum.

Jacoby, L. L. , and Witherspoon, D. (1982). Remembering without awareness. *Canadian Journal of Psychology.* 36(2), 300-324.

James, W. (1890/1983). *The principles of psychology.* New York: Holt(1890). Reprint, Cambridge, MA: Harvard University Press.

(1892). *Psychology(Briefer Course)*. New York: Holt.

(1904/1977). Dose " Consciousness " exist ? Reprinted in J. J. McDermott(Ed.), *The writings of William* James. (pp. 169-183) Chicago: University of Chicago Press.

John, E. R. (1976). A model of consciousness. In G. Scwartz & D. Shapiro(Eds.), *Consciousness and self-regulation* (pp. 6-50). New York: Plenum.

John-Steiner, V. (1985). *Notebooks of the mind.* Albuquerque: University of New Mexico Press.

Kahneman, D. (1973). *Attention and effort* . Englewood Cliffs, NJ: Prentice-Hill.

Kaidel, W. D. , Kaidel, U. D. , & Weigand, N. E. (1960). In W. A. Rosenblith(Ed.), *Sensory Communication* (pp. 319-338). Cambridge, MA: MIT Press.

Keele, S. W. (1973). *Attention and human performance* . Pacific Palisades, CA: Goodyear.

Kihlstrom, J. F. , & Cantor, N. (1984). Mental representations of the self. In L. Berkowitz(Ed.), *Advances in experimental social psychology*(Vol. 17). New York: Academic Press.

Kimble, G. A. & Perlmuter, D. (1970). The problem of volition. *Psychological Review*, 77(5), 361-384.

Kinsbourne, M. ,& Hicks, R. E. (1978). Mapping cerebral functional space: Competition and collaboration in human performance. In M. Kinsbourne(Ed.), *Asymmetrical function of the brain* (pp. 267-273). London: Cambridge University Press.

Klapp, S. T. , Greim, D. M. , & Marshburn, E. A. (1981). Buffer storage of programmed articulation and articulatory loop: Tow names for the samemechanism or tow distinct components of short-term memory ? In J. Long & A. Baddeley(Eds.), *Attention and Performance IX*, (pp. 459-472) . Hillsdale, HJ: Erlbaum.

Klinger, E. (1971). *The structure and function of fantasy* . New York: Wiley.

Klos, D. S. , & Singer, J. L(1981). Determinants of the adolescent's on going thougth following simulated parental confrontation. *Journal of Personality and Social Psychology*, 41, 168-177.

Köhler, W. (1929). *Gestalt psychology.* New York: Liveright.

Kohut, H. (1971). *The analysis of the self.* New York: International University Press.

Kosslyn, S. M. (1980). *Image and mind.* Cambridge, MA: Harvard University Press.

Kosslyn, S. M., & Schwarrtz, S. P. (1981). Empirical constraints on theories of visual mental imagery. In J. Long & A. D. Baddeley (Eds.), *Attention and performance* (Vol. IX, pp. 241-260). Hillsdale, NJ: Erlbaum.

Kuhn, T. S. (1962/1970). *The structure of scientific revolutions*. Chicago: University of Chicago Press.

LaBerge, D. (1974). Acquisition of automatic processing in perceptual and associative learning. In P. M. A. Rabbitt & S. Dornic (Eds.), *Attention and Performance V.* London: Academic Press.

(1980). Unitization and automaticity in perception. In J. H. Flowers (Ed.), 1980 *Nebraska Symposium on Motivation* (pp. 53-71). Lincoln: University of Nebarska Press.

Lackner, J. R., & Goldstein, L. M. (1975). The psychological representation of speech sounds. *Quarterly Journal of Experimental Psychology*, 27, 173-185.

Lakoff, G., & Johnson, M. (1980). *Metaphors we live by*. Chicago: University of Chicago Press.

Langer, E. J., & Imber, L. G. (1979). When practice makes imperfect: Debilitating effects of overlearning. *Journal of Personality and Social Psychology*, 37(11), 2014-2024.

Levicki, P. (1986). *Nonconscious social information processing.* New York: Academic Press.

Levine, F. M., Ramirez, R. R., & Sandeen-Lee, E. E. (1982). Contingent negative practice as a treatment of stuttering. Unpublished manuscript, Department of Psychology, State University of New York, Stony Brook.

Levine, M. (1971). Hypothesis theory and nonlearning despite ideal S-R-reinforcement contingencies. *Psychological Review*, 78(2), 130-140.

Levine, M., & Fingerman, P. (1974). Non-Learning: The completeness of the blindness. *Journal of Experimental Psychological*. 102(4), 720-721.

Liberman, A. M., Cooper, F., Shankweiler, D., & Studdert-Kennedy, M. (1967). Perception of the speech code. *Psychological Review*, 74, 431-459.

Libet, B. (1978). Neuronal vs. subjective timing for a conscious sensory experience. In P. A. Buser & A. Rougeul-Buser (Eds.), *Cerebral correlates of conscious experience* (pp. 69-82). INSERM Symposium No. 6. Amsterdam: North Holland/Elsevier.

(1981). Timing of cerebral processes relative to concomitant conscious experiences in man. In G. Adam, I. Meszaros, & E. I. Banyai (Eds.), *Advances in Physiological Science* (Vol. 17, pp. 313-317). Elmsford, NY: Pergamon.

(1985). Unconscious cerebral initiative and the role of conscious will in voluntary action. *Behavioral and Brain Sciences*, 8, 529-566.

Lindsay, P. H., & Norman, D. A. (1977). *Human information processing: An introduction to psychology* (2nd edition). New York: Academic Press.

Lindsley, D. B. (1958). The reticular system and perceptual discrimination. In H. H. Jasper, L. D. Proctor, R. S. Knighton, W. C. Noshay, & R. T. Costello (Eds.), *The reticular formation of the brain* (pp. 513-534). Boston: Little, Brown.

Livingston, R. B. (1958). Central control of afferent activity. In H. H. Jasper, L. D. Proctor, R. S. Knighton, w. C. Noshay, & R. T. Costello (Eds.), *The reticular formation of the brain* (pp. 177-186). Boston: Little, Brown.

Loftus, E. F., & Palmer, J. C. (1974). Reconstruction of automobile destruction: An example of the interaction between language and memory. *Journal of Verbal Learning and Verbal Behavior*, 13, 585-589.

Luborsky, L. (1977). Measuring a pervasive psychic structure in psychotherapy: The core conflictual relationship theme. In N. Freedman & S. Grand (Eds.), *Communicative structures and psychic structures* (pp. 367-395). New York: Plenum.

(in press). Recurrent momentary forgetting: Its core content and symptom context, 1-39. In M. Horowitz (Ed.), *Psychodynamics and cognition.* Chicago: University of Chicago Press.

Luborsky, L., & Mintz, J. (1974). What sets off momentary forgetting during a psychoanalysis? Investigations of symptom-onset condition. *Psychoanalysis and Contemporary Science*, 3, 233-268.

Luchins, A. S. (1942). Mechanization in problem-sloving. The effect of *Einstellung*. *Psychological Monographs*, 54(6), No. 248.

Luria, A. S. (1980). *Higher cortical function in man* (2nd. edition). New York: Basic. (Russian language edition, 1969).

McClelland, J. L., & Rumelhart, D. E. (1981). An interaction activation model of context effects in letter perception: Part 1. An account of basic findings. *Psychological Review*, 88, 375-407.

McClelland, J. L., Rumelhart, D. E., & the PDP Research Group (1986). *Parallel distributed processing. Vol. 2: Psychological and biological modela.* Cambridge, MA: Bradford Books/MIT Press.

MacKay, D. G. (1973). Aspects of a theory of comprehension, memory and attention. *Quarterly Journal of Experimental Psychology*, 25, 22-40.

(1981a). Speech errors: Retrospect and prospect. In V. A. Fromkin (Ed.), *Errors in linguistic performance* (pp. 319-332). New York: Academic Press.

(1981b). The problem of rehearsal or mental practice. *Journal of Motor Behavior*, 13, 274-285.

Mackworth, J. F. (1970). *Vigilance and attention: A signal detection approach*. Harmondworth, UK: Penguin Books.

McNeill, D. (1966). Developmental psycholinguistics. In F. Smith and G. A. Miller (Eds.), *The genesis of language: A psycholinguistic approach.* Cam-Bridge, MA: MIT Press.

Magoun, H. W. (1962). *The waking brain* (2nd edition). Springfiled, IL: Thomas.

Malcolm, N. (1967). Wittengstein. In P. Edwards (Ed.), *The Encyclopedia of Philosophy* (Vol. 8). New York: Macmillan/Free Press.

Mandler, G. (1967). Organization in memory. In K. W. Spence & J. T. Spence (Eds.), *The psychology of learning and motivation: Advances in research and theory.* New York: Academic Press.

(1983). Consciousness: Its function and construction. Presidential address to the General Psychology Division of the American Psychological Association.

Mandler, G., & Shebo, B. J. (1982). Subitizing: an analysis of its component processes. *Journal of Experimental Psychology: General*, 111, 11-22.

Mandler, G. A. (1975a). *Mind and emotion.* New York: Wiley.

(1975b). Consciousness: Respectable, useful, and probably necessary. In R. Solso (Ed.), *Information processing and cognition: The Loyola Symposium.* Hillsdale, NJ: Erlbaum.

(1984). *Mind and body: Psychology of emotion and stress.* New York: Norton.

Marcel, J. (1983a). Conscious and unconscious perception : An approach to the relations between phenomenal experience and perception processes. *Cognitive Psychology*, 15, 238-300.

Marcel, A. J. (1983b). Conscious and unconscious perception: Experiments on visual masking and word recognition. Cognitive Psychology, 15, 197-237.

Marks, L. E. (1978). *The unity of the senses: Interrelations among the modalities* . New York: Academic Press.

Markus, H., & Sentis, K. (1982). The self in social information processing. In J. Suls (Ed.), *Psychological perspective on the self* (Vol. I, pp. 41-70). Hillsdale, NJ: Erlbaum.

Marr, D. (1982). *Vision.* San Francisco: Freeman.

Marslen-Wilson, W. D., & Welsh, A. (1978). Processing interactions and lexical access during word recognition in continuous speech. *Cognitive Psychology*, 10, 29-63.

Maslow, A. (1970). *Motivation and personality* (2nd. ed.). New York: Harper & Row.

Mednick, S. A. (1962). The associative basic of the creative process. *Psychological Review*, 69, 220-232.

Meichenbaum, D. H., & Bowers, K. S. (1984). *The unconscious reconsidered.* New York: Wiley.

Meichenbaum, D. H., & Goodman, J. (1971). Training impulsive children to talk to themselves: A means of developing self-control. *Journal of Abnormal Psychology*, 77(2), 115-126.

Merleau-Ponty, M. (1964). *The primacy of perception* (J. M. Edie, Ed. and Trans.). Evanston: University of Illinois Press.

Miller, G. A., (1953). What is information measurement ? *American Psychologist*, 8, 3-11.

(1955). The perception of short bursts of noise. *Journal of the Acoustical Society of America*, 20, 164-170.

(1956). The magical number seven, plus or minus tow: Some limits on our capacity for processing information. *Psychological Review*, 63, 81-97.

(1986). Interview with George A. Miller. In B. J. Baars (Ed.), T*he cognitive revolution in psychology.* New York: Guilford Press.

Miller, G. A., Galanter, E. H., & Pribram, K. (1960). *Plans and the structure of behavior.* New York: Holt.

Miller, G. A., & Johnson-Laird, P. N. (1976). *Language and perception.* Cambridge, MA: Harvard University Press.

Milne, R. W. (1982). Predicting garden-path sentences. *Cognitive Science*, 6, 349-374.

Milner, B. (1959). The memory defect in bilateral hippocampal lesions. *Psychi-Atric Res. Reports*, 11, 43-52.

Minsky, M. A. (1975). A framework for representing knowledge. In M. Winston (Ed.), *The psychology of computer vision* (pp. 211-277). Boston: MIT Press.

(1986). *A society model of the mind.* New York: Simon & Schuster.

Miyake, N., & Norman, D. A. (1978). To ask a question, one must know enough to know what is not known. Center for Human Information Processing, UCSD.

Moore, S. (1960). *The Stanislawsky method: The professional training of actors.* New York: Viking.

Moray, N. (1959). Attention in dichotic listening: Affective cues and the influence of instruction. *Quarterly Journal Experimental Psychology*, 11, 56-60.

(1969). *Attention: Selective processes in vision and hearing.* London: Hutchinson.

Morokoff, P. (1981). *Female sexual arousal as a function of individual differences and exposure to erotic stimuli.* Unpublished doctoral dissertation, Dept. of Psychology, State University of New York, Stony Brook.

Moruzzi, G., & Magoun, H. W. (1949). Brain stem reticular formation and activation of the EEG. *EEG and Clinical Neurophysiology*, 1, 455-473.

Motley, M. T., Baars, B. J., & Camden, C. T. (1983). Syntactic criteria in prearticulatory editing: Evidence from laboratory-induced slips of the tongue. *Journal of Psycholinguistic Research*, 10(5), 503-522.

Motley, M. T., Camden, C. T., and Baars, B. J. (1979). Personality and situational influences upon verbal slips. *Human Communication Research*, 5(3), 195-202.

(1983a). Polysemantic lexical access: Evidence from laboratory-induced double-entendres. *Communication Mongraphs*, 50, 193-205.

(1983b). Experimental verbal studies: A review and an editing model of language encoding. *Communication Monographs*, 50, 193-205.

Mountcastle, V. B. (1978). An organizing principle for cerebral function: The unit module and the distributed system. In G. M. Edelman & V. B. Mountcastle (Eds.), *The mindful brain*. Cambridge, MA: MIT Press.

Murphy, G. L. & Medin, D. L. (1985). The role of theories in conceptual coherence. *Psychological Review*, 92, 289-316.

Murray, D. J. (1983). *A history of Western psychology.* Englewood Cliffs, NJ: Prentice-Hall.

Nagel, T. (1974). What is it like to be a bat? In N. Block (Ed.), *Readings in philosophy of science* (pp. 159-70). Cambridge, MA: Harvard University Press.

Naranjo, C., & Ornstein, R. E. (1971). *On the psychology of meditation*. New York: Viking.

Natsoulas, T. (1978a). Consciousness. *American Psychologist*, 33, 906-914.

(1978b). Residual subjectivity. *American Psychologist*, 33, 269-283.

(1982a). Conscious perception and the paradox of "blind-sight". In G. Underwood (Ed.), *Aspects of consciousness* (pp. 79-110). London: Academic Press.

(1982b). Dimensions of perceptual awareness. *Behaviorism*, 10(1), 85-112.

Navon, D., & Gopher, D. (1979). On the economy of the human-processing system. *Psychological Review*, 86, 214-255.

Neisser, U. (1967). *Cognitive psychology.* New York: Appleton-Century-Crofts.

Newell, A., & Simon, H. A. (1972). *Human problem solving.* Englewood Cliffs, NJ: Prentice-Hall.

Nisbett, R. E., & Wilson, T. D. (1977). Telling more than we can know: Verbal reports on mental processes. *Psychological Review*, 84, 231-259.

Norman, D. A. (1968). Toward a theory of memory and attention. *Psychological Review*, 75, 522-536.

(1976). *Memory and attention.* New York: Wiley.

Norman, D. A., & Shallice, T. (1980). Attention and action: Willed and automatic Control of behavior. Unpublished paper, Center for Human Information Processing, UCSD, La Jolla, CA.

Olds, J., & Hirano, T. (1969). Conditioned responses of hippocampal and other neurons. *EEG and Clinical Neurophysiology*, 26, 159-166.

Olson, D. R. (1970). Language and thought: Aspects of a cognitive theory of semantics. *Psychological Review*, 77, 257-273.

Ornstein, R. E. (1969). *On the experience of time.* London: Penguin.

Oswald, I. (1960). Falling asleep open-eyed during intense rthythmic stimulation. *British Medical Journal*, 112, 1450-1455.

Paivio, A. (1971). *Imagery and verbal processes.* New York: Holt, Rinehart &Winston.

Pani, J. R. (1982). A functionalist approach to mental imagery. Paper presented at the twenty-third annual meeting of the Psychonomic Society, Baltimore, MD.

Penfield, W., & Roberts, L. (1959). *Speech and brain mechanisms.* Princeton, NJ: Princeton University Press.

Peterson, L. R., & Peterson, M. J. (1959). Short-term retention of individual verbal items. *Journal of Experimental Psychology*, 58, 193-198.

Piaget, J. (1952). *The origins of intelligence in children.* (M. Cook, Trans.). New York: International University Press.

(1973). The cognitive unconscious and the dynamic unconscious. *Journal of the American Psychoanalytical Association*, 21(2), 249-261.

Pichert, J. W., & Anderson, R. C. (1977). Taking different perspectives on a Story. *Journal of Educational Psychology*, 69, 309-315.

Pope, K. S., & Singer, J. L. (1978). *The stream of consciousness: Scientific investigations into the flow of human experience.* New York: Plenum.

Posner, M. I. (1978). *Chronometric explorations of mind: The thire Paul M. Fitts lectures.* Hillsdale, NJ: Erlbaum.

(1982). Cumulative development of attentional theory. *American Psychologist*, 37(2), 168-179.

Posner, M. I., & Cohen, Y. (1982). Components of visual orienting. In K. Bouma & D. Bouwhuis (Eds.), *Attention & performance* (Vol. X). Hillsdale, NJ: Erlbaum.

Prince, M. (1957). *The dissociation of personality: A biographical study in abnormal psychology.* New York: Meridian.

Pritchard, R. M., Heron, W., & Hebb, D. O. (1960). Visual perception approached by the method stabilized images. *Canadian Journal of Psychology*, 14, 67-77.

Rapaport, D. (Ed.). (1951). *Organization and pathology of thought.* New York: Columbia University Press.

Razran, G. (1961). The observable unconscious and inferable conscious in current Soviet psychophysiology: Interoceptive conditioning, semantic conditioning, and the orienting reflex. *Psycho-*

logical Review, 68, 81-147.

Reason, J. (1983). Absent-mindedness and cognitive control. In J. Harris & P. Morris(Eds.), *Everyday memory, actions and absentmindedness* (pp. 113-132). New York: Academic Press.

(1984). Lapses of attention in everyday life. In R. Parasureaman & D. R. Davies. (Eds.), *Varieties of attention*(pp. 515-549). New York: Academic Press.

Reason, J. , & Mycielska, K. (1982). The Freudian slip revisited. In J. Reason & K. Mycielska (Eds.), *Absent-minded ? The psychology of mental lapses and everyday errors.* Englewood Cliffs, NJ: Prentice-Hall.

Reber, A. S. , & Allen, R. (1978). Analogic and abstraction strategies in synthetic Grammar learning: A functionalist interpretation. *Cognition*, 6, 189-221.

Reddy, R. , & Newell, A. (1974). Knowledge and its representations in a speech understanding system. In L. W. Gregg(Ed.), *Knowledge and cognition.* Potomac, MD: Erlbaum.

Rescorla, R. A. , & Wagner, A. R. (1972). A theory of Pavlovian conditioning: Variations in effectiveness of reinforcement and non-reinforcement. In A. H. Black and W. F. Prokasy(Eds.), *Classical conditioning* Ⅱ . New York: Appleton-Century-Crofts.

Rock, I. (1983). *The logic of perception* . Cambridge, MA. Bradfort/MIT Press.

Rokeach, M. (1960). *The open and closed mind.* New York: Basic.

Rosch, E. H. (1975). Cognitive representation of semantic categories. *Journal of Experimental Psychology: General.* 104, 192-233.

Rosch, E. H. ,Mervis, C. B. , Gray, W. , Johnson, D. , & Boyes-Bream, P. (1975). Basic objcects in natural categories. *Cognitive Psychology*, 7, 573-605.

Rozin, P. (1976). The evolution of intelligence and access to the cognitive unconscious. In J. Sprague & A. Epstein(Eds.), *Progress in Psychobiogy and Physiological Psychology.* New York: Academic Press.

Rumelhart, D. E. , & McCleeand, J. L. (1982). An interactive model of context effects in letter perception: Part 2. The contextual enhancement effect and some tests and extensions of the model. *Psychological Review*,189, 60-94.

Rumelhart, D. E. , & McCleeand, J. E. , & the PDP Research Group(1986). *Parallel distributed processing: Explorations in the microstructure of cogniTion, Vol.* Ⅰ: *Foundations.* Cambridge, MA: Bradford/MIT Press.

Rumelhart, D. , & Norman, D. A. (1975). The active structural network. In D. A. Norman & D. E. Rumelhart(Eds.), *Explorations in cognition*(pp. 35-64). San Francisco: Freeman.

Ryle, G. (1949). *The concept of mind.* London: Hutchinson.

Sagi, D. , & Julesz, B. (1985). " Where " and " What " in vision. *Science*, 7, 1217-1219.

Schachter, S. , & Singer, J. E. (1962). Cognitive, social, and physiological determinants of emotional state. *Psychological Review*, 69, 379-399.

Scheibel, A. B. (1980). Anatomical and physiological substrates of arousal. In J. A. Hobson and M. A. Brazier(Eds.), *The reticular formation revisited*(pp. 55-66). New York: Raven.

Scheibel, M. C. , & Scheibel, A. B. (1967). Anatomical basis of attentional Mechanisms in vertebrate brains. In G. C. Quarton, T. Melnechuk, & F. O. Schmitt(Eds.), *The Neurosciences: A study program.* New York: Rocke-feller University Press.

Schneider, W. , & Shiffrin, R. M. (1977). Controlled and automatic human information processing: I. Detection, Search, and Attention. *Psychological Review*, 84,(1),1-57.

Shallice, T. (1972). Dual functions consciousness. *Psychological Review*, *79*(5),383-393.

(1978). The dominant action system: An information-processing approach to consciousness. In K. S. Pope & J. L. Singer(Eds.), *The stream of consciousness: Scientific inveatigation into the flow of experience* . New York: Plenum.

Shannon, C. E. , & Weaver, W. (1949). *The mathematical theory of communication.* Urbana: University of Illinois Press.

Shepard, R. N. (1967). Recognition memory for words, sentences, and pictures. *Journal of Verbal Learning and Verbal Behavior*, 6, 156-163.

Shevrin, H. , & Dickman, J. (1980). The psychological unconscious: A necessary assumption for all psychological theory ? *American Psychologist*, 35, 421-434.

Shiffrin, R. M. , Dumais, S. T. , & Schneider, W. (1981). Characteristics of automation. In J. Long & A. Baddeley(Eds.), *Attention and performance IX* (PP. 223-238). Hillsdale, NJ: Erlbaum.

Shiffrin, R. M. , & Schneider, W. (1977). Controlled and automatic human Informantion processing: Ⅱ. Perceptual learning, automatic attending, and a General theory. *Psychological Review*, 84, 127-190.

Simon, H. A. (1969). *The sciences of the artificial.* Cambridge, MA: MIT Press.

Singer, J. L. (1984). The private personality. *Personality & Social Psychology Bulletin*, 10(1), 1-29.

Skinner, B. F. (1976). *About behaviorism.* New York: Knopf.

Sokolov, E. N. (1963). *Perception and the conditioned reflex.* New York: MacMillan.

Spence, D. P. , Scarborough, H. S. , & Ginsberg, E. H. (1978). Lexical correlates of cervical cancer. *Social Science and Medicine*, 12, 141-145.

Sperling, G. (1960). The information available in brief visual presentations. *Psychological Monographs*, 74, No. 11.

Spiegel, D. (1984). Muitiple personality as a post-traumatic stress disorder. *Psychiatric Clinics of North America*, 7(1), 101-108.

Spiegel, H. , and Spiegel, D. (1978). *Trance and treatment: Clinical uses of Hypnosis.* New York: Basic Books.

Spitzer, R. L. (Ed.), (1979). *Diagnostic and Statistical Manual of Mental Disorder*(*DSM* 111), Washington, DC: American Psychiatric Association.

Springer, S. and Deutsch, G. (1981). *Left brain, right brain.* San Francisco: Freeman.

Sternberg, S. (1966). High-speed scanning in human memory. *Science*, 153, 652-654.

Stevens, S. S. (1966). Operations or words ? *Psychological Monographs: General and Applied*, 80, 33-38.

Straight, H. S. (1977). Consciousness as anti-habit. Unpublished paper, State University of New York at Binghamton.

Sutherland, N. S. (1967). Comments on the session. In W. Wathen-Dunn(Ed.), *Models for the perception of speech and visual form*(pp. 239-243). CamBridge, MA: MIT Press.

Sutton, R. S., & Barto, A. G. (1981). Toward a modern theory of adaptive Networks: Expectation and prediction. *Psychological Review*, 88, 135-170.

Swinney, D. (1979). Lexical access during sentence comprehension. (Re) consideration of context effects. *Journal of Verbal Learning and Verbal Behavior*, 18, 645-660.

Szentagotai, J., Arbib, M. A. (1975). Conceptual models of neural organization. *Neurosciences Research Bullentin*, 12, 307-510.

Szilard, L. (1964). On the decrease in entropy in thermodynamic systems by the intervention of intelligent beings(A. R apaport and M. Knoller, Trans.). *Behavioral Science*, 9, 301-310. (Original German edition, 1929).

Tanenhaus, M. K., & Carlson, G. N., & Seidenberg, M. S. (1985). Do listeners compute linguistic representations? In D. R. Dowty, L. Karttunen, & A. Zwicky(Eds.), *Natural language parsing: Psychological, computational, and theoretical perspectives*(pp. 359-408). London: Cambridge University Press.

Tellegen, A., & Atkinson, G. (1974). Openness to absorbing and self-altering experiences(" Absorption "), a trait related to hypnotic susceptibility. *Journal of Abnormal Psychology*, 83, 268-277.

Thatcher, R. W., & John, E. R. (1977). *Foundations of cognitive processes*. NJ: Erlbaum.

Thompson, R. F. (1967). *Foundations of physiological psychology*. New York: Harper & Row.

(1976). The search for the engram. *American Psychologist*, 31, 209-227.

Tighe. T. J., & Leaton, R. N. (1976). Habituation: *Perspectives from child development, animal behavior, and neurophysiology*. Hillsdale, NJ: Erlbaum.

Tomkins, S. S. (1962). *Affect, imagery, consciousness, Vol. 1: The positive affects*. New York: Springer Verlag.

Treisman, A. M. (1964). Selective attention in memory. *British Medical Bulletin*, 20, 12-16.

(1969). Strategies and models of selective attention. *Psychological Review*, 76(3), 282-299.

Treisman, A. M., & Gelade, G. (1980). A feature-integartion theory of attention. *Cognitive Psychology*. 12, 97-136.

Treisman, A. M., & Schmidt, H. (1982). Illusory conjunction in the perception objects. *Cognitive Psychology*, 14, 167-141.

Tulving, E. (1972). Episodic and semantic memory. In E. Tulving & W. Donaldson(Eds.), *Organization of memory*. New York: Academic Press.

(1985). Memory and consciousness. *Canadian Psychology*, 26(1), 1-12.

Tversky, A., & Kahneman, A. (1973). Availability: A heuristic for judging frequency and probability. *Cognitive Psychology*, 2, 207-232.

Underwood, G. (1982). Attention and awareness in cognitive and motor skills. In G. Underwood (Ed.). *Aspects of consciousness* (Vol. 3, pp. 111-146). London: Academic Press.

Uznadze, D. N. (1966). The psychology of set. The International Sciences Series. New York: Consultants Bureau.

Valins, S. (1967). Cognitive effects of false heart-rate feedback. *Journal of Personality and Social Psychology*, 4, 400-408.

Wapner, M. A. (1986). Interview with Michael A. Wapner. In B. J. Baars(Ed.), *The cognitive revolution in psychology*(pp. 315-336). New York: Guilford Press.

Warm, J. (1984). Sustained attention in performance. New York: Wiley.

Warren, R. (1961). Illusory changes of distinct speech upon repetition-the verbal transformation effect. *British Journal of Psychology*, 52(3), 249-256.

Warren, R. M. (1968). Verbal transformation effect and auditory perceptual mechanisms. *Psychology Bulletin*, 70(4),261-270.

Watson, J. B. (1925). *Behaviorism.* New York: Harper Bros.

Weinberger, D. A., Schwartz, G. E., & Davidson, R. J. (1979). Low-anxious, high-anxious and repressive coping styles: Psychometric and behavioral and physiological responses to stress. *Journal of Abnormal Psychology*, 88(9),369-380.

Weiner, B. (1986). *An attributional theory of motivation and emotion.* New York: Springer Verlag.

Weisskrantz, L. (1980). Varieties of residual experience. *Quarterly Journal of Experimental Psychology*, 32, 365-386.

White, P. (1982). Beliefs about conscious experience. In G. Underwood(Ed.), *Aspects of consciousness*(Vol. 3, pp. 1-26). London: Academic Press.

Whyte, L. L. (1962). The unconscious before Freud. New York: Doubleday.

Wiener, N. (1961). *Cybernetics: On control and communication in the animal and The machine*(2nd ed.). Cambridge, MA: MIT Press.

Winograd, T. (1972). A program for understanding natural language. *Cognitive Psychology*, 3,1-191.

Winson, J. (1985). *Brain and Psyche: The biology of the unconscious.* New York: Doubleday.

Woodworth, R. S. (1915). A revision of imageless thought. *Psychological Review*,22,1-27.

Woodworth, R. S., & Schlossberg, H. (1954). *Experimental psychology.* New York: Holt, Rinehart, & Winston.

Wundt, W. (1912/1973). *An introduction to psychology*. London: G. Allen, Reprint, New York: Arno Press.

Yarbus, A. L. (1967). *Eye movements and vision.* New York: Plenum Press.

